des Moghul
Palar
Arni (Arani)
Tschinschi (Gingee)
W
O
S
Ponnaiyar
Werutaschel
(Vriddhachalam)
Coleroon
Dewanapattnam
(Teranapattinam)
Mairom
(Mayur)
Diruwenkátu (Tiruvengadu)
Dirukareiúr
(Tirukkadaiyur)
Tranquebar (Tranquebar)
Kumbakónum
(Kumbakonam)
Dirukilatscheri
(Tirukkalachcheri)
Kareikkál (Karaikal)
tschinápalli
chchirappalli)
Tanschaur
(Thanjavur)
Dirukuwalei (Tirukkuvalai)
Dirunalláru (Tirunallar)
Diruwarúr (Thiruvarur)
Nagapatnam (Nagappattinam)
Dirukoranum
(Tirukkaronam)
Káruwalankirei (Karuvelankadai)
Diruttorapundi
(Tirutturaippundi)
Tanjore
Wedárianum
(Vedaranniyam)
Golf von Bengalen
Iarpánam (Jaffna)
Marawar
Ceylon
Ramesuram
(Rameswaram)

Johann Ernst Gründler · Bartholomäus Ziegenbalg

Die Malabarische Korrespondenz

Tamilische Briefe an deutsche Missionare

FREMDE KULTUREN IN
ALTEN BERICHTEN

Herausgegeben von
Jürgen Osterhammel und
Folker Reichert

Band 5

Johann Ernst Gründler · Bartholomäus Ziegenbalg

Die Malabarische Korrespondenz

Tamilische Briefe an deutsche Missionare

Eine Auswahl

Eingeleitet und erläutert
von

KURT LIEBAU

Jan Thorbecke Verlag Sigmaringen
1998

Die Deutsche Bibliothek – CIP-Einheitsaufnahme

Die Malabarische Korrespondenz. Tamilische Briefe an deutsche Missionare / Malabarische Korrespondenz. Eingel. und erl. von Kurt Liebau, Sigmaringen: Thorbecke, 1998

(Fremde Kulturen in alten Berichten; Bd.5)

ISBN 3-7995-0603-3 Gb.

Dieses Buch ist aus säurefreiem Papier hergestellt und entspricht den Frankfurter Forderungen zur Verwendung alterungsbeständiger Papiere für die Buchherstellung.

Buchgestaltung: Norbert Brey, Sigmaringen
Schutzumschlaggestaltung und Reihen-Signet: Neuffer-Design, Freiburg i. Br.
Vorsatzkarte: Kartographie, Eppelheim

Gesamtherstellung:
Konkordia Druck GmbH, 77815 Bühl
Printed in Germany · ISBN 3-7995-0606-3

Inhalt

Einleitung

Die »Malabarische Korrespondenz« – ein Beispiel indisch-deutschen Dialogs

»Wir halten es auch nicht vor eine geringe Frucht unserer Mission, daß wir jährlich unser geliebtes Europa mit allerlei schriftlichen Relationen aus dieser ostindischen Welt versehen können... Hinführo soll es in diesem Stück gleichfalls an uns nicht ermangeln, also daß nach und nach durch unsern geringen Dienst das geliebte Europa mit seinen heiligen Gesetzen und Statuten der ostindischen Welt, und diese hinwiederum in ihren innerlichen und äußerlichen Beschaffenheiten der europäischen Welt besser kund und offenbar werde.«[1]

Mit diesen Worten verteidigten die deutschen Missionare Bartholomäus Ziegenbalg (1682–1719) und Johann Ernst Gründler (1677–1720) am 9. September 1713 ihr schriftliches Gesamtwerk über die Lebenswelt und Vorstellungen der Tamilen. Zu diesem Werk gehören auch 99 Briefe von Südindern, die diese zwischen 1712 und 1714 an beide Missionare geschrieben hatten und die, vom Missionar Gründler übersetzt und kommentiert, 1714 bzw. 1717 als »Malabarische Korrespondenz« im Rahmen der sogenannten »Halleschen Berichte«[2] in Halle herausgegeben wurden.

Dies war wohl die erste Publikation, aus der sich europäische Leser zumindestens bruchstückhaft mit Auffassungen indischer Zeitgenossen anhand deren eigener Darstellung ver-

1 Archiv der Franckeschen Stiftungen Halle (AFSt.) Missionsarchiv (MA), II C 5, S. 59.

2 Im folgenden HB. Der volle Titel lautet: »Der königl. dänischen Missionarien aus Ost-Indien eingesandte ausführliche Berichte«, Bd. I-IX, 1.-108. Continuation, Halle 1710–1772.

Abbildung 1: Gebiet der Mission 1728

traut machen konnten. Bis zu diesem Zeitpunkt waren sie auf Berichte von europäischen Reisenden, Händlern, Soldaten und Missionaren angewiesen, in denen je nach Intention und Bildung vom Verfasser eigene Schwerpunkte gesetzt und vielfach eigenes Erleben und Hörensagen vermengt wurden.

Das Entstehen dieser Briefe ist einigen Ereignissen zu verdanken, die in der indischen Geschichte eher als Fußnoten gelten.[3]

Anfang des 17. Jahrhunderts wurden in verschiedenen europäischen Staaten Handelskompanien gegründet, um das portugiesische Handelsmonopol mit Asien zu brechen. 1616 erfolgte die Gründung der ersten dänischen Ostindien-Kompanie, die bis 1650 bestand. Im November 1618 segelte eine dänische Flotte nach Ceylon, um gegen die vertragliche Zusicherung von Handelsprivilegien den Herrscher des Königreiches Kandy militärisch gegen die Portugiesen zu unterstützen. Bei Ankunft der Dänen hatte der Herrscher von Kandy allerdings bereits Frieden mit den Portugiesen schließen müssen und verweigerte deshalb die Anerkennung des Vertrages. Ein Teil der Flotte segelte daraufhin nach Norden und landete bei dem kleinen Fischerdorf Tranquebar, das zum Herrschaftsbereich des Nāyaks von Tañcāvūr, Ragunātha (1600–1634), gehörte. Das Territorium von Tañcāvūr umfaßte etwa das Gebiet des heutigen gleichnamigen Distrikts im südindischen Bundesstaat Tamil Nadu. Die Nāyaks, Militärs im Dienste des Hindu-Königreiches Vijayanagar, waren zu Beginn des 16. Jahrhunderts mit der Verwaltung von Tañcāvūr betraut worden und hatten sich im Prozeß des Niedergangs Vijayanagars nach der Schlacht von Talikota 1565 selbständig gemacht. Seit 1516 bestand eine Handelsniederlassung der Portugiesen im größten Hafen Tañcāvūrs, Nākapattanam.

---

3 Für die nachfolgenden Darstellungen vgl. Kay LARSEN, De Danske-Ostindiske Koloniers Historie, I. Tranquebar, Kopenhagen 1907, S. 13–69; Stephan DILLER, Tranquebar - die Stadt an der Brandung. Dänischer Handelsstützpunkt, Kronkolonie und europäischer Freihandelsplatz (1620–1845), Bamberg 1993; V. VRIDDHAGIRISAN, The Nayaks of Tanjore, Annamalainagar 1942, Reprint New Delhi 1995.

Das Erscheinen der Dänen nutzte der Nāyak, um einen Konkurrenten ins Land zu holen und dadurch vom Handel mit den Europäern stärker zu profitieren. Am 19. November 1620 kam es dann zur Unterzeichnung eines Vertrages zwischen dem dänischen Admiral Ove Giedde (1594–1660) und Ragunātha, der den Dänen eine Niederlassung in Tranquebar sicherte. Durch den Bau der Festung Dansborg und den Zuzug von indischen Händlern und Webern nahm die Rolle Tranquebars als Stützpunkt im Verlaufe des 17. Jahrhunderts zwar zu; es erlangte aber nie die Bedeutung der großen Seestädte Nākapattanam, Pondicherry oder Madras. Tranquebar war aktiv im Küstenhandel, insbesondere mit Reis aus Tañcāvūr, und im Handel mit den Inseln Indonesiens. Eine wesentliche Einnahmequelle stellte im 17. Jahrhundert die Piraterie im Golf von Bengalen dar. Die Kriege zwischen den Nachfolgestaaten des Königreiches Vijayanagars nutzten die Dänen 1669 zur Erweiterung ihres Kolonialgebietes auf etwa 50 km^2. Auch die Eroberung Tañcāvūrs durch die Marathen 1676 änderte an der Stellung der Dänen an der Koromandel-Küste wenig.

In der zweiten Hälfte des 17. Jahrhunderts begannen die Armeen des Moghulherrschers Aurangzēb den Süden Indiens zu unterwerfen und die politische Landkarte grundlegend zu verändern. Diese Kriege, verbunden mit Auseinandersetzungen zwischen den südindischen Staaten, wirkten sich auch auf die Wirtschaftstätigkeit in Tranquebar und seinem Hinterland aus. Die Verwicklung Dänemarks in die europäischen Auseinandersetzungen zu Beginn des 18. Jahrhunderts ließ zudem eine kontinuierliche Unterstützung der südindischen Kolonie, vor allem mit für den Handel notwendigem Kapital, nicht zu. Die Plünderung der Stadt durch die Truppen des Moghuls und die Belagerung durch 14.000 Soldaten des Rājas von Tañcāvūr im Jahre 1699 taten ein übriges, um Tranquebar zu Beginn des 18. Jahrhunderts in eine Phase des Niedergangs zu bringen.

Im Jahre 1702 hatte die Kolonie 7557 Einwohner, davon etwa 200 Europäer unterschiedlicher Nationalität. Ein Neuntel der Bevölkerung bestand aus Muslimen, zumeist Händlern afrikanischer und arabischer Herkunft, deren Vorfahren seit Jahrhunderten an der Koromandel-Küste ansässig waren, und Zugereisten aus den islamisch regierten Staaten Nordindiens und des Dekkan. Diese Bevölkerungsgruppe spielte im Handel Tranquebars eine entscheidende Rolle. Die große Mehrheit der Einwohner bestand aus einheimischen tamilischen Hindus und einer 1658 aus dem von den Niederländern eroberten Nākapattanam nach Tranquebar übersiedelten Gruppe von »Portugiesen«. Diese waren zum Katholizismus konvertierte Tamilen bzw. Nachfahren aus Verbindungen zwischen Tamilen und Europäern, insbesondere Portugiesen. Diese beiden Bevölkerungsteile waren überwiegend in Ackerbau und Handwerk tätig. Eine große Bedeutung für die politischen Verhältnisse in der Stadt hatte die Kaste der Chetties, die im Handel aktiv war. Unter den hinduistischen Tamilen überwogen, wie im allgemeinen in Südindien, die Anhänger des Gottes Śiva, die Śaivas. Daneben lebten im Gebiet der Kolonie Visnuiten, darunter vor allem Brahmanen. Die Vielfalt der Einwohnerschaft spiegelte sich auch im Stadtbild wider. Die Menschen lebten getrennt nach Kaste und Glauben in verschiedenen Straßen. Die Stadt verfügte über fünf Hindu-Tempel (Pagoden), eine Moschee und eine Kirche.

Die deutschen Korrespondenten

1705 beschloß der dänische König Friedrich IV. (1671/1699–1730) die protestantische Mission zu befördern. Sein Hofprediger Franz Julius Lütkens (1650–1712) wandte sich in Ermangelung dänischer Missionare an Freunde in Deutschland, die dieses Anliegen an Heinrich Plütschau (1677–1747) und Bartholomäus Ziegenbalg herantrugen.[4]

---

4 Zur Geschichte der Dänisch-Halleschen Mission in den Anfangsjahren vgl. Anders Nørgaard, Mission und Obrigkeit: Die Dänisch-Hallesche Mission in Tranquebar 1706–1845, Gütersloh 1988, S. 11–85; Wilhelm Germann, Ziegenbalg und Plütschau, Erlangen 1865; Arno Lehmann, Es begann in Tranquebar, Berlin 1956.

Bartholomäus Ziegenbalg wurde am 10. Juli 1682 als Sohn eines Getreidehändlers in Pulsnitz im Kurfürstentum Sachsen geboren. Nach dem Besuch der Lateinschule in Kamenz kam er 1694 auf das Gymnasium in Görlitz. 1702 begab er sich auf Anraten August Hermann Franckes (1663–1727) nach Berlin, um sich am Friedrich-Werderschen Gymnasium auf ein Studium der Theologie vorzubereiten.[5]

Der Briefkontakt zu Francke und das direkte Zusammentreffen mit Philipp Jakob Spener (1635–1705) und Joachim Lange (1670–1744) in Berlin hatten nachhaltige Wirkung auf die Entwicklung und das Leben Ziegenbalgs.

Spener war der geistige Vater der später als Pietismus bezeichneten protestantischen Bewegung. Vor dem Hintergrund der Auswirkungen des Dreißigjährigen Krieges auf das religiöse und soziale Leben in Deutschland verfaßte er 1675 die Schrift »Pia desideria oder Hertzliches Verlangen nach gottgefälliger Besserung der Evangelischen Kirchen«, in der er Positionen zur Reform des Protestantismus formulierte. Individuelle Frömmigkeit und praktische Tätigkeit bestimmten das pietistische Menschenbild. Strenge Bindung an die »Heilige Schrift« und Selbstbefragung nach dem eigenen Verhältnis zu Gott und dem eigenen Platz in der Welt waren Merkmale eines Pietisten, die kritische Haltung zu der zur Staatskirche aufgestiegenen Lutherischen Orthodoxie nur folgerichtig.

Francke, der Begründer des Halleschen Pietismus, gab diesen Positionen eine praktische pädagogische, soziale und ökonomische Ausrichtung. Das von ihm 1695 gegründete Waisenhaus und die danach entstandenen pädagogischen Einrichtungen waren für das damalige Bildungswesen geradezu revolutionär. Seine wirtschaftlichen Unternehmungen (Druckerei, Buchhandlung, Apotheke u.a.) trugen zur Finanzierung des Waisenhauses und zur Verbreitung des Pietismus bei. Da Francke und zahlreiche seiner Anhänger die Hallesche Uni-

---

5 Zur Biographie Ziegenbalgs siehe u.a. GERMANN, Ziegenbalg und Plütschau; Erich BEYREUTHER, Bartholomäus Ziegenbalg. Aus dem Leben des ersten deutschen Missionars, Berlin 1953.

versität dominierten, wurde die Stadt zu einem Zentrum des Pietismus, dessen Wirkung wegen seiner Verbindungen in die gesamte protestantische Welt weit über Deutschland hinausging.

Joachim Lange, der später zum führenden Propagandisten des Halleschen Pietismus wurde, war neben Francke lange Zeit die wichtigste Vertrauensperson der Missionare in Deutschland und gab deren erste aus Indien übermittelte Briefe heraus.[6]

Im Mai 1703 konnte Bartholomäus Ziegenbalg mit dem Studium in Halle beginnen. Aber seine schwache Konstitution zwang ihn bereits nach einem Semester zum Abruch. Er arbeitete danach als Hauslehrer in Merseburg und Erfurt, wo ihn seine Krankheit wiederum zur Aufgabe seiner Tätigkeit nötigte.

Der ihm im Herbst 1705 übermittelten Bitte, im Auftrag Friedrichs IV. in Afrika zu missionieren, kam Ziegenbalg trotz einiger Bedenken hinsichtlich seiner fachlichen und körperlichen Eignung nach. Er reiste gemeinsam mit Plütschau nach Kopenhagen, wo sie gegen anfänglichen Widerstand der lutherischen Orthodoxie, die sich an Ziegenbalgs pietistischen Auffassungen stieß, am 11. November 1705 ordiniert wurden. In Kopenhagen erfuhren beide Missionare, daß ihr Bestimmungsort nicht Afrika sondern Tranquebar war.

Als sie am 6. Juni 1706 in Indien landeten, war Bartholomäus Ziegenbalg denkbar schlecht auf das Zusammentreffen mit der fremden Kultur vorbereitet. Ein vorheriges Interesse an Indien ist nicht überliefert. Hinweise auf ein Studium von Schriften über Indien während der Überfahrt sind weder in den gedruckten Nachrichten, noch in den später von Lehmann publizierten Briefen Ziegenbalgs zu finden. Ziegenbalg selbst verweist nur im Vorwort zu seiner Schrift »Malabarisches Heidentum« darauf, daß er 1706 das Werk »Wahrhaftige ausführ-

---

6 Zum Halleschen Pietismus und seiner Rolle für die Mission siehe u.a. Carl HINRICHS, Preußentum und Pietismus, Göttingen 1971; Erich BEYREUTHER, A. H. Francke und die Anfänge der ökumenischen Bewegung, Berlin 1958.

liche Beschreibung der berühmten Ostindischen Kusten Malabar und Coromandel, als auch der Insel Zeylon ...« des Niederländers Philipp Baldäus kannte.[7] Geprägt durch christliche Vorurteile und Vorstellungen über die »Heiden« im allgemeinen, machte der Missionar in der ersten Zeit auch nicht vor der Zerschlagung hinduistischer Götterstatuen halt. Allerdings verfügte er über die Fähigkeit, eigene Defizite zu erkennen und Vorstellungen zu berichtigen. Ihm war bereits vor seiner Überfahrt klar, daß die Kenntnis der Sprache für seine Tätigkeit unabdingbar wäre. Nachdem Ziegenbalg sah, daß über das Portugiesische nur ein kleiner, vorwiegend katholisch geprägter Teil der Bevölkerung erreicht werden konnte, begann er mit Hilfe von Tamilen, deren Sprache zu lernen. Von Anfang an verband er das Sprachstudium mit dem Studium der tamilischen Literatur und Kultur. Seine gewonnenen Erkenntnisse über die Vorstellungen des südindischen Hinduismus verglich er mit christlichen Vorstellungen über das »Heidentum« und überprüfte ihm später zugängliche europäische Darstellungen der Gesellschaft Südindiens. Auf diese Weise suchte Ziegenbalg in Kultur und Vorstellungswelt der Tamilen Anknüpfungspunkte für die Vermittlung der christlichen Lehre und entwickelte, in den Grenzen seiner Aufgaben als Missionar, ein für die damalige Zeit tiefes Verständnis für die tamilische Gesellschaft. Seine nachgelassenen Schriften und Briefe offenbaren dann auch eine Distanz zu den Auffassungen europäischer Gelehrter, insbesondere der Theologen, über die »heidnischen« Tamilen.[8]

Der zweite europäische Korrespondent, Johann Ernst Gründler, kam mit der zweiten Gruppe von Missionaren am 20. Juli 1709 in Tranquebar an.

---

7 Willem CALAND (Hrsg.), Ziegenbalg's Malabarisches Heidenthum, Amsterdam 1926, S. 14.

8 Zu diesen Schriften gehören insbesondere: CALAND (Hrsg.), Ziegenbalg's Malabarisches Heidenthum; ders. (Hrsg.), Bartholomäus Ziegenbalg's Kleinere Schriften, Amsterdam 1930; Wilhelm GERMANN (Hrsg.), Genealogie der malabarischen Götter, Madras 1867.

Gründler wurde am 7. April 1677 im thüringischen Weißensee geboren. Sein Vater war in dieser Stadt Ratskämmerer. Nach seinem vierzehnten Geburtstag besuchte er fünf Jahre lang das Gymnasium in Quedlinburg und für einige Monate das Gymnasium in Weißenfels. Im Anschluß studierte er an den Universitäten Leipzig und später Wittenberg Theologie. Nach Erlangung des Magistergrads arbeitete Gründler ab 1701 als Lehrer am Pädagogikum des Waisenhauses in Halle.[9] Durch die Berichte über die Mission angeregt, wollte er selbst nach Indien gehen. Diese Absicht entsprach nicht den Vorstellungen Franckes. So mußte Gründler auf einen Ruf aus Kopenhagen warten, der 1708 erfolgte. In der Hauptstadt Dänemarks wurde er am 1. Oktober 1708 ordiniert. In Kopenhagen erlernte er auch das Kupferstechen.

Gründler war über die Lage in Tranquebar aus den nach Europa gesandten Briefen der Missionare und Gesprächen mit A. H. Francke und dem für Missionsangelegenheiten in Kopenhagen verantwortlichen Hofprediger Lütkens vertraut. Inwieweit er die vorhandene Reiseliteratur über Indien kannte, ist nicht festzustellen. Auf der Überfahrt nach Indien hatte er sich anhand einer von Ziegenbalg angefertigten und nach Kopenhagen gesandten Grammatik die Grundlagen des Tamil angeeignet. Nach seiner Ankunft widmete er sich verstärkt dem Tamil und siedelte mit indischen Missionsschülern im Februar 1710 für mehrere Monate in die Vorstadt Tranquebars Poraiyār über. Dort vervollkommnete er seine Tamilkenntnisse und übersetzte mit Hilfe eines Inders ein tamilisches medizinisches Traktat.[10] Außerdem studierte er einen Teil der von Ziegenbalg gesammelten tamilischen Literatur.

---

9 Vgl. Germann, Ziegenbalg und Plütschau, S. 120f.

10 »Der Malabarische Medicus, welcher kurzen Bericht giebet, theils was diese Heyden in der Medicin vor Principia haben; theils auf was Art und mit welchen Medicamenten sie die Kranckheiten curiren. Denen Hn. Medicis in Europa zu dienlicher Nachricht aus denen Medicin Büchern der Malabaren zusammen getragen u. übersetzet von J. E. G. nebst einer Vorrede, darinnen eine Sciagraphia Medica eines Brahmanen mit eingeführet ist, in welcher er die Ordnung zeiget, wie ihre

Seine Persönlichkeit und seine Fähigkeit mit Menschen umzugehen ließen ihn zum engsten und erfolgreichsten Mitarbeiter Ziegenbalgs werden, der ihm für die Zeit seiner zum Teil mehrmonatigen Reisen die Führung der Mission übergab. Gründler war sich der Bedeutung von guten Kontakten zur indischen und europäischen Oberschicht in der Kolonie für die Entwicklung der Mission bewußt. Dabei kamen ihm seine Flexibilität und sein diplomatisches Geschick zugute. Diese Beziehungen und die alltägliche Missionsarbeit gaben ihm zusätzliche Möglichkeiten zur Überprüfung eigener Urteile über die Tamilen und wirkten sich dann auch auf die »Malabarische Korrespondenz« aus.

Die indischen Korrespondenten

In der in Halle verfaßten Vorrede zur »Malabarischen Korrespondenz« heißt es: »Die Namen der Correspondenten, wie auch derer Städten und Flecken, wo jeder seine Briefe datiret hat, beyzufügen, ist weder rathsam noch nöthig erachtet worden«.[11]

Die Praxis, die Namen der jeweiligen Korrespondenzpartner in Publikationen wegzulassen, wurde von den Halleschen Pietisten nicht nur in den Berichten aus Indien betrieben, sondern war ein allgemeines Charakteristikum der Verlagstätigkeit des Waisenhauses, insbesondere bei zu befürchtenden Folgen für die Ziele Franckes. Die Offenlegung der Namen und Wohnorte der Briefpartner hätte den Lesern Rückschlüsse über die Verbindungen und den Aktionsradius der Missionare gestattet. Fragen zu den Personen und deren Verbindung zur Mission wären zwangsläufig die Folge gewesen. Zudem wären die Tamilen als konkret existierende Menschen und weniger als

---

Medici das gantze studium Medicum in ihren Schulen tractiren«. Bei dem Inder handelt es sich um den Autor des 5. Briefes des ersten Teils der Malabarischen Korrespondenz.

11 Siehe Vorwort des Halleschen Herausgebers in diesem Band.

»Heiden« in Erscheinung getreten, deren Bekehrung im konkreten Falle nicht beabsichtigt war. Außerdem zählten zu den Lesern der Berichte nicht nur Freunde der Mission sondern auch deren Kritiker und Gegner, denen man nicht zusätzliches Material in die Hände geben wollte. Nicht zuletzt war die Reaktion in Kopenhagen einzukalkulieren. Die Lutherische Orthodoxie, die das Missionsinspektorat beherrschte, gehörte ebensowenig wie die Leitung der Ostindischen Kompanie zu den Anhängern Franckes, der die laufenden Verhandlungen zur Regelung der Stellung der Dänisch-Halleschen Mission in Tranquebar nicht gefährden wollte.

Trotzdem lassen sich einige Schlüsse auf den Personenkreis ziehen. Neben Brahmanen gehörten insbesondere Śaivas zu den Korrespondenten. Letztere waren gebildet, hatten aber in der Mehrzahl keine Kenntnisse des Sanskrit und damit auch keinen Zugang zu der Literatur und den detaillierten Lehren der Brahmanen. Bis auf einen Inder, dessen Muttersprache Telugu war, sind alle anderen dem tamilischen Volk zuzuordnen. Unter den Briefpartnern waren Lehrer ebenso zu finden wie Tamilen mit Kenntnissen über Verwaltung und Geschichte. Die Briefe deuten darauf hin, daß die Partner der Missionare in der tamilischen Gesellschaft zu den angesehenen Persönlichkeiten mit weitreichenden Verbindungen gehörten, bzw. in einzelnen Fällen der jeweilige Korrespondent engere Verbindung zu inneren Vorgängen in hinduistischen Tempeln hatte.

Erst fünfzehn Jahre nach dem Druck des ersten Teils der »Malabarischen Korrespondenz«, im Jahre 1729, konnte der zeitgenössische Leser erfahren, daß die Briefe »meist von dem Translator der vorigen Missionarien Arhagappen, der noch ein Heyde ist, geschrieben, als er sich damals in der Nähe aufhielte, und in seinem Exilio davon mit seinen Unterhalt hatte«.[12] Diese Offenlegung erfolgte bezeichnenderweise erst, nachdem die Dänische Ostindische Kompanie ihrem ehemaligen Dolmetscher nach sechzehn Jahren Verbannung die Rückkehr

---

12 HB, 25. Cont., Halle 1729, S. 148.

nach Tranquebar erlaubt hatten. Sein Lebensweg und seine Konflikte mit den Dänen machen verständlich, warum es in Halle »ratsam und nötig« war, seine Identität als Korrespondent der Missionare zu verschweigen.

Arhagappen, auch Aleppa genannt, wurde etwa 1660 geboren.[13] Seine Herkunft liegt im Dunkeln. Familiäre Verbindungen nach Nākapattanam und seine spätere Stellung in Tranquebar lassen die Vermutung zu, daß er zu einer höheren tamilischen Śūdra-Kaste gehörte und bereits seine Vorfahren in den Diensten der Europäer standen.[14] Über sein Leben in den ersten vierzig Jahren ist nichts bekannt. Seine Sprachkenntnisse – Portugiesisch, Deutsch, Dänisch und Niederländisch –[15] deuten aber darauf hin, daß er früh in Kontakt mit den europäischen Kolonialmächten im südlichen Bereich der Koromandel-Küste kam und möglicherweise in deren Handelsaktivitäten einbezogen war.

Spätestens unter dem dänischen Gouverneur Jørgen Hermansen Bjørn (1702–1704), wahrscheinlich aber bereits unter dessen Vorgängern Claus Voigt (1694–1701), Andreas Andrae (1701) und Mikkel Knudsen Crone (1701–1702), nahm er eine herausragende Stellung in der dänischen Kolonie Tranquebar ein: Er war »Ober-Tolk« (Oberster Dolmetscher) der Dänischen Handelskompanie und »Oberhaupt der Schwarzen«, d.h. der Tamilen, in der Stadt.[16]

Der Oberste Dolmetscher war in den Augen der Europäer nicht irgendwer. Er mußte weitreichende Verbindungen in die umliegenden Landesteile und zu einflußreichen Persönlichkeiten haben, die eine gezielte Einwirkung auf politische Ent-

---

13 Vgl. Gründler an Francke, 7.10.1709, in: HB, 2. Cont., Halle 1710, S. 82.

14 Möglicherweise gehörte er zur Familie eines Aleppa Pillai, der um 1660 in Nākapattanam im Dienst der Niederländer stand.

15 Vgl. Ziegenbalg an Lange (?), 22.9.1707, in: Arno Lehmann (Hrsg.), Alte Briefe aus Indien. Unveröffentlichte Briefe von Bartholomäus Ziegenbalg, Berlin 1957, S. 59 (fortan AB).

16 Vgl. Gründler an Francke (?), 7.12.1709, in: HB, 2. Cont., S. 82; Ziegenbalg an Lange (?), 22.09.1707, in: AB, S. 59.

scheidungen an indischen Fürstenhöfen und auf Handelsgeschäfte mit den Indern ermöglichten. Die erprobte Loyalität zu den Europäern und lange Zusammenarbeit waren Vorraussetzung für ein solches Amt. Als Oberhaupt der Tamilen in Tranquebar mußte Aleppa von den verschiedenen Kasten und deren Oberhäuptern akzeptiert sein, denn es gehörte zu seinen Aufgaben, deren Interessen gegenüber der Kolonialmacht zu vertreten und Anliegen und Anordnungen der Dänen gegenüber den Tamilen durchzusetzen. Hinzu kamen Konsequenzen aus dem Vertrag zwischen den Dänen und dem König von Tañcāvūr über den Status Tranquebars. Die Dänische Ostindische Kompanie hatte die Stadt und die umliegenden Gebiete nur gepachtet. Dem König von Tañcāvūr war dessen Oberhoheit über die in dem Gebiet lebenden Inder vertraglich zugesichert worden. Das Oberhaupt der Tamilen in Tranquebar war also auch dem König bzw. dessen Vertretern rechenschaftspflichtig. Hier lag ein weites Konfliktfeld mit entsprechenden Auswirkungen auf Aleppa.

In der kurzen Amtszeit von Gouverneur Bjørn wurde er von diesem zweimal »um gewisser Ursach willen zur Stadt und Land hinaus verjaget«.[17] Diese Ursachen müssen so schwerwiegend gewesen sein, daß sowohl die Missionare wie auch der spätere Kommandant Tranquebars, Hassius, sie nicht benennen wollten. Danach hielt er sich in Nākapattanam auf.[18]

Da die von den Missionaren beschäftigten Inder entweder nur Tamil oder nur Portugiesisch sprachen, bemühten sich Ziegenbalg und der Missionar Heinrich Plütschau bereits 1706 um einen mehrsprachigen Dolmetscher. Sie erfuhren zufällig von Aleppa, der zu dieser Zeit in einem Dorf bei Tranquebar lebte. Dieser erklärte sich bereit, den Missionaren als Übersetzer zu dienen. Trotz anfänglicher Bedenken der Missionare hinsichtlich der Vergangenheit Aleppas baten die Missionare den Kommandanten Hassius um eine Genehmigung. Dieser erlaubte

17 Ziegenbalg an Francke und Breithaupt, 22.09.1707, AFSt. MA, 1 C 1:34.
18 Gründler an Francke (?), 7.12.1709, in: HB, 2. Cont., S. 82.

nach langwierigen Verhandlungen die Rückkehr Aleppas und seiner Familie nach Tranquebar.[19] Die Missionare waren bereit, ihm jährlich die Summe von 100 Reichstalern zu zahlen, und dokumentierten so seinen Wert für die Mission.[20]

Der Tamile arbeitete zunächst ab 12. Oktober 1706 als Übersetzer für Ziegenbalg. Trotz Aleppas mangelnder Kenntnis der Grammatik der europäischen Sprachen erlernte Ziegenbalg bei ihm, insbesondere durch das gemeinsame Studium der Literatur, in acht Monaten Tamil. Danach lebte Aleppa als Tamillehrer im Hause des Missionars Plütschau. Es ist wahrscheinlich, daß Ziegenbalg seine Kenntnisse der Gedankenwelt der Tamilen insbesondere den Diskussionen mit seinem Tamillehrer verdankte.

Im Dezember 1708 wurde Ziegenbalg von Gouverneur Hassius verhaftet. Aleppa äußerte sich dazu kritisch und wurde daraufhin ebenfalls in Haft genommen. Er trat in den Hungerstreik, worauf Hassius drohte, ihm Nase und Ohren abschneiden und ihn aus Tranquebar hinausprügeln zu lassen. Auf Intervention des Missionars Plütschau wurde der Tamile dann lediglich aus dem Territorium der Kolonie verwiesen.[21] Aleppa wich nach Tañcāvūr aus und lebte mit seiner Familie im Hause eines Tañcāvūrschen Zöllners. Hier versuchte er, der Dänischen Ostindischen Kompanie nicht näher beschriebenen Schaden zuzufügen.[22] Dieses Verhalten setzte das Wohlwollen der Tañcāvūrschen Regierung voraus.

---

19 Eine Darstellung dieses Ablaufes findet sich in Ziegenbalgs Schrift »Kurtzer Bericht von der Erlernung dieser Sprache« vom 20.7.1707, AFSt., D 64, S. 172–175.

20 Vgl. Ziegenbalg an Lange (?), 22.9.1706, in: AB, S. 59. Diese Summe entsprach dem halben Jahresgehalt eines Missionars und übertraf das Gehalt der anderen europäischen Angestellten. Die bestbezahlten tamilischen Angestellten der Mission (die Landprediger) erhielten demgegenüber maximal die Hälfte.

21 Vgl. Ziegenbalg an Lange, 15.9.1709, in: AB, S. 95; Ziegenbalg an Francke, 30.9.1709, ebenda, S. 109.

22 Vgl. Klageschrift des Kommandanten Hassius vom 24.10.1709, in: GERMANN, Ziegenbalg und Plütschau, S. 44.

Nachdem die Missionare bei einer Reise nach Nākapattanam den Kontakt zu Allepa wiederaufgenommen hatten, glaubten sie, im Herbst 1709 Schritte unternehmen zu können, um die Familie Aleppas und später ihn selbst wieder nach Tranquebar zu holen. Der neuangekommene Missionar Gründler ließ den Sohn Aleppas am 26. September 1709 in die Stadt kommen und in seinen Dienst treten. Der Kommandant Hassius ließ ihn aber sofort verhaften, obwohl nur Aleppa und nicht dessen Familie verbannt worden waren.[23]

Drei Wochen nach dem Tod seiner Frau bat Aleppa am 3. Dezember 1709 die Missionare um ein Treffen außerhalb des Gebietes der Kolonie. Er hoffte auf die Genehmigung, durch eine Entscheidung in Kopenhagen wieder nach Tranquebar zurückkehren zu können. Das Ansinnen der Missionare, sich zu bekehren, lehnte er unter Verweis auf seine Familie in Nākapattanam und die Christenverfolgungen in Tañcāvūr ab.[24]

In der Folgezeit scheint er weiter eng mit den Missionaren zusammengearbeitet zu haben, denn 1710/11 wurde er auf Befehl des Tañcāvūrschen Königs in Ketten gelegt und in Tañcāvūr mehrere Monate inhaftiert: »Denn er wurde von dem heydnischen Könige unter anderm beschuldiget, daß er ein Christ wäre, und die andern Malabaren überredete, daß sie ihre Religion verlassen und Christen werden solten. Item, er hätte uns dieses Landes Sprache gelehret, daneben alle Geheimnisse ihres Gesetzes und Gottesdienstes offenbaret etc.«[25] Nach seiner Entlassung im Herbst 1711 arbeitete er wieder für die Missionare, konnte aber nicht nach Tranquebar zurückkehren. Die Tatsache, daß in den Briefen Gründlers aus dieser Zeit Aleppa relativ häufig erwähnt wird, während Ziegenbalg kaum über ihn berichtet, scheint auf einen mehrjährigen engeren Kontakt Gründlers zum ehemaligen Dolmetscher der Mission

---

23 Vgl. Ziegenbalg an Lange, 27.9.1709, in: AB, S. 106; Ziegenbalg an Francke, 1.10.1709, ebenda, S. 110f.

24 Vgl. Gründler an Francke, 7.12.1709, in: HB, 2. Cont., S. 82f.

25 Historische Nachricht von der Bekehrung unter den Heyden in Ost=Indien, in: HB, 6. Cont., Halle 1714, S. 223.

hinzuweisen. Allerdings lassen die Briefe keinen Schluß über den Charakter dieser Beziehung zu. Nach 1715 fehlt in den Briefen und gedruckten Nachrichten der Missionare bis 1725 jeder Hinweis auf Aleppa. Nur in den unvollständig erhaltenen Missionsrechnungen taucht er im Jahre 1715 noch einmal auf. Gründler zahlte ihm im Juni/Juli 2 Reichstaler »in seinem exilio«.[26]

Nachdem der Gouverneur Nissen Aleppa im Jahre 1725 die Genehmigung erteilte, in das Territorium der Kolonie zurückzukehren, erschien der Tamile wieder in den gedruckten und ungedruckten Nachrichten der Missionare. Er ließ sich in dem Dorf Tillaiyāti nahe Tranquebar nieder und strebte erfolglos an, in den Dienst der Dänischen Ostindischen Kompanie zurückzukehren. Versuche der Missionare, ihn zum christlichen Glauben zu bekehren, scheiterten endgültig.[27] Anfang Januar 1730 starb Aleppa.[28]

Motive des Briefwechsels

Die ersten Missionare hatten bereits 1708 damit begonnen, einzelne Briefe an Tamilen zu schreiben. Das waren überwiegend Sendschreiben an die »Heiden« bzw. Schreiben, die im Ergebnis von Diskussionen mit den Tamilen entstanden waren und eher eine Reaktion auf Argumente darstellten. Von einem gezielten Dialog und einem kontinuierlichen Briefwechsel konnte noch nicht die Rede sein.

Anders entwickelte sich die Situation hinsichtlich der »Malabarischen Korrespondenz«. Über ihre Motive schrieben Zie-

---

26 Vgl. Gründler, Missionsrechnung vom 5.10.1714–5.10.1715, AFSt. MA, II B 3:1.

27 Vgl. Diarium der neuangekommenen Missionare, 2.7.1725, in: HB, 21. Cont., Halle 1727, S. 592; Pressier an Francke, 10.1.1726, ebenda, S. 755f., S. 761.

28 Diarium der Missionare für die erste Hälfte 1730, 24.1.1730, in: HB, 30. Cont., Halle 1732, S. 527.

genbalg und Gründler: »Auch haben wir mit den Heiden eine briefliche Correspondenz angefangen, und bishero allmählich continuiret. Worunter wir zwar vornemlich diesen Endzweck haben, daß wir uns des Heidenthums von ihnen in vielen Stücken beßer erkundigen mögen, und durch Übersetzung ihrer Briefe denen Europäern kund thun könten, was solche Heiden in diesen und jenen Dingen vor eine Erkäntniß haben und wie sie sich in den Gesetzen ihrer heidnischen Religion zu erklären wißen. Dahero thun wir auch gemeiniglich in Brieffen solche Fragen an sie, die in ihr Gesetz lauffen, und die sie leichter beantworten können, weil es lauter Sachen seyn, die unter ihnen vorgehen, und von andern erfraget werden können. Unterdeßen, ob wir gleich keine Zeit finden, auf alle ihre Briefe umständlich zu antworten, sondern gemeiniglich nur wieder neue Fragen mit einer kleinen Zuschrifft an sie senden müßen; so hat man doch bey dieser Gelegenheit Christus verkündigen können, zu mahl weil wir dann und wann ihnen ein Buch von unserer christlichen Lehre mit überschicken, und in Briefen uns danach berichten haben, da denn dergleichen bey ihnen diese und jene Frage von Christo und von dem Christenthum verursachet haben.«[29]

Es wird deutlich, daß es den Missionaren weniger darum ging, was aus Büchern über die Tamilen zu erfahren war.[30] Der Briefwechsel sollte vielmehr der Überprüfung und Vertiefung bereits vorhandener Kenntnisse dienen, aktuelle Vorstellungen und Argumente von Vertretern des Hinduismus ermitteln, direkt zur Missionstätigkeit beitragen und die Information der Christen in Europa verbessern. Die »Malabarische Korrespon-

29 Gründler/Ziegenbalg, Apologia epistolis Bövingianis, AFSt. MA, II C 5, S. 57f.

30 Hier hatten die Missionare, insbesondere Ziegenbalg, bereits tiefergehende Kenntnisse, wie die »Bibliotheca Malabarica«, ein Verzeichnis von Werken u. a. der Tamilliteratur, die im Besitz der Mission waren, ausweist. Vgl. Wilhelm GERMANN (Hrsg.), Bibliotheca Malabarica, in: Missionsnachrichten der Ostindischen Missionsanstalt, Jg. 32, Heft 1 und 2, Halle 1880, S. 1–20, S. 62–94.

denz« schloß damit eine Lücke zwischen den mehr theoretischen Arbeiten Ziegenbalgs, die vornehmlich auf dem Studium der Tamilliteratur fußten, und den Missionsgesprächen, deren wesentlicher Gegenstand die Konfliktlinie zwischen den Religonen war.

Ziegenbalg hatte von Anfang an, hauptsächlich zur Gewinnung von Sponsoren, Informationen über die Tamilen, ihre Gesellschaft und Religion nach Europa geschickt. Diese hatten aber Zweifel[31] hinterlassen und wurden von Gegnern der Mission und des Halleschen Pietismus benutzt, diese anzugreifen.[32] Was war schwerer zu widerlegen als die Aussagen der Tamilen über sich selbst?

Die in den Briefen aufgeworfenen Fragen und die tamilischen Antworten bestätigen außerdem Ziegenbalgsche und Gründlersche Auffassungen, die bereits nach Europa übermittelt worden waren, bzw. ergänzen diese.[33] In Fragen, die zwischen Kopenhagen einerseits und Halle und den Missionaren

31 Bezeichnend ist die Äußerung König Friedrich Wilhelms I. bei seinem Besuch in Halle im April 1713. Als ihm tamilische Briefe vorgelegt und über die Mission berichtet wurde, entgegnete er nur »Ist das auch alles wahr?«. Zitiert nach Hinrichs, Preußentum und Pietismus, S. 102.

32 Bereits 1708 gab es an der Universität Wittenberg eine Disputation über die Berechtigung der Mission an sich und die Eignung der ersten ausgesandten Missionare, die durch den in Kopenhagen für die Mission zuständigen Hofprediger Lütkens in der 1. Continuation der HB beantwortet wurde. Die 1712 erschienene Schrift »Herrn Joh. Georg Bövinghs Königlichen Dänischen Missionarii zu Tranquebar in Ost-Indien Curieuse Beschreibung und Nachricht von den Hottentotten... Samt angehängten Bericht von einigen unter den Herrn Missionariis daselbst entstandenen Streitigkeiten« des ehemaligen Missionars Bövingh (1676–1728), der nach Auseinandersetzungen mit seinen Kollegen nach Europa zurückkehrte, führte dazu, daß Ziegenbalg und Gründler die »Apologica epistolis Bövingianis« auf Anforderung aus Halle verfassen mußten. Der Druck unterblieb nur, weil sich der Sturm bereits wieder gelegt hatte.

33 Z.B. die Hinderungsgründe für einen Übertritt zum Christentum, die Sicht auf das Verhalten der Europäer in Südindien, Bildungsfragen, die Lage der Frau in der tamilischen Gesellschaft, Vorstellungen über den Hinduismus, Aspekte der Bewertung der tamilischen Literatur.

andererseits strittig waren, liefern die Briefe zusätzliche Argumente zugunsten der Mission. Das betrifft u.a. die Sklavenfrage, die Schulorganisation, das Lehrer-Schüler-Verhältnis, das Verhältnis zwischen weltlicher und geistlicher Macht und positive Auswirkungen der Missionsarbeit im Bildungsbereich.[34] Die Briefe stärkten damit auch Ziegenbalgs und Gründlers Position gegenüber den Entscheidungsträgern in Kopenhagen und Halle.

Auf die Frage nach den Motiven der Inder geben die Briefe nur bedingt eine Antwort, weil im Einzelfall der Kontext des Briefwechsels schwer nachzuvollziehen ist.

Kognitive Motive treten aus den Texten nicht explizit hervor.[35] Die meisten Briefe, die dem hinduistisch-christlichen Dialog gewidmet sind, offenbaren, daß es den Autoren um die Verteidigung ihres Glaubens ging, den sie mehr oder weniger argumentativ angegriffen sahen.

Darüber hinaus läßt die Struktur der Autorenschaft mehrere Motivlagen vermuten. Die Brahmanen hatten ein Interesse, Argumente der Missionare zu erfahren, um in der Diskussion gegen die Missionare, die sie als Gegner sehen mußten, zu bestehen. Insbesondere darf das Interesse an Differenzen zwischen dem ihnen bekannten Katholizismus und dem Protestantismus vorausgesetzt werden. Die große Gruppe der nichtbrahmanischen Gelehrten und Literaten war für Dialog und Kontakt mit den Europäern offener als die Brahmanen. Hier scheint ein kognitives Interesse an einem Dialog im Sinne der Bhakti-Religion bestanden zu haben. Eine weitere, nicht scharf von der vorigen zu trennende Gruppe stellt sich als Gegner der Brahmanen dar oder nimmt eine kritische Haltung zu den Brahmanen ein. Die Offenbarung ihrer Gegnerschaft kann als Versuch gesehen werden, die Haltung der Missionare zu die-

34 Zu diesen Problemen und ihren Ursachen vgl. Nørgaard, Mission und Obrigkeit. Zu den Ziegenbalgschen Vorstellungen finden sich detaillierte Ausführungen in den AB.

35 Eine Ausnahme ist der Brief 46. Brief des ersten Teils der Korrespondenz.

sem Thema auszuloten. Die Zahl der Autoren, die gegen Bezahlung für die Missionare gearbeitet haben, läßt sich schwer bestimmen. Daß außer Aleppa noch weitere Korrespondenten von der Mission bezahlt wurden, ist möglich, für die Brahmanen sogar wahrscheinlich.[36]

Von den Briefen zum Manuskript

Nicht Bartholomäus Ziegenbalg, wie bisher angenommen,[37] sondern der Missionar Johannes Ernestus Gründler wählte die Briefe aus, übersetzte sie und versah sie mit Kommentaren.[38] Dies war nötig, weil die Leser mit vielen tamilischen Termini konfrontiert wurden, deren Kenntnis die indischen Korrespondenten bei den Missionaren voraussetzten. Andererseits hielten es die Missionare für erforderlich, ihre christlichen Auffassungen zum Inhalt darzulegen.

Gründler nutzte, wie einzelne Formulierungen zeigen, Vorarbeiten Ziegenbalgs, insbesondere die »Bibliotheca Malabarica« und das »Malabarische Heidentum«. Wie der schriftliche Nachlaß Ziegenbalgs zeigt, war Gründler aber zu einem großen Teil auf eigene Kenntnisse bzw. Nachfragen angewiesen. So kommt von der tamilischen Literatur, die in der Korrespondenz erwähnt wird, nur etwa die Hälfte in Ziegenbalgs Arbeiten vor.

---

36 So wurden von einem Brahmanen gegen Bezahlung Zeichnungen von Götterstatuen angefertigt, die dem Manuskript der »Genealogie der Malabarischen Götter« beigelegt wurden.

37 Vgl. Hugald Grafe, Hindu Apologetics at the Beginning of the Protestant Mission Era in India, in: Indian Church History Review, Vol VI, 1/1972, S. 45. Daneben gibt es die Ansicht, daß Ziegenbalg und Gründler die Auswahl und Übersetzung gemeinsam besorgt haben. Vgl. dazu Gerald Duverdier, Die »Malabarische Korrespondenz« und A. H. Franke, in: Rosemarie Ahrbeck und Burchard Thaler (Hrsg.), August Hermann Francke. 1663–1727, Halle 1977, S. 108.

38 Vgl. Missionare an Francke, 29.12.1727, in: HB, 25. Cont., Halle 1729, S. 149. Auch in einer Rezension wird Gründler als Kollektor, Übersetzer und Kommentator angegeben. Vgl. Acta eruditorum, Juni 1717, Leipzig 1717, S. 245.

Verschiedene Wesen der tamilischen Mythologie, aber auch Zeremonien der Tamilen, die in den Briefen erwähnt und von Gründler kommentiert wurden, fehlen in Ziegenbalgs Schriften. Bei Details im Rechnungs- und Schulwesen konnte Gründler auf eigene Kenntnisse als Verantwortlicher für die Finanzen und Lehrer der Mission zurückgreifen. In anderen Fällen kommentierte er aus eigenen Erfahrungen heraus, nutzte die Missionsbibliothek oder fragte bei Vertrauten, insbesondere den tamilischen Missionsmitarbeitern, nach. Obgleich die nach Kontroversen mit August Hermann Francke 1711/12 eingeführte Praxis der Missionare, die Korrespondenz nach Europa inhaltlich und formal zu beraten und abzustimmen, eine Absprache zwischen Gründler und Ziegenbalg über die Auswahl der Briefe und deren Kommentare nahelegt, kann deshalb von einer eigenständigen Arbeit Gründlers ausgegangen werden.

Die Briefe des ersten Teils der Korrespondenz, deren letzter vom 10. Dezember 1712 stammt, wurden noch im Dezember übersetzt und kommentiert, um sie mit englischen Schiffen von Madras nach Europa schicken zu können. Dem damit verbundenen Zeitdruck sind sicherlich einige Fehler anzulasten, die dann auch im Druck erschienen sind: eine falsche Datumsangabe im 55. Brief, die schlechte Redigierung der tamilischen Begriffe, ausgewiesene, aber fehlende Fußnoten u.a.m. Es handelt sich bei diesen Briefen jedoch um formal vollständige Schreiben. Anders sieht es bei den Briefen des zweiten Teils aus, der Ende September 1714 nach Halle gesandt wurde. Hier fehlen oft die Anrede, das Datum oder komplette Briefabschlüsse. Bei einigen Briefen entsteht der Eindruck, daß es sich um Ausschnitte aus größeren Briefen handelt. Die Briefe zum Thema Sklaven könnten ursprünglich *ein* Brief gewesen sein. Die Kommentierungen werden spärlicher. Es ist anzunehmen, daß Gründler hier den Druck des »Malabarischen Heidentums« und der »Genealogie der Malabarischen Götter« in Halle voraussetzte, die als Manuskript im Spätsommer 1713 nach Deutschland geschickt worden waren. Der interessierte Leser hätte aus diesen Arbeiten die notwendigen Informationen zum Verständnis der Briefe erhalten können.

Bis in die Gegenwart wird von Wissenschaftlern unterschiedlicher Disziplinen stereotyp anhand derselben Zitate ohne Überprüfung behauptet, die großen Arbeiten Ziegenbalgs seien in Halle aus religiösen bzw. ideologischen Gründen nicht gedruckt worden, wie auch die »Halleschen Berichte« insgesamt der »rigiden Zensur« der Hallenser unterlegen hätten.[39]

Zensur hat es gegeben, aber nicht alles ist zensiert worden. Manchmal überwogen ideologische Gründe. Meist spielte aber ein Geflecht politischer, theologischer und nicht zuletzt ökonomischer Interessen für die Publikation einer Arbeit in Halle eine Rolle. Auch die »Malabarische Korrespondenz« ist zumindest hinsichtlich der Zahl der veröffentlichten Briefe – insgesamt 99 von 104 übersandten Briefen wurden gedruckt – und der Angaben über die Korrespondenten bearbeitet worden. Allerdings ist allein aus der Zensur heraus nicht erklärbar, warum die Briefe der Tamilen, wie in späteren Zeiten ganze Abhandlungen über Aspekte südindischen Lebens, in den »Halleschen Berichten« gedruckt werden konnten, die Ziegenbalgschen Arbeiten aber nicht.

Zunächst bleibt festzuhalten, daß der erste Teil der Korrespondenz ein dreiviertel Jahr vor dem »Malabarischen Heidentum« und der »Genealogie der Malabarischen Götter« aus Indien abgeschickt worden war und in Halle vor beiden Manuskripten eintraf.[40] Wie August Hermann Francke den Mis-

---

39 Stellvertretend seien genannt Gita DHARAMPAL-FRICK, Hans-Werner GENSICHEN, Hugald GRAFE, Wilhelm HALBFASS, C. S. MOHANAVELU. Alle Autoren betrachten offenbar die Frage der Zensur in Halle als geklärt. Es wird nicht die Frage gestellt, ob eine konkrete Schrift zensiert wurde, und wenn ja, wer wann was aus welchem Grunde zensiert hat, sondern man übernimmt Wertungen, die Wilhelm GERMANN vor 130 Jahren in Bezug auf die Glaubwürdigkeit der Halleschen Publikationen für die *Missionsgeschichte* getroffen hat und die Willem CALAND 1926/30 und Arno LEHMANN 1956 einem breiten Leserkreis bekanntmachten, und überträgt sie auf das gesamte in Halle publizierte Material.

40 Eine Abschrift des »Malabarischen Heidentums« war mit dem Missio-

sionaren mitteilte, hatte er das Manuskript der »Genealogie« erst gegen Ende 1715, eineinhalb Jahre nach dem Druck des ersten Teils der Korrespondenz, durchgearbeitet.[41] Wesentliche von Ziegenbalg vermittelte Inhalte waren zu diesem Zeitpunkt bereits mit der »Malabarischen Korrespondenz« publiziert worden.

Entscheidend für die Herausgabe war, daß es sich um Tamilen handelte, die ihre »heidnischen« Auffassungen darlegten. Wie sehr Francke befürchtete, daß die Darlegungen der Tamilen als Meinung der Missionare angesehen werden könnten, läßt sich im Vorwort zur Korrespondenz nachlesen.[42] Die Kommentierungen Gründlers erleichterten dem Leser die Einordnung der tamilischen Auffassungen in die eigene (religiöse) Vorstellungswelt.

Von nicht geringer Bedeutung scheint für Francke die ökonomische Seite seiner Tätigkeit als Verleger gewesen zu sein. Bereits hinsichtlich der Gründlerschen Arbeit »Medicus Malabaricus« stellte er sich schon vor dem Studium der Arbeit die Frage, ob die Herausgabe eines so umfangreichen Manuskripts mit beschränktem Interessentenkreis wirtschaftlich vertretbar sei, und entschied, nach Sichtung nur Teile davon in den »Halleschen Berichten« unterzubringen.[43] Ähnlich wird es sich mit der »Malabarischen Korrespondenz« verhalten haben, die die Bezieher der Missionsnachrichten zwangsläufig mit erwerben mußten.

---

nar Plütschau bereits 1711 nach Europa gegangen, diesem aber neben seinem gesamten Gepäck gestohlen worden.

41 Vgl. August Hermann Francke, Zufällige Gedanken über die Königlich dänische Missionsaffaire zu Tranquebar in Ostindien, in: GERMANN, Ziegenbalg und Plütschau, Dokumente, S. 152.

42 Selbst Ziegenbalg befürchtete mißverstanden zu werden. Im Vorwort zum »Malabarischen Heidentum« gibt er dem Leser Anweisung, wie sein Werk zu lesen sei und fährt fort: »Ueberhaupt musz man hierbey dieses mercken, dasz ich durchgehends in diesem Buche nicht nach meiner, sondern nach dieser heiden Art rede und schreibe«. Vgl. CALAND, Ziegenbalg's Malabarisches Heidenthum, S. 13.

43 Vgl. Francke an Missionare (Entwurf), 1713?, AFSt. MA, I C 13a:14.

Wirkungen der »Malabarischen Korrespondenz«

Über die Wirkung des Briefwechsels im zeitgenössischen Südindien können bisher nur Vermutungen geäußert werden.

In den Briefwechsel waren nicht nur die indischen Korrespondenten sondern auch deren Informanten einbezogen. Aus der Korrespondenz geht hervor, daß die von den Missionaren aufgeworfenen Fragen auch vor einem größeren Publikum diskutiert wurden. Im Zusammenhang mit den von Ziegenbalg praktizierten öffentlichen Gesprächen mit Angehörigen unterschiedlicher Kasten kann davon ausgegangen werden, daß ein reger Gedankenaustausch stattfand und die Mission dadurch auch bekannter wurde. Vor dem Hintergrund der Christenverfolgungen im Tañcāvūr jener Jahre, die es den Missionaren unmöglich machten, in dieses Land zu reisen, und der dominierenden Rolle des Aleppa in diesem Briefwechsel kann aber angenommen werden, daß die Wirkung über das eigentliche Gebiet der Mission hinaus relativ gering blieb.

Nachdem die Briefe des zweiten Teils der Korrespondenz nach Europa geschickt worden waren, scheint der Briefwechsel mit den Tamilen zurückgegangen zu sein. Nur so ist die Aufforderung August Hermann Franckes an die Missionare Walther, Dal und Pressier aus dem Jahre 1726 zu verstehen, wieder Briefe von Tamilen nach Halle zu senden.

Anders stellt sich die Lage, gemessen an den Resultaten, in Bezug auf die Stellung und Organisation der Mission dar. Die Vorstellungen der Tamilen z. B. in der Sklavenfrage, zur Lage der Frauen in der tamilischen Gesellschaft, zu Organisation und Inhalten der Schulbildung, wurden von den Missionaren adaptiert und den verschiedenen Missionsbereichen angewandt. Wesentliche Teile der tamilischen Vorbehalte gegenüber den Europäern bzw. Christen wurden für den Bereich der Mission abgebaut, oder es wurde zumindest der Versuch dazu unternommen. Das betraf u.a. Fragen der Reinlichkeit, den Umgang mit Kasten, »Freudenwerke« bei der Hochzeit (die Ausstattung christlicher Paare bei der Eheschließung), die Ernährung und die Tischsitten. Einflüsse der Korrespondenz auf die Herausbildung der christlichen Terminologie im Tamil sind, obwohl bisher nicht untersucht, nicht auszuschließen.[44]

Aspekte des Briefwechsels gingen auch in die Ergebnisse der Verhandlungen zwischen dem Missionsinspektorat bzw. -kollegium und der Ostindischen Kompanie ein. Das betraf insbesondere die Unverkäuflichkeit christlicher Sklaven[45] und den Beginn einer eigenen Jurisdiktion für den Bereich der Mission.[46] Nicht zuletzt wurden tamilische Briefe auch in der »Genealogie der Malabarischen Götter« Ziegenbalgs verarbeitet.

In Deutschland erlebte die »Malabarische Korrespondenz« mindestens zwei Nachauflagen (1718 und 1735) im Rahmen der »Halleschen Berichte«. Wenn man davon ausgeht, daß in den 30er Jahren des 18. Jahrhunderts von jeder Fortsetzung der Berichte etwa 600 Exemplare direkt aus Halle an namentlich bekannte Missionsfreunde verschickt wurden, und wenn man den direkten Verkauf auf Messen und über Buchhändler einbezieht, kann die Gesamtauflage auf etwa 3000 geschätzt werden. Die meisten Exemplare gelangten in die Hände von Adligen und pietistisch gesinnten Pastoren, insbesondere in Brandenburg-Preußen, Nordwestdeutschland, Thüringen und Württemberg. An Gymnasien, deren Rektoren mit dem Halleschen Pietismus verbunden waren, wurden die Briefe ebenso gelesen wie in pietistischen Lesegemeinschaften. Es ist überliefert, daß im Halleschen Waisenhaus regelmäßig aus den »Halleschen Berichten« vorgelesen wurde. Die »Malabarische Korrespondenz« erreichte somit einen für damalige Verhältnisse relativ großen Leserkreis in Deutschland.[47] Die wissenschaftliche Fachwelt

---

44 Siehe Bror Tiliander, Christian and Hindu Terminology. A Study in Their Mutual Relations with Special Reference to the Tamil Area, Uppsala 1974.

45 1733 kam es dann, maßgeblich von den Missionaren angeregt, zum Verbot des Sklavenhandels in Tranquebar.

46 Vgl. dazu Nørgaard, Mission und Obrigkeit, S. 202–212.

47 Siehe den vom Autor verfaßten Abschnitt »Die 'Halleschen Berichte' und ihre Fortsetzung«, in: Paul Raabe (Hrsg.), Pietas Hallensis. Weltweite Beziehungen der Franckeschen Stiftungen im 18. Jahrhundert, Halle 1995, S. 71f.

wurde durch den Bezug der »Halleschen Berichte« bzw. über Besprechungen in Fachpublikationen, wie den »Acta eruditorum«[48], auf die tamilischen Briefe aufmerksam.

Die »Malabarische Korrespondenz« wurde auch im Ausland, etwa in Dänemark, England, Frankreich, Schweden und Rußland, gelesen.

1717 erschien eine englische Übersetzung des ersten Teils der »Malabarischen Korrespondenz« von John Thomas Philipps.[49] In diesem Buch sind alle Briefe des ersten Teils in zum Teil stark gekürzter Form überwiegend ohne Kommentare der Missionare wiedergegeben. Die im deutschen Druck enthaltenen Legenden der Tamilen sind nahezu völlig eliminiert. Indische Termini werden zugunsten englischer Umschreibungen, soweit es geht, vermieden. Der Übersetzer hielt sich auch nicht in jedem Fall strikt an den Text. Diese Übersetzung dient in der englischsprachigen Literatur über Indien bis in die Gegenwart als Quelle bzw. Beleg,[50] wurde aber von deutschen Indienwissenschaftlern bisher nicht zur Kenntnis genommen.

1719 wurden 19 Briefe des zweiten Teils vom gleichen Übersetzer veröffentlicht.[51]

---

48 Acta eruditorum, publicata Lipsiae, Calendis Junii Anno MDCVII, S. 241–249.

49 J. Tho(mas). PHILIPPS (Hrsg.), An Account of the Religion, Manners, and Learning of the People of Malabars, in several Letters, written by some of the most learned Men of that Country to the Danish Missionaries, London 1717.

50 Vgl. z.B. den Abschnitt »The Hindu Religion« in: William IRVINE (Hrsg.), Mogul India 1653–1708 or Storia do Mogor, by Niccolao Manucci..., 4 Bd., London 1907–1909, Reprint Delhi 1990, Bd. 3, S. 1–71; Ivor LEWIS, Sahibs, Nabobs and Boxwallahs: A Dictionary of the Words of Anglo India, Bombay 1991; Henry YULE und Arthur C. BURNELL, Hobson-Jobson: A Glossary of Colloquial Anglo-Indian Words and Phrases, and of Kindred Terms, Etymological, Historical, Geographical and Discursive. New Edition by William CROOKE [1903], Reprint Delhi 1986.

51 Als Bestandteil einer Übersetzung von Gesprächen Ziegenbalgs mit Tamilen unter dem Titel: Thirtyfour Conferences Between the Danish Missionaries and the Malabarian Brahmans or Heathen Priests in the East Indies, concerning the Truth of the Christian Religion: Together with some Letters written by the Heathens to the said Missionaries, London 1719.

Abbildung 2: Titelblatt der englischen Übersetzung der »Malabarischen Korrespondenz« aus dem Jahre 1717

In Deutschland wurden die Briefe direkt von Johann Lucas Niekamp, Mathurin Veyssière de La Croze und Gustav Friderich Gerbett in ihren Werken verarbeitet, wobei La Croze auch über die Manuskripte verfügen konnte.[52] Im 19. Jahrhundert

52 Johann Lucas NIEKAMP, Kurtzgefaßte Missions=Geschichte oder Historischer Auszug der Evangelischen Missions=Berichte aus Ost=Indien von dem Jahre 1705 bis zu Ende des Jahres 1736, Halle 1740 (Französisch Genf 1745, Lateinisch Halle 1747, Dänisch Kopenhagen 1755). Mathurin Veyssière de LA CROZE, Histoire du Christianisme aux Indes Orientales, Den Haag 1724. Deutsch als: Abbildung des Indischen Christenstaates, Halle 1727. Gustav Friderich GERBETT, Ost-Indische Naturgeschichte. Sitten und Alterthümer, insonderheit bey den Malabaren, so aus den Berichten der Königl. Dänischen Mißion zusammengetragen..., Halle 1752.

wurden vier Briefe von Johann Ferdinand Fenger in eine Geschichte der Tranquebarmission aufgenommen.[53]

Durch diese Werke vermittelt, wurde die »Malabarische Korrespondenz« in der wissenschaftlichen Literatur des 20. Jahrhunderts verarbeitet.

Wenn 280 Jahre nach dem ersten Erscheinen eine Auswahl von Briefen der Korrespondenz herausgegeben wird, so geschieht das weniger, um Spezialisten verschiedener Richtungen auf dieses Quellenmaterial aufmerksam zu machen. Vielmehr soll dem interessierten deutschsprachigem Leser die Möglichkeit gegeben werden, nach eigenen Anschauungen über ein fremdes Volk und deren Herkunft zu fragen. Die Briefe bieten Sichtweisen auf uns Europäer, die auch im heutigen Indien eine Rolle spielen, und ermöglichen es uns, trotz ihres Alters und ihrer sprachlichen Unebenheiten, in die Vorstellungen und die Lebensweise des tamilischen Volkes einzudringen. Und falls darüber hinaus Spezialisten sowohl dem publizierten Erbe als auch der in den Archiven liegenden Hinterlassenschaft der Dänisch-Halleschen Mission größere Aufmerksamkeit widmen sollten, wären einige mit dieser Ausgabe verbundene Wünsche in Erfüllung gegangen.

Zu dieser Ausgabe

Die vorliegende Auswahl von Briefen aus der »Malabarischen Korrespondenz« ist nicht unproblematisch. Eine wünschenswerte kritische Neuausgabe wurde aber nicht angestrebt, weil einerseits der Gesamtumfang des Drucks von 1714/1717 dies in einem Band nicht zugelassen hätte und andererseits die Manuskripte Gründlers bisher nicht gefunden werden konnten. Die auf Palmblättern geschriebenen tamilischen Originale der

53 J. Ferdinand Fenger, Den Trankebarske Missionshistorie, Kopenhagen 1843; ders., Die Geschichte der Tranquebarmission, Grimma 1845 (deutsche Übersetzung); ders., History of the Tranquebar Mission, Tranquebar 1863 (engl. Übersetzung).

Briefe sind nicht mit nach Halle gesandt worden. Im Inventar des später von Tranquebar nach Leipzig überführten Archivs der Mission sind sie nicht verzeichnet.

Der Herausgeber ließ sich bei der Auswahl davon leiten, daß der Gesamteindruck des Werkes erhalten bleiben soll, alle wesentlichen Informationen zum vermittelten Indienbild einfließen müssen und insbesondere auf Briefe mit starkem Dialogcharakter nicht verzichtet werden kann. Eine Übersicht über die Themen der nichtaufgenommenen Briefe befindet sich im Anhang. Die Dedikation an den dänischen Kronprinzen wurde weggelassen. Das Vorwort der Halleschen Herausgeber wurde aufgenommen, weil es den Umgang der Hallenser mit dem Werk dokumentiert und Zeugnis über die erwartete Rezeption in Deutschland ablegt.

Die Schreibweise der Wörter wurde soweit möglich modernisiert, der Sprachstil beibehalten. Die Interpunktion wurde heutigen Gegebenheiten angepaßt. An Stellen, an denen es für das Verständnis des Textes notwendig war, wurde dieser ergänzt. Diese Ergänzungen stehen in eckigen Klammern.

Alle indischen Begriffe, kursiv gesetzt, wurden in der Schreibweise der Missionare beibehalten. Allerdings wurden die diakritischen Zeichen vereinheitlicht. Um den durch die Fußnoten Gründlers bereits umfangreichen Anmerkungsapparat zu entlasten und die Lesbarkeit des Textes zu verbessern, wurden diese Termini, soweit sie zu identifizieren waren, in ein Glossar übernommen. Die Transliteration der Tamilwörter folgt dem »Tamil Lexicon« der Madras University.

Bemerkungen zu den Fußnoten wurden auf ein erforderliches Maß reduziert und durch eckige Klammern kenntlich gemacht. Anmerkungen zum Text der Briefe finden sich als Endnoten im Anschluß an den Text.

In das Literaturverzeichnis wurden neben den zitierten insbesondere solche Werke aufgenommen, die für den deutschsprachigen Leser leicht verfügbar und zugänglich sind.

Die in diesem Band verwendeten Abbildungen stammen nicht aus der »Malabarischen Korrespondenz«, sondern wurden erst später in den »Halleschen Berichten« als Kupferstiche publiziert. Der Herausgeber dankt dem Direktor der Franckeschen Stiftungen, Prof. Paul Raabe, und dem Leiter des Archivs der Franckeschen Stiftungen, Dr. Thomas Müller-Bahlke, für die Vorlagen und die Genehmigung zum Druck der kolorierten Zeichnungen, die diesen Kupferstichen zugrundelagen.

Die Malabarische Korrespondenz

Tamilische Briefe an deutsche Missionare

Vorwort des Herausgebers

Denen Königl. Dänischen Missionariis zu Tranquebar sind zu gesegneter Führung ihres Amtes unter den Heiden absonderlich zwei äußerliche Hilfsmittel vonnöten gewesen: erstlich eine Wissenschaft der dasigen Landessprache, als ohne welche es unmöglich war, die Heiden ihres Irrtums zu überführen und ihnen das Evangelium von Christo zu verkündigen; fürs andere aber eine Kenntnis von dem Heidentum selbiger Völker, an welche sie Gott eines Berufs gewürdiget hat.

Dieses letztere hat ihnen dazu gedienet, daß sie denen Heiden aus ihren eigenen Lehrsätzen die Falschheit ihres Götzendienstes haben entdecken und den subtilen sowohl als groben Betrug des Satans desto deutlicher vor Augen legen können: wenigstens hat's den Vorteil gehabt, daß, weil die Missionarii mit den Heiden aus ihren Religionssätzen und Büchern haben reden können, diese ihnen ignorationem elenchi[1] nicht haben vorwerfen dürfen; hingegen aber desto aufmerksamer worden sind und sich desto eher haben überzeugen lassen, da sie sonst immer in dem Wahn gestanden, als wären sie in Religionssachen weit klüger als die Christen und daß diese von ihrer Lehre nicht urteilen könnten, weil sie selbige nicht verstünden.

Gleichwie nun bemeldte Missionarii bald nach ihrer Ankunft in Indien sich zum Vördersten bemühet haben, nebst der portugiesischen die malabarische Sprache zu erlernen, auch vermittelst göttlichen Segens und angewandten Fleißes es nach nicht gar langer Zeit dahin gebracht, daß sie den Heiden die Lehre Christi in beiden Sprachen deutlich haben verkündigen können, also sind sie in Untersuchung des dasigen Heidentums nicht weniger fleißig gewesen; haben sich aber dabei nicht

1 Unterlassung der Prüfung.

genügen lassen nur etwa die heidnischen Pagoden oder Tempel, Götzenbilder, Feste, Zeremonien und dergleichen äußerlich anzuschauen, sondern durch mündliche Unterredungen mit den Heiden haben sie sich ihrer Religion wegen genau erkundiget, am allermeisten aber derselben eigene Religionsbücher sorgfältig angeschaffet und sich daraus ihre Lehrsätze, Historien und Gebräuche wohl bekannt gemacht.

Und wie dasjenige, was sie in diesem Stück nicht ohne Mühe erarbeitet, in Führung ihres Amtes nötig und nützlich gewesen; also haben sie selbiges zu Papier gebracht und solchergestalt teils ihren Nachfolgern (die Gott etwa, es sei bald kurz oder über lang, zu gleicher Arbeit als sie ausstoßen möchte) vorarbeiten, anderteils aber auch dem geliebten Europa eine Gefälligkeit erweisen wollen. Zu welchem Ende sie einen Traktat unter dem Titel »Das verdammliche allgemeine Heidentum etc.« verfertiget und nebst andern herausgesendet, der aber allhier noch erwartet wird und eben derselbe ist, dessen in der VI. Contin., p. 287 gedacht worden.[2] Kommt selbiger bei uns an, wie uns dazu Hoffnung gemachet ist, wird man ihn nach befindendem Nutzen dem Publico gerne mitteilen.

Inzwischen haben die Missionarii, nachdem sie solchen Traktat vollendet, sich zu eben dem Ende mit den malabarischen Heiden in einen Briefwechsel eingelassen, daß sie vermittelst desselben eines und das andere von ihren Lehrsätzen, Wissenschaften, Zeremonien und Religion besser und umständlicher erfahren, mithin durch Übersetzung derer Antwortschreiben aus dem Malabarischen ins Deutsche auch andern dienen möchten, wie davon in obangeführter VI. Contin., p. 315 ebenermaßen bereits Erwähnung geschehen ist. Damit sie den Malabaren die Antwort desto leichter machten und diejenigen, welche sich zu solchem Briefwechsel verstanden, nicht abschreckten, haben sie sich dieser Weise bedienet, daß sie sich in ihren Zuschriften vorjetzo alles Disputierens enthalten und dieselben Stüke, von welchen sie Nachricht zu ha-

2 HB, 6. Cont., Halle 1713.

ben verlanget, in lauter Fragen gefaßet. Solchergestalt haben sie innerhalb dreier Monaten 55 Schreiben von ihren Korrespondenten, und mit selbigen manche merkwürdige Nachricht, sowohl von der Beschaffenheit dasigen Heidentums als auch Disposition der Gemüter gegen das Christentum und was sie von Annehmung desselben noch abhalte, erlanget.

Sie gedenken auch solchen Briefwechsel ferner fortzusetzen und dadurch immer mehrern Eingang bei den Heiden zu gewinnen, daß, gleichwie die Heiden ihre Lehrsätze auf die vorgelegte Fragen ganz deutlich offenbaret, sie (die Missionarii) nachhero gleichfalls zur Offenbarung der Wahrheit, die uns Gott in seinem Worte geschenket, Gelegenheit haben mögen. Wie sie uns denn bei Abgang ihrer letzten Briefe an uns berichtet haben, daß damals bereits einige Schreiben von den Heiden eingelaufen mit solchen Fragen, darauf sie ihnen die wichtigsten Lehrpunkte der christlichen Religion haben überschreiben können.

Obgemeldte 55 Schreiben, die viele merkwürdige und teils angenehme Nachrichten in sich halten, werden hiermit, der Missionarien Intention gemäß, dem geneigten Leser durch öffentlichen Druck mitgeteilet, nicht daß bloß und allein der Kuriosität ein Genügen geschehe, wie etwa diejenigen, welche Reisebeschreibungen herausgeben, sich diesen Zweck mehrenteils vorzustellen pflegen, daß sie ihren Leser durch Vorstellung allerlei und teils seltsamer Begebenheiten erlustigen wollen; sondern das Absehen der Missionare hierunter ist, denen europäischen Christen den Zustand derer ostindischen Heiden also vor Augen zu legen, daß einesteils ein jedweder Christ Gott dem Herrn für das uns geschenkte Licht des Evangeliums herzlich danke und demselben gemäß lebe, anderntеils aber das Elend und Blindheit dieser Heiden sich also zu Herzen gehen lasse, daß er desto mehr für sie Gott bitte und, soviel an ihm ist, auf Mittel und Wege bedacht sei, wie sie aus ihrer verdammlichen Abgötterei und Unwissenheit errettet werden können.

Was noch ferner von diesen Briefen zu erinnern ist folgendes. Erstlich sind die Materien derselben mancherlei, dahero es deren Übersetzern gefallen hat, sie Miscellan-Schreiben[3] zu betiteln. Sie haben auch diese von ihnen übersetzte 55 Antwortschreiben jede nach dem Dato, unter welchem sie geschrieben sind, rangieret, welches denn gleichfalls verursachet, daß die Materien gemenget sein. In der Zuschrift haben sich die Missionarien nach jedes Korrespondenten Vermögen und Wissenschaft gerichtet, ihm solche Fragen vorzulegen, die er hat beantworten können.

Die Namen der Korrespondenten wie auch derer Städten und Flecken, wo jeder seine Briefe datieret hat, beizufügen, ist weder ratsam noch nötig erachtet worden. Inzwischen versichern die Missionarien, daß alle diese Briefe von keinen andern als Heiden, und zwar solchen, die man mit unter die verständigsten zählen könne, geschrieben sein. Solches aber hat man sich bei Durchlesung dieser Briefe auch um deswillen vorzustellen, damit man nicht, was ungesundes und irriges darinnen enthalten ist, entweder in Unvorsichtigkeit einsauge und annehme oder denen Missionariis als ihre eigene Meinung unbilligerweise beimesse, indem ja diese nicht Auctores[4], sondern nur Übersetzer derer Briefe sind. Daher, wenn zum Exempel p. 456[5] geschrieben wird, es sei mit der Religion ebenso beschaffen als mit den besondern Trachten, Sitten und Rechten jedweder Nation, die einer andern Nation ungereimt vorkämen, item[6] Gott wolle wie er ist mannigfältig in seinen Kreaturen und Werken also auch mannigfältig verehret werden, so ist solches keineswegs ein Satz der Missionarien, sondern ein Schluß der verderbten Vernunft und ein heidnischer Irrtum, dagegen man sich aus dem geoffenbarten Worte zu verwahren hat, als welches uns lehret, daß in keinem andern Heil, auch kein anderer Name den Menschen gegeben sei, darinnen wir sollen selig werden, denn allein der Name Jesu Christi, Act. IV, 12. Daher denn notwendig folget, daß [die], die Christum nicht

3 Schreiben gemischten Inhalts.
4 Urheber, Verfasser.
5 Verweis auf den 26. Brief.
6 gleichermaßen, desgleichen.

erkennen und verehren, in ihrer angenommenen Religion Gotte nicht gefallen, vielweniger selig werden mögen.

Aus dem Inhalt derer Schreiben wird jeder leicht merken, daß einige derselben Verfasser solche Heiden sein, die über ihrem Götzendienst noch steif halten und selbigen als etwas köstliches herausstreichen, unter welchen etliche Brahmanen sind; andere hingegen solche, die aus der Missionarien schrift- oder mündlichen Umgang zwar die Falschheit ihres abgöttischen Weges erkannt, auch einige Erkenntnis von der Wahrheit der christlichen Religion erlanget haben, dabei aber sich noch durch dieses und jenes vom Christentum abhalten lassen. Man wird ferner in Briefen solche Lobsprüche der Tugend und Ausdrücke von Gott dem allerhöchsten Wesen, Bekehrung des Herzens, Vertrauen auf Gott, Verleugnung der Welt und seiner selbst etc. antreffen, daß dergleichen bei den alten Griechen und Römern wohl schwerlich bessere zu finden sein werden und viele, so Christen heißen, mit Recht darüber beschämet werden möchten. Unterdessen ist gleichwohl die Finsternis, in welcher diese Heiden wandeln, groß und ihr Zustand jämmerlich, weil sie Christum, der Welt Heiland, nicht erkennen, und was sie noch von der Wahrheit aus dem Lichte der Natur wissen in Ungerechtigkeit aufhalten, folglich in Sünde, Schande und Lastern (dahin sonderlich die Hurerei der Götzendienerinnen gehöret) stecken und darinnen verderben.

Endlich haben auch die Missionarien unter die meisten Briefe Anmerkungen gesetzt, welches um deswillen nötig gewesen, weil viele Nomina propria[7] und andere malabarische Wörter in der Übersetzung haben behalten werden müssen, die ohne Erklärung einem Leser ganz unverständig sein würden. Auch sind zuweilen die Sachen selbst so beschaffen gewesen, daß sie dem europäischen Leser noch deutlicher haben vorgestellet werden müssen. Nicht weniger haben die Übersetzer derer Briefe bei diesem oder jenem Worte und Umständen Gelegenheit genommen, solche Dinge anzuführen, die ihnen sonst vielleicht nicht beigefallen wären.

---

7 Eigennamen.

Unsers Orts haben wir diese Malabarische Korrespondenz dem Publico zu enthalten, uns nicht entschließen mögen. Es kommet zwar in selbiger auch vieles vor, welches teils töricht, teils zu verabscheuen ist. Insonderheit findet sich Hurerei und Unreinigkeit wie mit der ehemaligen Abgötterei also auch mit dem malabarischen Gottesdienst verknüpfet. Allein, hätte man dergleichen auslassen und nur dasjenige kommunizieren wollen, was etwa diese Heiden noch aus dem Licht der Natur gutes erkennen und an sich haben, so sollten einige wohl gar auf die unrichtige Gedanken kommen, als wäre doch das Heidentum nicht so gar böse und ungestalt. Paulus trägt kein Bedenken, das ehemalige Heidentum in seinen abscheulichen Früchten ebenermaßen darzustellen, Rom. I, 24 seqq. Und wer nicht erkennen wollte wie höchstnötig und heilsam es sei, daß Anstalt gemacht worden und ferner gemachet werde, die indianische Heiden durch Verkündigung des Evangelii von Christo aus ihrem Elend und Blindheit zu erretten, den könnten auch diese Nachrichten eines bessern überzeugen. Gewiß sind die malabarischen Korrespondenten, deren Briefe man hier übersetzet lesen kann, bei der Christenheit nicht anders anzusehen, als jener Mann aus Makedonia, der Paulo im Gesichte bei der Nacht[8] erschien und ihn bat: Komm hernieder in Makedonien und hilf uns. Apost. Gesch. XVI, 9. Worinnen die bei den alten sowohl als neuen Skribenten gerühmte Weisheit der Brahmanen bestehe und wieviel davon zu halten sei, ist hier deutlicher als jemals dargeleget worden. Das wird wenigstens einen christlichen Leser nicht anders als vergnügen, hingegen aber die atheistische Menschen nicht anders als beschämen können, wenn selbst diese Heiden nicht nur ein einiges allerhöchstes Wesen erkennen, sondern auch glauben, alle Menschen können auf das allergewisseste wissen, daß ein Herr sei, der die Welt und alles, was in der Welt ist, erschaffen habe, p. 394[9]. Denn solchergestalt müssen auch diese Heiden mit ihrem ei-

8 im Traum.

9 Verweis auf den 6. Brief.

genen Zeugnis bestätigen, was Paulus, Rom. I, 19, schreibt: Daß man weiß, daß Gott sei, ist ihnen (den Heiden) offenbar, denn Gott hat es ihnen offenbaret, und haben also weder sie (die Heiden) noch auch die Atheisten einige Entschuldigung.

Gott wolle denn, nach seiner überschwenglichen Barmherzigkeit, alle Hindernisse, die der Ausbreitung des Evangelii unter den Heiden entgegenstehen, noch ferner aus dem Wege räumen und dem Worte der Wahrheit allenthalben Sieg geben zu vieler tausend Menschen Heil und Seligkeit! Dessen Gnade und Güte schließlich auch der geliebte Leser zu allem Wohlsein an Leib und Seele treulichst empfohlen, und ihm diese VII. Contin. derer Ostindischen Nachrichten nebst einem vorläufigen Schreiben von den Gnadenbezeugungen, so der Mission von Seiner Königlichen Majestät und dem gesamten königlichen Hause Dänemark geschehen, wie auch einer Nachricht vom Ursprunge der dänischen Kolonie und Festung Tranquebar, zu beliebiger und angenehmer Lesung hiermit übergeben wird.[10]

Halle, den 16. Jun. Ao. 1714

10 Diese wurde nicht in die vorliegende Ausgabe aufgenommen.

Siebende
CONTINVATION
Des
Berichts
Derer Königl. Dänischen Missionarien
zu Tranquebar in Ost-Indien/
Bestehend
In 55. merckwürdigen und curieusen Miscellan-Schreiben/ welche sie von verschiedenen Malabarischen Heyden empfangen/ aus dem Malabarischen ins Teutsche übersetzet/ mit nöthigen Anmerckungen versehen/ und unter dem Titel
Einer Malabarischen Correspondentz
zum Druck heraus gesandt haben/
Worinnen die äussere und innere Gestalt des dasigen Heydenthums/ nebst den daselbst üblichen Gebräuchen/ Ceremonien und Wissenschafften/ wie auch Ab- oder Zuneigung der Gemüther gegen das Christenthum/ umständlich entdecket und dargeleget wird.
Samt einer Vorrede/ und einem Send-Schreiben von den Gnaden-Bezeugungen/ so Se. Königl. Maj. von Dennemarck und Dero Königl. Hohes Erb-Haus der Mission erzeiget haben; wie auch einem Extract vom Ursprung der Dänischen Colonie und Vestung Tranquebar.
HALLE/
In Verlegung des Waysen-Hauses, 1714.

Abbildung 3: Titelblatt der 7. Continuation der »Halleschen Berichte«.

Erster Teil

Der erste Brief

Darinnen sich der Korrespondent excusieret[1], warum er nicht eher auf das empfangene Schreiben geantwortet, und wie er hinführo dasjenige, was man an ihn schreiben würde, fleißiger observieren wollte, dabei er zugleich eine kurze Beantwortung der an ihn getanen 9 Fragen übersendet

Im Jahr *Nándanawáruschúm*[a], den 2. Oktober.

Ich, N., vermelde denen Priestern meinen Gruß. Sie haben ehemals an mich geschrieben und neun Fragen übersandt mit Verlangen, daß ich Ihnen selbige beantworten sollte. Alleine solches ist keine Sache, die von mir geschehen kann. Und weil keine tüchtige Personen dazu vorhanden, hat sich es bis hierher so lange verzogen. Anjetzo ist allhier ein sehr weiser und verständiger Priester[2] von *Iarpánam*, welcher in allen Landen wallfahren herumgehet. Selbigen habe ich zu mir gerufen und ihn dieser neun Dinge wegen befraget. Dessen Antwort ich denn geschrieben und hiermit übersende. Man könnte zwar solche Sachen auf unsere malabarische Art weitläufig ausführen, aber hierinnen ist alles ganz kurz gefaßet. Wollen Sie selbige weitläufiger haben, so sind dazu sechserlei Arten[3]. Aber woferne man solche nach diesen sechserlei Arten erweitern soll, so wird ein ganzer Monat drauf gehen. Und wenn man

---

a *Nándanawáruschúm* ist das jetzt laufende Jahr [1712]. Denn diese Heiden führen ihre Jahresrechnung nicht von Anfang der Welt oder von einem andern gewissen Periodo der Zeit, sondern sie haben eine gewisse Zeit von 60 Jahren, welche Zeit sie *Antu* nennen. Unter solchen Jahren hat ein jedwedes seinen besondern Namen. Und wenn alle 60 um sind, so bekommt das *Antu* einen andern Namen und sie fangen wieder die Namen der Jahre von vorne an zu zählen. Jedoch, was die Gelehrten anlanget, so haben sie diese jetzige Weltzeit in gewisse Periodos eingeteilet, danach sie sich richten.

gleich nichts anderes täte, als nur immer daran schriebe, so würde man doch unter einem Monat nicht fertig werden. Ich bin nicht ein solcher, der Ihnen falsche und unrichtige Dinge überschreibet. Und was ich auch diesen und jenen Gesetzgelehrten vorgeleget habe, das schreibe und überschicke ich doch nicht eher, als bis es konfirmieret[4] worden ist. Anjetzo bin ich bereit, nach Ihrer Vermahnung täglich dies und jenes mich zu befragen und öfters an Sie zu schreiben. Wenn Sie selbsten den Priester von *Iarpánam* zu sich hinüber kommen ließen und einen Tag sich mit ihm besprächen, so würde er Ihnen alles mündlich zu sagen wissen, was Sie ihn auch befragten. Er ist ein verständiger und hochästimierter Mann, der nicht geldgierig ist, wie andere seinesgleichen.[5] Durch ihn könnten Sie viele Sachen erfahren.

Die Ursache, warum ich so lange nicht geschrieben, ist nicht allein diese, weil keine hierzu tüchtigen Leute vorhanden gewesen sind, sondern auch, weil es meine jetzige Umstände nicht haben zulassen wollen. Dieses alles wollen Sie ja nicht ungütig aufnehmen, wie denn bei Ihnen kein Zornfeuer ist, als wohl bei uns gefunden wird.

Anjetzo ist nunmehro die Regenzeit, darinnen niemand etwas tun kann. Die Brahmanen und Gesetzgelehrten bleiben auch alle zu Hause. Was Sie denn nun ins künftige für Sachen beantwortet haben wollen, die will ich Ihnen alle überschreiben. Ob ich aber gleich mir vielleicht unwissend darinnen einige Fehler begehe, so müssen Sie mir verzeihen. Jedoch was soll ich sagen? Sie wissen alles besser, als ich es Ihnen schreiben kann. *Schalám.*[a]

---

a Das Wort *Schalám* ist ein Grußwort, welches gemeiniglich die Vornehmen unter diesen Heiden in ihren Briefen zum Anfang und Ende setzen. Sonst ist es auch in reden sehr gebräuchlich, wenn einer dem andern begegnet oder von ihm gehet, eben wie die Hebräer das Wort Schalom als ein Grußwort braucheten, das bei ihnen soviel als **Friede** heißet, welches denn nachmals fast alle orientalische Völker zum Grußwort angenommen haben.

Die erste Frage

Wie die malabarische[6] Religion in die Welt gekommen sei

Von dem einzigen allerhöchsten Wesen, daß der allmächtige Gott ist und *Bárabirúma*[a] genannt wird, ist die Göttin *Tscháddi*[b] entsprungen. Von dieser *Tscháddi* sind die drei Götter, *Dirumúrtigöl*[c] genannt, entsprungen. Unter diesen ist einer namens *Birúma*, aus dessen Ansehen die 224 *Búganangöl*[d] und deren Herren[e] entsprungen sind.

Von diesem sind auch die vier Gesetzbücher[7] und die sechs *Sástirangöl*[f] herkommen. Diese sechs *Sástirangöl*[8] traktieren die Lehren, so in den vier Gesetzbüchern enthalten sind. Die

---

a Das höchste Wesen heißt eigentlich in dieser Sprache *Barábarawástu*, welches Wort in der christlichen Lehre ohne Anstoß gebrauchet werden kann. Alleine wenn solches höchste Wesen *Bárabirúma* genannt wird, so schmeckt es schon nach dem Heidentum. Denn *Birúma* oder *Bruma*, ist einer von den dreien Göttern, die sie Dirumúrtigöl nennen. Und *Bárabirúma* ist denn der allerhöchste Gott bei ihnen oder das Wesen aller Wesen.

b *Tscháddi* ist diejenige Göttin, von welcher diese Heiden schreiben, daß sie in Gott anfänglich die weibliche Kraft gewesen und sich nachmals von der männlichen separieret habe.

c *Dirumúrtigöl* sind drei Personen, welche von diesen Heiden als die vornehmsten Götter venerieret [verehrt] werden, nämlich *Birúma*, *Wischtnu*, und *Rúddiren* oder *Isuren*. Einige venerieren sie als das höchste göttliche Wesen selbsten, darinnen denn der Satan das Geheimnis der Heiligen Dreieinigkeit unter diesen Heiden nachäffen wollen. Sonst ist das Wort Gott und das Wort Götter bei diesen Heiden dem eigentlichen Verstande nach sehr unterschieden. Denn unter dem Namen Gott, der in ihrer Sprache vielfältig und nach den göttlichen Eigenschaften eingerichtet ist, verstehen sie das Wesen aller Wesen, nämlich den einigen und ewigen Gott. Unter dem Namen Götter aber verstehen sie solche, die von Gott göttliche Macht und Gewalt bekommen haben, zu schaffen, zu regieren und unterhalten, und zu verderben; die man denn wegen ihres Amtes und weil sie von Gott über die Welt gesetzet wären, anbeten und venerieren müßte. Bei deren Anbetung aber ist der Dienst gegen den einigen wahren Gott unter diesen Heiden ganz aufgehoben worden.

d *Búganangöl* sind die Sphären aller Himmel und Welten.

e Diese Heiden glauben, daß über eine jedwede Sphäre oder Distrikt in ihren vielen Himmeln und Welten eine besondere Person zum Herrn und Regierer gesetzet sei.

f Die 6 *Sástirangöl* sind gleichsam 6 Systemata über ihre Lehrsätze, so in den 4 Gesetzbüchern enthalten sind.

Abbildung 4: Śiva mit Brahmā (über der rechten Schulter), Viṣṇu (über der linken Schulter), Pārvatī und Skanda

Erklärung von diesen sechs *Sástirangöl* sind die achzehn *Puránen*[a]. Die vier Gesetzbücher handeln nun die Brahmanen nach den Lehrsätzen, so in den sechs *Sástirangöl* enthalten sind. Ihre Verrichtungen nach solchem Gesetz sind folgende: Des Mor-

a Die 18 *Puránen* sind alte Historienbücher, darinnen die Geschichte und Erscheinungen ihrer Götter nebst ihren Taten, so sie unter den Menschen verrichtet haben sollen, enthalten sind.

gens, weit vor der Sonnen Aufgang,[a] stehen sie auf, tun ihre Notdurft und reinigen sich wohl. Nachhero säubern sie die Zähne und spülen den Mund aus. Alsdann verrichten sie ihr Werk, *Aschamenkirigei*[b] genannt, und richten ihre Gedanken auf den **Herrn**[c], lesen auch dasjenige Gesetz, welches zu der Reinigung gegeben ist, und reinigen sich dabei im Wasser. Hiernebst verrichten sie auch ihre Gebetsformeln und alle hierzu gehörige Zeremonien.[d] Nach diesem rezitieren sie eine Gebetsformel, *Kaiaddiri* genannt, preisen und bitten die drei Götter, *Dirumúrtigöl* genannt, daß sie diese getane Werke alle insgesamt an den Ort, wo das höchste Wesen wohne, bringen wollen. Alsdann verehren sie die Figuren und bringen ihnen Opfer. Darunter richten sie ihren Sinn auf das **Höchste Wesen**, stehen in tiefer Betrachtung und erheben ihr Herz zu dem Einigen[e], und bilden sich bei solchen Figuren ein, als sei Er alles selbsten. Unter diesen Stücken allen kann ein jedwedes weitläufig erkläret werden.

---

a Nach unserm Stundenzeiger möchte es 3 1/2 Uhr des Morgens sein.

b *Aschamenkirigei* ist eine Verrichtung mit besonderen Zeremonien. Wie denn die Brahmanen dermaßen viel Werkheiligkeit [äußeren Gottesdienst] haben, daß sie selbige in gewisse Teile eingeteilet und eine jede Abteilung solcher Werke mit besonderen Namen in ihren Büchern benennet haben.

c Das Wort **Herr** heißt allhier in ihrer Sprache *Kaddá*, darunter sie allezeit den einigen höchsten Gott verstehen.

d Ihre Zeremonien sind bei ihrer Reinigung dermaßen viel und mannigfaltig, daß sie oftmals in einem halben Tage damit nicht fertig werden können. Und gleichwohl tun sie solche täglich und lassen sich von niemanden darin stören, wenn auch ein König zu ihnen kommen und sie anreden wollte.

e Durch **den Einigen** wird allhier das einzige allerhöchste Wesen verstanden. Denn diese Heiden sind völlig überzeuget, daß nur ein einziger Gott sei, von dem alles in allem ursprünglich hergekommen, und bilden sich ein, daß sie durch Verehrung der erschaffenen Götter und Anbetung ihrer Bilder den höchsten Gott selbsten verehren und anbeten, als der ihnen solches zu tun befohlen hätte.

Die zweite Frage

Was für Gedanken die Malabaren von der Christen Religion und Gesetz halten[10]

Das Christentum wird um deswillen von uns verabscheuet, weil die Christen Kühe schlachten und essen,[a] weil sie sich nicht reinigen wenn sie zu Stuhle gegangen sind,[b] weil sie starke Getränke trinken,[c] und weil sie, wenn jemand stirbt, nicht viele Werke tun,[d] um der Seele des Verstorbenen an den Ort der Se-

---

a Diese Heiden haben von den lebendigen Tieren eine sehr abergläubische Meinung und sonderlich von den Kühen, mit welchen sie große Abgötterei treiben. Denn wer unter ihnen eine Kuh tötet hat weit größere Sünde begangen, als wenn er einen Menschen getötet. Vor ohngefähr 3 Monaten hatte in dieser Gegend ein *Bareiár* (welche Art Leute unter ihnen vor die unreinesten gehalten werden) aus Hunger eine Kuh gestohlen, sie geschlachtet und gegessen. Sobald als solches kund wurde, nahmen sie ihn gefangen und sprachen ihm das Leben ab. Und da er noch pardonieret wurde, hackten sie ihm doch die rechte Hand und das linke Bein ab. Weil nun diese Heiden sehen, daß wir europäische Christen die Kühe schlachten und das Fleisch allerhand lebendiger Tiere essen, so halten sie solches für einen Greuel und mögen weder die Christen noch ihre Eßgeschirre anrühren, in der Meinung, daß sie durch solches Anrühren verunreiniget würden.

b Wenn diese Heiden ihre Notdurft tun, waschen sie allen Unflat mit der linken Hand ab. Solches tun sie insgesamt, Kleine und Große. [Sie] haben auch Bücher unter sich, darinnen von solcher Reinigung Unterricht gegeben wird. Und weil sie ihre linke Hand dazu gebrauchen, so dürfen sie mit selbiger nicht essen noch einige Speisen berühren. Weil sie nun sehen, daß die Christen solche Manier nicht gebrauchen, so halten sie selbige vor unrein, zumal, weil sie auch nicht so gar öfters ihren Leib waschen, darein doch diese Heiden fast alle ihre Reinigung setzen.

c Alle starke Getränke halten diese Heiden vor Sünde und diejenigen vor unrein, die selbige trinken. Daher bei ihnen vom größten bis zum kleinsten kein stark Getränk getrunken wird, ausgenommen nur diejenigen, so aus dem geringsten und verachtesten Geschlechte sind, die von ihnen zu allen unreinen Verichtungen gebrauchet werden. Wenn denn solche Heiden überdies das unordentliche Wesen und Völlerei, so aus dem Mißbrauch der starken Getränke kommt, bei den europäischen Christen häufig gewahr werden, haben sie daher einen echten Ekel vor den Christen und dem Christentum bekommen.

d Wenn jemand unter diesen Heiden stirbet, so befiehlet er seinen Kindern oder Freunden, was für Almosen sie in seinem Namen tun sollen und wie lange sie solche zu tun haben; welches denn genau observiret werden muß. Auch haben sie der Abgestorbenen wegen viel Fastens unter sich und

ligkeit zu verhelfen,[a] auch weil sie im Heiraten keine Freudenwerke verrichten[b].

Im übrigen, was das Gesetz der Christen an sich selbsten anlanget, so kann man solches nicht verwerfen. Die Christen haben ein heiliges Gesetz, aber keine Werke[c]. Unser Gesetz ist nicht allein ein heiliges Gesetz, sondern es hat auch Werke[d].

Die dritte Frage
Warum die Malabaren sich weigern, zu der christlichen Religion zu treten[11]

Es sind viele Geschlechte[12] der Menschen,[e] die vom Herrn er-

---

gedenken dadurch den Seelen der Abgestorbenen zu Hilfe zu kommen. Aber solches sehen sie nicht an uns evangelischen Christen. Daher bilden sie sich ein, etwas besseres als wir zu haben.

a Sie glauben, daß die Seelen, so mit Sünden behaftet sind, durch mühsames Herumschweben und Wiedergeburten gereiniget werden müssen, und daß ihnen in solchem Zustande die Almosen, so die Anverwandten in ihrem Namen in der Welt täten, zustatten kämen.

b Wenn diese Heiden heiraten verrichten sie viele Freudenwerke, welche teils in Mitteilung reichlicher Almosen, teils aber auch in bloß weltlichen Lustbarkeiten bestehen, um in der Stadt einen großen Aufzug und Gepränge zu machen. Weil ihnen nun das letztere bei unserer Evangelischen Kirche nicht verstattet wird und sie auch das erstere bei den Christen nicht sehen, so halten sie solches vor einen Hauptmangel der Werke.

c Dieses ist das allerärgerlichste, welches die Heiden an den Christen überhaupt zu desiderieren [bemängeln] haben, nämlich, daß ihr Gesetz zwar gut und heilig, aber das Leben ohne gute Werke und heiligen Wandel sei.

d Die Werke dieser Heiden sind viel und mannigfaltig. Und ob sie gleich bloß im äußerlichen bestehen, so beschämen sie doch viele Christen mit dergleichen Bemühung, die sie nach ihrem Gesetz sich machen, um die Seligkeit zu erwerben.

e Es statuieren diese Heiden unter sich 96 unterschiedliche Geschlechter. Und ob zwar diese nur eigentlich den Künsten, Ämtern, Professionen und Verrichtungen nach voneinander unterschieden sind, so machen sie doch unter ihnen einen solchen abergläubischen Unterscheid, daß einer aus seinem Geschlechte nicht in ein anderes heiraten darf, noch mit Leuten von andern Geschlechten essen mag. Ein jedes Geschlecht hat seinen besonderen Namen, seine besondere Zeremonien, seine besondere Gebräuche und seine besondere Eßarten und Speisewaren. Wo einer dawider handelt, so hat er sein Geschlecht verloren und wird für den verachtesten Menschen gehalten.

schaffen worden. Weil wir denn sehen, daß die Christen solchen Unterscheid der Geschlechte nicht observieren, sondern aus allen eines machen,[a] auch uneracht, daß in den beiden Geschlechten, dem männlichen und dem weiblichen,[b] ein großer Differenz gefunden wird, sie dennoch alle Personen ohne Unterscheid zu einer Gemeine versammlen,[c] so gefället es uns nicht, zu solcher Religion zu treten.

Die vierte Frage

Was für gelehrte Leute sich anjetzo in der Stadt N. befinden und was solcher Leute Verrichtung sei[13]

Die gelehrtesten Leute allhier sind diese: *Wairawenáda Kúru*[d], *Pantschatschara Kúru*, *Mabbullei Kúru*, *Minátschi Sastiriár*[e], *Tschidámbara Sastiriár*, *Mogarámbara Sastiriár*. Außer diesen sind noch viele, so ihnen ziemlich gleichkommen.

---

a Wenn einer aus diesen Heiden zu unserer christlichen Religion tritt, muß er solchen Aberglauben ablegen. Denn wir verstatten keinen solchen Unterscheid, sondern lehren, daß sie alle in Christo eins sind und keiner vor dem andern hierinnen einen Vorzug habe. Dahero lassen wir sie auch untereinander sich verheiraten, nicht nach dem Geschlechte, sondern nach ihrem Belieben, wo sie anders ohne Hindernis auf christliche Weise getrauet werden können.

b Es erkennen diese Heiden aus dem Licht der Natur sehr wohl, daß eigentlich unter den Menschen nicht mehr als zwei differente Geschlechte sind, nämlich das männliche und das weibliche. Aber gleichwohl halten sie nicht alle Menschen vor gleich gut, die von Mann und Weib geboren sind, sondern haben den obengedachten Unterscheid unter sich.

c Aus jetzterwähntem Aberglauben komt es diesen Heiden sehr wunderlich vor, wenn sie sehen, daß sie, so zu der christlichen Religion getreten, in einer Kirche beisammensitzen, untereinander ohne Ansehung der Person heiraten, beieinander wohnen, essen und trinken und allen vorigen Unterscheid aufheben. Was sonst Dignitatem officii [Würde des Amtes] anlanget, so heben wir selbige nicht auf, sondern sehen dahin, daß alle gute Ordnungen unter den Unserigen observieret werden.

d *Kúru* heißt ein Priester.

e *Sastiriár* heißt einer, so ihre obgemeldete 6 theologischen Systemata wohl gelernet hat und in selbigen andere unterweisen kann. Ein solcher wird unter ihnen gleichsam als ein Professor gehalten, von dem ihre Theologie und Disziplinen gelernet werden müssen.

Ihre Verrichtungen sind diese: Sie tun allerlei Opfer, sie verrichten die Werke, so zu den Festen der *Pagoden* gehören, sie unterweisen ihre Jünger[a], wie sie die Opfer verrichten sollen,[b] sie dozieren ihre Gesetzbücher, sie lehren diejenigen, so an den Herrn gläubig sind,[c] die Lehrsätze der *Sástirangöl*, und legen selbige aus.

Dieses ist ihre Weisheit, ihr Wandel und Verrichtung.

Die fünfte Frage

Was diejenigen lernen und tun, so aus dem Geschlechte der Brahmanen sind

In ihrer Jugend lernen[d] sie ihr Gesetz und die Systemata, darinnen die Gesetzlehren enthalten sind, welche sie einsehen lernen. Nebst diesen sind auch solche Lehrsätze vorhanden, die auf einen tugendsamen Sinn führen.[e] Selbige lernen sie als-

---

a Ein jedweder Priester hat seine gewisse Jünger, welche von niemand anders als von ihm die Vergebung der Sünden holen. Diese sind Leute aus dem gemeinen Wesen. Denn ein jedweder, der einiges Verlangen nach der Seligkeit hat, erwählet sich nach seinem Gefallen einen Priester und wird sein Jünger. Aber die Discipel [Schüler] der *Sastirigöl* oder Professorum sind allein solche Leute, die sich auf die Studia legen und entweder Priester oder Professores zu werden gedenken.

b Ihre Opfer werden mit solchen Zeremonien verrichtet, daß einer lange lernen muß, ehe er ohne Irrung und ohne Stottern soviel Wesens nacheinander machen kann. Und wo darinnen nur eine Sache versehen wird, so ist das ganze Opfer vergeblich.

c Ehe sie einem die Geheimnisse ihres Gesetzes offenbaren, so prüfen sie ihn wohl, ob er auch einen festen Glauben habe. Denn sie sagen, daß alle Dinge, so im Gesetz enthalten, bei dem Menschen einen ungezweifelten Glauben erfordern. Wo dieser Glaube bei einem nicht sei, so nütze ihm das Gesetz nichts, und könne aus selbigem kein Ding erfüllet werden.

d Ihr Lernen geschiehet alles in der Brahmanensprache, welche *Kiréndum* genennet wird; wie denn auch ihr Gesetz und die daraus gezogene 6 Systemata in solcher Sprache geschrieben sind, nebst den obgemeldeten 18 *Puránen* und allen andern Gesetzbüchern, unter welchen auch viele in die malabarische Sprache übersetzet sind.

e Ihre Gesetzbücher handeln meist von lauter Zeremonien, Opferarten, Gebetsformeln und von den Regeln der Reinigung, auch von den mancherlei

Abbildung 5: Brahmane mit Frau und Kind (Ende 18. Jh.)

denn verstehen und praktizieren. Nachmals ist ihre Verrichtung diese, daß sie ihre Gebete und Opferarten verrichten und dabei die dazugehörige gute Werke ausüben.

Die sechste Frage
Auf was Weise die Malabaren selig zu werden gedenken

Wer nach der Lehre des malabarischen Gesetzes lebet, und nach dem Unterricht seines Priesters dasjenige glaubet, was zu

---

Festen, Anbetungen der Götter und Verehrungen der vielen Figuren, auch von den mannigfaltigen Verrichtungen in den *Pagoden*. Aber außer diesen haben sie allerhand Moralienbücher, die da auf ein tugendsames Leben gerichtet sein, welche meistenteils aus dem *Kiréndum* in die malabarische Sprache translatieret [übersetzt] sind, auch von vielen andern, die keine Brahmanen sind gelesen und gelehret werden.

glauben ist,[a] auch stets an Gott gedenket und sein Gebot ohne Übertretung hält,[b] der kann selig werden[c].

Die siebende Frage
Was die Malabaren für Unterweisung zur Seligkeit haben

Alles gehet unter uns nach der Unterweisung[d] der Brahmanen aus den 4 Gesetzbüchern und aus den 6 Systematibus. Diese zeigen uns, welche Sünden wir sollen meiden und welche Tugenden wir sollen ausüben.[e]

Die achte Frage
Auf was Weise die Malabaren sich von Sünden loszumachen suchen[14]

Wenn man an die heiligen Örter[f] gehet und dem Gott an selbigen Örtern ein Trankopfer bringet, auch an solchen Örtern sich

---

a Diese Heiden dringen gar sehr auf den Glauben bei denen, so da selig werden wollen. Aber ihre Gesetzlehren, damit der Glaube umgehet, sind ganz falsch.

b Sie schreiben allein denen die Seligkeit zu, die da tun und halten, was ihnen geboten ist.

c Das Wort **selig werden** heißet allhier in ihrer Sprache ebensoviel als **anlanden**, wenn man nämlich auf dem ungestümen Meer geschiffet und nunmehro in einen sichern Hafen kommet und aus der See ans Land steiget.

d Die Unterweisung der Brahmanen ist gar rar und gehet nicht weit, denn es ist unter ihnen weder öffentliche noch besondere Anstalt zur nötigen Unterweisung. Was reiche und vornehme Leute sind, halten eigene Brahmanen in ihren Diensten, daß sie dies und jenes von ihnen hören und erfahren mögen. Der größte Haufe gehet hin ohne Unterricht. Unterdessen, was den Dienst in *Pagoden* anlanget, so gehet darinnen alles nach der Brahmanen Anordnung.

e Die Lehre von Meidung der Sünden und von Ausübung der Tugenden ist unter ihnen ganz gemein. Aber sie wissen weder die rechte Art noch die eigentlichen Mittel, wie und wodurch solches geschehen könne.

f Heilige Örter sind unter diesen Heiden diejenige, allwo einige Wunder geschehen, oder diese oder jene Götter erschienen sein sollen. Da denn gemeiniglich große *Pagoden* aufgebauet sind und herrliche Feste gehalten werden, dahin von weit und breit gewallfahret wird, welches den Brahmanen einen großen Gewinnst bringet; daher sie sich häufig an solchen Örtern aufhalten.

im Wasser reiniget[a] und ein Speisopfer bringet; item[15], wenn man die Brahmanen speiset[b] und einige Feueropfer machen läßet, wenn man gute Werke ausübet, als da sind *Kotánum*,[c] *Putánum*,[d] *Wastiratánum*,[e] *Iràniatánum*[f] und dergleichen mehr,[g] so kann man hierdurch von Sünden los werden.

Die neunte Frage

Warum die Malabaren in ihren *Pagoden* und Häusern allerlei Figuren der Götter verehren

Es kann die Gestalt des **Herrn**[h] von keinem Menschen mit etwas verglichen werden, daß man von solchem Herrn rechte Gedanken haben und sich ihn in dem Gemüte recht vorstellen könnte. Aber wie *Birúma*, *Wischtnu* und *Rúddiren* gestalt sein[16], solches stehet in unserem Gesetz geschrieben. Auch stehet darinnen, wie die andern Götter gestalt sein. Und weil denn Gott zugleich in seinem Gesetz gezeiget, welche Götter wir anbeten sollen, und auf was Weise solches geschehen müsse, auch was

---

a An solchen Örtern sind gemeiniglich große ausgepflasterte Teiche oder herrliche Flüsse, darinnen sie sich von Sünden reinigen.

b Das Speisen der Brahmanen zur Befreiung der Sünden ist unter ihnen ganz gemein. Es muß aber solches an einem solchen Orte geschehen, der ihrer vermeinten Heiligkeit gemäß ist.

c *Kotánum* bedeutet dasjenige gute Werk, da sie vermittelst der Zeremonien der Brahmanen alle ihre Sünden auf eine oder mehr Kühe legen und selbige den Brahmanen verehren, die denn zugleich die Sünden mit der Kuh wegnehmen.

d *Putánum* ist dasjenige, da sie Äcker oder auch ganze Landschaften denen Brahmanen übergeben, wodurch sie von ihren Sünden loszuwerden gedenken.

e *Wastiratánum* ist ein solches Almosen, da man Kleider austeilet und damit seiner Sünden loszuwerden gedenket.

f *Iràniatánum* ist ein Almosen, das in Getreide oder Geld bestehet.

g Sie haben zehn dergleichen Almosen zur Befreiung der Sünden, welche denn gemeiniglich von den Sterbenden ausgeübet werden.

h Durch das Wort **Herr** wird allhier der einige wesentliche Gott verstanden, von welchem sie alle insgesamt bekennen, daß er keinem Dinge in der Welt zu vergleichen sei. Dahero machen sie ihm auch kein Bildnis, sondern alle Figuren und Bildnisse, die sie unter sich haben, präsentieren nur die Gestalt der vielen andern Götter, und zwar auf solche Art und Weise, als sie denen Menschen in der Welt erschienen sein sollen.

für einen Lohn er uns dafür geben wolle, so tun wir nach diesem seinem Befehl und verehren solche Götter in ihren Figuren.

Der zweite Brief

Darinnen der Korrespondent seine Willigkeit zeiget zu tun, was man in Briefen von ihm begehret, um derentwillen er sich aber mit denen Brahmanen und Gelehrten zu besprechen hätte, welches die Antwort aufhielte. Überschicket dabei die Beantwortung derer an ihn getanen 18 Fragen und bittet, es nicht übel aufzunehmen, wenn nicht alles nach Willen geschehe

Im Jahr *Nándanawáruschúm*, den 4. Oktober.

Denen beiden Herren Priestern vermelde ich, N., dero Diener, meinen Gruß. Das Schreiben, welches Sie mir übersendet, habe ich empfangen und die darinnen enthaltenen Sachen gar wohl verstanden. Ich erkenne mich verbunden, alle Dinge über mich zu nehmen, die Sie an mich schreiben, und Ihnen, soviel als es mir möglich ist, so zu Willen zu leben, daß Sie über mich keine Klage führen dürfen. Der achzehn Fragen wegen, die Sie an mich getan, habe ich mich mit einigen gelehrten besprochen und selbiger Sachen mich erkundiget. Soviel nun als ich erfraget und selbsten gewußt habe ich ohne fernern Zweifel geschrieben und übersende solches hierbei. Es sind noch viele Dinge vorhanden, die weitläufig hätten mit hineingeführet werden können, aber es werden gar wenige solche Leute gefunden, die man bei Schreibung solcher Sachen dieses und jenes wegen befragen könnte. Was ich demnach geschrieben überschicke, solches ist ganz kurz gefaßet. Alle die Sachen, die Sie fragen, kann niemand anders beantworten als die Brahmanen und *Tschúddirer*[a].[17]

---

a *Tschúddirer* heißen unter ihnen diejenige, die der Würde des Geschlechts nach nächst den Brahmanen im meisten Ästim [Ansehen] sind und unter welchen annoch einige Gelehrsamkeit und Wissenschaften im Schwange

Hiernebst haben Sie auch geschrieben, daß, wenn ich sonsten gute Dinge hörete, ich selbige Ihnen überschreiben sollte. Dieses soll auch ins künftige geschehen.

Die Brahmanen bleiben keine halbe Stunde an einem Orte. Es ist auch etwas sehr Rares, wenn man sie des Abends antreffen und sprechen kann. Daher verweilet sichs so lange, ehe die Sachen deutlich überschrieben werden können. Unterdessen bin ich allenthalben zu Ihren Diensten bereit. Ob ich aber gleich ferne von Ihnen bin, so wollen Sie doch die Liebe, die Sie gegen mich tragen, niemals ins Vergessen kommen lassen, sondern mich ebenso halten, als wenn ich nahe um Sie wäre.

Es sind sonst einige gelehrte und verständige Leute allhier in der Stadt wohnhaftig, aber selbige sind auch anjetzo nicht vorhanden. Sobald als sie kommen, werde ich mich befleißigen, so zu schreiben, daß Sie damit können zufrieden sein. Die Materien mögen Sie vergnügen oder nicht, so wollen Sie um deswillen doch nicht unwillig werden, sondern alle Schuld verzeihen. *Schalám.*

Die erste Frage

Woraus bewiesen werden könne, daß das Gesetz der Malabaren ein seligmachendes Gesetz sei?

Es beweisen solches nicht allein die vier Gesetzbücher und die daraus geflossene 6 Systema, sondern auch das Buch *Tschadda kori magá mandirum* genannt, welches der Inhalt der 18 Bücher von den alten Gesetzhistorien[18] ist. In diesen 18 Gesetzhistorien handelt ein Teil, das *Wiránku* genennet wird, von sieben heiligen Plätzen, als da sind: 1. das alte *Diruwarúr*,[a]

---

gehen. Jedoch sind sie auch vielfältig unterschieden [In Südindien erheben die Śūdras, d.h. Angehörige des vierten Varṇa, den Anspruch den Brahmanen, Angehörigen des ersten Varṇa, gleichwertig zu sein. Sie verfügen über eine eigene Priesterschaft bis hin zu den Śūdra-Brahmanen].

a *Diruwarúr* ist eine Stadt, die 5 deutsche Meilen von Tranquebar gelegen ist, und die, nach Aussage dieser Heiden, ein sehr heiliger und göttlicher Ort sein soll, darum, weil in ihren alten Gesetzbüchern viele Historien gefunden werden, daß daselbst die Götter erschienen sein und viele Wunder getan haben sollen.

Abbildung 6: Viṣṇu, auf der Schlange sitzend, mit Lakshmi.

2. *Nagapatnam*,[a] 3. *Dirunalláru*,[b] 4. *Wedárianum*,[c] 5. *Dirukkúwalei*,[d] 6. *Dirúddalei*,[e] 7. *Dirukóranum*.[f] Diejenigen, die an

a *Nagapatnam* ist eine Seestadt, 5 Meilen von Tranquebar gelegen, welche den Holländern zugehöret, die da ein schön Kastell und ihr Gouvernement auf dieser Küste darinnen haben. Von dieser Stadt haben gleichfalls die Heiden viele Historien der Erscheinungen ihrer Götter, so darinnen geschehen sein sollen.

diesen sieben Örtern Buße getan haben, hat Gott die Seligkeit gegeben.[a] Außer diesen sind noch in dem Königreiche *Tanjour* dreihundertvierundsechzig göttliche Plätze und *Pagoden*.[b] Auch sind darinnen heilige Flüße und Reinigungswasser.[c] In diesen 364 Plätzen ist der Name der Götter mancherlei.[d] Einem jedweden stehets nun frei, nach seinem eigenen Belieben einen Platz zu erwählen und auf dessen *Pagode* seine Liebe und Glauben zu setzen.[e] Ein jedweder mag sich auch einen Prie-

---

b *Dirunalláru* ist ein Flecken, 3 Meilen von Tranquebar landwärts gelegen.

c *Wedárianum* ist eine Seestadt, 9 Meilen von Tranquebar südwärts gelegen.

d *Dirukkúwalei* ist ein Flecken, 7 Meilen von Tranquebar südwestwärts gelegen.

e *Dirúddalei* ist ein Flecken, 6 Meilen von Tranquebar südwest gelegen.

f *Dirukóranum* ist auch ein Flecken, 8 Meilen von Tranquebar meist westwärts gelegen.

a Von allen diesen Plätzen werden in den Büchern viele Historien erzählet, daß diejenigen, die sich daselbst aufgehalten und harte Buße getan haben, von den Göttern sichtbarerweise in die Seligkeit aufgenommen worden sein.

b *Tanjour* ist dasjenige Fürstentum oder Königreich, darinnen Tranquebar lieget, darinnen die Haupt- und Residenzstadt *Tanschúr* heißet, welche auf portugiesisch *Tanjour* geschrieben wird. In diesem Lande zählen die Heiden dreihundertvierundsechzig Städte und Flecken, darinnen die Götter erschienen und viele Wunder getan haben sollen. Was sonsten diese ganze malabarische Heidenschaft anlanget, so werden darin 1008 heilige Plätze benennet, allwo nur der eine von ihren Göttern namens *Isuren* oder *Rúddiren* erschienen sein soll.

c Es sind in diesem Lande allenthalben viele Flüße und große ausgepflasterte Teiche, mit welchen hiesige Heiden viele Abgötterei treiben und selbige vor heilige Reinigungswasser halten, darinnen sie ihre Sünden abwaschen könnten. Daher stellen sie zu selbigen viele Wallfahrten an.

d Sooft als *Isuren* und *Wischtnu* an diesem oder jenem Ort erschienen, haben sie nach Beschaffenheit selbiger Erscheinungen neue Namen bekommen, nach welchen auch die *Pagode* jedes Ortes genennet worden ist.

e Welche unter diesen Heiden etwas sein und gerne selig werden wollen, die erwählen sich unter den vielen eingebildeten heiligen Plätzen einen gewissen Platz, glauben, daß der Gott, welcher daselbst so große Dinge getan, ihnen werde zur Seligkeit verhelfen, tragen große Liebe zu der Pagode daselbst, gehen oftmals wallfahren dahin, reinigen sich in dasigen Teichen oder Flüssen, tun Speis- und Trankopfer an dasigen Gott, und geben auch Almosen an die dasige Bedienten der *Pagode*. Solches halten sie vor ein besonderes Mittel zur Seligkeit.

ster erwählen, welchen er will,[a] nach dessen Lehre er seine Sitten, Zeremonien, Opfer und Anbetung verrichte.[b] Welcher denn nun nach solchen vom Priester gebotenen Sitten, Zeremonien, Opfer und Anbetung einhergehet, Glauben und Liebe hat, auch nicht mehr als eines Herzens und Sinnes ist, der kann selig werden. Solches ist geschrieben in den vier Gesetzbüchern, in den 6 Systematibus, in den 18 Historienbüchern und in den 24 *Agamangöl*.[c] Auf solche Weise gedenken die Brahmanen,[d] die *Sannáschigöl*,[e] die *Jógigöl*,[f] die *Pantarangöl*,[g]

---

a Sie sind nicht an die Priester gebunden, die in ihren Wohnplätzen sind, sondern mögen sich einen erwählen an andern Örtern, wo und welchen sie wollen. Solche Priester des Volkes aber sind von denjenigen Priestern, so in den *Pagoden* dienen, ganz unterschieden. Denn diese sind allein Brahmanen, die bloß mit Opfern und Zeremoniendienst gegen die Götter in den *Pagoden* umgehen. Jene aber lehren das Volk, jedoch nicht in einer ordentlichen Versammlung, sondern hier und da in Häusern und unter den Bäumen, und zwar nur diejenigen, die zu ihnen kommen oder welche sie zu sich rufen und ihre Jünger sein.

b Wenn einer von solchen Priestern zum Jünger soll aufgenommen werden, machen sie viele Zeremonien und schreiben ihm alsdann vor, was er tun und lassen solle, was vor Zeremonien er des Morgens und Abends, desgleichen auch bei ihren Reinigungen und bei Beschmierung mit der Kuhmistasche gebrauchen solle, item, was er vor Gebetsformulen und andere Gebräuche er annehmen müsse, die er denn nachmals stets observieren muß, soll ihm anders die Vergebung der Sünden und der Segen des Priesters zustatten kommen.

c Die 24 *Agamangöl* sind solche Bücher, darinnen die Erscheinungen und Verrichtungen der Götter aus den 18 *Púranen* oder Geschichtsbüchern zusammengetragen und in 24 Teile abgeteilet sind.

d Brahmanen sind unter ihnen das Priestergeschlecht [-kaste], die mit dem Gesetz und mit den Verrichtungen in den *Pagoden* umgehen und den ganzen Götzendienst nach der eingesetzten Ordnung unterhalten.

e *Sannáschigöl* sind unter ihnen eben als eine Art von Mönche. Sie heiraten nicht, halten sich hier und da auf, lehren das Volk und werden mit Almosen unterhalten und werden von jedermann venerieret. Sie haben ein Tigerfell um sich, welches sie unter sich breiten, wenn sie sich setzen wollen.

f *Jógigöl* sind eine Art von Heiligen, die gleichfalls weder heiraten noch eine häusliche Hantierung führen, sondern sich durch strenge Disziplin zur Meditation gewöhnen und von Almosen leben.

g *Pantárangöl* sind Leute, die sich etwas auf Wissenschaften legen und stets mit Dingen, so zu dem Dienst der Götter gehören, umgehen. Die meisten werden auch von Almosen unterhalten.

die *Antigöl*[a] und alle andere, die nach solchem Gesetz wandeln, selig zu werden.

Die zweite Frage

Was in der Malabaren Gesetz für Sünde verboten und was für Tugenden oder gute Werke darinnen geboten sind

Alle Sünden sind in unserm Gesetz verboten als da sind: 1. Mord und Totschlag, 2. Hurerei und Ehebruch, 3. einem seine Nahrung benehmen, daß er nicht an seinem Orte wohnen kann, 4. Feindseligkeit und feindlicher Ratschlag, 5. diejenigen ins Verderben stürzen, welche auf einen ihr Vertrauen gesetzet, 6. Veräterei seines Herren,[19] 7. falsch Zeugnis reden, 8. falschen Eid schwören, 9. lügen, 10. dem Priester ungehorsam und widerspenstig sein, 11. die Wohltaten vergessen, die man von andern empfangen hat, 12. dasjenige Gut, welches zur Sicherheit und Verwahrung einem übergeben, zu eigen behalten und schwören, es sei nicht vorhanden, 13. die Häuser der armen und einfältigen Leute an sich reißen, 14. über diejenigen Verräterei und böse Ratschläge machen, in deren Häusern man gespeiset und Gutes genossen hat, 15. denjenigen verraten und übergeben, der zu einem seine Zuflucht genommen,[b] 16. die Götter verachten und lästern, 17. die Pagoden einreißen, 18. die Ruhehäuser[c] ruinieren, 19. die Blumengärten, so zu den

---

a *Antigöl* sind fast eben solche Leute, die um Almosen willen für die gemeinen Leute Opfer und Anbetung an die Götter tun.

b Es ist unter diesen Heiden gar gebräuchlich, daß wenn einer von andern angefeindet oder verfolget wird, er seine Zuflucht nimmt entweder nur in ein Partikular [Einzel]- Haus oder in eine Stadt und Dorf oder in eine besondere Straße dieser oder jener Leute oder zu einem ganzen Geschlechte. Da denn diejenige, zu welchen er Zuflucht nimmt und die er um Hilfe anschreit, verbunden sind, ihn in Schutz zu nehmen und nicht eher seiner Gegenpart auszuliefern, bis die Sachen untereinander verglichen sind. Hat man einen in Schutz aufgenommen und defendieret [verteidigt] ihn nicht sondern verrät oder überliefert ihn seiner Gegenpart, so wird solches vor eine große Schande und Sünde gehalten.

c Ruhehäuser sind diejenige, so diese Heiden zur Herberge der Reisenden und zum Dienst der Armen sowohl in Städten, Dörfern und Flecken, als auch auf den Wegen allenthalben aufbauen. Wie sie nun die Erbauung solcher

Pagoden gewidmet,[a] verwüsten, 20. diejenige Kreaturen, und Tiere, so Leben haben, schlachten und töten.[b]

Die gebotenen Tugenden und guten Werke sind folgende als:

1. *Annatánum,*[c] 2. *Wástiratánum,*[d] 3. *Kánniatánum,*[e] 4. *Tschóranatánum,*[f] 5. *Pagoden* aufbauen, 6. Teiche ausgraben lassen,[g]

Häuser, so meist gewölbet und ganz offen sind, vor ein großes Almosen und sehr gutes Werk halten, so halten sie hingegen es vor eine große Sünde, wenn man solche Häuser einreißet.

a Eine jedwede *Pagode* hat ihren Garten, darinnen viele Blumen, Feigen und Kokosnüsse zum täglichen Opfer der Götter gezeuget werden. Was große *Pagoden* sind, die haben ihren Blumengarten à part, darinnen nichts als lauter zum Opfer gebräuchliche Blumenstöcke gepflanzet werden.

b Sie statuieren, daß viele Seelen der Verstorbenen, die mit schweren Sünden behaftet gewesen, in den Leibern der Tiere als Tiere wieder in die Welt geboren würden. Dahero wird dieses vor eine große Sünde geachtet, wenn man mutwillig ein lebendiges Tier tötet, noch mehr aber, wenn man solche Tiere zur Speise gebrauchet. Denn fast alle hiesige Heiden haben Feld-, Garten- und Baumfrüchte zu ihrer Speise, außer einige Geschlechte, so Fische Hühner und Vögel essen. Was aber die allerverachtesten und allerniedrigsten Geschlechte sind, essen und trinken, was sie bekommen, wenns auch Kuhfleisch oder Katzen und Ratten wären. Solche Leute müssen aber ganz à part wohnen und nicht nahe zu den andern kommen, damit sie selbige nicht durch ihren Atem oder Anrühren verunreinigen möchten.

c *Annatánum* ist ein solches Almosen, das in Mitteilung gekochten Reises bestehet, damit die Armen und Bettler, wie auch die Brahmanen, *Pantárangöl* und anderen Arten Heilige, gespeiset werden.

d *Wástiratánum* ist ein Almosen, das in Mitteilung der nötigen Kleider bestehet.

e *Kánniatánum* ist ein solches Almosen oder gutes Werk, nach welchem ein vornehmer Mann seine Tochter frei umsonst an einen armen Menschen seines Geschlechts verheiratet, da sonst ein Vornehmer sie ihm teurer hätte abkaufen müssen. Oder auch, wenn einer zwei arme Leute, die nicht zur Heirat kommen können, als seine Kinder aufnimmt, ihnen Hochzeit machet und ihnen forthilft, daß sie ihre Unterhaltung haben können.

f *Tschóranatánum* ist ein Almosen, das in Gelde bestehet.

g Weil dieses ein sehr heißes und dürres Land, darinnen es allenthalben den Menschen und Viehe an Wasser fehlet, so achten sie es vor ein gut Werk, wenn man zum gemeinen Gebrauch Teiche ausgräbet. Noch vor ein höheres gutes Werk wird es gehalten, wenn man bei den *Pagoden* Teiche ausgraben und mit Steinen auspflastern läßet, zum Gebrauch derer, so sich nach gesetzten Zeremonien von Sünden reinigen wollen.

7. Ruhehäuser aufbauen lassen, 8. Stifte bauen und anrichten,[a] 9. Wohnungen für die Brahmanen bauen,[b] 10. Gärten zu den Pagoden anlegen, 11. Wasser-*Bandel* aufrichten,[c] 12. Blumen, Sträucher und Bäume pflanzen,[d] 13. Kokosbäume setzen und groß ziehen,[e] 14. die Wege auf beiden Seiten mit Bäumen bepflanzen,[f] 15. diejenige Kinder, die weder Vater noch Mutter haben, aufnehmen und ihnen forthelfen, 16. denen Armen Hilfe erzeigen und unter die Armen greifen, 17. die Hungerigen speisen und trösten, 18. die Durstigen tränken, 19. den weisen und verständigen Leuten zu willen leben und so zu wandeln, daß sie sich freuen können, 20. die dummen und unverständigen Leute belehren und unterrichten, 21. denjenigen Kost geben, die sich nicht selbst beköstigen können.

---

a Stifte werden hier und da von reichen Leuten angerichtet und unterhalten, sonderlich von Königen und königlichen Personen, in welchen Stiften 20, 50, 100 und wohl 1000 Personen täglich gespeiset und getränket werden. Ein jedwedes Stift hat nur einerlei Sorte von Leuten, als entweder lauter Brahmanen oder *Pantárangöl*, *Antigöl* etc.

b Es werden denen Brahmanen manchmal an diesem und jenem Orte eine ganze Gasse Steinhäuser aneinandergebauet, darinnen viele Wohnplätze sind, fast wie in den Klöstern, darinnen sie mit ihren Familien wohnen. Wer nun ihnen solche Häuser bauet und zu eigen gibet, das beschreiben sie als ein sehr gutes Werk, welches große Belohnung nach sich ziehet.

c Wasser-*Bandel* ist eine von Kokosbaumästen zusammengeflochtene Hütte für die Sonne, darinnen frei und umsonst Wasser zu trinken gereichet wird, denen, die vorbeigehen und solches verlangen. Dergleichen Wasser-*Bandel* findet man sowohl in Städten und Dörfern, als auch sonderlich an Straßen. Wer solche aufrichten läßet und unterhält, der tut unter ihnen ein großes Werk der Liebe.

d Weil die Blumen zum Opfer der Götter und die Baumfrüchte zu ihrer allgemeinen Speise gebrauchet werden, so rechnen sie deren reichliche Pflanzung auch mit unter die guten Werke.

e Kokosbäume werden unter ihnen als kleine Kinder gewartet und aufgezogen, weil sie unter allen die nützlichsten Bäume sind und weil ihre Früchte zum täglichen Opfer gebrauchet werden, sie auch überhaupt eine Zierde der Städte und des Landes sind.

f Weil die Reisende sehr ermattet werden, wenn sie ohne Schatten in der starkbrennenden Sonnehitze lange gehen sollen, so wird es vor ein sehr gut Werk erkannt, wenn man hin und wieder die Wege auf beiden Seiten mit Bäumen bepflanzet, daß ein jeder darunter im Schatten gehen und ruhen kann. Wie denn dergleichen mit Bäumen bepflanzte Wege allenthalben in diesem Lande gefunden werden.

Alle diese und dergleichen Dinge mehr sind als gute Werke in unserem Gesetz geboten.[a]

Die dritte Frage

Warum die Brahmanen das Gesetz nur allein vor sich behalten und nicht auch in anderer Leute Hände kommen lassen

Nach des *Birúma* Verordnung haben diejenigen, so das Gesetz in die Welt eingeführet,[b] selbiges nur allein denen Brahmanen anbefohlen und nicht Lizenz gegeben, daß andere solches lernen und lehren sollten. Denn es stehet im Gesetz geschrieben, daß die *Birámaner* oder Brahmaner von des *Birúma* Geschlechte[20] sind.[c] Dahero das Gesetz und das Disputieren aus dem Gesetz, wie auch das Lehren und der ganze Dienst in den *Pagoden* nach dem Gesetze ihnen zukommet, wozu sonst niemand von den andern Geschlechten Freiheit hat. Die Ursache, warum niemand von den andern Geschlechten Freiheit hat, ist diese, weil sie keine solche Sitten und Reinigkeit als die Brah-

---

a Man siehet hieraus, daß alle ihre gute Werke nur in äußerlichen Dingen bestehen und sie nicht weitergehen, als was ihnen in Ius naturæ [Gesetz der Natur] diktieret. Gleichwie auch die Spezifikation ihrer Sünden nur in äußerlichen Dingen bestehet, wiewohl der Korrespondent nicht alles allhier berühret hat, was sie sonsten in die Klasse der Sünden und der guten Werke oder Tugenden setzen.

b Sie statuieren, daß sie ihr Gesetz von *Birúma* empfangen, welcher vier heilige Personen in die Welt gesendet, die da solches Gesetz unter den Menschen bekannt gemacht hätten. Einige schreiben, es wären nur drei, und einige, es wären sechs dergleichen Personen gewesen. Wie sie denn fast in allen Dingen gar streitig untereinander sind [Gemeint sind die Rishis, die mythischen Verkünder der Veden].

c Nebst vielen andern ungereimten Dingen haben die *Birámaner* allem Volk eingebildet, daß sie aus des *Birúma* und also aus göttlichem Geschlecht wären, und vor allen anderen Menschen, ihrem Ursprunge nach, einen besonderen Vorzug hätten, welches Große und Kleine glauben und sie nicht allein hoch venerieren, sondern auch alles als eine untrügliche Wahrheit annehmen, was sie sagen und lehren, es mag der Vernunft auch noch so ungereimt sein. Denn in allen Stücken berufen sie sich auf das Gesetz, welches sie doch niemanden von andern sehen oder lesen lassen.

Abbildung 7: Liṇkam in Tiruvānaikkāval

manen an sich haben, daß sie mit dem Gesetz und dessen Satzungen umgehen könnten.[a]

Und weil auch von den *Tschúddiren*[b] einige Fleisch essen, so haben sie nur Lizenz zum Lesen und Lernen der 6 Systematum aus dem Gesetze. Diejenigen, die unter ihnen kein Fleisch, sondern reine Speisen essen,[c] dürfen das *Lingum*[d] her-

---

a Zur Anbetung der Götter, zu den täglichen Opfern und Verrichtungen in den *Pagoden* erfordern sie eine große leibliche Reinigkeit, die da mit vielen Zeremonien muß observieret werden. Wenn einer von einem andern angerühret worden, kann er schon nicht eher einige Sachen nach dem Gesetz verrichten, er habe sich denn mit gehörigen Zeremonien von neuem gereiniget. Solches Reinigen ist dermaßen viel, daß, wer eine andere Profession hat, unmöglich solches abwarten noch sich vor den Dingen, die sie als unrein beschreiben, genugsam hüten kann. Dahero überlassen die andern solches gerne denen Brahmanen alleine, zumal weil bei allen dergleichen Verrichtungen sehr viel Kopfbrechens ist.

b *Tschúddiren* sind diejenige Geschlechter, so noch das meiste Ansehen und den größten Vorzug unter diesen Heiden haben.

c Reine Speisen nennen sie allerlei Kraut, das aus der Erden wächset, nebst den Feld- und Baumfrüchten. Und reiner Trank ist bei ihnen Wasser und Milch. Alles Fleisch aber der lebendigen Tiere und stark vermischte Getränke halten sie vor unrein. Daß solche Meinung auch bei einigen zu der Apostel-

umtragen und einige Opfer verrichten. Die aber unter ihnen Fleisch essen, die haben nur Lizenz umzugehen mit der Lehre von den *Pantschátscharum*,[a] von den Reinigungszeremonien und von den Gebetsformeln. Dieses ist ihr Gesetz. Die aber unter uns Malabaren ungelehrt und unbelesen sind, die bedienen sich nur der Lehre von den *Pantschátscharum*, gedenken an Gott und den Priester und bestreichen sich im Glauben mit der Kuhmistasche.[b] Von dem aber, der sogar auch die Lehre von dem *Pantschátscharum* nicht verstehet noch observieret, ist in den 6 Systematibus geschrieben, daß er keine Seligkeit zu hoffen habe.

---

zeit gewesen sein mag, können wir schließen aus Rom. 14, 2 seqq. Doch mag wohl daselbst eigentlich von den Juden geredet sein, coll. Gal. 2, 12, Col. 2, 16 II.

d *Lingum* ist unter ihnen eine Figur, die das membrum virile und frmininum [männliche und weibliche Geschlechtsteil] präsentieret, so sie welches schändlich als etwas göttliches verehren. denn solches *Lingum* stehet in dem allerinnersten Gemache der *Pagoden* von Steinen ausgehauen, welches die Brahmaner täglich mit Opfern und vielen Anbetungszeremonien verehren. Nachmals stehet solches *Lingum* auch öfters in freien Örtern oder Hainen, welches auch aus Quadratsteinen gehauen ist. Einige aber haben solches ganz klein aus Stein oder Kristall gemacht und tragen solches stets um sich, entweder in Haaren auf dem Kopfe oder am Halse in ein Tüchlein eingehüllt. Und von solchem Herumtragen redet allhier der Korrespondent.

a *Pantschátscharum* bedeutet soviel als 5 Buchstaben, welche diese sind: *Nama-tschi-wa-ja*. *Tschiwén* heißt bei ihnen gemeiniglich der höchste Gott und *Nama* ist ein Lobwort. Über diese 5 Wörter oder Silben machen sie viele Erklärungen und wollen große Geheimnisse daraus derivieren [ableiten]. Geben auch solches Wort als eine kurze, aber sehr kräftige Gebetsformel aus.

b Wie diese Heiden mit den Kühen selbsten große Abgötterei treiben, so tun sie es auch sonderlich mit der Asche, die von gedörrtem Kuhmist gebrannt worden. Mit selbiger beschmieren sie sich an der Stirne, bisweilen auch an der Brust und auf den Armen. Solches Beschmieren geschiehet mit einigen Zeremonien, dabei einige Gebetsformeln müssen rezitieret werden, soll es anders helfen. Überdies, so muß der, so sich damit beschmieret, keinen Zweifel an der Lehre solcher allgemeinen Medizin haben, sondern alles fest glauben, was davon geschrieben stehet. Die Brahmaner, *Pantárangöl*, *Antigöl* und andere, die den Namen heiliger Leute haben, treiben mit dieser Asche ein groß Gewerbe. Denn die sie bereiten und geben, die hält das gesamte Volk vor die beste und kräftigste. Dahero tragen sie sich allenthalben damit herum, sonderlich des Morgens frühe. Und wenn sie einen sehen, dem sie wohlwollen oder von welchem sie was zu hoffen haben, dem schmieren sie solche Asche selbsten an die Stirne.

Die vierte Frage

Wie die Sünde in die Welt kommen sei[21]

Im Anfang, als das menschliche Geschlecht erschaffen wurde, nahm die Sünde und die Tugend zugleich ihren Anfang. Denn Gott hat alle beide zusammen erschaffen.[a] Denn weil bei denen Menschen zwei Prinzipia, nämlich der Zorn[b] und die Geduld[c] in denen fünf Sinnen[22] ihren Ab- und Zugang haben sollten, so ist die Sünde und die Tugend zugleich von unsern ersten Vätern bis hieher in der Welt vorhanden gewesen.

Die fünfte Frage

Wie und auf was Weise ein Böser zu einem guten und frommen Menschen werden kann[23]

---

a Dieses ist ihr allgemeiner Lehrsatz, daß Gott anfänglich Böses und Gutes, Sünde und Tugend miteinander erschaffen habe, welches sie vor Gottes Spielwerk halten, wie sie denn auch Himmel und Hölle, Seligkeit und Verdammnis und alles, was an einigen Orten des Himmels und der Höllen geschiehet, vor lauter Spielwerke der Götter halten. Dieses böse Prinzipium machet, daß sie wenig an Buße und Bekehrung gedenken, sondern alles für ihr Glück oder Unglück erkennen, dazu sie erschaffen wären und dem sie nicht entgehen könnten, sie möchten auch anfangen, was sie wollten.

b Das Wort Zorn ist allhier ein philosophischer Terminus und bedeutet im Menschen nicht nur den natürlichen Zornsaffekt, sondern auch alle Unart, nach welcher er sich gegen das Gute ungehorsam, widerspenstig und trotzig bezeiget, und alles nach seinem eigenen Sinn und Willen eingerichtet haben will, welches, wo es nicht geschiehet, er sich ungeduldig und ungebärdig erweiset. Solches halten sie vor das Principium aller Sünden bei den Menschen.

c Das Wort Geduld wird gleichfalls allhier in einem weiten Verstande genommen und bedeutet diejenige gute Art beim Menschen, nach welcher er sich von jedermann gerne belehren läßet und gegen alles Gute folgsam ist, auch alle Strafen und andere Begebenheiten willig über sich nimmet und ohne Murren und Mißbezeigungen mit allem zufrieden ist. Solche Art bei dem Menschen halten sie vor das Principium der Tugend und alles Guten. Sie statuieren aber, daß das vorige mit diesem zugleich in den Menschen sei, und also alle beide ihre Wirkungen durch die 5 Sinne hätten. Daher denn Sünde und Tugend zugleich bei den Menschen entstünde. Hierinnen betrachten sie den Menschen, wie er nach dem Sündenfall beschaffen ist und was er noch aus natürlichen Kräften prästieren [verrichten] kann, wissen aber nichts von dem Stande der Unschuld und von dem ersten Adel des göttlichen Bildes, noch von der Beschaffenheit des kläglichen Sündenfalls.

Wenn die Bösen von den weisen und frommen Leuten Lehre annehmen, ihre Jünger werden, sich von ihnen strafen und bändigen lassen, auch ihnen nachfolgen in dem Wege, darinnen sie wandeln, so können sie, wo sie anders das Glücke[a] haben, zu einem solchen guten Wege zu gelangen, aus bösen Leuten fromme und gute Leute werden, von welchen alle Unart und Unvernunft weichet.

Die sechste Frage

Welches die Kennzeichen sein der guten und frommen Leute

1. Gott zu Willen leben.[24] 2. Gute Werke und Almosen tun. 3. Allen willfährig sein. 4. Gute Dinge reden. 5. Böses meiden. 6. In keine Sünde willige. 7. Ohne Bosheit und Zorn sein. 8. Gutes tun denen, so einem Böses tun. 9. Nicht zürnen noch murren, es mag einem gleich noch soviel Leids geschehen. 10. In Geduld wandeln. 11. Keinem einiges Leid antun. 12. Ohne Torheit und Unart sein. 13. Kein ander Weib begehren als sein eigenes und alle andere vor Mütter halten. 14. Dasjenige, was andern eigen ist, nicht suchen noch begehren. 15. Dasjenige halten, was man geredet. 16. Dem Eidschwur unverbrüchlich nachkommen. 17. Eines heiligen Sinnes sein. 18. Allezeit seinen Leib so strapazieren, daß er von seiner eigenen Hände Arbeit genug zu essen habe. 19. Alles mit Recht und Gerechtigkeit erwerben suchen.

---

a Das Glücke heißt allhier dasjenige, was *Birúma* einem jeden auf die Stirne geschrieben hat, es sei Gutes oder Böses, welches keiner in der Welt hindern könnte. Dahero mag unter ihnen vorgehen Gutes oder Böses, so sagen sie, es sei also in ihrer Stirne angeschrieben gewesen, es hätte müssen also geschehen. Solchergestalt geben sie zwar vor, sie verhielten sich in allen passive und ließen Gott mit sich machen, was er über sie beschlossen habe; und gleichwohl widerstreben sie nach diesem bösen Prinzipio am allermeisten dem Willen Gottes und wollen von nichts anders wissen, als wozu sie von Fleisch und der Phantasie getrieben werden, welchen sündlichen Trieb sie denn für diejenige Schrift halten, die *Birúma* ihnen in die Stirne und Hirnschädel geschrieben hätte.

Dieses sind Kennzeichen derer, so als fromme und gute Leute leben und wandeln.

Die siebente Frage
Was die Frommen in der Welt für einen Lohn haben

Die Frommen haben sich nicht zu ängstigen wegen Kleidung und Essens, als dessen sie bis an ihren Tod genug haben. Sie sind ohne sonderliche Schmerzen und Krankheiten. Sie sind glückselig in Kinderzeugen und Vermehrung ihrer Familie. Sie erlangen guten Verstand und Klugheit. Sie finden Liebe bei den Menschen und bekommen viele Freunde.[a] Sie halten dafür, daß ihr Leib anderer Leute Leib sei,[25] und wenn sie sterben, so sterben sie mit gutem Sinne und Verstande. Alles, was sie anfangen, das schlägt wohl hinaus. Sie haben das Glücke, daß sie gute Werke und Almosen ausüben können. Sie bringens soweit, daß sie *Pagoden*, Ruhehäuser und Wasser-*Bandel* aufbauen, auch Teiche anrichten können.[b] Ihr ganzes Geschlecht wird sich weit ausbreiten und florieren.

Dieses alles ist der Frommen Lohn in der Welt.

---

a Es kann bei diesen Heiden keine höhere Frömmigkeit sein, als die aus natürlichen Kräften kommet, welche denn die Welt noch gar wohl vertragen kann. Dahero schreibet der Korrespondent, die Frommen fünden bei Menschen Liebe und viele Freunde. Von der rechten Frömmigkeit, die durch die Wiedergeburt in Veränderung des Herzens und Sinnes und in Anrichtung des göttlichen Ebenbildes bei den Menschen entstehet, wissen diese Heiden nichts, vielweniger um das Geheimnis des Kreuzes, welches solchen Frommen in der Welt begegnet.

b Sie halten denjenigen vor sehr glückseelig, der es in der Welt soweit gebracht, daß er *Pagoden* von neuem aufrichten, auch Ruhehäuser und Wasser-*Bandel* aufbauen kann. Denn solches wird vor das allergrößte gute Werk gehalten, sonderlich wenn sie *Pagoden* aufbauen können, welches aber mit vielen und langwierigen Zeremonien und Unkosten geschehen muß. Und derjenige, der eine neue *Pagode* aufbauet, muß sie nachmals auch mit allen Bedienten auf seine eigene Unkosten erhalten, und wenn er stirbet, selbige entweder seinen Freunden oder andern vermögenden Leuten zu unterhalten übergeben.

Die achte Frage

Was die Bösen in der Welt für Strafe haben

Die Bösen werden reich. Aber wie der Reichtum bei ihnen gekommen so gehet er wieder fort. Der Reichtum und das Wohlleben der Bösen hat keinen Bestand. Es überfallen sie böse Krankheiten und schädlicher Aussatz. Sie kommen in des Königs Ungnade und werden zur öffentlichen Strafe gezogen. Sie haben allenthalben einen sehr übeln Ruf und sind infam. Gedenken sie gleich etwas Gutes anzufangen so wird doch Böses daraus. Sie mögen machen was sie wollen, so gehet ihnen doch nichts vonstatten und finden nichts als Schwierigkeiten.

Dieses ist der Bösen Strafe in der Welt.

Die neunte Frage

Wohin die Seele des Menschen nach dem Tode komme

Was anlanget den Ort, wohin die Seelen der Verstorbenen kommen, so ist zu wissen, daß die Seelen derer, so Gutes getan haben, in die Welt *Tschiwalógum*[a] genannt, kommen. Die Seelen aber derer, so Böses getan und in Sünden gelebet haben, fahren in die Welt *Emalógum*[b] genannt.

---

a *Tschiwalógum* ist unter ihren sieben Oberwelten die alleroberste und der Ort, wo ihr Gott *Tschiwén* seine Residenz hat. Es wird solche Welt sonsten in ihren Büchern auch *Tscháddialógum* genannt, welches soviel heißet als die **wahrhaftige Welt**. Die Namen ihrer sieben Oberwelten folgen also aufeinander: 1. *Tscháddialógum*, 2. *Déwalógum*, 3. *Tschénalógum*, 4. *Magálogum*, 5. *Tschiwalógum*, 6. *Buwalógum*, 7. *Pulógum*; welche letztere diejenige Welt ist, darinnen die Menschen anjetzo leben.

b *Emalógum* ist unter ihren sieben Unterwelten die allerunterste, worinnen der Gott des Todes *Emen* mit allen Verdammten seine Residenz hat. Sie heißet sonst bei den Poeten *Pádalalógum*, welches in der deutschen Sprache eine **Welt von einer tiefen Gruft** oder eigentlich die Hölle bedeutet. Die Namen der sieben Unterwelten, die auf diese Welt, darinnen wir sind, nach der Ordnung folgen sollen, heißen also: 1. *Adalalógum*, 2. *Widalalógum*, 3. *Tschúdalalógum*, 4. *Nidalalógum*, 5. *Darádalalógum*, 6. *Daládalalógum*, 7. *Pádalalógum*. Solchergestalt statuieren sie 14 Welten, die einerlei Höhe, Weite, Breite und Länge haben sollen, und geben gar viele Historien vor, die da sollen in solchen Welten passieret sein. Die alleroberste von diesen Welten halten sie vor den Ort der Seligkeit, und die allerunterste vor den Ort der

Die zehnte Frage

Was derjenigen, so unter den Malabaren *Tschárigeikárer* genannt werden, ihre Verrichtungen sein[26]

Die *Tschárigeikárer*[a] werden in unterschiedliche Sorten eingeteilet. Einige leben im Ehestande, einige außer der Ehe im ledigen Stande. Einige sind bei ihrem häuslichen und weltlichen Wesen immer eifriger und sorgfältiger um die Seligkeit als die andern. Sie bringen Opfergeschenke und tun wohl gar um einiger Sachen willen ein halb oder ganz Jahr Buße.[b] Sie kontributieren dieses und jenes an die *Pagoden*. Einige gehen wallfahren und durchstreifen viele Länder, die heiligen Plätze zu sehen. Und wenn sie wiederkommen, bleiben sie an ihrem Orte und verrichten Werke der Buße.

Solches sind die Verrichtungen der *Tschárigeikárer*.

Die elfte Frage

Was derjenigen Verrichtung sei, die unter den Malabaren *Kirigeikárer* genannt werden[27]

Verdammnis. Jedoch haben sie auch noch unterschiedliche andere Örter, dahin die Seelen der Verstorbenen kommen sollen, und statuieren viele Wiedergeburten nach dem Tode nebst vielen anderen Reinigungsarten der Seelen, von welchen aber der Korrespondent allhier nichts gedenket.

a *Tschárigeikárer* sind unter diesen Heiden diejenige Leute, die im weltlichen und häuslichen Stande leben, Handel und Wandel treiben, sich auf Handwerke und mancherlei Professiones legen, wodurch sie gehindert werden, daß sie nicht die mühesamen und beschwerlichen Zeremonien, die andere tun, verrichten können, sondern nur die Festtage mithalten und dann und wann nach Belieben dies und jenes gute Werk tun und einige Gebetsformeln rezitieren, auch sich mit Kuhmistasche bestreichen und nach den Gewohnheiten ihres Geschlechts leben. Ein mehrers wird von ihnen als Weltleuten nicht gefordert, es sei denn, daß sie, aus sonderlichem Triebe und Begierde, eine noch größere Seligkeit zu erlangen, ein mehrers tun wollten.

b Das Wort Buße heißt bei ihnen eine ganz strenge Lebensart, da nämlich einer seinen Leib mit harten Übungen, stetem Fasten und Wachen abmergelt, auch oftmals wegen seiner Sünden ein großes Strafgeld gibet, sein Haus, Weib, Kinder, Hab und Güter verläßet und in die Einsamkeit sich begibet, beschwerliche Wallfahrten tut, als ein Pilgrim und Bettler herumgehet und was dergleichen mehr ist.

Der *Kirigeikárer*[a] Verrichtung ist diese:
Sie leben gleichfalls im Ehestande und suchen ihre Nahrung mit Ackerbau und andern Verrichtungen. Sie gehen um mit Opfern und mit Ausübung allerlei Sitten, Gebräuche und Zeremonien. Sie tun allerlei Guttaten, Dienste und Verrichtungen an Pagoden und deren Teichen. Sie lesen und lernen täglich die alten Gesetzhistorien und andere Bücher mehr.

In Summa: Sie verrichten Dinge, die beides zu den Göttern als auch zu der Welt gehören.

Die zwölfte Frage
Was deren Verrichtung sei, die unter den Malabaren *Jogigöl* genannt werden[28]

Die Verrichtung der *Jogigöl*[b] ist diese:

Sie lernen den Atem an sich halten.[c] Sie ziehen von hinten durch den Mastdarm Wasser in den Leib, mit welchem sie in-

---

a *Kirigeikárer* sind Leute von der anderen [zweiten] Sorte unter diesen Heiden, welche mit mehreren Werken umgehen, als die Leute von der untersten Sorte, die da *Tschárigeikárer* heißen. Sie haben viele Satzungen, Regeln, Zeremonien, Gebräuche und Sitten bei ihrem Aufstehen und Niederlegen, bei ihrem Essen, bei Ablegung ihrer Notdurft, bei ihrer Wasserreinigung, bei ihren Opfern und Anbetung der Götter, welches alles gar mühsame Werke sind. Wie den auch das Wort *Kirigeikárer* im Deutschen soviel heißet, als solche **Leute, die mit Werken umgehen**. Unterdessen sind es doch meist Leute, die ihre Nahrung durch Handel und Wandel und durch Bedienung dieser und jener Ämter suchen müssen.

b *Jogigöl* sind Leute von der dritten Sorte unter diesen Heiden, welche weit höher gekommen sind, als die Leute von den zwei ersten Sorten. Sie verleugnen alles Weltwesen, leben außer dem Ehestande in großer Einsamkeit, nehmen allerlei Bußarten an sich, bedecken nur ihre Scham und gehen sonst ganz nackend, kasteien ihren Leib durch grobe und subtile Übungen so lange, bis sie unverrückt in einer langen Stille denen Betrachtungen obliegen können. Denn das Wort *Jogigöl* heißt soviel als solche **Leute, die mit Betrachtungen und Kontemplationen** [Erwägungen] **umgehen**.

c Von der Kunst, den Atem an sich zu halten, findet man unter ihnen ganze Bücher geschrieben. Denn sie geben vor, daß durch das hurtige und vielfältige Atemholen das Leben sehr verkürzet würde. Hingegen, wer den Atem an sich zu halten wüßte, verlängerte nicht allein sein Leben, sondern käme auch zu einer solchen Disposition, daß das Gemüt besser seine Wirkungen verrichten und zur Meditation geschickt sein könne.

wendig den Leib wohl reinigen und alsdann das Wasser zum Mastdarm wieder hinausblasen. Sie verrichten ihr Gebet liegend auf der Erden, eben als wenn sie auf dem Wasser schwimmeten. Sie gewöhnen ihren Leib so, daß sie können stehen, gehen und liegen auf dem Wasser. Und weil sie die Wissenschaft von dem Leibe nach der innerlichen und äußerlichen Beschaffenheit wohl innehaben, auch den Atem an sich zu halten wissen und die innerlichen und äußerlichen Bewegungen des Leibes zu einer Stille bringen können, so werden sie *Jogigöl* genannt.

Sie geben reichlich Almosen.[a] Ihre Wohnung ist eine Höhle, darinnen sie sich aufhalten.[b] Ihre ganze Speise ist Milch. Einige drücken den Saft aus dem Grase *Arugenbillu*[c] genannt und trinken selbigen, welcher denn zugleich ihre Speise ist. Alle acht Tage gehen sie einmal aus ihrer Höhle und kommen in ein Stift,[29] allwo frei Essen ausgeteilet wird, visitieren[30] selbiges und gehen wieder in ihre Höhle.

Die dreizehnte Frage

Was deren Verrichtungen sei, die unter den Malabaren *Gnánigöl* genannt werden[31]

Diejenigen , so da verleugnen *Ponnáschei*,[d] *Mannáschei*[e] und

a Die *Jogigöl* besitzen nicht Eigenes und können also andern von dem Ihrigen kein Almosen mitteilen. Alleine, sie bekommen von andern reichlich Almosen, welches sie denn nicht alleine verzehren, sondern denen andern Armen reichlich davon mitteilen.

b Es meiden solche Leute die Gesellschaft und den Umgang mit Menschen und halten sich in Einöden auf. Wo sie nahe bei den Städten und Dörfern sind, werden sie von den Einwohnern selbiges Orts mit Milch gespeiset und sie selbsten gehen auch dann und wann aus. Wenn aber ihre Einöden ferne von Menschen in den Wildnissen sind, so erhalten sie sich von Wurzeln, Baumblättern und Saft von Grase.

c *Arugenbillu* ist ein solches Gras wie in Deutschland die großen Schmeelen sind [Schmeelen sind nicht genauer zu bestimmen].

d *Ponnáschei* ist die Lust und Begierde nach Geld und Gut und nach anderen Herrlichkeiten dieser Welt.

e *Mannáschei* ist die Lust und Begierde nach Erde, Äcker, Gärten, Haus und Hof, wie auch nach Essen und Trinken und guter Pflege des Leibes.

Pénnáschei,[a] und die da alle vorerwähnte Sorten, als da ist *Tschárigei*, *Kirigei* und *Jogum*, wohl durchgangen und selbige überstiegen haben, werden zu *Gnánigöl*.[b] Einige Zeit besichtigen diese alle heiligen Örter und *Pagoden*. Alsdann verlassen sie solche Lust und verabscheuen solche Dinge. Hierauf begeben sie sich in die Gesellschaft der Menschen. Aber auch solche verleugnen sie nachmals und begeben sich in die Berge, in deren Höhlen sie sich aufhalten und glauben, es sei nur ein einziger Gott und Herr, auf welchem Sinn sie fest bestehen, und verehren außer dem Einigen keine andere Götter.[32] An selbigen Örtern gehen sie ab und zu.[33] Was ihre Speise anlanget, so leben einige vom Winde,[c] andere essen dasjenige, was von Bäumen fällt. Es sind aber auch unter ihnen zwei- bis dreierlei Arten. Einige halten sich an denjenigen Örtern auf, wo die berühmtesten *Pagoden* und Reinigungsplätze sind und liegen stets daselbst dem Gebet ob, *Diánum*[d] genannt. Sie reden mit

a *Pénnáschei* ist die Lust und Begierde zu Frauenvolk, die zugleich alle Unkeuschheit und Unreinigkeit außer der Ehe und in der Ehe in sich begreifet. Hieraus siehet man, daß die Heiden auch von Ablegung und Vermeidung der innerlichen Sünden etwas wissen und in ihrer Sprache oftmals gar nachdenkliche Reden haben.

b *Gnánigöl* sind Leute von der vierten Sorte unter diesen Heiden. Denn sie teilen sich in vier Hauptteile, was ihre Bemühung nach der Seligkeit anlanget, und teilen auch die Seligkeit in vier Teile, nach diesen vier Sorten der Leute. Die *Gnánigöl* sind unter allen die höchsten und habens am weitesten in der Weisheit gebracht. Wie denn das Wort *Gnánum* **Weisheit** heißet und das Wort *Gnánigöl* **weise Leute**. Sie haben alle anderen Arten überstiegen und sind soweit gekommen, daß sie dasjenige, was andere für große Mittel zur Seligkeit achten, verwerfen, als da sind die *Pagoden* und deren Dienst, die vielen Götter und deren Anbetung, die mancherlei Opfer, die Reinigungsarten, die Gesetzzeremonien, der Unterscheid der Religionen, der Geschlechter, der Tage und der Speisen etc. Hingegen erkennen sie nur einen Gott und wenden ihre ganze Zeit auf die Verehrung solchen einigen Gottes und auf die Verleugnung der Welt und ihrer selbsten.

c Daß sie vom Winde leben, ist wohl ein eitles Vorgeben, gleichwohl aber glaubens diese Heiden und wissen viele Historien zu erzählen von solchen Leuten, die gar nichts äßen und dennoch lebeten. Daß sie aber von Wurzeln und Blättern der Bäume ihre Speise zubereiten, ist wohl zu glauben.

d *Diánum* ist ein solches Gebet, das nicht sowohl mit dem Munde geschieht, als vielmehr mit dem innerlichen Sinne des Gemüts und gleichsam mit tiefen Betrachtungen und verständigem Nachdenken verknüpft ist.

niemanden ein Wort. Wer ihnen Milch und Früchte bringet, von dem nehmen sie solches und essens, reden aber nichts dabei. Einige gehen hier und da in die Häuser und holen ohne Auftun des Mundes Almosen. Wenn sie die Hände zusammenschlagen, so bringen sie ihnen gekochten Reis herzu und geben ihnen solchen zum Almosen. Solchen Reis nehmen sie, stecken ihn in Mund und wischen die Hand an ihrem Leibe ab.[a]

Die vierzehnte Frage
Was für Bußarten unter den Malabaren gefunden werden[34]

Einige legen die Füße kreuzweis unter sich und bleiben stets also sitzen. Einige halten die Hände über sich in die Höhe und bleiben beständig mit solchen ausgestreckten Händen stehen. Einige flechten die Arme ineinander und lassen ihre Fingernägel ungewöhnlich groß wachsen. Einige stehen auf dem Kopf und halten beide Beine in die Luft ausgestreckt. Einige stehen nur auf einem Beine. Einige halten sich auf den Bergen auf. Einige unter gewissen Bäumen, einige in den Wildnissen und einige in den *Pagoden*.

Die fünfzehnte Frage
Warum die Malabaren zwei, drei, vier bis fünf Weiber zur Ehe nehmen[35]

Fünf Weiber zu heiraten kommt allein den Königen zu. Denn die Könige mögen fünf Frauen heiraten.[b] Die Ursache, warum

---

a Es pflegen sonsten diese Heiden nach dem Essen die Hände in Wasser wohl zu reinigen, ehe sie ihren Leib oder etwas anders damit angreifen. Aber die *Gnánigöl* observieren solche und dergleichen Zeremonien gar nicht, vielweniger sehen sie eine Heiligkeit darin.

b Die heidnischen Könige haben zwar zu ihren ordentlichen Ehefrauen nicht gerne mehr als 1, 2, 3, 4 bis 5 Frauen, unter welchen doch nur eine die rechte Königin ist. Aber dabei halten sie viele Kebsweiber [Nebenfrauen] oder Hofdamen, welche in Tanzen, Singen und Kunstspielen geübet sind, welche niemals aus ihrer Residenz kommen dürfen. Solches wird zwar vor sündlich gehalten, aber sie lassen sich nicht davon abhalten. Und weil es heidnische Könige sind, die nichts als unflätige Historien ihrer Götter in Büchern lesen

sie fünf Frauen nehmen mögen, ist diese, daß sich ihr königliches Geschlecht weit ausbreiten und die Weiber an den Sünden und Tugenden des Königes mit Anteil haben. Item wenn eine ohne Kinder ist, daß doch von der andern Kinder gezeuget werden können. Hiernebst, wenn selbige Mutter und Vater stirbet, so müssen solche königlichen Kinder unvergeßlich aufgeschrieben behalten das Jahr, den Monat, die Woche, den Tag und den Stern, darinnen ihr Vater gestorben ist, und alle Jahr einmal, wenn selbiger Tag kommt, eine Versammlung anstellen. Alsdann rufen die Kinder solcher fünf Frauen in dem Namen ihres Vaters ihre Priester und alle anderen Brahmanen zusammen, und zwar ein jedweder Sohn á part an dem Orte und in dem Hause, darinnen er wohnet. Bei solcher Versammlung, wenn die gehörigen Zeremonien verrichtet sind, werden Kleider, Eßwaren, Früchte, Butter, Milch und alles, was nötig ist, ausgeteilet, da denn auch den *Jógigöl* und Fremdlingen Essen, Geld, Vieh, und denen, die keine Häuser haben, Häuser zum Almosen gegeben werden. Solches alles müssen die Kinder verrichten zu der bestimmten Zeit auf den Namen ihres verstorbenen Vaters. Aus dieser Ursache heiraten also die Könige etliche Weiber, daß sie viel Kinder in ihrem Tode nach sich lassen möchten, die in ihrem Namen jährlich dergleichen gute Werke ausübeten. Denn es stehet in Gesetzbüchern geschrieben, daß, wenngleich von eines solchen Vaters und Mutters Freundschaft viele schon in der Hölle gelegen, sie dennoch vermöge solches Almosens aus der Hölle befreiet und teils in die Götterwelt,[a] teils auch gleich in die Seligkeit aufgenommen worden.

---

und solche Geschichte in *Pagoden* spielen sehen, so die böse Lust erwecken, auch dabei Gewalt und Macht haben, zu tun nach ihrem Willen, so hat man sich nicht darüber zu verwundern, daß sie in solchen Greueln leben. Wir wissen, gottlob!, daß denen, die Christum zugehören, gesaget ist: Ein jeglicher habe (nicht viele, sondern) sein eigen Weib, und eine jegliche habe ihren eigenen Mann, nicht mehrere. 2 Cor. 7,2.

a Die Götterwelt heißt *Déwalógum* und ist unter den 14 Welten die höchste ohne einer [zweithöchste]. Es sollen sich darinnen 330000000 Götter aufhalten, davon die Poeten soviel Schreibens machen.

Die Ursache, warum außer den Königen auch andere unter uns zwei, drei, vier bis fünf Weiber zugleich heiraten, ist diese, daß, wenn sie von einer keine Kinder kriegen können sie dennoch von der andern Kinder zeugen möchten. Und wo auch nicht mit der andern Kinder gezeuget werden, mag er die dritte heiraten, und so fort bis auf fünfe. Denn wegen der Kinderzeugung ists unter uns erlaubet, daß einer ein Weib nach dem andern bis zum fünften nehmen darf.

Die Ursache aber, warum sogar auch diejenige, so mit der ersten Frau Kinder haben, dennoch mehrere heiraten, ist die Lust, damit sie entzündet sind und ihre weltliche Herrlichkeit, darinnen sie sitzen, auch der Hochmut ihres Reichtums. Diese drei Dinge verursachen bei ihnen, daß sie Weiber über Weiber nehmen. Sonst aber ists allein den Königen nach dem Gesetze erlaubet, daß sie fünf Weiber nehmen dürfen.

Die sechzehnte Frage
Warum die Witwen nach des Mannes Tode nicht wieder heiraten[36]

Es sind unter uns vier Hauptgeschlechte,[37] nämlich *Wirúma tschádi*, *Tscháddiria tschádi*, *Wáschia tschádi* und *Tschúddira tschádi*.[a] Wenn aus diesen vier Geschlechtern ein Mann stirbet und seine Frau bleibet ihm auch nach seinem Tode einzig und allein mit Treue, Liebe und Keuschheit zugetan, so heißet es in unserem Gesetz, daß eine solche Frau die Seligkeit erlange.

---

a Diese Heiden haben mancherlei Namen und Einteilungen der Geschlechte erfunden, die sie akkurat observieren, also, daß bis dato [bis heute] ein jedweder noch sagen kann, aus was vor einem Geschlechte er sei. Wie es denn diesfalls unter ihnen hergehet als ehemals unter den Juden, die auch sehr viel auf die Geschlechtsregister hielten. Wenn ein Fremder zu ihnen kommt, oder in einem Hause Essen fordert, oder Dienste begehret, oder heiraten will, so wird er zum allerersten gefraget, aus was vor einem Geschlechte er sei. Sie haben aber vier Hauptgeschlechte, als 1. *Brámaner*, 2. *Tscháddirier*, 3. *Wáschier* und 4. *Tschúddirer*. Sonst sind sie denn nachmals wiederum in viele Spezialgeschlechte eingeteilet. Überhaupt zählen sie anjetzo unter sich 96 Geschlechte, die alle ihre besondere Namen, Verrichtungen, Zeremonien, Sitten und Gebräuche haben.

Ein solch Gesetz haben alle diese vier Geschlechte. Unter diesen aber sind wieder 18 Geschlechter,[a] welche denen, so aus den vier Geschlechtern sind, zur Zeit der Freuden oder der Traurigkeit Dienste leisten.[b] Unter denjenigen Weibern, die in diesen 18 Geschlechtern[38] mit Männern verheiratet sind, werden einige gefunden, die nach ihres Mannes Tode wieder heiraten. Einige aber bleiben ihres verstorbenen Mannes wegen bis an ihr Ende in stetem Trauren und lassen sich ihre Keuschheit nicht benehmen. Diejenige aber, so zum andern Mal heiratet, wird unter uns einer Hure gleichgeschätzet. Dahero wie das Recht der Natur und die alten Könige zu ihren Zeiten es hierinnen verordnet haben, so halten wir es noch unter uns.

Die siebzehnte Frage
Warum einige Weiber nach ihres Mannes Tode sich im Feuer lebendig verbrennen lassen[39]

Unter den fünf Weibern, die ein König zu nehmen Freiheit hat, ist nur die eine die rechte Königin. Hat diese nun Kinder beides von männlichem und weiblichem Geschlechte, so bleibet sie allein verschonet, daß sie nicht ins Feuer geworfen wird. Die andern Weiber aber, es mögen ihrer soviel sein als sie wollen, werden alle ins Feuer geworfen.

Die Ursache, warum solche Frauen ins Feuer geworfen und verbrannt werden, ist diese: Wenn unter diesen Weibern nach des Königs Tode eine Schande vorginge, so würde über dieselbe ganze königliche Familie eine böse Nachrede und große Verachtung kommen. Diese Schande, Schimpf und böse Nachrede würde bei den Nachkommen bis in das zehnte Glied bleiben. Damit nun dergleichen nicht geschehen möge, wer-

---

a Diese 18 Geschlechter sind diejenigen, so die allernötigsten Handwerke und Professionen haben, welcher niemand von dem Könige an bis zu den Geringsten entbehren kann.

b Die Zeit der Freuden nennen sie Hochzeiten, Gastgebote, Versammlungen bei Geburten, Festtage und dergleichen mehr. Die Zeit der Traurigkeit aber nennen sie die Leichbegängnisse und alle traurige Zufälle. Da sie denn zu beiden Zeiten allerlei Leute zum Dienst und Arbeit vonnöten haben.

Abbildung 8: Sati – Witwenverbrennung (frühes 18. Jh.)

den solche Frauen ins Feuer geworfen und verbrannt. Und obgleich einige abgehalten werden, daß sie sich, wegen ihrer Vortrefflichkeit und schönen Gestalt, nicht ins Feuer stürzen sollen, so sprechen sie doch, sie möchten nach ihrem Manne nicht länger in der Welt leben und stürzen sich mit Gewalt ins Feuer. Sind aber einige, die sich fürchten und nicht ins Feuer springen wollen, die werden mit Gewalt hineingestoßen. Von denjenigen die mit Mund und Herz dazu willig sein und ins Feuer springen, stehet in unserm Gesetz geschrieben, daß sie alsobald die Seligkeit erlangen. Einige sterben aus Furcht, ehe sie ins Feuer springen.

Unter den Königen vom malabarischen und *wartugischen*[a] Geschlechte[40] ist solche Weise, daß die Weiber sich ins Feuer

---

a Das wartugische Geschlecht ist eine ganz andere Nation auf dieser Küste und redet ihre eigene wartugische Sprache. Sie verehren aber eben die

stürzen, allein gebräuchlich. Unser jetziger König aber, der in Tanjour residieret, ist von Geschlecht ein *Maratier*.[a] Unter solchem Geschlechte ist dieses Verbrennen der Weiber nicht gebräuchlich.[41]

Unter den Einwohnern aber dieses Landes und unter großen und kleinen Geschlechten geschieht es, daß, wenn eine Frau große Liebe und Treue zu ihrem Mann hat, sie nach seinem Tode zur Stunde, wenn sein Leib verbrannt werden soll,[b] zugleich Stücken Holz in die Hände nimmt und sich lebendig mit ihm auf einem Haufen verbrennen läßt.[c] Andere aber springen in ein dazu bereitetes Feuer.[d] Denen, die also sterben, schreibet unser Gesetz die Seligkeit zu. Man saget auch, daß die, so auf solche Weise gestorben sind, sich eine Zeitlang in der Welt auf-

---

Götter, welche die Malabaren verehren und reden das Malabarische ebenso gut als ihre Muttersprache. [Gemeint ist das Volk der Andhra und die Sprache Telugu.]

a Die *Maratier* sind auch eine von Malabaren unterschiedene Nation und haben ihre eigene Sprache. In der Religion aber sind sie mit den Malabaren eins, ohne nur, daß sie andere Landsgebräuche und Gewohnheiten haben. Dergleichen Nationen, die alle ihre besondere Sprachen haben und zu diesem Heidentum gehören, werden von ihnen selbsten achzehn benennet.

b Sie haben die Gewohnheit, daß sie ihre Toten verbrennen. Einige wenige Geschlechter aber lassen ihre Toten begraben.

c Es ist eine von den allerschmerzlichsten Todesarten, wenn die Weiber sich auf dem Holzhaufen mit ihren toten Männern zugleich lebendig verbrennen lassen. Denn es ist gar ein gelindes Feuer, darinnen der lebendige Leib lange braten muß, ehe er stirbet. Und gleichwohl geschiehet solches unter ihnen.

d Diejenigen Weiber, so ins Feuer springen wollen, erwählen sich eine gewisse Zeit, präparieren sich darauf, messen selbsten eine Grube zum Feuer ab und bringen Holz herzu. An dem bestimmten Tage werden sie mit großem Gepränge und mit einem Begleit von vielen tausend Menschen, die alle ihren besten Schmuck angeleget haben, hinaus zur Feuergrube geführet, dabei denn die Brahmanen ihre Zeremonien nach dem Gesetz verrichten. Das Weib gehet dreimal um die Grube herum und springet alsdenn ins Feuer, worauf die Grube mit Holz und Öl gefüllet wird. Die Anwesende aber machen ein groß Geschrei und Getöne, ausrufend *Mótschum, mótschum, mótschum* oder *Kailáschum, kailáschum, kailáschum*, welches nach unserer Art soviel ist als **Gloria! Gloria! Gloria!** Nachmals treiben sie viele Abgötterei an dem Orte, wo solche Person freiwillig ins Feuer gesprungen. Die Männer vermahnen durch solches Exempel ihre Weiber, daß sie gleiche Liebe und Treue zu ihnen haben möchten.

halten und Gaben mitteilen. Dahero bauet man gleichsam eine kleine Pagode an dem Ort, allwo sie ins Feuer gesprungen sind, und hält daselbst Feste. Wenn jemand um einer Sache wegen solche Personen bittet und die Sache kommt also, wie er sie gebeten hat, so werden solche Feste einige Zeit kontinuieret. Nachmals aber gehen solche Seelen in die höchste Seligkeit.

Die achzehnte Frage
Was die Malabaren vor Heiratszeremonien gebrauchen

Wenn zwei Personen einander heiraten wollen, wird am allerersten gesehen nach den zwei Sternen, worinnen Braut und Bräutigam geboren worden. Zu solchen Akt rufen sie die Kalenderausleger[a] und erkundigen sich, ob die Sterne und Tierzeichen, darinnen solche beide geboren worden, miteinander harmoniereten.

Wenn es denn so befunden wird, daß sie sich nach solcher Sternseherkunst wohl zueinander schicken, so wird der Braut der Mahlschatz gegeben.[b] Wenn dieser Mahlschatz gegeben werden soll, rufen sie alle ihre Angehörige, Bekannte und Verwandte und alle Freunde zusammen und legen auf eine hölzerne Schüssel Kleider und den Mahlschatz. Auf eine andere Schüssel legen sie Blumen und Mehl von Sandelholz.[c] Auf ei-

---

a Die Kalenderausleger sind gelehrte Brahmanen, welche alle Kalender in ihrer Muttersprache, in dem *Kirĕndum* schreiben. Sie haben alle Jahre neue Kalender und werden stets von dem gemeinen Volke konsultieret, ob dieses ein guter oder ein böser Tag sei. Sie schreiben auch der Kinder Geburtstag auf und gehen stets mit Nativität-Stellen [Geburtshoroskop stellen] um. Sonderlich werden sie auch in Heiraten gebrauchet, da ihre Worte als Orakel angesehen werden.

b Der Brautschatz besteht in einer gewissen Summa Geldes, womit der Bräutigam seine Braut von ihren Eltern erkaufen muß. Wie es denn überhaupt unter diesen Heiden gebräuchlich ist, daß die Eltern ihre Töchter vor Geld denen Männern zu Weibern verkaufen. Wer nun viel Töchter hat, dem ist deren Heirat profitierlich. Wer aber viel Söhne hat, der muß ihrer Heirat wegen viel Unkosten machen.

c Das Sandelholz wird klein als Mehl gemachet, mit welchem angefeuchteten Mehl sie sich über und über am ganzen Leib bestreichen, welches einen guten Geruch gibet und unter ihnen eine große Zierat ist.

Abbildung 9: Halbgott und Diener Śivas Jvaradēva, Bezwinger des Dämons Bhasmāsura, mit drei Beinen, drei Köpfen, sechs Armen und neun Augen

ne andere legen sie Baumfrüchte und Kokosnüsse. Wiederum auf eine andere legen sie *Betel Arék.*[a] Alle diese Schüsseln lassen sie von Mägden und Knaben auf den Häuptern tragen, machen mit allerlei Instrumenten einen großen Aufzug und ziehen in den Straßen herum. Alsdann geben sie der Braut solchen Mahlschatz.

Nachmals machen der Braut Eltern in Gegenwart aller Freunde und Anverwandten ein gewiß Gedinge[42] und fragen,

---

a *Betel-Arek* ist ihr Konfekt und dienet sowohl wider den Hunger als Durst. *Betel* ist ein grünes Blatt, welches hierzulande wächset. Und *Areck* ist eine fette Nuß, anzusehen wie eine Muskaten Nuß. Anstatt, daß die Europäer bei solchen Begebenheiten Bier, Wein und allerlei Konfekturen [Süßigkeiten] auftragen lassen, setzen die Indianer jedermann solchen *Betel-Areck* vor, mit welchem Traktamente [Bewirtung] sich auch die Allervornehmsten und selbst die Könige vergnügen.

wieviel sie der Braut an Gut und Geschmeide mitgeben sollen, welches sie denn vor allen Freunden ausmachen und zugleich benamen, welchem Sohn oder Tochter unter ihren künftigen Kindern solches Gut und Geschmeide zufallen solle.[43] Wenn solches vor allen ausgemacht ist, so geben sie den Freunden und Anverwandten eine Mahlzeit und teilen ihnen *Betel Arék* und Sandelholzmehl aus. Bestimmen auch eine gewisse Zeit, in welchem Monate und an welchem Tage die Hochzeit sein solle.

Zur Zeit, wenn die Hochzeit angehen soll, rufen sie abermal die Freunde, Bekannten und Verwandten zusammen und richten an einem guten Tage[a] und in einem guten Sterne auf dem Hofe im Hause eine Säule auf.[b]

Nach Aufrichtung solcher Säule machen sie in drei oder fünf Tagen die Zubereitung zur Trauung. Sie richten ein *Bandel* auf und schmücken alles über und über wohl aus.[c] Es sind sieben dazu bestimmte Jungfrauen, welchen sieben *Panéle*[d] hingesetzet werden, daß sie darinnen Reis kochen müssen. Auch kommen die Priester und gelehrten Brahmanen herzu und verrichten mit ihren Gebetsformeln ein Feueropfer[e] zu Ehren der Göttin des Feuers.[f] Auch beten sie den *Birúma*, *Wischtnu* und

---

a Die Wahl der Tage ist unter ihnen sehr gebräuchlich, also, daß fast niemand etwas wichtiges anfängt, er habe denn vorhero Gewißheit, ob es ein guter oder böser Tag sei.

b Diese Säule wird mitten im Hofe, wo die Trauung geschehen soll, mit vielen Zeremonien fest in die Erde gesetzet, und muß gleichsam der Altar sein, vor welchem die Trauzeremonien unter freiem Himmel verrichtet werden.

c Solches *Bandel* wird aufgerichtet in einer Straße vor dem Hochzeitshause, und zwar mit hohen, dazu aptierten [hergerichteten] Bäumen, welche oben mit Kokosbaumästen bedecket und allenthalben mit bunten Tüchern und anderen Zieraten behangen werden. Auch setzen sie Feigenbäume mit Früchten vor selbiges.

d *Panéle* werden zum Kochen gebraucht, als wie in Europa die großen Kochtöpfe, nur daß sie in der Form etwas voneinander unterschieden sind.

e Solches Feueropfer bestehet in vielerlei Sorten von Holzreiserchen und anderen brennenden Materialien. Es geschiehet vor allen Anwesenden, die oftmals vor Rauch und Dampf ersticken möchten. Es währet auch sehr lange, weil es mit vielen Zeremonien und Gebetsformeln verrichtet werden muß.

f Sie haben zu allen Elementen , Professionen und Künsten ihre besondere Götter und Göttinnen.

Rúddiren, und mit ihnen zugleich alle 330000000 Götter an. Alsdann werden aus der *Pagode* Blumenkränze und Mehl von Sandelholz gebracht,[a] und sie verrichten die Zeremonien *Tschikkatscharánku*[b] genannt. Nachmals legen sie die Traubinde[c] auf eine hölzerne Schüssel,[d] welche der Brahmane nimmt und selbige mit Gebetsformeln aus dem Gesetz einsegnet. Hierauf führet er Braut und Bräutigam mit ineinandergeschlagenen Händen dreimal um die auf dem Hofe gesetzte Säule und läßt sie beiderseits auf ein Gestühle niedersetzen, so, daß sie ihr Gesicht gegen Morgen[44] kehren. Endlich nimmt er die Traubinde und reichet sie dem Bräutigam, welcher sie der Braut anhänget. Wenn solches alles vollendet, werden Braut und Bräutigam in der Stadt herumgeführet mit einem großen Aufzuge. Die nachfolgenden Hochzeitstage werden gleichfalls mit ihren Zeremonien zugebracht, und alsdann heben sie die Säule wieder aus, die sie im Hofe gesetzet hatten.

Dieses sind unsere Heiratszeremonien.

---

a Diese Blumenkränze und Mehl von Sandelholz werden für sehr heilig gehalten, weil sie in der *Pagode* geweiht wurden. Die Kränze sind rundgebundene Faden, daran um und um Blumen gezogen sind, die der Brahman der Braut dem Bräutigam anhänget. Dabei er sie auch mit dem Mehl von Sandelholz bestreichet.

b Die Zeremonien *Tschikkatscharánku* sind diejenigen, die sie verrichten, wenn eine Weibsperson mannbar wird.

c Die Traubinde heißt in ihrer Sprache *Táli* oder *Dirumankilium* und ist eine aus Gold gearbeitete Figur, fast wie ein Herz, mit einem Gesichte. Durch selbige ist ein Faden gezogen, mit welchem es der Braut um den Hals gebunden wird, die es wiederum nicht abbinden darf solange als der Mann lebet.

d Solche hölzernen Schüsseln sind von leichtem Holze und lackieret, mit glänzender Farbe angestrichen, und kommen von China.

Farbtafel 1: Bartholomäus Ziegenbalg

Farbtafel 2: Johann Ernst Gründler

Farbtafel 3: Schülerin und Schüler der portugiesischen Schule (oben) und der malabarischen Schule (unten) in Tranquebar.

Farbtafel 4: Eine Tamilin beim Reisstoßen (oben), eine „Portugiesin" beim Branntweinbrennen.

Farbtafel 5: „Porgugiesische" Sklaven beim Weizenmahlen (links), beim Kirchgang (rechts).

Farbtafel 6: Eine Parayar-Frau mit einem Korb Nellu (links), ein Tagelöhner mit seinem Sohn beim Lehmhacken.

Farbtafel 7: „Ein „portugiesischer" Soldat der Dänisch-Ostindischen Kompagnie in Paradeuniform (links), ein tamilischer Soldat (rechts).

Farbtafel 8: Ein tamilischer Katechet der Mission (links), ein „portugiesischer" Soldat (rechts).

Farbtafel 9: Eine „Portugiesin“ (links) und eine Tamilin (rechts) beim Ausgehen.

Farbtafel 10: Kleidung „portugiesischer“ Frauen beim Kirchgang bzw. der Katechisation.

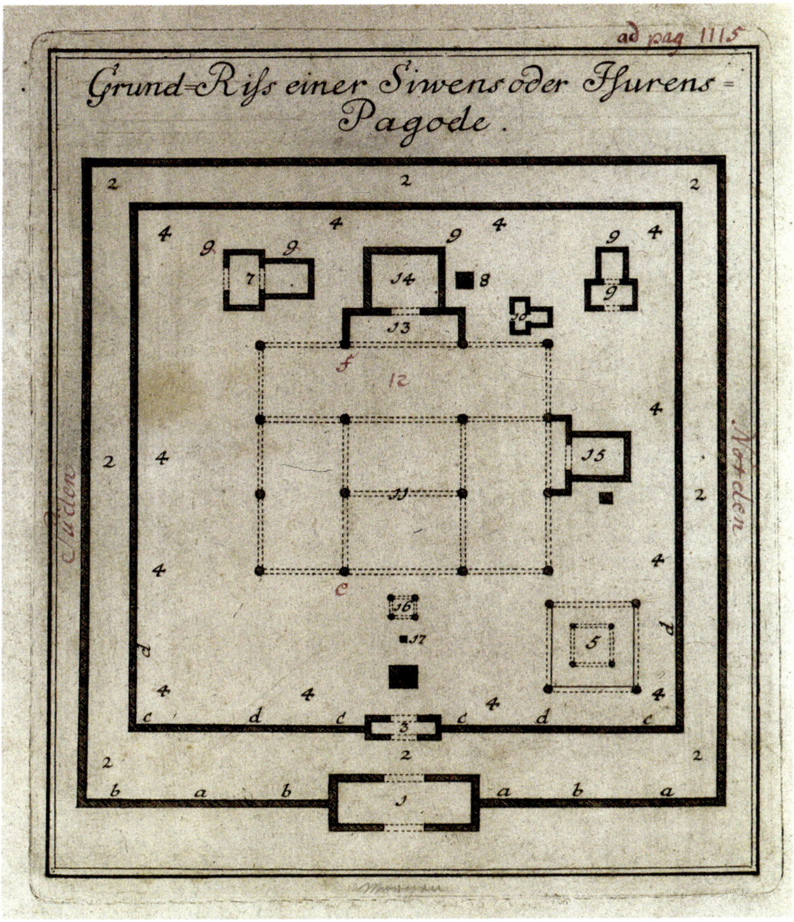

Farbtafel 11: Grundriß einer Pagode

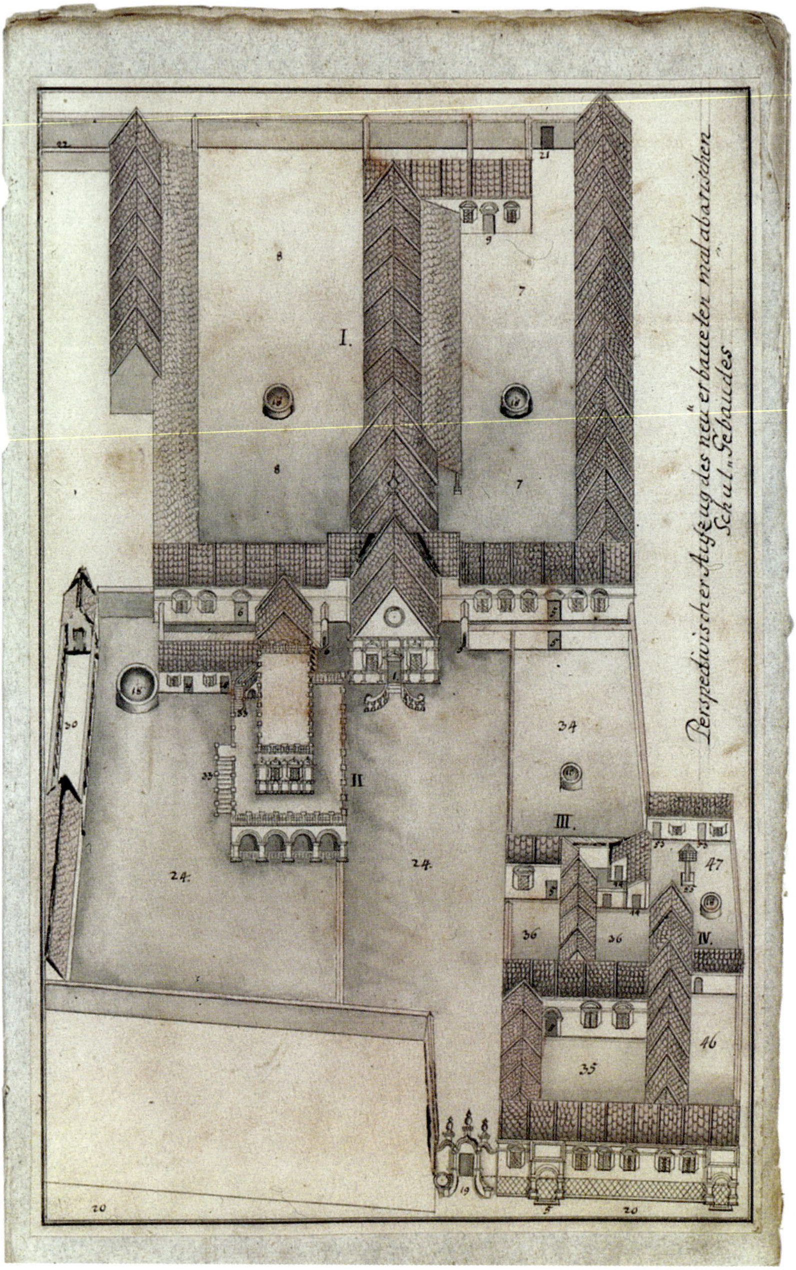

Farbtafel 12: Das Schulgebäude in Tranquebar

Der dritte Brief

Darinnen der Korrespondent meldet, daß er den Brief mit 14 Fragen zu einer solchen Zeit bekommen, da alle Brahmanen und andere Leute, die ihm hätten mit guter Nachricht dienen können, auf ein Fest verreiset gewesen; daher er nur soviel darauf antworten können, als er selbsten gewußt, welche Antwort solcher 14 Fragen er zugleich mit übersendet

Im Jahr *Nándanawáruschúm*, den 7. Oktober.[a]
Denen königlichen Priestern in Tranquebar vermelde ich, N., ein tausendfaches *Schalám.*

Ihren Brief mit den 14 Fragen habe ich erhalten. Er ist aber eben zu einer Zeit gekommen, da fast alle Einwohner der Stadt nach *Máirom* gegangen sind, um in diesem Monat dasiges Fest[b] mit Wasserreinigungen zuzubringen. Ich habe also niemanden zur Hand gehabt, den ich hätte zur Beantwortung solcher Fragen zu Rate ziehen können, sondern nur soviel schreiben müssen, als ich selbsten von solchen Sachen gewußt. Worinnen ich gezweifelt, das habe ich nicht geschrieben. Ich weiß auch, daß Sie vorhero schon von unsern Lehrsätzen mehr wissen, als ich Ihnen schreiben kann.

Es hat sieben bis acht Tage stark geregnet. Daher der Briefträger wegen der vielen Wasser in großer Gefahr gewesen und gar langsam angekommen ist.[45] Ich bin begierig zu vernehmen, wieferne Ihnen meine Antwort angestanden habe und erwarte, was Sie ferner mir verordnen werden.

---

a Sie rechnen ihre Monate nach dem alten Stil, welche sonst alle, jahraus, jahrein, mit unsern 12 Monaten übereinkommen. Das Jahr aber fangen sie nicht im 1. Januar an, als wir Europäer, sondern im 1. April.

b Dieses Fest heißt *Adbaschidulakkawéri* und wird alle Jahr von Anfang bis zum Ende des Oktobermonats an selbigem Orte zelebrieret, und zwar mit lauter Baden und Waschen in dasigem Fluße, dadurch ein jedweder seiner Sünden loszuwerden gedenket, daher auch in diesem Monat dahin aus vielen Städten große Wallfahrten angestellet werden.

Die erste Frage

Ob das Malabarische Gesetz nur eine Religion ausmache oder in viele Sekten zerteilet sei[46]

Es ist unsere Religion in unterschiedliche Sekten zerteilet, als da ist 1. *Tschíwawédum,*[a] 2. *Wiratscháiwam,*[b] 3. *Tschilamadám,*[c] 4. *Wischtnuwédum,*[d] 5. *Tádduwádimadám,*[e] 6. *Námapéramálwédum*[f] und 7. *Tscháinermadám*[g].

Unter diesen pflegen die *Tschiwawédakárer*[h] das *Lingum* zu hegen, und verehren[i] unterschiedliche Personen, als da ist *Wikkinéschuren,*[j] *Nandischuren*[k], *Súbbiramanien*[l] und die

a *Tschíwawédum* ist die Religion derjenigen, welche *Tschiwén* und alle Götter, die aus *Isurens* Familie sind, vor ihre höchsten Götter verehren. In welcher Religion noch viele Sekten vorhanden, die der Korrespondent allhier nicht berühret. Denn es sind unter diesen Heiden zwei Hauptreligionen, nämlich *Tschiwéns* Religion und *Wischtnus* Religion. Diese aber sind in viele Religionen zerteilet.

b *Wiratscháiwam* ist eine Sekte, so zu des *Tschiwéns* Religion gehöret, welche sich stets mit der Figur, *Lingum* genannt, herumschleppet.

c *Tschilamadám* ist gleichfalls eine Sekte von jetztgedachter Religion.

d *Wischtnuwédum* ist des *Wischtnums* Religion.

e *Tádduwádimadám* ist eine Sekte von von *Wischtnums* Religion.

f *Námapéramálwédum* ist gleichfalls eine Sekte von selbiger Religion.

g *Tscháinermadám* ist auch eine Sekte, so zu *Wischtnums* Religion gehöret.

h *Tschiwawédakárer* sind alle diejenigen, so zu des *Tschiwéns* Religion gehören, und werden sonsten auch *Tschiwapáddikarer* genannt, welches solche Leute bedeutet, die ihre Liebe und Begierde auf *Tschiwén* geworfen haben. *Tschiwén* wird einige Mal in ihren Büchern als das höchste Wesen genennet. Allhier aber wird dadurch *Isuren* und seine ganze Familie verstanden.

i Solches Verehren heißt in ihrer Sprache *Púschei* und ist mit vielen Zeremonien, Opfern und Gebetsformeln verknüpfet. In solchem Verstande hat man allezeit allhier das Wort **Verehrung** zu verstehen. Der Unterscheid ihrer Sekten besteht fürnehmlich in dem Unterscheide ihrer Verehrungen, darum, weil sie differente Personen verehren und bei der Verehrung differente Zeremonien, Opferarten und Gebetsformeln haben.

j *Wikkinéschuren* ist des *Isurens* Sohn mit einem Elefantenrüssel, so auch *Pulleiár* heißet.

k *Nandischuren* ist *Isuren* selbst, der in Ochsens Gestalt erschienen und auch in Ochsengestalt verehret wird.

l *Súbbiramanien* ist des *Isurens* anderer Sohn.

Abbildung 10: Die Göttin Durga mit acht Armen, auf einem Büffelkopf stehend

Ispári.[a] Andere unter ihnen haben eine Verehrung *Biráddilingapúschei*[b] genannt. Sie machen aus Erde ein *Lingum* und verrichten dabei ihre Anbetungszeremonien. Einige verehren die Göttin *Magá Letschimi*.[c] Einige verehren die *Diribúraschúndari*.[d] Einige haben eine andere Verehrung, welche sie *Wálapúschei* nennen. Einige verehren die *Páttirakáli*[e] und einige die *Dúkkei*[f]. Diese sind alle solche Verehrungen, die die *Tscháiwer*.[g] tun.

Was anlanget die göttliche Verehrungen, so die andere Sekte, die *Wirascháiwer*, verrichten, sind es folgende: Sie machen aus Stein oder Kristall ein *Lingum* und tragen es alle Zeit auf ihrem Haupte. Wenn sie denn ihre Verehrung tun wollen, so nehmen sie selbiges in die Hand und verrichten ihre Zeremonien. Dieses nennen sie *Biránalíngum*.[h] Wenn solche Leute sterben, wird ihr Leichnam nicht verbrannt, sondern in die Erde begraben.

Was ferner anlanget die Verehrungsart der dritten Sekte, *Tschilamádakárer* genannt, so hats folgende Beschaffenheit mit selbiger. Um ihre Anbetungs- und Eßzeremonien zu ver-

---

a *Ispári* ist *Isurens* eines Weib.

b *Biráddilingapúschei* ist eine solche göttliche Verehrung, die bei Wassern geschiehet, dabei sie am Ufer mit leimigter [lehmiger] Erde eine Figur machen, so das Lingum, von welchem vormals schon Meldung getan worden, präsentieren soll. Vor solcher Figur stehen sie und machen ihre vielfältige Zeremonien und Anbetungen. Wenn alles zu Ende gebracht, so tun sie die Figur wieder voneinander und spülen die leimigte Erde mit Wasser in den Fluß.

c *Magá Letschimi* ist *Wischtnums* eine Frau, welche, weil sie die Göttin des Glücks, auch von denen, so zu *Tschiwéns* Religion gehören, angebetet wird.

d *Diribúraschúndari* ist *Isurens* Weib, die vielerlei Namen hat und nach einem jedweden Namen auf besondere Weise verehret wird.

e *Páttirakáli* ist die Göttin der Teufel.

f *Dúkkei* ist eine Schwester und Mitgehilfin der *Páttirakáli* unter den bösen Geistern.

g *Tscháiwer* sind diejenige, die mit lauter Werken, Opfern und vielen Anbetungszeremonien umgehen, es sei auf was Art und Weise wie es wolle. Es sind eben die eifrigen *Kirigeikárer* oder Werkheiligen, davon im vorigen Briefe gedacht worden.

h *Biránalíngum* ist dasjenige *Lingum*, welches sie von Kindheit an bis in ihren Tod an sich tragen und selbiges auch mit sich begraben lassen.

richten, hauen sie selbsten in ihrem Hause einen Brunnen, dessen Wasser weder von der Sonnen noch vom Monden beschienen werden muß. Mit solchem Wasser verrichten sie ihre Anbetung, und aus solchem Wasser kochen sie auch alle ihre Speise.[a] Anderes Wasser rühren sie nicht an. Sie tragen auch ein *Lingum* von Kristall an sich, welches sie zu ihrer Anbetung gebrauchen. Wenn sie sterben, werden sie sitzend begraben. Nämlich, sie hauen eine Grube in die Erde und setzen den toten Körper hinein, daß er die Beine unter sich hat und mit dem halben Leibe aufgereckt sitzet, auch beide Hände in die Höhe recket, eben als täte er seine Anbetung. Solches nennen sie *Tschimádu*.

Alle jetzt erzählte drei Sekten werden mit einem Wort *Tscháivamadam* oder *Tscháivakalám*[b] genannt. Wie denn auch ein vieles von der *Wischtnums*-Religion dahin gehöret.

Diejenigen, slo von dieser vierten Sekte sind und *Wischtnuwédakárer* oder *Wischtnupaddikárer* genannt werden, tragen *Dirunámum*[c] an sich und verehren den *Perumal*.[d]

Die fünfte Sekte oder die *Tádduwádikárer* bestreichen sich mit Mehl von Sandelholz und verehren den *Kischtnen*.[e]

Die sechste Sekte, *Námapéramálwédum* genannt, trägt auch *Dirunámum* an sich und verehret *Kischtnen*.

---

a Das selbige Wasser, womit sie ihre Zeremonien verrichtet, brauchen sie nachmals zum Trinken und zum Kochen.

b *Tscháivamadam* oder *Tscháivakalám* bedeutet die Religion derer, so mit Opfern und Zeremonien und vielen äußerlichen Werken umgehen.

c *Dirunámum* ist der göttliche Name vom *Wischtnum*, welchen sie entweder mit einer Art Farbe, so durch Gebetsformeln präparieret ist, auf die Stirn und auf die Armen schmieren, oder sich auch das Gewehre [gemeint sind die Attribute] des *Wischtnums*, welches ein wunderlicher Zirkel [das Rad: *Cakra*] und Meerschnecke [das Muschelhorn: *Shankha*] ist, auf beide Arme brennen lassen, in der Meinung, daß der Teufel und alles Böse sich für solchem Namen und Zeichen fürchte, hingegen *Wischtnum* sie daran vor die Seinigen erkenne.

d *Perumal* ist *Wischtnu* selbsten, der in der einen Erscheinung solchen Namen an sich genomen.

e *Kischtnen* ist auch *Wischtnu*, von welchem 10 Verwandelungen geschrieben werden, unter welchen diese, da er unter dem Namen *Kischtnen* in der Welt gewesen, eine der vornehmsten ist.

Die *Tscháiner* aus der siebenten Sekte nehmen gleichfalls *Dirunámum* an sich und verehren den *Perumal*. Wenn sie essen wollen, schlagen sie erstlich auf einen Messingnen Teller, verrichten ihre Zeremonien und essen.

Diese vier letzten Sekten gehören alle zu *Wischtnums*-Religion und sind nur in der Anbetungsart verschieden.[47]

Solchergestalt ist das Gesetz zwar nicht mehr als ein Gesetz, aber die Sekten sind vielfältig.[a]

Die zweite Frage

Was die Malabarische Religion für Gesetzbücher habe[48]

Unsere Religion hat vier eigentliche Gesetzbücher, als *Sámawédum*, *Urukkuwédum*, *Edirwárnawédum* und *Adirwédum*.[b] Zu diesem kommt das Buch *Dákkasástirum*[c] genannt nebst den anderen *Sástirangöl* und *Puránangöl*.[d]

---

a Es hat der Korrespondent zwar einige, aber lange nicht alle Sekten angeführet, denn es sind derer sehr viel unter diesen Heiden, wie es denn auch nicht anders sein kann, weil ein jedweder tun und glauben mag, was er will und wozu er von seiner Phantasie getrieben wird. Denn es geschiehet niemals eine Religionsuntersuchung bei ihnen, es wäre denn, daß jemand die allgemeinen Götter lästerte, oder die andere in ihrem Gottesdienst störete, oder auch Religionsbücher und Götzenbilder verbrennete und eine ganz neue Religion wider den Willen der Brahmanen einführen wollte.

b Die Benennung solcher vier Gesetzbücher ist allein unter den Gelehrten bekannt, wie es denn auch lauter Namen aus dem *Kiréndum* sind. Sonst geben sie selbigen auch noch andere Namen. Die Brahmaner machen viel Wesens von solchen Büchern, aber sie lassen sie niemanden sehen, vielweniger lesen, sagen auch, daß solche Bücher wegen ihrer hohen Geheimnisse und tiefsinnigen Redensarten in keine andere Sprache könnten übersetzet werden.

c *Dakkasastirum* ist ein solches Buch, worinnen die Lehrsätze ihrer Religion aus allerhand Büchern zusammengezogen und bewiesen sind, und solches zwar in Forma eines Gesprächs, worinnen zwo Personen miteinander disputieren. Wie denn auch das Wort *Dákkum* eine Disputation heißet. Von solchem Buch höret man zwar viel Redens unter ihnen, aber man kann es nicht zu sehen bekommen. Es soll ebenfalls im *Kiréndum* geschrieben sein.

d Die 18 Geschichtsbücher nebst den 24 *Agamangöl* und die *Sástirangöl* oder Systema sind Fundamentalbücher mit, nach welchen der ganze malabarische Götzendienst eingerichtet ist, und welche auch meist in allerlei Sprachen unter dem gemeinen Volke, die nicht eben Brahmaner sind, gefunden werden.

Abbildung 11: Die Göttin Pārvāti in der Form der Mahishāsuramardini, der Bezwingerin des Büffeldämons

Die dritte Frage

Was in diesem Lande vor Bücher unter jedermann gebräuchlich sind[49]

Die in diesem Lande unter uns allenthalben gebräuchliche Bücher sind diese:

Dewárum,[a] *Diruwáschagum*,[b] *Tschiwapódagum*,[c] *Wilákoli*,[d]

---

a *Dewárum* ist ein Buch, darinnen *Tschiwéns* Herrlichkeit beschrieben ist.

b *Diruwáschagum* heißt auf Deutsch eine **göttliche Schrift**. Es sind in diesem Buche lauter Gespräche mit *Tschiwén* enthalten, der da gelobet und angebetet wird. Auch sind darinnen viele Sprüche ihrer Propheten und Heiligen zusammengetragen.

c *Tschiwapódagum* ist gleichfalls ein Buch, das die Poeten über *Tschiwén* geschrieben haben.

d *Wilákoli* ist ein Moralienbuch.

Diruwalluwer,[a] *Gnánapódagum,*[b] *Tschiwakáwischum,*[c] *Dewikáwischum,*[d] *Wáripáddu*[e], *Anta Sástirum,*[f] *Abiramiandádi,*[g] *Káschikándum,*[h] *Periapuránum,*[i] *Werutáschelpuránum*[j], *Kandapuránum,*[50] *Diruwenkátupuránam,*[k] *Múturapuránum,*[l] *Markkándapuránum,*[m] *Wadúrpuránum,*[n] *Egatéschipuránum,*[o] *Ramájanum,*[p] *Wálakándarmáianum,*[q] *Páradum,*[r] *Indiratschéid-*

---

a *Diruwalluwer* ist eines von ihren besten Moralienbüchern.

b *Gnánapódagum* ist ein Buch, darinnen die Lehren der Weisheit enthalten sind.

c *Tschiwakáwischum* ist ein Lobbuch über *Tschiwén.*

d *Dewikáwischum* ist ein Lobbuch über die Göttin *Tscháddi*, des *Tschiwéns* Weib.

e *Wáripáddu* ist ein Büchlein, welches bei den sterbenden und im Todeskampf liegenden Personen gesungen wird, daß diese von den Schmerzen des Todes erlöset und in die Seligkeit eingenommen werden möchten.

f *Anta Sástirum* ist ein Buch, darinnen die physikalische Wissenschaften der Welt gelehret werden. Denn *Sástirum* heißt ein Systema einer gewissen Disziplin, und *Antam* heißt das Weltgebäude.

g *Abiramiandádi* ist ein Lobbuch über die Göttin *Ammei*, des *Isurens* Weib.

h *Káschikándum* ist ein historisches Buch, darinnen die göttliche Wunder, so in der Stadt *Káschi* vorgegangen, erzählet und gerühmet werden.

i *Periapuránum* ist unter ihren 18 Geschichtsbüchern das größte Buch.

j *Werutáschelpuránum* ist die Geschichtshistorie, so mit den Göttern an dem Ort, *Werutáschell* genannt, sich zugetragen hat.

k *Diruwenkátupuránam* ist die Geschichte, die sich unter den Göttern zugetragen hat an einem Ort, *Diruwenkátu* genannt, so siebendehalb Meilen von Tranquebar nordwärts gelegen.

l *Múturapuránum* ist gleichfalls ein Historienbuch von den göttlichen Wundern und Geschichten, so sich an dem Ort, *Mútur* genannt, zugetragen haben.

m *Markkándapuránum* ist ein Buch, darinnen die Geschichten, so sich mit einem Jüngling namens *Markkanden* zugetragen haben, erzählet werden.

n *Wadúrpuránum* ist ein Historienbuch, darinnen die Taten ihrer Götter, die sie an dem Ort, *Wadúr* genannt, unter den Menschen getan haben, erzählet werden.

o *Egatéschipuránum* ist ein alt Historienbuch, nach welchem sie alle Monate zwei Fasttage eingesetzet haben.

p *Ramájanum* ist ein sehr großes Historienbuch, darinnen die Geschichte von *Rámen* enthalten ist, unter welchem Namen *Wischtnu* in einer seiner Verwandlungen viele Taten getan hat.

q *Wálakándarmáianum* ist ein poetisches Buch, darinnen eben die Historie von *Rámen* enthalten ist, ohne nur, daß es von einem ganz anderen Poeten und in einem andern Methodo, auch in einer anderen Versart geschrieben worden.

dubaralám,[a] *Kombakárnabaralám,*[b] *Iréniawadeibaralám*[c], *Rámaschium,*[d] *Rámawatarum,*[e] *Kischtnen Túdu*[f].

Diese alle sind unter uns gebräuchliche Bücher, die ein jeder lesen kann,[51] der sie verstehet.[g]

Die vierte Frage

Ob dasjenige Wahrheit oder Lüge sei, was in den 18 *Puránen* und in den 24 *Agamangöl* historice[52] enthalten ist[53]

Unter allen Sachen, die in den 18 *Puránen* und in den 24 *Agamangöl,* wie auch in den 4 Gesetzbüchern und in den 6 *Sásti-*

---

r *Páradum* ist eine weitläufige Historie von fünf königlichen Brüdern, unter welchen der eine, *Tanmer* genannt, von den Göttern sichtbar in Himmel aufgenommen worden, dem sie nachhero allenthalben *Pagoden* aufgebauet haben.

a *Indiratschéiddubaralám* ist eine Historia von den Taten des *Indiratschéiddu*, welcher ein Sohn des großen Kaisers auf Ceylon, so *Rawanen* geheißen, gewesen ist, mit welchem Kaiser *Rámen* große Kriege geführet.

b *Kombakárnabaralám* ist eine Historienbuch von des *Rawanens* Bruder.

c *Iréniawadeibaralám* ist eine Historie von einem Riesen, *Iránien* genannt, der alle Götter verachtet und sich selbsten zum Gott aufwerfen wollen, aber um deswillen von *Wischtnu* umgebracht worden ist. In welcher Historie des *Wischtnums* Verwandlung in einen Löwen enthalten ist.

d *Rámaschium* ist ein Buch, darinne des *Wischtnums* Taten, nebst der Art und Weise, wie man ihn verehren und durch ihn die Seligkeit erlangen solle, aus allerhand Büchern zusammengetragen und beschrieben sind. Welches Buch diejenigen, so von *Wischtnums* Religion sind, gleichsam für ihr Gesetzbuch halten und ihren Dienst gegen *Wischtnu* danach einrichten.

e *Rámawatarum* ist ein Buch, darinnen die ganze Historie enthalten ist, wie *Wischtnu* unter dem Namen *Rámen* in die Welt sei geboren und erzogen worden, und was sich in dieser seiner Verwandelung vor Wunder zugetragen haben.

f *Kischtnen Túdu* ist ein Stück von *Kischtnens* Historie, da er als ein Gesandter ist gebrauchet worden.

g Alle diese Bücher sind in schweren Versen geschrieben. Dahero, ob sie gleich solche Bücher sein, die jedermann lesen mag, so werden sie doch von gar wenigen recht verstanden, ohne, daß sie die darinnen enthaltenen Historien einander erzählen, welche die Kinder hören und also andern wieder erzählen, durch welche Erzählungen solche Geschichten jedermann bekannt sind. Sonsten aber hat der Korrespondent allhier nur die allerwenigsten Bücher spezifizieret, die unter ihnen gang und gäbe sind. Denn in unserer Bibliothek sind selbsten noch viele Moralien-, Historien- und philosophische Bücher vorhanden, derer allhier nicht gedacht worden.

rangöl entweder historice oder dogmatice[54] vorgetragen werden, ist nicht mehr als ein einiges Wesen, das *Tschiwén*[a] genannt wird. Alle, die zur Malabarischen Religion gehören, sie sein aus welcher Sekte sie wollen, und die drei Königreiche, *Tschóromándalam*,[b] *Pantimándalam*[c] und *Tondamándalam*[d] genannt, halten dasjenige für wahr, was in diesen Büchern enthalten ist. Hiernebst sind auch viele Örter noch vorhanden, an

---

a *Tschiwén* bedeutet allhier soviel als das höchste Wesen oder der einige Gott, auf welchen diese Heiden, ihrem Vorgeben nach, mit allem ihren Wesen zielen, und sich einbilden, es sei alles ein Spielwerk dieses großen Gottes, der sich so, bald wieder anders geoffenbart habe, und auf allerlei Art und Weise von den Menschen verehret werden wolle. Ob nun gleich die Namen der Götter, die Anbetungsarten, die Zeremonien und die Religionen untereinander differiereten, so liefe doch alles auf eines hinaus, nämlich auf das Wesen aller Wesen, welches in seinen vielfältigen Wundern auf vielfältige Art und Weise wollte erkannt und venerieret werden.

b *Tschóromándalam* ist das Königreich, worinnen Tranquebar lieget, und von welchem diese ganze Küste ehemals von den Portugiesen *Coromandel* genannt worden ist, welchen Namen man auch in allen Landkarten findet. *Mándalam* heißt ein Reich, und *Tschóren* ist ein König dieses Reichs gewesen, dessen Familie sehr lange solches Reich besessen hat, und [hat] allenthalben große *Pagoden* und andere Heiligtümer aufbauen lassen. Daher die Poeten fast in allen Büchern sehr viel Rühmens davon machen und die meisten Könige von diesem Hause unter die Götter versetzet haben. Es sind auch zur Zeit ihrer Regierung die meisten Historien vorgegangen, die sie anjetzo unter sich in Büchern aufgeschrieben haben.

c *Pantimándalam* ist dajenige Königreich, welches auf dieser Küste gegen Westen lieget und anjetzo von kleinen heidnischen Königen regieret wird, gleichwie auch das jetztgedachte *Tschóromándalam.* Welche aber alle Vasallen vom *Großen Mogul* sind. Es hat in vorigen Zeiten ein König, *Pántien* genannt, darinnen regieret, dessen Familie und königliches Haus gleichfalls sehr lange den Thron besessen und in den Büchern der Poeten sehr berühmt ist.

d *Tondamándalam* ist dasjenige Reich, das auf dieser Küste weiter hinauf gegen Norden lieget und anjetzo von unterschiedlichen Gouverneuren und kleinen Fürsten des *Großen Mogul* regieret wird. Vorhero hat ein Malabarischer König, *Tónden* genannt, solches Reich beherrschet, dessen königliche Familie mit den zwei beniemten Königen, *Tschóren* und *Pántien* genannt, in gleichem Ruhm gewesen. Die Brahmanen bekennen alle insgesamt, daß ihr Götzendienst zu den Zeiten solcher drei königlicher Häuser im besten Flor gewesen, und daß nach deren Ruinierung fast alle Herrlichkeit ihrer Religion dahingefallen sei. Wie denn auch die Götter nachhero keine solche Wunder mehr getan hätten, als zu jener ihren [der Könige] Zeiten geschehen wären.

welchen dergleichen Historien sich zugetragen haben, also, daß es niemand leugnen kann. In den jetztgedachten drei Reichen wird solches alles für wahr und keine Lügen gehalten.[a]

Die fünfte Frage
Was vor Lehrsätze in den 6 *Sástirangöl* enthalten sein

Die 6 *Sástirangöl* sind solche Bücher,[55] darinnen alle Religionspunkte verfaßet sind, was nämlich eine jedwede Sekte und Orden unter uns tun und verrichten soll. Denn es sind unter uns *Tschárigeikárer*, *Kirigeikárer*, *Jogigöl* und *Gnánigöl*. Auch sind unter uns *Tschartádewergöl*,[b] *Tschankamargöl*,[c] *Lárer*,[d] *Dáwaschigöl*[e] und anderer Arten Leute. Alles nun, was eine jede Art vor Gebräuche, Sitten, Anbetungen, Opfer und Zeemonien hat, ist in diesen 6 Büchern enthalten und erkläret. Außer diesen 6 Büchern sind noch andere, die da *Sástirangöl*[f] genennet werden, als da ist *Tschodirischum*[g] und *Panschánkum*[h].

---

a Solche Religionsbücher werden nicht allein in diesen drei großen Königreichen, die anjetzo in viele kleine Länderchen, Fürstentümer und Herrschaften geteilet sind, vor wahr gehalten, sondern auch in vielen andern Königreichen und Inseln. Denn dieses Heidentum hat zwar durch den *Mogul* von den Mahometanern einen großen Stoß erlitten und viele *Pagoden* verlieren müssen. Gleichwohl aber ist es in diesem Ostindien weit ausgebreitet und begreifet viele Sprachen und Nationen unter sich. Deren Götzendienst alles auf eines hinauslauft, ohne nur, daß sie in unterschiedliche Sekten zerteilet sind.

b *Tschartádewergöl* sind Leute von *Wischtnums* Religion, die sich gewisse Zeichen auf die Armen brennen lassen.

c *Tschankamargöl* sind alle diejenigen, so das *Lingum* an sich tragen und zu der Zunft der *Antigöl* gehören.

d *Lárer* sind Leute von einem sonderlichen Orden. Sie tragen keine Kleider, sondern gehen ganz nackend, heiraten auch nicht, und haben ihre gewisse Stifte, gehen aber meist allenthalben herum als Bettelmönche.

e *Dáwaschigöl* sind Büßende unter ihnen.

f *Sástirangöl* sind in genere [im allgemeinen] solche Bücher, die gewisse theologische oder philosophische Disziplinen traktieren. Wie sie nun von der Theologie 6 dergleichen Bücher haben, so werden auch unterschiedliche unter ihnen gefunden, die von der Philosophie handeln, als von der Physica, Ethica, Arithmetica etc.

g *Tschodirischum* ist die Astronomie und Astrologie.

h *Panschánkum* ist ihr Kalender, welcher jährlich nach ihrer darinne habenden Wissenschaft erneuert wird.

Abbildung 12: Dorfgottheit Aiyaṉār mit Wächterfigur

Die sechste Frage
Was vor Götter unter den Malabaren überhaupt verehret werden[56]

Tschiwén ist nicht mehr als einer. *Wischtnu* ist auch nicht mehr als einer. Aber ihre Namen sind in diesen und jenen Örtern mancherlei. Denn nachdem hier und da einige Wunder geschehen sind, so haben sie nach der Beschaffenheit derselbigen Wunder unterschiedliche Namen bekommen. Und ein jedweder Ort hat fast seine besondere Historie von ihren Erscheinungen.[57]

Ayanár[a] ist nicht mehr als einer. Er hat aber an einem Ort diesen, an einem andern Ort wiederum einen andern Namen.

---

a *Ayanár* ist ein Sohn von *Isuren*, der aus seiner unkeuschen Brunst geboren, als *Wischtnu* sich in Weibesgestalt vor ihm präsentierte. Solcher *Ayanár* soll

Pirári[a] ist nicht mehr als die eine. Die unterschiedlichen Örter aber haben ihre Namen vervielfältiget.

Und also sind auch die Namen der *Mariámmen*[b] und der *Ellámmen*[c] an den vielen Örtern vervielfältiget.

Tschiwén oder *Isuren* hat 1008 Namen und ist doch nicht mehr als einer. Einer ist alles in allen, und durch diesen Einigen erlangen wir allein die Seligkeit, nicht aber durch einen andern.

Die siebente Frage
Was der höchste Gott oder das Wesen aller Wesen bei den Malabaren sei[58]

---

die Teufel, die Krankheiten, Feuersbrünste und andere Landstrafen von jedem Orte abhalten. Daher ist fast kein Ort in dieser Heidenschaft zu finden, da sie ihm nicht eine kleine *Pagode* aufgebauet haben, darinnen sie ihm täglich Opfer bringen und ihm alle Jahr ein Fest halten.

a *Pirári* ist eine Beschützerin des Landes und hat allenthalben ihre *Pagoden.* Sie soll eine gewaltige Teufelin sein, die denen andern Teufeln gewachsen ist, daß sie ohne ihren Willen den Einwohnern keinen Schaden tun können. Denn diese Heiden haben lauter gewaltige Teufel zu ihren Schutzgöttern, welchen sie viele Verehrung und Opfer antun, daß sie ihnen nicht nur keinen Schaden zufügen, sondern sie auch für allen andern Teufeln verwahren sollen. Von solchen allen sagen sie, daß sie anfänglich bei Gott große Leute gewesen, aber nachmals wegen einiger Verbrechen durch einen Fluch zur Hölle verdammt worden.

b *Mariámmen* ist die Göttin der Kinderpocken, so ihre besondere *Pagode* hat und darin mit Opfern und Fasten verehret wird, daß sie weder die Kinder noch die großen Leute an Pocken sterben lassen wolle.

c *Ellámmen* ist die Göttin der Warzen und anderer Runzeln am menschlichen Leibe. Der *Mariámmen* und *Ellámmen*, wie auch die *Pirári* und dem *Ayanár* halten sie solche Feste, die mit lauter Blutvergießen geschehen. Nämlich, sie opfern ihnen Schweine, Böcke und Hähne, welchen sie vor ihren *Pagoden* die Köpfe abhauen. Die Brahmanen haben mit solchen *Pagoden* und Opferart nichts zu tun, sondern es sind Leute von andern Geschlechten, die den Dienst in solchen *Pagoden* verrichten müssen. Die Fischer haben ein Fest der *Ellámmen* zu Ehren, an welchem sich einer aus großer Devotion mit einem eisernen Haken, der hinten am Rücken durchs Fleisch gebohret wird, an einem Baume, der auf einer Säulen lieget, vor allen Leuten in die Luft ziehen läßet, welches ein Grauen anzusehen ist.

Der höchste Gott oder das Wesen aller Wesen hat eine Gestalt[a] und gleichwohl keine Gestalt.[b] Er kann mit keinem Dinge verglichen werden. Man kann ihn nicht beschreiben, noch sagen, er ist dieses oder jenes. Er ist weder ein Mann noch ein Weib, weder Himmel noch Erde, weder Mensch noch eine andere Kreatur. Er ist alles und man kann ihn doch mit nichts vergleichen. Dieser Gott ist keinem Verderben noch Sterben unterworfen. Er hat nicht nötig, zu ruhen noch zu schlafen. Er ist allmächtig und allgegenwärtig. Er ist ohne Anfang und bleibet unvergänglich in Ewigkeit. Seine Gestalt kann man weder sehen noch schreiben noch aussprechen.

Die achte Frage
Welches der Weg sei, Gott zu erkennen

Der Weg, Gott zu erkennen, ist dieser:

Man muß sich einen guten Priester erwählen und sich zu ihm als Jünger seiner Lehre halten. Oder wenn einer von Ge-

---

a Sie statuieren, es müsse allerdings das Wesen aller Wesen oder der höchste Gott eine Gestalt haben, daß er von den himmlischen Geistern an dem Orte der Seligkeit könne gesehen werden. Aber solche Gestalt sei eine geistliche Gestalt, gemäß derjenigen Herrlichkeit, darinnen er unter denen seligen und himmlischen Geistern herrsche und regiere.

b Allhier verstehet der Korrespondent eine leibliche Gestalt, welche diese Heiden keinesweges dem einzigen göttlichen Wesen zuschreiben, sondern von selbigem nach dem Lichte der Natur so räsonieren, daß man sich billig darüber verwundern muß. Der Satan aber suchet solches natürliche Licht durch das verworrene Wesen der vielen Götter, die alle von diesem einzigen Gott dependieren sollen, bei ihnen ganz auszulöschen und sie durch seine Werkzeuge in ihrem Gemüte ganz zu verblenden. Man kann hieraus zugleich sehen, daß diese Heiden von uns Christen keiner Demonstration bedürfen, daß ein Gott sei. Denn von dieser Wahrheit sind sie alle ganz völlig überzeuget. Auch konzedieren [zugestehen] sie es, daß nicht mehr als ein Gott sei, von welchem ursprünglich alles hergekommen und von dem annoch alles dependieret. Nur aber sagen sie, daß dieser einzige Gott solche Personen erschaffen, denen er göttliche Gewalt mitgeteilet, die da als seine Gesandten und Verordneten von den Menschen venerieret [verehrt] werden müßten. Was denn den gemeinen Haufen anlanget, so fallen sie bloß auf die materialische Götzenbilder und haben ganz grobe Einbildung von den Göttern, in welcher Blindheit sie ohne Lehre und Unterricht dahingehen, worinnen sie auch sterben und verderben.

schlecht ein Brahman ist, muß er alle Gesetzsystema wohl verstehen lernen. Auch muß man *Udelkúru*[a] und die *Daduwangöl*[b] wohl verstehen und sich selbsten recht erkennen lernen.[c] Die in den Gesetzbüchern gebotene Sitten, Gebräuche, Zeremonien, Opfer und Anbetungsarten muß man wohl observieren und die gesetzte Fastzeiten[d] halten. Man muß ohne Zorn und Unart sein. Man muß keine wissentliche Sünden[59] tun, sondern vor jeder Sünde sich fürchten, hingegen aber den Tugenden ergeben sein. Man muß zu den gesetzten Zeiten seinen Gottesdienst verrichten und in den *Pagoden* und Teichen seine Opfer und Reinigungszeremonien verrichten. Man muß in den heiligen Flüssen sich stets baden und die von Gott gebotenen Verehrungsarten ohne Mangel halten. Ja man muß in allem nach demjenigen Gesetz leben, das uns Gott gegeben hat, und eines einigen Herzens sein.

Dieses wird bei uns vor denjenigen Weg gehalten, darinnen man Gott erkennen kann.

---

a *Udelkúru* ist die Wissenschaft des menschlichen Leibes, welche bei diesen Heiden in eine ordentliche Disziplin gebracht worden ist, und von vielen unter ihnen, sonderlich aber von den *Jogigöl*, gar akkurat gelernet wird. Es läuft in diese Disziplin meist dasjenige mit hinein, was in der Ethica enthalten ist und was die Medici de constitutione corporis [die Mediziner vom Körperbau] schreiben.

b *Daduwangöl* sind die philosophische Lehren von der Physica, dahinein auch unterschiedliche Sachen aus der Ethica und Medizin fließen. *Dadduwum* heißet eigentlich das Wesen einer Sache. Solcher philosophischen Wesen haben sie 96 unter sich benamet, unter welchen ein jedwedes eine besondere Traktation und Ausführung vonnöten hat.

c Auf die Selbsterkenntnis halten diese Heiden sehr viel und sagen, wenn einer sich selbst recht erkennete, würde er auch alle anderen Kreaturen außer sich leicht erkennen. Und durch die Erkenntnis seiner und der andern Kreaturen würde er endlich zur Erkenntnis des Schöpfers kommen.

d Sie haben gar viele Fastzeiten unter sich. Einige sind allgemeine Fastzeiten, die entweder alle Jahr oder alle Monat zur bestimmten Zeit kommen. Einige aber machen sie sich selbsten, wenn sie ihre Andacht und Reinigungszeremonien verrichten wollen, da sie denn oftmals einen ganzen Monat zu solchem Fasten erwählen, sonderlich wenn sie an einen heiligen Ort wallfahren gehen. Gewisse Fastzeiten werden ihnen auch von ihren Vätern befohlen wenn sie sterben, die sie unverbrüchlich bis an ihren Tod halten müssen, da sie denn ihren Kindern wiederum nach ihrem Tode solches befehlen, welches sie in ihrem Namen, und ihnen zugute tun müssen.

Die neunte Frage

Auf was Weise die Malabaren Gott zu verehren pflegen

Unser Dienst gegen Gott, der sowohl in als außer der *Pagoden* von Brahmanen, *Pantáren*, *Antigöln* und dergleichen Leuten verrichtet wird, bestehet fürnehmlich darinnen:

Sie stehen des Morgens sehr frühe vor dem Anbrechen des Tages auf, spülen den Leib in Wasser ab und baden sich. Alsdann tun sie ihre Trankopfer[a] und streuen gute Blumen[b] zum Opfer, bestreichen auch die Opferfiguren mit pulversisiertem Sandelholz. Nachmals verrichten sie ihr Rauchopfer[c] und folgends ihr Speisopfer.[d] Dabei rezitieren sie ihre heilige Gebetsformeln und lesen die Bücher, so von dem Lobe und Taten dessen, welchem sie ihr Opfer bringen, handeln. Sie machen auch ihre Verehrung an die Sonne[e] und preisen den *Winàiagen*. Sol-

---

a Trankopfer heißt in ihrer Sprache *Abischégum* und ist allezeit das erste unter ihren Opfern. Die Spezies, die sie dazu gebrauchen, sind Honig, Zuker, Wasser aus den Kokosnüssen, Milch, Feigen etc. Diese Spezies werden untereinander vermischet und auf diejenige Abgottsfiguren gegossen, vor welcher sie das tun.

b Blumen werden bei allen Opfern gebrauchet. Sie haben aber alle Blumen benennet, welche dazu gebraucht werden können oder nicht. Sobald als sie durch ein Trankopfer die Abgottsfigur gesalbet haben, spülen sie selbige mit Weihwasser wieder ab, behängen sie mit allerhand Blumen und bestreuen sie mit Mehl von Sandelholze. Wenn ein Fest ist, legen sie selbiger auch allerhand köstliche Geschmeide an.

c Rauchopfer heißet bei ihnen *Túbum* oder *Túbaarádinei*. Zu solchem Rauchopfer brauchen sie Späne von Sandelholz und einem wohlriechenden Baume, *Agíl* genannt. Dazu tun sie eine harzige Art Rauchwerk, *Sambiráni* genannt. Solches wird zusammen in einem Rauchfaße angezündet und vor die Abgottsfiguren gehalten. Alles geschiehet mit vielen Zeremonien und Gebetsformeln.

d Speisopfer heißet bei ihnen *Néiwiddium*, wozu folgende Spezies gebrauchet werden, als gekochter Reis, der als ein fester Klumpen zusammengedrückt wird, eine Art Feldfrüchte, die zum Essen als Erbsen und Bohnen gebraucht werden, Butter, Schlickermilch, Kokosnüsse, Pfannkuchen und Feigen, welches alles als Zugemüse beim Reise gegessen wird. Diese Eßwaren legen sie vor selbige Abgottsfigur und verrichten ihre Zeremonien dabei. Nachmals pflegen sie mit andern solches selbsten zu verzehren.

e Die Sonne verehren sie alsdann, wenn alles Opferwerk verrichtet ist, mit allerhand Komplimenten, wie sie denn auch dem *Winàiagen* danksagen, daß

chen Dienst verrichten sie unablässig zu seiner bestimmten Zeit. Und dieses ist die Verehrung, die täglich unter uns gegen Gott geschiehet, so da allen übrigen desjenigen Ortes, darinnen solches geschiehet, zustatten kommet.[a]

Die zehnte Frage
Was die Malabaren von der Schöpfung glauben[60]

Gott hat Himmel und Erden nebst allem, was darinnen ist, erschaffen. Solches alles hat er um deswillen erschaffen, daß die Menschen ihn erkennen und verehren möchten. Ja er hat um deswillen alles erschaffen, daß seine Herrlichkeit offenbar würde. Die Schöpfung dieser Welt ist eines von seinen göttlichen Spielwerken. Er hat aber den Himmel und die Erde um der Menschen willen erschaffen. Auch alle andere Kreaturen hat er um der Menschen willen erschaffen und unter selbigen den Unterscheid gezeiget, welche Kreaturen sie zu ihrer Speise gebrauchen sollen oder nicht. Er hat die Geschlechte der Menschen und alle andere Geschöpfe, ja Hölle und Himmel, Verdammnis und Seligkeit, bloß darum erschaffen, daß er erkannt

---

er ihnen zu solchen Verrichtungen seinen Beistand geleistet. Er ist des *Isuren* Sohn, der alles seinem Vater angenehm machen soll. Sie haben seine Figur allezeit bei ihren Opfern auf der Seite stehen und pflegen ihr auch einige Veehrung mit anzutun. Hierinnen bestehet also ihre Opferart, die sie täglich beides, in den *Pagoden* als auch außer den *Pagoden*, an gewissen Örtern und Häusern dem *Tschiwalingum* und andern Figuren der Abgötter bringen.

a Alles, was die Brahmanen, *Pantáren*, *Antigöl* und andere Ordensleute gegen die Götter verrichten, daß soll zugleich für alle andere selbigen Orts verrichtet sein, und ihnen allen zur Versöhnung und Vergebung der Sünden zugerechnet werden. Solches glaubet das gemeine Volk. Dahero gibet es viele Opfergaben, daß kein Tag ohne solche Opfer hingehen darf. Es haben auch die Brahmanen weitläufig spezifizieret, was für Opfergaben zu bringen sein, und was eine jede Opfergabe für eine Belohnung nach sich ziehe. Sonsten aber, was die ordentliche Opfer in den *Pagoden* anlanget, so werden sie täglich auf Unkosten der *Pagode* selbsten verrichtet. Denn eine jedwede *Pagode* wird entweder von dem, welchem sie zugehöret, in allen Ausgaben unterhalten, oder hat doch jährlich ein gewisses Einkommen, davon sie sich unterhalten kann. Wie den alle die *Pagoden*, so ehemals von den alten Königen erbauet worden, bis dato noch von den Einkünften solcher königlichen Häuser reichlich unterhalten werden.

werden möchte. Er hat auch um deswillen einem jedweden die fünf Sinne, guten Verstand und Vernunft gegeben, daß er ihn mit gutem Verstand und Vernunft anbeten und nach seinem Willen wandeln solle. Wer ihn also anbetet und nach seinem Willen wandelt, dem hat er die Seligkeit versprochen. Wer aber ihn erkennet und nicht nach seinen Geboten wandelt, sondern selbige übertritt und stolz, hoffärtig und boshaftig lebet, dem hat er die Hölle verordnet. Dieses alles ist sein göttliches Spielwerk, deren er gar viele hat, wie solches aus dem Buche, *Arubaddunálu diruwileiádel*[a] genannt, zu ersehen ist.

Die elfte Frage
Wieviel Menschen Gott anfänglich geschaffen und wozu er sie erschaffen habe

Auf die Frage, wieviel Menschen Gott anfänglich erschaffen habe, dienet zur Antwort, daß er anfänglich Mann und Frau erschaffen habe.[61] Von diesen sind nachmals die vier Geschlechte *Birúma-*, *Tscháddi-*, *Waschia-* und *Tschúddira-Tschádi* herkommen.[62] Diese Geschlechte haben sich folgends in 96 Geschlechte zerteilet. Was anlanget, wozu Gott die Menschen erschaffen, so soll man wissen, daß Gott, der Herrscher über alles, 1008 Eigenschaften habe,[b] aus welchen er eine genom-

---

a *Arubaddunálu diruwileiádel* ist ein Buch von 64 göttlichen Spielwerken, die *Tschiwén* unter dem Namen *Tschókkanaiagen* in der Stadt *Madurei* und deren Gegend unter den Menschen gespielet haben solle. Denn *Arubaddunálu* heißt 64 und *Diruwileiádel* heißt ein **göttliches Spielwerk**. Böses und Gutes, Sünde und Tugend, Hölle und Himmel, Verdammnis und Seligkeit, wird von ihnen nur vor ein Spielwerk Gottes gehalten. Wodurch der Satan es bei ihnen gar weit gebracht und aus diesem Hauptirrtum viele hundert andere gefährliche Irrtümer unter ihnen eingeführet hat, damit er desto sicherer sein Reich und seine Herrschaft unter ihnen haben möchte. Dahero verderben sie in demjenigen, was sie noch vernünftlicherweise von Gott und seinen Kreaturen wissen.

b Nach den 1008 Erscheinungen ihres *Tschiwén* zählen die Heiden in ihren Landen 1008 heilige Plätze und haben jedesmal selbigen nach seiner Erscheinungsart, einen besonderen Namen und eine der Sache gemäße Eigenschaft gegeben. Daher sie denn nun sagen, Gott habe 1008 Eigenschaften.

men und die Menschen nach seiner Ähnlichkeit[a] erschaffen hat.

Die zwölfte Frage

Welches die Mittel sein zur Ablegung der Sünden und zur Ausübung des Guten

Die Mittel zur Ablegung der Sünden sind diese: Man muß nach den Gesetzbüchern täglich viermal seine Verehrung[b] an Gott tun und ihn loben.[c] Man muß Glauben haben an die Lehren seines Priesters und ihm seine Sünden bekennen,[d] welcher für selbige Opfer tun wird.[e] Man muß das Speisopfer, *Rúddira Abischégum*[f] genannt, verrichten, die Brahmanen speisen[g] und

---

a Daß die Menschen einigermaßen mit Gott eine Ähnlichkeit haben und ihrer Schöpfung wegen allen andern Kreaturen vorzuziehen sein, können diese Heiden aus dem Lichte der Natur wohl schließen. Aber sie wissen doch nicht, in welchem hohen Adel der Mensch anfänglich erschaffen und worin das Ebenbild Gottes bestanden. Denn sie betrachten den Menschen nur, wie er anjetzo ist, und meinen, er sei niemals besser erschaffen worden, sintemal sie von dem kläglichen Sündenfall nichts wissen.

b Diese Verehrung bestehet in der Verrichtung ihrer vielen Opfern und Zeremonien, in ihren Wasserreinigungen und Rezitierung der Gebetsformeln.

c Ihr Loben bestehet in Lesung derjenigen Bücher, so von dem Lobe der Götter geschrieben sind, welche sie singend herschnattern.

d Man findet unter diesen Heiden keine Art, die einer Beichte ähnlich wäre. Es ist unter ihnen auch nicht gebräuchlich, daß sie ihre Sünden auf einigerlei Weise gegen ihre Priester bekennen, wohl aber die Vergebung derselbigen auf vielerlei Arten von den Priestern empfangen, als die da gewisse Sündopfer haben, dadurch sie die Sünden ihrer Jünger hinwegnehmen. Hat aber einer schwere Sünden begangen, die ohnedem jedermann offenbar sind, so pfleget er sie alsdann demjenigen Priester zu bekennen, von welchem er will zum Jünger angenommen werden.

e Das Opfer, welches die Priester verrichten wenn sie einen von Sünden befreien und ihn zu ihrem Jünger annehmen wollen, ist ein Feueropfer, darein nichts anderes als allerhand Holzreiserchen geworfen werden. Solche Reiserchen aber müssen mit Gebetsformeln von Bäumen abgeschnitten und eingeweihet werden. Auch werfen sie selbige unter lauter Gebetsformeln und vielen Zeremonien in die Feuergrube. Wobei der, um welches willen solches Opfer gemacht wird, gleichfalls seine Zeremonien verrichten muß.

f *Rúddira Abischégum* ist ein solches Speisopfer, welches 50 bis 100 Reichstaler Unkosten erfordert, und wird von denen, so Profit davon haben, als ein

Máieschura puschei[a] ausüben. Man muß in den *Pagoden* auf seine Unkosten alle Lampen anzünden und brennen lassen.[b] Man muß sich reinigen in den heiligen Flüssen und an die heiligen Örter wallfahrten gehen. Man muß allerhand Almosen tun und die Hungrigen speisen, die Durstigen tränken, die Nackenden kleiden, den Notleidenden aushelfen und mit seinem Gelde, Haus, Äcker und Gütern gegen alle wohltätig sein. Man muß Blumengärten anlegen und selbige zu den *Pagoden* widmen. Man muß gegen Gott und den Priester Liebe und Glauben haben und gegen alle andere Menschen in Demut wandeln, auch bis an seinen Tod geduldig sein. Wer allso tut, von dem weichen alle Sünden.

Von solcher Loswerdung der Sünden will ich eine Historie erzählen, welche man im Lesen wohl erwägen wolle.
Es ist eine Stadt, so *Muduráburi* genannt. In dieser Stadt hat ein König regieret, so *Magáraden* geheißen. Selbiger ist der Hurerei ganz ergeben gewesen und hat sich zu denen gesellt, die

---

köstliches Mittel von Sünden los zu werden, andern rekommandieret [empfohlen].

g Das Speisen der Brahmanen geschiehet gemeiniglich in Gärten, allwo die, so solches Almosen zur Vergebung ihrer Sünden tun wollen, eine Zahl von 20, 30, 50, 80, 100 und mehr Brahmanen zusammenrufen, welche einige Stücke aus ihrem Gesetze lesen und allerlei Zeremonien verrichten, sowohl vor als nach dem Essen, dabei denn solche Almosengeber von ihren Sünden befreiet und gesegnet werden. Einigemal werden sie wohl 8 Tage nacheinander von einer Person also gespeiset. Das Speisen der Brahmanen in gewissen Stiften ist etwas anderes.

a *Máieschura puschei* ist dasjenige Almosen, da man eine große Anzahl *Antigöl* in seinem Hause speiset und ihre Zeremonien verrichten läßet. Dergleichen Almosensarten sind unter diesen Heiden sehr viele, wodurch fast das ganze Brahmanen-Geschlechte, das *Pantáren*-Geschlechte, das *Anti*-Geschlechte, die *Jógigöl*, *Lárer*, *Sannáschigöl* und andere Sorten ihrer heiligen Leute unterhalten werden.

b In einer jeden *Pagode* stehen viele Lampen. Je größer eine *Pagode*, je mehrere Lampen sind darinnen, welche zur Opferzeit angezündet werden. Wer denn nun die Unkosten darreichet, daß solche Lampen alle zusammen ein- oder mehrmal können angezündet werden, der tut unter ihnen ein solches Werk, dadurch er Vergebung der Sünden erlangen kann. Was den innersten Tempel in der *Pagode* anlanget, so brennen stets 2 Lampen vor der Figur, die sie mit täglichen Opfern verehren, welche Figur das *Tschiwalingum* ist in *Isurens* Pagoden.

Vollsäufer gewesen. Sein ganzer Wandel hat in lauter Lastern bestanden und ist mit den größten Sünden behaftet gewesen. Nachmals, als er zur Regierung kommt und gekrönet wird, will er heiraten, und zwar eine Prinzessin von dem König zu *Káschi*,[a] die *Kálawadi* hieß.

Als die Trauung geschehen war und sie als Mann und Weib in einem königlichen Gemache beisammen waren, wollte der König seine Gemahlin umfassen. Als er sie anrührete, war es eben als wenn er einen solchen Pfeiler umfaßete, der um und um mit Feuer glühend gemachet wäre. Und aus Furcht, er würde zur Stunde verbrennen, ließ er sie gleich wieder aus seinen Händen und sprach: O Weib! Dein Leib ist ja sonsten so lieblich als die ausgesprossene junge Blätter an Bäumen. Wie kommt es, daß er anjetzo als das heißeste Feuer brennet?

Sie antwortete: O König! Ich habe mich von Jugend auf bis gegenwärtigen Tag rein und keusch gehalten und bin stets mit Opfern, mit Gebeten, mit göttlichen Verehrungen, mit großen Fasten und mit vielen andern Diensten gegen die Götter umgegangen. Daher kann es mein Leib nicht vertragen, das er von dir angerühret werde. Denn du hast von Jugend auf bis hierher in Hurerei gelebet und dich gesellet zu den Vollsäufern und andern Sündern, mit welchen du alle Laster ausgeübet und dich mit vielen Sünden verunreiniget hast. Dahero kann dein unreiner Leib meinen reinen Leib nicht berühren.

Hierauf sagete der König zu ihr: O laß mich deiner Reinhaftigkeit teilhaftig werden und mache, daß ich die Befreiung von Sünden erlange!

Sie sprach zu ihm: Du bist doch nunmehro mein Mann, dem ich vertrauet bin, welches nicht geändert werden kann. Dich aber von Deinen Sünden zu befreien, erkenne ich mich unwürdig. Dahero laßt uns gehen zu dem Priester, *Kerukker* ge-

---

a *Káschi* ist eine Stadt, so ganz oben an dieser Küste weit in das Mogulsche Reich hinein lieget. In welcher Stadt ehemals berühmte Könige dieses Heidentums residieret haben, von welchen die Poeten viele Wunder schreiben und selbigen Ort vor einen besonderen Sitz der Götter halten. Dahero bis dato von diesen Heiden große Wallfahrten dahin getan werden.

nannt, der sich an dem heiligen Fluße *Iámunei* aufhält, bei welchem du die *Tischtschei*[a] erlangen und von deinen Sünden befreiet werden kannst.

Hierauf nahm sie ihn und führte ihn zu selbigen Priester. Als sie zu ihm kamen, legte der König seine Devotion[b] ab und fragte, ob er ihm die *Tischtschei* geben wolle. Er sagte: Gar gerne, und führte ihn an das Ufer des heiligen Flusses und hieß ihn sich unter einen Luntenbaum[c] niedersetzen und das Gesichte gegen Morgen kehren. Alsdann verrichtete er seine Gesetzzeremonien und Gebetsformeln nebst den gehörigen Opfern, legte auch seine Hand auf des Königes Haupt, gab ihm die nötige Lehren und nahm ihn auf zu seinem Jünger. Unter dem Baume, da solches verrichtet wurde, wichen alle seine begangene Sünden von ihm und fuhren aus seinem Leibe in Gestalt vieler Raben, die da hoch in der Luft flogen, sich als brennend Feuer präsentiereten und als Asche wieder herunterfielen.

Der König fing an laut zu schreien und sprach: O Priester! Priester! Was ist das? Ich sehe, daß aus meinem Leibe viele Raben herauskommen und in der Luft als ein Feuer verbrennen, auch als Asche wieder herunterfallen. Ei! Was ist das?

Der Priester sprach: O König! Du bist wegen der Tugenden, die deine Eltern in der vorigen Zeit getan,[d] zu einem Könige in der Welt geboren. Aber du hast nach deiner Geburt in vielen

---

a *Tischtschei* erlangen ist unter diesen Heiden fast ebensoviel als bei uns Christen die Heilige Taufe. Denn der Satan hat alle Geheimnisse göttlichen Wortes unter solchen Heiden gerne nachäffen wollen. Durch dergleichen *Tischtschei* werden sie aus der Gemeinschaft der Sünder in die Zahl der Jünger durch vielfältige Zeremonien aufgenommen.

b Die Priester haben unter ihnen großen Respekt, sonderlich diejenigen, so in gutem Ruf eines heiligen und strengen Lebens sind. Vor solchen pflegen auch die Könige auf ihr Angesicht niederzufallen und stehen nicht eher auf, bis sie vom Priester selbsten aufgerichtet werden.

c Der Luntenbaum heißt bei ihnen *Alamaram* und ist ein Baum, der sich sehr weit ausbreitet. Denn an seinen Ästen hängen Zacken herunter, die bis zu der Erde wachsen und zu neuen Bäumen werden. Jedoch ists nur ein Baum mit vielen Kindern, der eine große Menge Menschen mit seinem Schatten bedecken kann. Unter solchen Bäumen pflegen oftmals die, so Priester des Volks [also keine Brahmanen] sind, ihre Zeremonien zu verrichten und ihre Schüler zu unterrichten.

Sünden gelebet. Weil du denn nun bei einem guten Priester solcher Sünden wegen die *Tischtschei* erlanget und du dich zu seinem Lehrjünger begeben hast, so sind deine Sünden in der Gestalt der Raben von dir geflogen, in der Luft verbrannt und als Asche heruntergefallen.

Nach solchem nahm der Priester beides, den König und die Königin, bei der Hand und sprach: Führet euren Zepter mit Recht und Gerechtigkeit und beherrschet so euer Königreich, wie es heiligen Königen und Königinnen gebühret.

Gab ihnen also beiderseits den Segen und ließ sie von sich gehen. Darauf kamen sie wieder zu ihrer Residenzstadt, gingen in ihr königlich Gemach und lebeten hinfort miteinander.

Diese Historie heißt in unsern Gesetzbüchern *Brumóddirakándam*[a] und ist ein Gleichnis, wie man die Sünden loswerden könne.

Was ferner anlanget die Mittel zur Ausübung des Guten, so sind's folgende:

Man muß, laut der Gesetzbücher, des Morgens sehr frühe aufstehen und ehe man seine heilige Verrichtungen anfänget, erst seine Notdurft tun und sich wohl reinigen, auch die Zähne ausspülen, und alsdann das Wasserbad nach gesetzten Zeremonien verrichten. Hiernebst muß man nach der Lehre seines Priesters die Gebetsformeln rezitieren und Werke ausüben, so zur Buße gehören. Wenn solches verrichtet ist, muß man, soviel einem möglich ist, denen Armen ein Almosen mitteilen

---

d Sie judizieren den gegenwärtigen Stand nach den vorigen Geburten und sagen von denen, die in der Welt glückselig und erhaben sind, daß entweder sie oder ihre Eltern in den vorigen Geburten viele gute Werke müßten getan haben, um welcher willen sie nunmehro zu einem so großen Glücke in die Welt wiedergeboren worden. Denn sie statuieren nach dem Tode viele Wiedergeburten, wodurch der Teufel das Geheimnis der geistlichen Wiedergeburt bei ihnen [hat] verkehren wollen, damit sie niemals hier in dieser Zeit sich möchten anders gebären lassen, sondern alles dahin verschieben, da sie wieder würden aufs neue in die Welt geboren werden.

a Nachdem in ihren Gesetzbüchern, und zwar sonderlich in denen 18 *Puranen*, sehr viele Historien von Göttern und Menschen enthalten sind, so haben sie einer jedweden Historie ihren besondern Namen gegeben, damit sie selbige desto besser voneinander unterscheiden und anführen können.

und zwei oder mehr Fremdlinge[a] mit sich in sein Haus nehmen und sie daselbst speisen. Auch muß man einige Lehren von Gott reden, andern eine Hilfe erzeigen und allerlei Wohltaten ausüben.

In Summa: Man muß außer dem Stande der Sünden im Stande der Tugenden leben, allezeit ohn Vergessen seine Gebete verrichten, stets die *Pagoden* besuchen, sich zu den weisen Leuten verfügen, mit den Ohren gute Lehren anhören, selbige verstehen lernen, daran seine Liebe, Lust und Glauben haben und sich danach zu leben befleißigen. Wer also tut, der wird zu den Tugenden gelangen. Denn solches sind Mittel, wodurch man zur Ausübung des Guten kommen kann.

Die dreizehnte Frage

Welches die Kennzeichen der Weisen[63] sein

Die Kennzeichen der weisen Leute sind diese: Sie verleugnen alle weltliche Lüste und setzen in der Welt auf nichts ihre Begierde. Sie haben an alledem einen Ekel, worinnen die andern ihre Freude suchen. Wenn ihnen Hunger ankommt, so essen sie, was sie bekommen können, und machen keine Wahl unter den Speisen. Sie legen stets ihren Sinn und ihre Gedanken zu den Füßen des Herrn. Außer diesem haben sie keine andere Gedanken und auch keine andere Worte. Ihr ganzes Wesen ist Gebet und Betrachtung, so mit Weisheit, Verstand und Nachsinnen verknüpft ist.

---

a **Fremdlinge** werden *Baratéschigöl* genannt und gehen zu Tausenden im Lande herum, mit einer solchen Tracht, daran man sie vor andern erkennen kann. Sie werden auch Pilgrime genannt und erwählen solchen Orden entweder aus Armut, oder aus sonderlichen Anlässen, die sie betreffen, oder auch aus Bosheit, wenn Kinder ihren Eltern nicht wollen gehorsam sein, oder wann Freunde und Verwandte sich nicht miteinander vertragen können, oder auch wenn Männer bei ihren Weibern nicht länger wohnen wollen. Welche sich denn alle etwas in die Fremde begeben, die Tracht der Pilger annehmen und sich von Almosen ernähren. Unter den Mohren oder Mahometanern werden gleichfalls sehr viele solche Pilgrime gefunden, die bei Leuten oftmals das Almosen mit Gewalt auspressen.

Auf solche Weise alles verleugnen und seinen Sinn allein auf den Herrn setzen sind Kennzeichen weiser Leute.

Die vierzehnte Frage
Wie das Gebet der Malabaren beschaffen sei

Wir haben unter uns allerhand Gebetsformeln, die ein jeder von seinen Priestern lernet. Außer diesen betet ein jeder Gott so an, als er selbst will, teils um Abwendung des Bösen, teils um Darreichung des Guten. Solche unsere Gebetsart bestehet darinnen:

Wenn wir beten wollen, so gedenken wir an die Sünden, die wir in unserm Herzen gedacht, an die Sünden, die wir mit unserm Munde geredet, an die Sünden, die wir mit unsern Ohren gehöret, und an die Sünden, die wir mit unsern Augen gesehen haben, und bitten Gott, daß er uns diese und dergleichen Sünden alle insgesamt vergeben und von uns den unartigen Verstand und Willen, auch den bösen Sinn mit allen andern Lastern ferne wegtreiben, hingegen aber uns einen guten Verstand, Erkenntnis und einen weisen Sinn geben wolle. Item, daß er uns wolle beistehen, um ihm Dienste zu leisten, und uns täglich soviel zukommen lassen, daß wir ohne Plage, Angst und Sorge unser Auskommen haben mögen an Essen, Kleidung und Wohnung. Ferner, daß er uns für aller Begierde nach anderer Leuten Gute wolle behüten und uns keine Plage noch Unfall wolle zustoßen lassen, auch uns zur Sterbenszeit in die Seligkeit zu seinen Füßen aufnehmen und uns zu solcher Zeit des Todes mit gutem Verstande sterben lassen und uns zu seinen Füßen versammlen. Item er wolle es denen wohlgehen lassen, die uns haben Gutes getan, auch denen nichts anders als Gutes vergelten, die uns haben Böses angetan.

Auf solche Weise ist unser Gebet beschaffen.[a]

---

a Solche Beschaffenheit des Gebets ist gar rar unter ihnen. Die meisten gehen dahin ohne einziges Gebet. Man muß sich aber gleichwohl verwundern, daß diese Heiden annoch ein so fein Erkenntnis und Überzeugung von dem Gebet gegen Gott haben. Kämen sie solcher Erkenntnis nach und beteten stets

Der fünfte Brief

Darinnen ein Brahman, der in der Philosophie was getan und in einem Schreiben ersuchet worden, daß er aus ihrem *Dákka Sastirum* die Contenta[64] auf Malabarisch überschreiben sollte, sich excusieret, daß er hierzu weder Tüchtigkeit habe, noch einige Möglichkeit sehe, wie solches in malabarischer Sprache geschehen könne, man wollte ihn denn selbst zu sich kommen lassen und mündlich mit ihm sprechen[65]

Im Jahr *Nándanawáruschúm*, den 7. Oktober.

Denen Priestern vermelde ich meinen Gruß. Sie sind diejenigen, die alles wissen und verstehen, was von Menschen erlernet werden kann. Warum schreiben Sie also an mich mit so gar großen Ehrenbezeugungen? Ich bin einer, der nichts verstehet. Jedoch haben Sie vielleicht um deswillen mit solchen Ehrenbezeugungen an mich geschrieben, weil ich einer von Ihren Dienern bin.

Es ist wahr, in der Medizin verstehe ich hier und da etwas. Dahero habe ich Ihnen vormals einen kurzen Begriff von diesem Studio Medico schriftlich aufgesetzet[a] nach der Weise, wie solches unter uns traktieret wird.[66]

Was anlanget die Dinge, so zu der Theologie, zur Weisheit und den Tugenden gehören, so weiß und verstehe ich nichts von denselbigen, was Sie nicht vorhero schon wüßten und verstünden. Sie haben in allen ein weit mehrers gelesen und begriffen. Dahero unterstehe ich mich nicht, solchen Leuten, als Sie sind, in einigem Dinge Unterricht zu geben.

---

den einzigen Gott auf solche Weise an, so würde sie Gott zu besserer Erkenntnis seines Wesens und Willens gelangen lassen. Aber das viele ungereimte Götzenwesen verwirret und verstricket ihren Sinn dermaßen, daß sie selbigen nicht zu dem einigen wahren Gott in einem rechten Gebete erheben und in Beständigkeit auf selbigen richten können.

a Dieser Brahman hat ehemals auf unser Ersuchen eine kurze Sciagraphiam medicam [Beschreibung des medizinischen Wissens] geschrieben und darinnen die Ordnung gezeiget, wie das Studium Medicum unter ihnen gelehret und gelernet würde, worauf er allhier zielet.

Sie haben geschrieben, ich sollte Ihnen einen kurzen Begriff aus unserem *Dákka Sastirum*,[a] in malabarischer Sprache geschrieben, überschicken. Es ist wahr, von dem Studio Medico, von der Astrologie, von der Poesie und von der Mathesi[67] ist hier und da etwas in der malabarischen Sprache vorhanden. Es ist auch noch möglich, daß man diese Disziplinen aus dem *Kiréndum* in die malabarische Sprache übersetzen kann. Allein das *Dákka Sastirum* ist in seinen theologischen Lehrsätzen noch von niemanden in das Malabarische übersetzet worden. Die Ursache, warum es niemals in eine andere Sprache aus dem *Kiréndum* übersetzet worden, ist diese, weil die Sachen darinnen allzu hoch und mit philosophischen Terminis vorgetragen sind. Man kann selbige weder ergründen noch begreifen, viel weniger in eine andere Sprache übersetzen. Überdies findet man auch in der malabarischen Sprache keine solche Wörter, die da geschickt wären, die in selbigen befindliche Materie nach Ihrem hohen Verstande recht zu exprimieren[68]. Sie aber dürften vielleicht in Ihrer Sprache solche Sachen wissen zu schreiben. Dahero, wenn ich könnte um Sie sein und mündlich Ihnen alles umständlich sagen, so würden Sie vermögend sein, auf einigerlei Art und Weise solche Materien in eine Form zu bringen.

Dieses habe ich Ihnen wissen lassen wollen.

Der sechste Brief

Worinnen einer, der viele Bücher von der christlichen Religion in seiner Sprache gelesen und abgeschrieben hat, bekennet, daß ihn solche christliche Lehren von vielen Sünden abgehalten und zur Erkenntnis Gutes und Böses gebracht haben, aber sich dabei beklaget, daß er mit den übri-

---

a *Dákka Sastirum* ist bei ihnen dasjenige Buch, darinnen über ihre Religionssachen gleichsam disputieret ist und wird allein in dem *Kiréndum* oder Brahmanersprache dozieret, wie auch alle andere Disziplinen eigentlich in dieser Sprache geschrieben sind.

gen seinesgleichen allzusehr annoch in dem weltlichen Wesen verstricket sei, welches ihn an der völligen Annehmung des Christentums und öffentlichen Ablegung des Heidentums hinderte

Im Jahr *Nándanawáruschúm*, den 11. Oktober.

Bis zu gegenwärtigem Dato bin ich, N., durch die Güte Gottes und durch Ihren priesterlichen Segen ohne allen Mangel wohlauf und gesund.

Weil ich Ihre Gesetzlehren lange Zeit sowohl bei Ihnen gehöret, als auch gelesen und geschrieben habe, so verlangen Sie, daß ich Ihnen überschreiben soll, was ich vor einen Unterscheid finde zwischen Ihrem und unserem Gesetze, und was vor Gedanken ich von Ihrer Religion hegete.

Sie kennen mich aber gar wohl und wissen vorhin[69] schon, wie weit sich meine Tüchtigkeit erstrecke und daß ich keineswegs vermögend sei, solchen Unterscheid des Gesetzes zu zeigen. Denn was unser malabarisches Gesetz anlanget, so verstehe ich weniger von selbigem, als dem Ihrigen. Sintemal ich etwa 15 Jahr alt war, als ich mich in Ihre Dienste begab, zu welcher Zeit ich nicht einmal im Lesen und Schreiben recht exerzieret war, geschweige, daß ich etwas von den Lehren unserer Gesetzbücher gewußt hätte. Nachhero, als ich etliche Jahr stets um Sie gewesen und Ihres Angesichts gewürdiget worden, bin ich soweit zu einem Manne geworden. Und was Sie noch ferner an mir tun werden, lasse ich Ihrer Güte anheimgestellet.

Da ich nun zwar vieles aus Ihrem, wenig aber aus unserm Gesetze weiß, und nicht so wohl nach unserer als nach Ihrer Art in meinen besten Jahren erzogen worden bin, so fället es mir sehr schwer und ganz unmöglich, unter diesen beiden Gesetzen einen rechten Unterscheid nach unsern und nach Ihren Gesetzbüchern zu schreiben. Jedoch, damit Sie meine Willigkeit sehen, will ich Ihnen meine Meinung ganz kurz schreiben. Sie mag nun gut oder böse sein, so werden Sie doch nicht darüber unwillig werden.

Alle Menschen können auf das allergewisseste wissen, daß ein Herr sei, der die Welt und alles, was in der Welt ist, er-

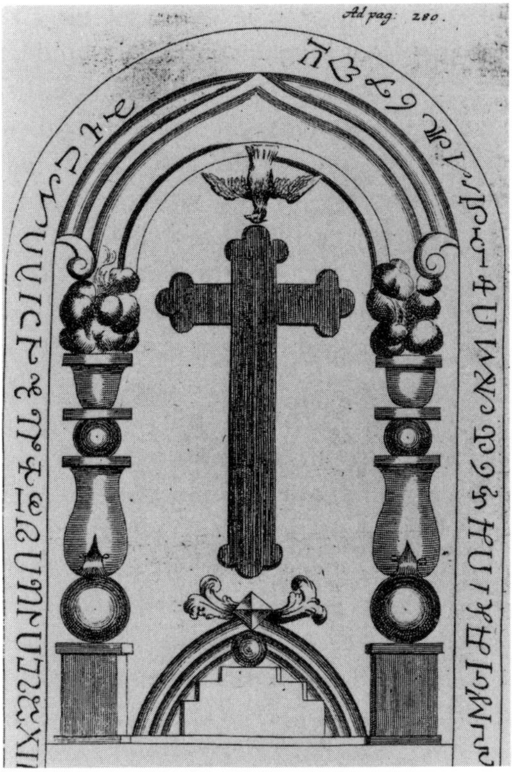

Abbildung 13: Das Kreuz vom St. Thomasberg, dem mythologischen Domizil des Apostels Thomas, gezeichnet von Missionar Benjamin Schultze

schaffen habe. Aber aus Ursache, daß die Menschen sich auf der Welt in unterschiedliche Nationen zerteilet haben und eine jedwede Nation besondere Sitten und Rechte angenommen und sich in viele Sekten zertrennet hat, so geschiehet es, daß ein jedweder nach den alten Sitten und Rechten derjenigen Nation, darinnen er geboren und erzogen ist, lebet, und nichts annehmen will, was wider die alten Gebräuche streitet. Und obgleich viele erkennen, daß ihr Wesen nichtswürdig und lauter Eitelkeit sei, so läßet der Schwindel des Verstandes ihnen doch nicht zu, daß sie solches Wesen verließen, sondern wandeln immerfort mit zugeschlossenen Gemütsaugen.

Was aber Sie als Lehrer anlanget, so verstehen Sie alle Dinge und sind zu einer solchen Weisheit gelanget, daß Sie alle Weltliebe verleugnet haben und alles, was in der Welt ist, vor Eitelkeit und vor ein vergängliches Wesen halten. Anderen Leuten ist es gar eine schwere Sache, solches zu begreifen, noch schwerer aber ist es ihnen, wenn sie tun und leben sollen, wie Sie lehren und leben. Jedoch ist hierinnen Ihr Gesetz für jedermann sehr deutlich und verständlich. Denn es weiset, welche Sünde man lassen und welche gute Werke man tun solle, und zeiget auch dabei die Art und Weise, wie solches geschehen müsse. Wer demnach selbigem gemäß lebet, von dem glaube ich ungezweifelt, daß er ganz gewiß die Seligkeit erlangen werde.

Aber unsere malabarisches Gesetz bleibet verborgen in den Händen der Brahmanen, also, daß weder ich noch andere lesen können, was darinnen geboten oder verboten ist. Dahero obgleich dasjenige, was die Brahmanen sagen, nicht Wahrheit sondern Lügen ist, so müssen doch wir, die wir darinnen unerfahren sind, solches alles annehmen als Wahrheit und selbigem Glauben beimessen. Überdies redet und saget unter uns Malabaren einer dieses, ein anderer wieder etwas anders, also, daß man zu keiner Gewißheit kommen kann. Soviel aber als ich Ihr Gesetz eingesehen habe, so ist darinnen allen Menschen ein solcher Gottesdienst vorgeschrieben, der da nirgends als zur Seligkeit führen kann. Dieses schreibe ich nicht aus Ansehung Ihrer Personen, sondern weil es die rechte Wahrheit ist. Und würden wir Malabaren auch nach solchem Gesetz leben, so würde uns wahrlich nichts Böses sondern lauter Gutes daraus entstehen. Denn wer da glaubet, was in Ihren Glaubensartikeln stehet und tut nach der Erklärung Ihrer zehn Geboten, von dem bin ich versichert, daß er nicht zur Höllen sondern zur Seligkeit gehen werde.

Hierbei möchten Sie nun fragen, warum denn ich, der ich solches alles weiß und bekenne, nicht zu einer solchen wahren Religion treten wolle? Darauf aber dienet zur Antwort, daß ich mit meinesgleichen allzusehr in die Eitelkeit dieser Welt verwickelt und eingetaucht bin. Und ob wir solches gleich wissen, so versinken wir doch darinnen. Daß also Ihr, die Ihr der Welt Eitelkeit erkennet und verabscheuet, alles in der Welt vor gleich gut achtet, es sei Ehre oder Schande, Gutes oder Böses, solches ist allerdings recht und billig. Aber wir und unsersgleichen können solches nicht fassen noch praktizieren.

Und soweit als ich noch hierinnen gekommen bin, ist vermittelst Ihres Gebetes und Ihres Umgangs geschehen. Denn durch solchen Umgang mit Ihnen habe ich einigermaßen lernen[70] fühlen und erkennen, was Sünde und Tugend sei. Wäre ich nicht zu Ihnen gekommen, so würde ich in solchen Jahren in viele Sünden gefallen sein. Aber weil ich stets um Sie gewesen, habe ich mich immer mehr und mehr für[71] den mancherlei Sünden fürchten lernen. Und wäre ich in solchem Alter nicht zu Ihrem Dienste gewürdiget worden, so würde ich nicht allein in viele Sünden gefallen sein, sondern auch niemals erkannt haben, was eigentlich die Gestalt der Sünden und der Tugend sei, und was die Frommen für einen Lohn und die Bösen für eine Strafe zu erwarten haben. Aber bei Ihnen habe ich solches alles einigermaßen verstehen lernen[72].

Auch kann ich mit Wahrheit sagen, daß ich mich seit der Zeit viel geändert habe und Furcht vor den Sünden trage. Denn ich sage noch einmal: Wäre ich nicht zu Ihrem Dienst ersehen worden, so würde ich nicht allein viele Sünden gedacht und getan haben, sondern auch ein ganz dummer Mensch geblieben sein. Aber anjetzo fühle ich gleichwohl Furcht und Scheu vor der Sünde, wenn ich gleich sonsten nicht in allen so lebe, als wie es Ihr Gesetz erfordert.

Hiermit habe ich die Wahrheit geschrieben, und zwar so, wie ich's im Herzen meine. Allen Irrtum und Fehler, die Sie hierinnen gewahr werden, wollen Sie mir verzeihen.

Der siebente Brief

Darinnen erzählet wird, wie an einem unserem Orte ein solcher Mann sich aufhalte, der alle Tage drei Stunden mit dem Kopfe im Wasser stehend sein Gebet verrichte, item, daß an einem andern Orte ein solcher Brunnen vorhanden wäre, dabei große Wunder geschehen

Im Jahre *Nándanawáruschúm*, den 13. Oktober.

Ich, N., lege zu den Füßen der beiden Herren Priester in

Tranquebar ein demütiges *Schalám* nieder. Ich habe Ihren ersten und andern Brief erhalten, welche mir beide ein sehr großes Vergnügen gegeben haben. Sie fragen, ob nicht aus dieser Gegend etwas Merkwürdiges unsere Religion betreffend zu berichten sei. Hierauf kann ich Ihnen von zwei Sachen Relation[73] erteilen, die in meinen und aller andern Augen als Wunder angesehen werden.

Das erste ist dieses: Abendwärts hinter *Kareikkál* ist ein Flecken, *Dirunalláru* genannt, worinnen eine große *Pagode* stehet. In selbiger *Pagode* hält sich ein heiliger *Sannáschi* auf, welcher des Morgens sehr frühe aufstehet und so bald zu dem heiligen Teich gehet, darinnen er sein Gebet verrichtet. Nämlich er steiget bis über die Hüfte ins Wasser, tut seinen Kopf unter ins Wasser, reckt seine beiden Füße gleich in die Höhe über das Wasser. Und auf solche Weise bleibet er ganzer drei Stunden im Wasser auf dem Haupt stehen und tut sein Gebet.[a] Nachmals steiget er wieder aus dem Wasser und verrichtet an selbigem Teiche seine Opferzeremonien. Wenn solches geschehen und es bringt ihm jemand einige Früchte, so ißet er selbige. Außer diesem tut er nichts anderes, als daß er in dem Gewölbe der *Pagode* stets betet. Er ißet nichts anders als Milch und Baumfrüchte. Er redet mit niemanden etwas. Obgleich jemand zu ihm kommt und ihn anredet, so spricht er doch nichts mehrers als diese Worte: O ihr Sünder, warum nahet ihr euch zu mir? Alles dieses, was ich von ihm schreibe, habe ich mit eigenen Augen gesehen. Der *Awalutar*[b] und alle großen Leute pflegen vor ihm niederzufallen, wenn sie zu ihm kommen.

Die andere merkwürdige Sache ist folgende: Hinter *Nagapatnam*, eine Stunde gegen Süden, ist ein Flecken, *Káruwalánkirei* genannt. Daselbst wird auf freiem Felde ein Was-

---

a Man hat hier eine Probe, wie das menschliche Herz, wenn es von dem in Gottes Wort geoffenbarten richtigem Wege abgekehret ist, auf allerhand Torheiten und seltsame Einfälle geraten und darinnen wohl gar eine besondere Heiligkeit setzen könne. Dabei doch ein solcher Mensch voll schändlicher Hoffart ist, und sich zu einem Götzen selbst machet und von andern machen läßet.

b *Awalutar* ist als wie ein Amtmann über einen gewissen Distrikt.

ser gefunden, welches genannt wird *Kánnierudéiatirtum.*[a] Solcher Wasserbrunn ist einer Ellen breit, einer Ellen lang und einer Ellen tief. Der Kot und Schlamm aber unter solchem Wasser ist hundert Klafter tief.[74] Das Wasser bleibet allezeit gleichviel, es sei Regenzeit oder Dürrezeit. Und wenn es auch noch so lange nacheinander regnet, so wird doch solcher Brunn nicht völler. Und wenn es auch noch so heiß Wetter ist und viele Monate nicht regnet, so trocknet selbiger doch nicht aus.

Bei dergleichem heiligen Wasser wird alle Freitage ein *Bandel*[b] von Blumen gebauet und *Pongöl*[c] dabei gehalten, auch Anbetung und Speisopfer verrichtet. Denn alle acht Tage einmal wird des Freitags ein Fest daselbst gehalten.

Wenn jemand lange krank gelegen, so bringt man ihn dahin, tut dem *Winàiagen* ein Opfer von *Betel Arék*, Safran, frischem Reis und Kokosnüssen, welche Spezies man alle, nebst Öl und Balsam, daselbst ausbreitet und eine Lemonie[75] in selbiges Wasser wirft. Soll der Kranke wieder gesund werden und leben, so kommt die hineingeworfene Lemonie wieder in die Höhe geschwommen. Soll er aber nicht davonkommen, sondern an selbiger Krankheit sterben, so bleibt die Lemonie unten im Wasser und sinket zu Grunde. Es sind sehr viele Leute, die solches probieret, gesehen und erfahren haben.

Ferner, wenn unter den Weibern einige Frauen keine Kinder zeugen können, so pflegen sie des Freitags zu fasten und zu demselbigen Wasser zu gehen. Da sie denn zugleich alle diejenige Sachen mit sich nehmen, die daselbst zum Opfer dargebracht werden müssen. Wenn die Opferzeremonien verrichtet sind, werfen sie die Lemonie in selbiges Wasser und sprechen: Laß uns wissen, ob wir Kinder zeugen werden oder nicht?

---

a *Kánnierudéiatirtum* heißt auf Deutsch soviel als ein **Bad der Jungfrauen**. Denn diese Heiden bilden sich ein, daß alle Nächte die Jungfrauen aus der Götterwelt heruntersteigen und sich in dem gedachten Brunnen baden.

b Ein *Bandel* von Blumen ist dasjenige, wenn man vier Stecken in die Erde stecket und sie oben mit Querhölzern zusammenbindet, und sie allenthalben mit Blumen behänget, welche Blumen an Zwirnsfäden genähet sind.

c *Pongöl* halten ist eine Zeremonie, dabei man Reis in Milch solange kochet, bis es wohl siedet. Welches allezeit vor einer Götzenfigur geschiehet.

Kommt die Frucht nun wieder in die Höhe und schwimmt auf dem Wasser, so ist solches ein Zeichen, daß sie werden Kinder zeugen. Sinkt aber selbige zu Grunde, so ist es ein Zeichen, daß sie niemals werden Kinder gebären.

Außer diesem kommen auch sehr viele Leute dahin, mit solchem heiligen Wasser sich zu waschen. Ja Leute, die 10 Tagereisen in der Ferne wohnen, kommen wallfahren dahin. Wenn man zu selbigem Wasser viel zerriebenen Safran[a] hinleget und des Abends weggehet aber des Morgens wieder hinkommet, so findet man selbiges Wasser ganz gelb von Safran. Denn des Nachts kommen die Jungfrauen aus der Götterwelt und baden sich in selbigem Flusse.

An dieses Wasser glauben alle Malabaren. Denn alle Wunder, die dabei geschehen, sind mit Augen gesehen und approbieret[76] worden. So einer aus Ihnen einmal wieder nach N. kommen wird, so will ich ihn dahin führen, daß er solches mit Augen sehen könne. Selbst der König in *Tanjour* reichet viele Unkosten zu den wöchentlichen Festtagen, die daselbst unablässig gehalten werden. *Schalám.*

Der achte Brief

Worinnen gemeldet wird, was die geringen und einfältigen Leute dieser Heidenschaft unter sich für einen Gottesdienst haben[77]

Im Jahre *Nándanawáruschum*, den 13. Oktober.

Denen Königlichen Dänischen Priestern in Tranquebar überreiche ich, N., einen Segenswunsch und Gruß.

Sie haben begehret, daß ich Ihnen berichten solle, was doch

---

a Der hiesige Landsafran ist eine Wurzel, welche in Europa Kurkuma genennet wird, dies man hier zu den Speisen brauchet. Sonderlich brauchen sie auch die Frauenspersonen, machen ein gelbes Wasser daraus und waschen ihren Leib darinnen, daß sie mögen gelb werden, welches sie für eine sonderliche Zierde halten.

hier im Lande die ganz geringen Geschlechte[a] der einfältigen und unwissenden Leute für einen Gottesdienst unter sich hätten. Hierauf gebe ich Ihnen folgenden Bericht:

Unter solchen Geschlechten und einfältigen Leuten erwählet sich ein jedweder einen Gott, welchen er selbst will. Einige sagen: Wir sind die Sklaven der *Mariammen*; einige: Wir sind Sklaven von *Ayanár*; einige: Wir sind Sklaven von der *Pirári*; einige: Wir sind Sklaven von der *Ellámmen*; einige: Wir sind Sklaven von der *Ankalámmen*[b]; einige: Wir sind Sklaven von dem *Mánnara Schwámi*[c]; einige: Wir sind die Sklaven von *Tánmer*[d]. Und einige sagen auch: Wir sind Sklaven vom *Perumal*, und so fort.

Solchergestalt betet ein jedweder einen solchen Gott an, der ihm anständig ist und welchen seine übrige Freunde und Miteinwohner selbiges Ortes anbeten und verehren. Welchen sie nun erwählen, dem halten sie jährlich ein Verehrungsfest und opfern ihm.

Ihre Verehrung und Opfer bestehet darinnen:

---

a Die ganz geringen Geschlechte [gemeint sind Kasten] dieser Heiden sind die Fischer und die vielerlei *Báreier*, unter denen einige Schuster, andere aber Strumpfstricker, Taglöhner und Totenverbrenner sind, auch allerlei geringe Dienste tun und allerlei essen und trinken. Auch gehören zu den geringen Geschlechten die Korbbinder, die *Tschánar*, so aus den Palmen und Kokosbäumen den Saft ziehen, davon der indianische *Arak* gemacht wird, und viele andere geringe Professionen mehr. Solche Leute werden ihrer Verrichtungen wegen und weil sie alles essen und trinken, sich auch oftmals von starkem Getränke vollsaufen, von allen anderen Geschlechten vor unrein gehalten. Dahero haben die Brahmanen, die *Pantaren*, und die *Antigöl* nichts mit solchen Leuten der Religion wegen zu schaffen. Sie dürfen sich auch nicht zu ihnen machen, sondern müssen aller Orten á part wohnen und für sich selbst sehen, wie sie selig werden. Dahero haben sie unter sich selbsten kleine *Pagoden* aufgebauet und sich aus ihren Geschlechten Priester erwählet, auch diejenige für ihre Götter angenommen, die andere für gewaltige Teufel halten und ihnen nur um deswillen opfern, daß sie ihr Land und Städte vor den übrigen Teufeln und allem Bösen bewahren möchten.

b *Ankalámmen* ist eine Konsortin der *Pattirakáli* unter den bösen Geistern.

c *Mánnara Schwámi* ist unter den Teufeln einer mit von den vornehmsten und hat mit *Ayanár* gleiche Verrichtung.

d *Tánmer* ist ein König gewesen, der vier Brüder gehabt: *Wimen*, *Artschunen*, *Nágulen* und *Tschará Dewen*.

Abbildung 14:
Mutyālamma, »die perlengleiche Mutter«, südindische Dorfgöttin

Des Freitags putzen sie ihr Haus und Hof aus und reinigen alles.[a] Alsdann kochen sie Reis mit Milch und bringen Böcke herzu, welchen sie die Köpfe abhacken, desgleichen auch Schweine, Hähne, Pfannkuchen[78], Wein aus Reis gekocht,[b]

a Ihre Reinigung der Häuser bei Festtagen bestehet sonderlich darinnen, daß sie alles von innen und von außen mit dünngemachtem Kuhmist beschmieren.

b Der Wein, aus Reis gekocht, ist ein starkes aber ungesundes Getränke, daran sich viele Europäer ums Leben trinken. Er wird meist gemacht von den indianischen Portugiesen und von einem geringen Geschlechte der Malabaren, welche ihn auch zu trinken pflegen und zum Opfer gebrauchen.

Süre,[a] und neue, noch ungebrauchte Leinwand. Dieses alles legen sie vor die Figur dessen, welchen sie verehren und glauben fest dabei, solcher Gott werde dieses zu seiner Speise aufnehmen und ihnen diejenigen Gaben schenken, die sie zur selbigen Zeit von ihm bitten.

Wenn solches alles nach ihren Zeremonien geschehen ist, so nehmen sie die geopferten Eßwaren alle wieder hinweg und essen selbige teils selbsten, teils aber teilen sie selbige unter ihre Freunde, Bekannten und Verwandten. Soferne in einem solchen Hause, darinnen dergleichen Anbetung, Opfer und Verehrung geschehen, ein Kind oder ein Erwachsener das Fieber oder Hauptwehe[79] bekommt oder in eine andere Krankheit fällt, so beten sie selbigen Gott an. Welche Anbetung darinnen bestehet, daß sie sagen: O Gott! Laß mich doch bald gesund werden! Herr, siehe, ich gelobe dir 10 *Fanam*, welche ich zu einem Opfer spendieren will.[b] Auch will ich alsdann, wenn ich wieder gesund bin, dir ein solch Bild machen, als ich bin.[c] Ja, ich will dir Böcke schlachten und Reis vor dir[80] kochen.

Auf solche Weise pflegen sie ihre Anbetung zu tun. Im übrigen bekümmern sich solche Leute bloß um ihren Bauch, wie sie nämlich für selbigen täglich soviel Speise bekommen als sie nötig haben.
Hiermit habe ich also geschrieben was Sie verlanget. *Schalám.*

---

a *Süre* ist der Saft aus den Palmen und Kokosbäumen, so ein sehr kühlender Trank ist, davon man trunken werden kann wenn man dessen viel trinket. Er schmecket fast wie Weizenbier. Man macht auf Ceylon den indianischen *Arak* davon.

b Die Gelübde sind unter ihnen sehr gebräuchlich, werden aber gar selten gehalten.

c Wenn einer von solchen Leuten krank gewesen und wieder gesund worden ist, es sei ein Kind, Weib oder Mannsperson, so pfleget er von dem Töpfer aus Ton ein solch Bild machen zu lassen, welches die Größe und Gestalt seiner Person präsentieret. Solches Bild setzt er denn vor die *Pagode.* Dahero werden allenthalben bei den *Pagoden*, welche dem *Ayanár*, dem *Mánnara Schwámi*, der *Pattírakáli*, der *Máriammen*, der *Ellámmen*, der *Pirári*, dem *Tánmer* und andern dergleichen Götzen zu Ehren gebauet sind, so gar viele Figuren aus Ton gefunden, die da kleine Kinder und große Leute, Weibs- und Mannspersonen, auch Pferde und andere Tiere abbilden, je nachdem es ein Mensch oder Tier gewesen, das nach dem getanen Gelübde von Krankheit gesund worden ist.

Der neunte Brief

Darinnen die Beschaffenheit eines Festes erzählet wird, welches jährlich die 30 Tage über des Oktobermonats von denen Brahmanen zelebrieret und mit täglichem Wasserbaden und öffentlichem Lesen der alten Historienbücher zugebracht wird

Im Jahr *Nándanawáruschúm*, den 14. Oktober.

Denen Priestern in Tranquebar vermelde ich, N., ein zehntausendfaches *Schalám*.

Sie fragen, was doch unter uns die Brahmanen in diesem Oktobermonat für ein allgemeines Fest haben?

Solches Fest heißet *Adbaschi dulakkawéri*, in welchem das ganze Brahmanengeschlechte in den Flüssen oder Teichen bei den *Pagoden* sich diesen ganzen Monat über täglich zu baden pfleget.[a] Sonderlich aber kommen in der Stadt *Máirom* aus allen Örtern sehr viel Brahmanen zusammen, um solches Wasserbad diese 30 Tage über in dem dasigen heiligen Fluß[81] zu halten. Sie mögen aber solches verrichten, wo sie wollen, so pflegen sie des Morgens sehr frühe aufzustehen und sich zu baden. Nach welchem Bade sie ihre Anbetung verrichten und aus den alten *Puránen* öffentlich diejenigen Historien lesen,[b] die

a Solches Baden geschiehet mit vielen Zeremonien, dabei allerlei Gebetsformeln rezitieret werden.

b Solches Lesen geschiehet in der Brahmanensprache. Es pfleget aber gemeiniglich ein Brahman bei dem Lektore zu sitzen, welcher einen jedweden Periodum [Satz], den der Lektor in *Kiréndo* gelesen, alsobald in malabarischer Sprache hersinget, damit solches das ganze Volk verstehen könne. Wie denn solche alten Historienbücher um deswillen jährlich im ganzen Lande öffentlich dem Volke vorgelesen werden, daß sie nicht ins Vergessen kommen sollen. Es haben aber die Brahmanen ihren meisten Profit darunter. Sonsten werden auch gewisse Brahmanen und gelehrte *Pantaren* hier und da gefunden, die recht Profession machen von Erklärung der alten Historienbücher. Nämlich, sie gehen allenthalben im Lande herum, da sie denn in einer jeden Stadt von ansehnlichen Leuten ihren reichlichen Unterhalt bekommen, als für welchen sie täglich zur Abendszeit an einem offenen Orte solche *Puránen* hersingen. Einer singet solche in der Grundsprache

sich ehemals an selbigen Orte mit den Göttern zugetragen haben. Solches Lesen währet an einem jedwedem Orte durch das ganze Land drei Stunden. Die übrigen Malabaren und Einwohner jedes Ortes kommen häufig zusammen, baden sich in selbigen Fluße oder Teiche, bringen *Betel Arék*, Reis, Früchte und andere Eßwaren herzu und geben sie denen Brahmanen, die solche Historien lesen, fallen auch vor ihren Füßen nieder auf ihr Angesicht und nehmen aus ihren Händen die *Wipúdi*[a], mit welcher sie sich bestreichen, und solange daselbst auf der Erde sitzenbleiben und zuhören, bis die Brahmanen ausgelesen haben. Solche Historien lesen sie 30 Tage lang, bis der Monat aus ist. Wer solche mit anhöret, der erlangt Weisheit und die Seligkeit. Wenn nun die 30 Tage mit solchem Baden und Lesen aus sind, so pflegen[82] die Brahmanen, so das öffentliche Lesen verrichtet, auf einer *Palanquin* in den Straßen solcher

---

[Sanskrit]. Der andere aber macht singende eine Erklärung darüber in malabarischer Sprache. An solchem Orte versammeln sich viele Leute. Er ist gemeiniglich mit vielen Blumen behangen. Auch stehen einige Götzenbilder dabei, für welchen einige Lampen brennen. Es wird alles mit Zeremonien angefangen und vollendet. Zuallerletzt werden alle Götter mit Namen genennet und gelobet. Auch wird über dieselbige Stadt und Einwohner, sonderlich aber über die Zuhörer und über die obrigkeitlichen Personen selbiges Ortes der Segen gesprochen. Einige von den *Pantaren* pflegen auch solches Lesen oder Dozieren der alten Historienbücher an öffentlichen Straßen zu verrichten, da sie denn jedesmal von ihren Zuhörern soviel Geld sammlen, daß sie davon leben können. Andere ziehen im Lande herum und spielen rechte Komödien mit Puppen, darinnen sie solche alten Historien vorstellen. Andere aber haben diese und jene angenehme Historien sich auf Papier oder Leinwand abmalen lassen, ziehen allenthalben damit herum, singen vor den Leuten solche Historien und weisen auf die gemalten Bilder, die alle Personen und Begebenheiten präsentieren, welche in selbigen Historien vorkommen. Solchergestalt haben sie viele Modos [Arten und Weisen] ersonnen, daß ihre Gesetzhistorien den Leuten bekannt werden und sie ihre Nahrung damit erwerben können.

a *Wipúdi* ist präparierte Asche von Kuhmiste, welche auch *Dirunúru* heißt und von Brahmanen, *Pantaren*, *Antigöl* und andern Heiligen präparieret wird, womit sich alle, die von *Tschiwens* Religion sind, an der Stirne bestreichen und niemals gerne des Morgens eher aus dem Hause gehen, bis sie sich damit bezeichnet haben, in der Meinung, daß solches Stirnzeichen sie für allem Bösen bewahren und *Tschiwen* sie für die seinigen erkennen werde.

Städte und Flecken herumzutragen. Bei solchem Herumtragen bekommen sie aus einem jedweden Hause ein *Fano*.[a]

Dieses ist die ganze Beschaffenheit solches Festes, das jährlich im Oktobermonat gehalten wird. *Schalám*.

Der zehnte Brief

Darinnen ein Rechenmeister zeiget, wie und auf was [für] Weise in ihren Schulen die Rechenkunst gelehret und von der Jugend erlernet werde[83]

Denen Priestern in Tranquebar, welche allgemeine Lehrer des Volks sind und Heiligkeit, Geduld, Demut, Liebe, Treue, Wohltätigkeit und andere Tugenden bei sich wohnend haben, auch das Gesetz und die Lehre von Christo Jesu jedermann verkündigen, falle ich, N., demütigst zu Füßen[b] und lasse wissen, daß ich bis zu dem 14. Oktober des Jahres *Nándanawáruschúm* ganz wohl auf sei und zu Ihren Diensten stehe.

Ihr Begehren ist, daß ich Ihnen vermelden solle, in welcher Methode die Rechenkunst in unsern Schulen gelehret und von der Jugend erlernet werde. Und wo ich sie anders recht verstanden habe, so verlangen Sie nicht sowohl die Art und Weise, wie unsere Rechenkunst eingerichtet sei, als vielmehr die Art und Weise, wie sie am leichtesten in Schulen könne erlernet werden. Hiervon gebe ich nun folgendes zur Antwort.

Erstlich muß die Jugend alle Zahlen wohl kennen lernen, soviel als ihrer in dem gemeinen Rechnen vorkommen. Vors andere müssen sie diejenigen Zahlen lernen, so in der *Néllu-*

---

a *Fano* ist eine indianische Münze auf dieser Küsten und gilt im Tanjourischen Lande soviel als ein deutsches Zweigroschenstücke. Es bestehet aus Gold und Silber und ist ganz klein. An andern Örtern werden auch bloß silberne *Fano* geschlagen und an einigen ganz güldene, welche denn am Wert untereinander sehr differieren, obgleich der Name einerlei ist.

b Solches Fußfallen ist ein allgemeines Kompliment in ihren Briefen, wenn nämlich Niedrige an solche schreiben, die sie für etwas mehrers als ihresgleichen halten.

Rechnung vorkommen.[a] Wenn sie solches beiderseits wohl memorieret haben, muß man sie üben im Zählen und ihnen allerhand Exempel[84] zu machen aufgeben, daß sie Personen und Maße recht zählen lernen und in jedem das Fazit[85] richtig zu sagen wissen. Wenn sie hierin wohl geübet und auf alles Rede und Antwort zu sagen wissen, müssen sie alsdann das *Entschuwari*[b] lesen lernen. Können sie solches durchgehends fertig lesen und alles deutlich aussprechen, so müssen sie es von Anfang bis zu Ende auswendig lernen. Und damit sie selbiges desto besser im Gedächtnis behalten und mit Verstand fassen mögen, so ist nötig, daß sie es in Sand schreiben[c] und alles deut-

---

a *Néllu*-Rechnungszahlen sind die Benennungen aller Maße, halbe Maße, 1/4, 1/8, 1/16 und andere Divisiones in Messung der Getreide. Unter allen Getreiden ist *Néllu* das vornehmste Getreide, woraus sie Reis stoßen und selbigen anstatt des Brotes essen. Dahero ist die Getreiderechnung mit Maßen nach selbiger genennet und unter ihnen in eine gute Ordnung gebracht worden.

b *Entschuwari* ist bei ihnen das Einmaleins, welches sie aber auf ganz andere Weise lernen als wir Europäer. Die Eins haben sie in 320 Teile geteilet, welches bei ihnen *Mundirigei* heißet. Diese Zahl haben sie nachmals halb geteilet in 160, welches bei ihnen *Areikáni* heißet. Diese haben sie abermal halb geteilet in 80, welches sie *Káni* nennen. Die Hälfte von dieser Zahl, so 40 ausmachet, nennen sie *Areimá*. Diesen folget eine Zahl von 27, welche sie *Mukkáni* nennen. Nach selbiger kommet 20, welche Zahl *Orumá* heißet. 16 nennen sie *Makani*, 10 nennen sie *Irumá*, 8 nennen sie *Areiká*. Alle diese subtile Teile haben bei ihnen wieder ihre Divisiones und Subdivisiones. Die Teile aber, so nach 8 kommen, sind bei ihnen am allerschwersten und haben unterschiedliche besondere Benennungen, bis sie endlich zu dem einen [Ganzen] kommen. Und von diesem Einen rechnen sie denn nachmals bis zu einer Zahl hinaus, so da *Kori* heißt und 10.000.000 ausmachet, welches ihre letzte und höchste Benennung der Zahlen ist.

c Ihr Schreiben im Sande hilft dem Gedächtnis gar viel. Es geschiehet aber auf folgende Weise: Die Kinder, so gleiche Profektus [Fortschritt im Lernen] haben, sitzen beisammen, und eines schreibet nach der Ordnung die Zahl singende im Sand. Ihm singen und schreiben alle andere nach. Unter der Zeit hat er seine geschriebene Zahl im Sande ausgestrichen und schreibet singende die folgende. Unter seinem Vorsingen und Schreiben streichen alle andere ihre Ziffern aus und sind gleich parat, ihm die folgende Ziffer nachzuschreiben und nachzusingen. Solches geschiehet in einer großen Behendigkeit und gleichsam nach dem Takte [des Gesangs]. Der Vorsänger und Schreiber muß alles nach der Ordnung wohl auswendig wissen. Denn wenn er irret, so irren alle andere. Es wird aber allemal ein anderer dazu erwählet, also, daß die Reihe an alle kommt.

lich aussprechen, auch unabläßlich des Morgens eine Stunde und des Abends eine Stunde singende solches repetieren.[a] Haben sie es denn nun so gefaßet und auswendig gelernet, daß sie hie und da auf alles können antworten und jedes Stück mit Verstand zu applizieren[86] wissen,so müssen sie die 100 *Kurimáddu*[b] erst lesen und dann deutlich prononcieren[87], nachmals aber auch so auswendig lernen, daß sie können Antwort davon geben, man mag sie fragen von vorne oder in der Mitte oder am Ende. Und damit solche 100 *Kúri* mit dem *Entschuwari* desto fester im Gedächtnis und im Gemüt mögen kleben bleiben, so ist nötig, daß sie die Morgen- und Abendrepetition eine Zeitlang kontinuieren, die Bücher beiseit legen und aus dem Gedächtnis untereinander konzertieren[88]. Hierauf gibt man ihnen Exempel zu schreiben auf, daß sie sich in *Lékkaborawidei*[c] bis auf fünf Zahlen exerzieren[89]. Können sie alles mit Verstand multiplizieren und addieren und haben hierinnen eine

---

a Diese Repetition [Wiederholung] geschiehet fast auf gleiche Weise, ohne nur, daß es hurtiger zugehet, weil sie nicht dabei schreiben dürfen. Sie sitzen alle beisammen, haben das Buch beiseite geleget und singen alle dem ersten nach. Wenn einer ein Stück vorgesungen, fängt der folgende ein ander Stücke an vorzusingen. Und auf solche Weise kommt das Vorsingen jedesmal vielfältig an alle herum. Einige Mal pflegen sie es auch so zu machen: Wenn der Vorsänger eins singet, so singen die andern das ander, so drauf folget, und üben sich hierinnen in die Quere und die Länge.

b *Kurimáddu* ist die Unterweisung, wie man alle Zahlen bis 100 nach dem Einmaleins auf vielfältige Art und Weise durchgehen kann.

c *Lékkaborawidei* ist ihr Summieren oder Addieren, welches auf eine ganz andere Art geschiehet als bei uns Europäern, aus Ursache, weil bei ihnen die Zahl 100 und die Zahl 1000 besondere Charakteres hat, also, daß sie mit ihren Ziffern, weder im Addieren, noch Subtrahieren, noch Dividieren so fortkommen können als die Europäer. Daher währet es bei ihnen auch etwas länger als bei uns, wenn sie große Summen addieren oder subtrahieren und dividieren sollen. Ihr Summieren und Addieren bis auf fünf Zahlen kann in folgendem Exempel gesehen werden.

  3745¼
+ 2443½
+ 9759¾
= 15948½ nach europäischer Manier.

Von diesen nach der Breite stehenden Zahlen nehmen sie erstlich die Tausenden alle zusammen und setzen sie mit einer Zahl auf die Seite. Nachmals rechnen sie die Hunderte alle zusammen und setzen sie auf die Seite.

solche Fertigkeit erlanget, daß sie keines Fehlers überwiesen werden können, so läßt man sie sich ferner in dem *Lékkaborawidei* exerzieren, bis auf neun Zahlen.[a] Wenn sie sich darein gefunden und mit Nachsinnen und gutem Bedacht ohne Irrtum alles richtig und fertig herauszubringen wissen, sich auch in das 1/4, 1/8 und 1/16 und andere kleine Teile schicken können, so gibt man ihnen eine andere Art auf, *Oddeiwinákanákku*[b] und *Reddeiwinákanákku*[c] genannt. Sind sie darinnen fertig, daß im Fazit kein Irrtum ferner vorkommt, so gibt man ih-

---

Drittens nehmen sie die, so unter Hunderten und über Zehn sind. Viertens summieren sie die Zahlen, so unter Zehn sind, und fünftens die, so weniger als Eins sind.

Dieses geschiehet folgender Gestalt:

1)	14.000
2)	1.800
3)	130
4)	17
5)	1½
	15948½

Diese Diffikultät [Umständlichkeit] kommt bloß daher, weil sie keine solchen Zahlen haben als wir Europäer, sondern Buchstaben und andere Charakteres zu ihren Ziffern gebrauchen. Dahero müssen sie erstlich die Tausenden, die Hunderten und andere Zeichen auseinandersetzen ehe sie selbige recht summieren können.

a Das Addieren oder Summieren mit neun Zahlen [d.h. Zahlen mit neun Stellen] ist bei ihnen sehr schwer und kann mit unsern Ziffern nicht recht verständlich geschrieben werden. Man kann solche im folgenden Exempel einigermaßen ersehen:

1	2	3	4	5	6	7	8	9
9	7	3	5	1/2	3/20	1/80	1/160	1/320
					Orumá	*Káni*	*Areikáni*	*Mundirigei*
4	3	2	9	1/4	2/20	1/80	1/160	1/320
7	7	7	7	3/4	3/20	3/80	1/160	1/320

Solche neun Summen werden nun auf vorige Weise auseinandergenommen und besonders am Rand gesetzt, daraus sie denn nachmals die Summen ziehen können. Sie müssen aber wegen der subtilen Divisionen wissen, ob selbige in Dukaten, Taler, *Fano* oder *Kas* geteilet werden sollen.

b *Oddeiwinákanákku* ist das Dividieren, da auf einmal alles gleich aufgehet, als wenn sich 10 Personen in 100 Reichstaler teilen sollen, so kommt auf einen 10 Reichstaler und bleibet nichts übrig.

c *Reddeiwinákanákku* sind im Dividieren diejenigen Exempel, da nicht alles auf einmal gleich aufgehet, sondern etwas übrig bleibet, das da in kleinere Münze muß verwandelt und von neuem partieret [geteilt] werden. Bleibt in

nen im Dividieren schwerere Exempel auf und exerzieret sie in *Kilwáilékkum.*[a] Sind sie auch darinnen wohl versieret, so fangen sie an, die Rechnung zu schreiben, so *Kásukanákku*[b] heißet. Diese Rechnung teilt sich in zwei Teile, nämlich in Kaufen und

---

solcher andern Division noch was zu teilen übrig, so heißen solche Exempel *Menawinákanákku.* Und auf solche Weise haben auch alle übrige Divisiones bis auf 9 und mehr ihre besondere Namen. Dieses ihr Dividieren ist gleichfalls von der europäischen Art unterschieden und erfordert mehrere Zeit, wegen der obgemeldeten Ursachen, daß sie mit ihren Zahlen und Ziffern nicht auf solche Art als wir mit unsern Ziffern prozedieren [verfahren] können. Solches Dividieren mag einigermaßen aus folgendem Exempel zu ersehen sein:
Es sollen sich 1265 Personen in 3825 *Perdous* teilen. Da fragts sichs, was jede Person bekommt? Ein *Perdou* ist 10 *Fano* und ein *Fano* ist 80 *Kas.* Sie setzen nun das Geld auf die rechte Seite und nehmen erstlich eine solche Proportion, die sie gleich durchführen können, wie auf folgende Weise mit der Ziffer 3 geschiehet, da durch selbige die Eintausend, die Zweihundert, die Sechzig und die Fünfe apart multiplizieret, nachmals sumieret und endlich von den 3825 subtrahieret werden.

3x	3x	3x	3x	
1[000]	2[00]	6[0]	5	
3000				
[+]	600			3825 P[erdou]
[+]		180		[-] 3795 [Perdou]
[+]			15	
				30 [Perdou]
[=] 3795 [Perdou]				

Hier bekommt einer 3 *Perdou.* Es bleiben aber 30 *Perdou* noch übrig, die da 300 *Fano* oder 24000 *Kas* ausmachen. Solche dividieren sie auf jetztangezeigte Art, da denn auf einen 18 *Kas* kommen. Es bleiben aber 1230 *Kas* übrig, welches die dritte Division verursachet, auf jeden 3/4 gerechnet, allwo noch 181 1/4 *Kas* zur vierten Division übrig bleiben, worinnen auf jeden von einem *Kas* 4 1/4 Teil kommet, welche Proportion sie *Nálumá wareí* nennen. Weil nun vier Divisiones in solchem Exempel vorkommen, so heißt solche Art bei ihnen *Naluwiná Kanakku,* das ist, eine Rechnung bei der man vier Teile im Sinne behalten muß. Es wird wohl schwer fallen, aus diesen wenigen Exempeln die Art ihres Rechnens recht zu erkennen. Vielleicht aber zeiget sich Gelegenheit, daß man künftig ihre ganze Rechenkunst übersetzen kann.

a *Kilwáilékkum* ist diejenige subtile Rechnung, so in lauter kleinen Teilgen bestehet und noch nicht ein Ganzes ausmachet. Da sie denn wiederum viele besondere Benennungen haben und über etliche Tausend tief unter die Eins hinunterrechnen.

b *Kásukanákku* ist die Geldrechnung, darinnen alle geschlagene Münze zu rechnen sei.

Verkaufen, in Einnahme und Ausgabe. Sind sie in dieser Rechnung fertig geübet, so fangen sie die *Néllukanákku*[a] an, welche abermals in Kaufen und Verkaufen bestehet. Nach dieser folget die *Awanakanákku*[b], darinnen wiederum das Kaufen und Verkaufen zu observieren ist. Ist diese Rechnung so gelernet, daß man darinnen keinen Irrtum begehet, so lernet man die *Páttschawarakanákku*[c], die ebenfalls in Kaufen und Verkaufen eingeteilet wird. Hat einer diese Spezies alle wohl durchgegangen und mit gutem Verstande erlernet, so kann er nachmals alles ausrechnen, es mag ihm vorkommen, was da will.

Insoweit wird die Rechenkunst in unsern Schulen von denen erlernet, die unter der Jugend ein gut Gedächtnis, einen hellen Verstand und ein geduldiges Nachdenken haben. Viele bringen es aber kaum halbsoweit.

Die Erdmeßkunst wird im Lande auch gelernet, aber doch nur von wenigen.

Wer so weit gekommen, daß er die Rechnung in einer *Pagode*[d] richtig zu führen weiß, der kann unter uns in diesem Lande schon mit der Rechenkunst soviel verdienen als er zu seinem täglichen Unterhalt nötig hat und einen guten *Kánakkáppullei*[e] abgeben. Hat einer gleich in Schulen gut lesen und

---

a *Néllukanákku* ist die Getreiderechnung.

b *Awanakanákku* ist die *Aréks*-Rechnung. Solcher *Arék* ist eine kleine Frucht als eine Muskatennuß und wird von den Indianern zum *Betel* gegessen. Dahero wird starker Handel damit betrieben und gibet in der Rechenkunst gute Übung, daß die Jugend fertig hersagen kann, wieviel *Arék*-Nüsse auf 30 Reichstaler gehen etc.

c *Páttschawarakanákku* ist die Rechnung, so in Kaufwaren von Kattun [Baumwollstoff], Seiden und anderen Handelsgütern bestehet.

d In einer großen *Pagode* fallen täglich viele Einnahmen und Ausgaben vor, die in mancherlei Sorten bestehen und in der Rechnung viele Schwierigkeiten verursachen. Dahero muß einer in der Rechenkunst schon weit kommen sein, wenn er solche Einnahme und Ausgabe ohne Irrtum recht verstehen soll.

e *Kánakkáppullei* ist ein Schreiber, der einige Rechnung zu führen hat. Solche Schreiber werden nicht nur in Stadtgerichten und Zöllen gebrauchet, sondern dienen hie und da bei Leuten, die große Haushaltungen haben, oder die Kaufmannschaft treiben, oder sonsten dies und jenes zu schreiben und aufzuzeichnen haben.

schreiben, nicht aber das Rechnen gelernet, so kann er von andern Leuten gar wenig gebrauchet werden und muß selbsten in vielen Dingen Schaden leiden. Die Rechenkunst ist also eine von den nötigsten Künsten unter uns und wird in unsern Schulen mit der Jugend eher traktieret als sie zu schreiben anfangen.

Soviel habe ich Ihnen hiervon berichten wollen. Sie können befehlen, was ich ferner tun solle. *Schalám.*

Der elfte Brief

Darinnen berichtet wird, mit was für Zeremonien die Kinder in die Schule getan werden und was sie in Schulen nach der Ordnung lernen

Im Jahre *Nándanawáruschúm*, den 15. Oktober. Bis gegenwärtigen dato bin ich, N., vermittelst Ihres Gebets wohlauf und gedenke an dasjenige, was Sie von mir begehret, nämlich, daß ich Ihnen überschreiben solle, wie die Kinder in unsere Schule getan werden und was sie in der Schule lernen. Hierauf berichte ich folgendes:

Erstlich, wenn ein Knabe in die Schule getan werden soll, so wird das ganze Haus, worinnen er mit seinen Eltern ist, gewaschen und gereiniget. Hierzu erwählen sie einen solchen Tag, der gut und einstimmig ist mit dem Planeten, darinnen der Knabe geboren worden. Alsdann tun sie solches allen Freunden und Verwandten kund und lassen denjenigen Schulmeister, zu welchem sie ihn tun wollen, mit allen seinen Schulkindern in ihr Haus kommen. Daselbst haben sie den *Winúiagen*[a] vor sich gesetzet, daneben ein Klumpen Kuhmist lieget, desgleichen auch ein Rauchfaß[90] und Opfergaben, mit welchem sie dem *Winúiagen* ein Opfer tun und frischen Reis und ein oder

a *Winúiagen* ist des *Isurens* Sohn mit einem Elefantenrüssel, dessen Figur fast in allen Häusern gefunden und verehret wird. Solche Figuren setzen sie mitten unter sich, wenn sie dergleichen Handlung vorhaben.

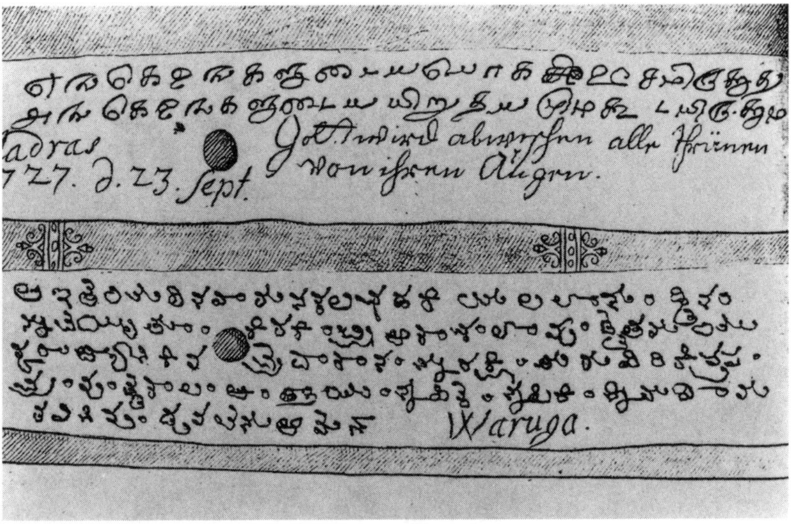

Abbildung 15: Bibelverse in Tamil- und Telugu-Übersetzung, angefertigt von Missionar Benjamin Schultze

zwei *Fano* Geld vor ihm hinlegen. Alsdann schreibet der Schulmeister von dem *Ariwari*[a] drei Blätter und bestreicht sie mit gelber *Kurkuma*-Farbe,[91] beräuchert sie auch ein wenig mit dem angezündeten Rauchwerk, und gibt sie herum, daß alle anwesende Freunde solche mit Händen berühren müssen. Vorhero ist der Knabe wohl gereiniget und ausgezieret und muß seinen Kopf an *Winàiagen* stoßen, auch sich dreimal vor ihm nieder zur Erden beugen. Wenn solches geschehen ist, saget ihm der Schulmeister die geschriebenen drei Blätter von Buchstaben dreimal vor, welche er nachsprechen muß. Darauf nimmt er das Buch von drei Blättern und wird von dem Schulmeister und den Schulkindern aus dem Elternhaus in die Schule geführt, allwo er abermal die geschriebene drei Blätter nachsprechen muß. Unterdessen wird den zusammengekommenen Kindern *Betel Arék* ausgeteilet, die sich wieder nach Hause begeben. Der Schulmeister aber und die Schulkinder bringen den

a *Ariwari* ist ihr Buchstabenbuch, darinnen erstlich ihre gedoppelte Vokales, nachmals die Konsonantes und endlich die Variationes der Konsonanten nach den Vokalibus mit großen Buchstaben geschrieben stehen.

Abbildung 16: Śivas Sohn Ganēsa (Vināyaka) mit Juwelenkrone

neuen Schüler alsobald wieder nach Hause, empfangen etwas Reis und haben an selbigen Tage einen Freitag. Und der Schulmeister bekommt auch ein Geschenke.

Was große und vermögende Leute sein, die verrichten solche Handlung mit noch größerer Solennität[92] und lassen ihre Kinder entweder auf Pferden oder *Palanquinen* wohl ausgeputzet unter einem großen Geleit in den Straßen herumführen. Arme Leute aber richten sich hierinnen nach ihrem Zustande.

Wenn nun ein Knabe in die Schule getan worden, so lernt er erst das *Ariwari*, welches er alsobald in Sand zu schreiben anfängt.[a] Alsdann lernet er das *Atitschúwari*.[b] Nach diesem das

a So bald als ein Schulkind alle Buchstaben mit ihren Variationibus aus dem *Ariwari* wohl gelernet, so muß es die Buchstaben aus solchem *Ariwari* in Sand schreiben, und solches zwar erstlich eine Zeitlang aus dem Buche,

Büchlein *Konneiwehnten*.[a] Auch fängt er an die Zahlen und Ziffern zu lernen, welche er, wenn er sie wohl lesen kann, täglich in Sand schreibet. Hiernach lernt er ein Büchlein, *Werámugáddu*[b] genannt. Darauf fängt er an das Einmaleins mit allen dazugehörigen Variationen zu lernen, wie auch auf *Olei*[c] mit dem Griffel die Buchstaben nachzumachen,[d] mit einer oder zwei Zahlen zu addieren und multiplizieren, Wörter zu lesen und selbige in den Sand zu schreiben.[e] Nachmals fängt er an

---

nachmals aber ohne dem Buche aus dem Gedächtnis, welches alles singend geschiehet, da dann gemeiniglich ihrer etliche beisammensitzen und untereinander konzertieren. Auch pflegen solche ABC-Schützen alle Tage eine Stunde, und zwar sonderlich gegen Abend, untereinander eine Repetition zu haben, da sie alle Buchstaben laut hersingen, und zwar bald in dieser, bald in einer andern Ordnung, daß ihnen solches *Ariwari*-Büchlein recht bekannt werden möge.

b *Atitschúwari* ist ein klein Moralienbüchlein, welches aus tiefsinnigen Redensarten bestehet. Es wird aber der Jugend nicht erkläret. Daher lernen sie nur die Worte nachsprechen und in selbigen die Buchstaben erkennen. Von den Moralien selbsten verstehen sie nichts.

a *Kónneiwehnten* ist gleichfalls ein klein Moralienbüchlein, so vor etlichen Jahren [1708 von Ziegenbalg übersetzt] deutsch nach Europa gesandt worden.

b *Werámugáddu* ist ein Lobbüchlein über ihre Götter, so in kurzen Reihen bestehet.

c *Olei* ist das malabarische Papier, welches aus zusammengefalteten Palmenblättern bestehet und mit dem Messer zum Schreiben aptieret [zurechtgemacht] wird. Sie haben eiserne Griffel, mit welchen sie die Buchstaben auf solche lange Blätter einzugraben pflegen.

d Erstlich schreiben sie den Anfängern große Buchstaben vor, worein die Schüler ihren Griffel legen und eben die Züge selbiger Buchstaben nachmachen, bis sie sich gewöhnen, eigene Buchstaben zu schreiben. Sie sitzen dabei. Und die linke Hand, worinnen sie das Blatt halten, legen sie auf das erhöhete linke Knie. Darauf sie ruhet und das Blatt feste anfaßet. In der rechten Hand aber führen sie den Griffel, der im Anfange lang und schwer sein muß. Die Blätter, darauf sie die Buchstaben schreiben, sind auch gedoppelt, daß sie mit dem Griffel nicht so leicht durchstechen sollen. Hat einer sich gewöhnet, des Präzeptors [Lehrers] Buchstaben in allen Zügen nachzumachen, so schreibet ihm der Präzeptor eine Zeile Wörter vor, und der Knabe schreibt mit eigenen Buchstaben eben selbige Wörter nach, unter der ersten Zeile [des Präzeptors]. Hierinnen üben sie sich eine lange Zeit bis sie auf einer Seite drei, vier bis fünf Zeilen schreiben können, da denn die Buchstaben immer kleiner werden.

e Wenn sie buchstabieren lernen, so schreibt ihnen der Präzeptor nur kleine Wörter vor, deren Buchstaben sie erst nach der Ordnung hersagen und

auf *Olei* zwei Zeilen zu schreiben und die Büchlein *Múdirei*[a] und *Nalwari*[b] zu lernen. Alsdenn fängt er an in der Rechnung schwere Exempel von vielen Zahlen zu machen und drei bis vier Zeilen mit dem Griffel auf *Olei* zu schreiben, auch sich im Dividieren besser zu exerzieren. Wenn er soweit kommen ist, so fängt er an folgende Bücher zu lernen als *Ambigeimálei*[c], *Aruneikiriantádi*[d], *Abirámiantádi*[e], *Nelleimálei*[f] und dergleichen mehr. Alsdann lernet er die Geldrechnung, die Getreiderechnung und die Warenrechnung, wie auch alle andere Arten von Rechnungen. Hierbei schreibt er nunmehro auf gespaltenen Blättern von *Olei*.[g] Nachhero lernt er den *Negéndu*[h] und den *Diruwálluwer*[i]. Alsdenn fängt er an allerlei Schrift zu schrei-

---

nachmals völlig zusammen aussprechen müssen. Nachmals lassen sie auch von ein-, zwei-, drei-, vier- und mehrsilbigten Wörtern die Buchstaben in Sand schreiben und heißen sie erst aussprechen und nachmals zusammensetzen. Durch solches Exerzitium [Übung] werden sie zugleich zum orthographischen Schreiben gewöhnet, welches in ihrer Sprache sonst gar eine schwere Sache ist.

a *Múdirei* ist ein moralisches Büchlein, so lauter Gleichnisse in sich hält und lange und schwere Verse hat.

b *Nalwari* heißt soviel als **der gute Weg**. Es zeiget einige Sünden, die man meiden, und einige Tugenden, die man tun solle.

c *Ambigeimálei* ist ein Versbüchlein, darinnen Lobsprüche über die Göttin *Párwadi* enthalten sind.

d *Aruneikiriantádi* ist ein Buch von 100 Liedern über *Isuren*.

e *Abirámiantádi* ist ein Liederbuch über die Göttin *Párwadi*, welche an einem Orte, *Dirukatawúr* genannt, den Namen *Abirámi* hat, und daselbst von den Einwohnern als ihre besondere Göttin angebetet wird.

f *Nelleimálei* ist ein Versbüchlein, darinnen mit vielen Lobsprüchen Sexus Faeminius [das weibliche Geschlecht] herausgestrichen wird.

g Wenn ein Schüler im Schreiben soweit kommt, daß er auf gedoppelten Blättern aus freier Faust vier bis fünf Zeilen schreiben kann, so fängt er nachmals an, die Blätter voneinander zu spalten und ordinäre Schrift zu schreiben.

h *Negéndu* ist ein poetisches Buch, welches diejenige lernen müssen, so die alten Poeten verstehen und neue poetische Bücher oder Carmina [Gesänge] machen wollen. Denn es hält ziemliche Copiam verborum [Wortreichtum] in sich und ist sehr schwer zu lernen, weil es gleichsam eine besondere Sprache ausmachet, die niemand verstehen kann als die Poeten und welchen die Poeten selbige erklären.

i *Diruwálluver* [tiruvaḷḷuvar] ist ein Moralienbuch, das reine, aber sehr schwere Verse hat. Wer selbiges ohne Anstoßen lesen kann, der kann auch

ben und für sich selbsten auf *Olei* Rechnung zu führen. Auch lernt er allerlei schwere Bücher als *Nalariár*[a], *Letschana alankárum*[b] und dergleichen mehr. Dabei schreibt er alsdann subtile Schrift und kann sich in der Rechenkunst aus allen finden[93]. Ist einer soweit kommen und lernt über dieses annoch das *Tolkábiam*[c], *Létschena utárum*[d], *Ramáianum*[e], *Páradum*[f] und die 18 *Ulá*[g], so ist er tüchtig, einen Schulmeister oder Poeten abzugeben. Wer unter den Brahmanen, *Pantáren* und *Antigöl* in der Schule mit Lernen es soweit gebracht, und dabei die theologische und philosophische Disziplinen gelernet hat, der kann einen Priester und Professor[h] abgeben.

---

alle andere poetische Bücher lesen. Eine jedwede Zeile hält ein besonderes Morale [Lehre] in sich. Der Autor, so *Diruwálluver* heißet, soll vor mehr als anderthalb Tausend Jahren gelebet und in der Stadt, wo der H[eilige] Thomas das Evangelium hier in Indien verkündiget hat, gewohnet haben. Den Materien nach ist solches Buch eben so gut als des Senecae Schriften.

a *Nalariár* ist ein Buch, welches Instruktion zur Poesie gibet und gar schwer zu lernen ist.

b *Letschana alankárum* ist gleichfalls ein Buch, darinnen die Gelehrsamkeit der Poeten enthalten ist.

c *Tolkábiam* ist ein großes Buch, das ein König vor sehr alten Zeiten geschrieben hat, worinnen die ganze Poesie enthalten ist nebst andern Wissenschaften, so diejenigen zu wissen nötig haben, welcher in solcher weitläufigen Sprache recht mächtig und erfahren sein wollen. Es sind anjetzo unter den Poeten und Schulmeistern gar wenige, die solches Buch recht verstehen, und noch weniger, die solches dozieren [erläutern] können.

d *Létschena utárum* ist gleichfalls ein Buch, daraus die Poesie erlernt wird.

e *Ramáianum* ist ein großes Historienbuch in gelehrten Versen, so die Geschichte und Taten von *Rámen* in sich hält.

f *Páradum* ist gleichfalls ein großes Historienbuch in schweren Versen, darinnen die Geschichte von *Kischtnen* enthalten, nebst den Fatis [Schicksalen], welche unter diesem *Kischtnen* fünf königliche Brüder mit ihrer Schwester gehabt haben.

g Die 18 *Ulá* sind Lieder von allerhand Materien.

h Professor heißen bei ihnen *Sastiriar* und bedeutet soviel, als einer der gewisse Disziplinen gelernet hat. Sie haben zwar keine ordentliche Universitäten unter sich, wie in Europa, daß sie publice [öffentlich] doziereten. Gleichwohl aber haben solche *Sastirigöl* ihre Diszipel [Schüler], die sie in allerlei Wissenschaften unterrichten. Und wenn einer von ihren Diszipeln ein *Sastiriar* werden will, so haben sie bei solchem Akt allerlei Zeremonien, gleichwie in Europa geschiehet, wenn einer Magister oder Doktor werden will.

So viel habe ich auf ihre Fragen zu schreiben gewußt. *Schalám.*

Der zwölfte Brief

Darinnen die Frage beantwortet wird, ob die Malabaren einen Gott oder viele Götter verehren

Im Jahr *Nándanawáruschúm*, den 15. Oktober.

Denen beiden Herren Priestern in Tranquebar lasse ich, N., wissen, daß ich bis gegenwärtigen dato vermittelst Ihres Gebets, ohne den geringsten Mangel gar wohlauf bin.

Sie verlangen eine Sache von mir zu wissen, nämlich, ob wir Malabaren einen Gott oder viel Götter verehreten. Aber sollten Sie wohl in dieser Sache unwissend sein, da Sie so lange schon alle unsere Lehrsätze gehöret und in unsern Büchern gelesen, auch dawider gegen uns gelehret haben? Jedoch will ich auf Ihr Begehren schreiben, was ich hiervon weiß und was jedermann bekannt ist.

Daß Gott nicht mehr als ein einiger Gott sei, solches wissen und bekennen wir alle. Aber die Götter[a], die wir unter ihm verehren, sind unter uns vielfältig, als da ist *Birúma*, *Wischtnu*, *Rúddiren*, *Máiéschuren*, *Tschatátschiwum*, *Winájagen*, und *Súbbiramánien*, von welchen sieben Personen gesaget wird, daß sie von der *Tscháddi* herkommen sein[94] und in ihnen alle andere Personen, so unter uns Götter genennet werden, enthalten sein, ohne nur, daß die Namen vielfältig und verändert wären.[95]

Auch sagen wir, daß unter allen nur einer sei, der das höchste Wesen ist, welchen wir bald *Bárabarawástu*, bald *Tschiwén*, bald *Tschatátschiwum* und bald *Barabirúma* nennen. Dieser

---

a Die Götter heißen bei ihnen *Déwergöl* und sind ganz etwas anderes als Gott. Sie haben Anfang und Ende, werden aber um deswillen von diesen Heiden göttlich verehret, weil sie aus Verführung des Satans meinen, Gott habe ihnen solche Personen als Herren der Welt vorgestelltet.

Abbildung 17: Śiva in der Form des Pāsupatamūrti, mit Feuerhaaren, Dreizack und Rosenkranz

Gott hat alle übrige erschaffen und jedem seine Bestallungen und Verrichtungen gegeben, auch geboten, daß man sie verehren und anbeten solle. Solches alles stehet in unserm Gesetz und alten Historienbüchern geboten.

Dahero ist es unter uns allenthalben gebräuchlich, daß gemeldete Personen angebetet werden. Denn es ist zugleich in unseren Gesetzbüchern geschrieben, Gott habe die Verheißung gegeben, daß er denen, die solche Personen auf gebotene Weise verehren und gegen sie in Glauben und Liebe zunehmen, diese und jene Vergeltung widerfahren lassen wolle.

Hiernebst aber findet man auch solche Leute unter uns, die Gott das höchste Wesen allein anbeten und diesen Herrn allein zu allerzeit verehren, hingegen alles, was in der Welt ist, verabscheuen, damit sie allezeit im Herzen ihre Betrachtung über Gott haben können. Von diesen wird gesaget, daß sich Gott mit ihnen vereinige und in sich verwandele,[a] also, daß sie in der Welt unsichtbar würden.[96]

Gott, das Wesen aller Wesen, ist der, so allen die Seligkeit gibet. *Birúma* ist der, so alles schaffet. *Wischtnu* ist der, so alles erlöset und erhält. *Rúddiren* ist der, so alles wieder zernichtet[97]. Der *Tschatátschiwum* und *Máiéschuren* sind die, so alles Gute und Böse vergelten.

Soviel verstehe ich hiervon. Wollen Sie ein mehrers wissen, so können sie solches von denen Brahmanen erfahren. *Schalám.*

---

a Daß Gott solche, die ihm unabläßig gedienet, in sich verwandelt habe, ist unter ihnen in vielen Historien geschrieben. Sonderlich lieset man vielfältig in ihren Büchern, daß ihre alten Könige in das *Tschiwalingum* eingefahren und niemals wieder gesehen worden sein. Von welchen man sich fest eingebildet, daß *Tschiwén* selbige in sich verwandelt habe. Daher sie nachmals solchen Königen *Pagoden* aufgebauet und sie als Götter verehret haben. Sonst schreiben sie auch, daß der höchste Grad der zukünftigen Seligkeit darinnen bestehe, wenn die Seelen in Gott ganz verwandelt würden.

Der dreizehnte Brief

Darinnen einige Ursachen angeführet werden, warum die Malabaren sich weigern zu der christlichen Religion zu treten, item was vor Judicia von der christlichen Religion unter ihnen gefället werden

Im Jahr *Nándanawáruschúm*, den 17. Oktober.

Denen Priestern in Tranquebar, so die Religion Jesu Christi lehren, legen wir, N. N., dieses unser Anbringen in Demut zu Füßen nieder und bitten, daß uns Gott, der in Ihrem Gesetz Vater, Sohn und Heiliger Geist heißet, je mehr und mehr bessern Verstand, Sinn und Gedanken geben wolle.

Sie begehren die Ursache zu wissen, warum die Malabaren sich weigern zu Ihrer christlichen Religion zu treten, sonderlich aber, warum wir, die wir Ihre Religionsbücher gelesen und Ihre Lehrsätze erkannt, uns nicht bequemen wollen, zu Ihrer Kirche zu treten.

Was uns anlanget, so haben wir uns freilich Ihres Gesetzes erkundiget und gesehen, was für Lehren darinnen enthalten sind, können auch nichts anderes sagen, als daß alles gut sei und mit der Wahrheit übereinstimme. Die Ursachen aber, dadurch wir abgehalten werden, zu Ihrer Kirche zu treten, sind folgende:

Erstens, weil unsere Freundschaft ein großes Volk ist und sich mit uns nicht dazu bequemen will. Sollten wir solches alleine für uns tun, so würden wir bis zum Tode verfolget werden und nirgends Schutz oder Sicherheit finden.

Zweitens, weil uns allen sehr schwer ankommt dasjenige zu verlassen, welches unsere Eltern und Voreltern getan haben. Denn ein jeder will gerne seine Eltern und Vorfahren respektieren und den Weg gehen, welchen seine ganze Nation gegangen ist und noch gehet.

Drittens, weil wir in diesem Lande unter unserer Nation unser Gewerbe treiben und unsern Unterhalt suchen müssen.

Viertens, weil wir im Ehestande leben und Weib und Kinder haben, welche uns alsdann viele Bekümmernis machen würden.

Fünftens, weil wir allzutief in die Eitelkeit dieser Welt versunken sind und mehr auf das Gegenwärtige als auf das Zukünftige sehen.

Und sechstens, weil wir glauben, Gott werde uns die Seligkeit geben wenn wir uns im Leben nach demjenigen richten, was wir aus Ihrem Gesetz für wahr erkennen, ob wir gleich nicht äußerlich zu Ihrer Kirche treten. Wie Sie denn auch wissen, daß wir wenig auf das äußerliche Wesen unserer Religion halten.

In Summa, die Furcht vor Menschen hat uns bishero abgehalten und hält uns noch ab. Denn unter der Nation, unter welcher man geboren ist, will man gerne bleiben, sei sie wie sie wolle, gut oder böse. Diese sind die Ursachen, die nicht allein uns, sondern auch andere abhalten zu Ihrer Religion zu treten, ob wir gleich wissen, daß alles bei Ihnen gut und untadelig sei.

Andere weigern sich auch aus folgenden Ursachen:

Erstens, weil sie die Vortrefflichkeit Ihres Gesetzes und Ihrer Religion nicht recht verstehen, sondern nur hie und da etwas davon sehen und hören.

Zweitens, weil sie wissen, daß selbst unter Christen so viel Sekten sein, und dabei sehen, wie einer den andern verfolge.

Drittens, weil durch Annehmung des Christentums einer seine ganze Nation zum Feinde bekommt und Schimpf, Schande, Spott, Armut und groß Ungemach sich auf den Hals ladet.

Viertens, weil der Unterscheid der Geschlechte bei den Christen nicht observieret wird auf solche Art, als wie ihn unsere ganze Nation observieret.

Fünftens, weil die Christen sich nicht mit Wasser abwaschen wenn sie ihre Notdurft verrichten.

Sechstens, weil sie bei dem Essen und Ausspeien nicht auf Reinigkeit und Ehrbarkeit achten.

Siebentens, weil sie unter den Speisen keinen Unterscheid machen, sondern alles essen, sogar die großen lebendigen Tiere, die größer sind als ein Mensch und ganz erbärmlich schreien, wenn man ihnen gewaltsamerweise das Leben nimmt.

Achtens, weil die Christen starke Getränke trinken.

Neuntens, weil sie keine Reinigungsarten haben, sondern in

vielen leiblichen Unreinigkeiten einhergehen, davor denen Malabaren grauet.

Zehntens, weil es den meisten sehr ungereimt vorkommt, daß sie sich aus ihrer Nation zu einer fremden Nation begeben sollen, da sie doch stets unter ihrer Nation in diesem Lande wohnen, handeln und wandeln müssen.

Dieses sind die vornehmsten Ursachen, warum sich überhaupt die meisten Malabaren von der Annehmung des Christentums abhalten lassen. Würde aber unsere ganze Nation von Großen bis zu den Kleinesten zu solcher Religion treten, so würden alle jetztgedachte Schwierigkeiten dahinfallen[98]. Jedoch, was unter uns Leute sein, die alle Dinge verleugnen und die Weisheitslehren in Ihrem Gesetze mit rechtem Verstande begreifen können, auch alles gleich gut achten und keinen Unterscheid in Geschlechten, Speisen, Heiraten und andern Sachen machen, anbei die Eitelkeit der Welt eingesehen haben und verabscheuen, solche werden sichs gefallen lassen, zu Ihrer Religion zu treten, und so leben können, wie es in Ihrem Gesetz geschrieben ist.

Was sonsten die Judicia anlanget, die unter uns Malabaren überhaupt von Ihrer Religion gefället werden, so sinds folgende.

Einige sagen:

Diese Religion ist eine Religion, so die beste Ordnung unter sich hat. Ihr Gesetz ist jedermann aufgeschlossen und hat nichts als Wahrheit in sich. Ihre ganze Lehre weiset allein auf den einigen Gott, welchen sie fest ergriffen haben. Niemand unter den andern Religionen hat solche Anstalten unter sich, als sie haben. Es gehet in ihren Kirchen, Schulen und Häusern weit ordentlicher zu als unter uns.

Andere aber sagen: Die Christen haben zwar ein heiliges Gesetz, aber ihr Leben ist ganz anders als ihr Gesetz und hat nichts besonders für uns.

Endlich sind auch einige, die da lästern und sagen:

Die Christen sind gänzlich Heiden und solche Leute, die sich auch für den größten Sünden nicht fürchten. Es ist nichts Gutes zu sehen, weder an den Christen selbsten, noch an ihrem Gesetz.

Daß solches alles wahr sei, wass wir hier schreiben, solches werden sie auch anderweitig sich erkundigen können. Gott gebe uns allen bessern Verstand, daß wir unsere Irrtümer erkennen und so leben können als Sie leben und jedermann lehren.

Der vierzehnte Brief

Darinnen die Eßart der Malabaren, nebst ihren Eßwaren, gezeiget, und dabei die Ursache vermeldet wird, warum das Weib nicht mit dem Manne und Kindern zugleich esse, item warum sie vor dem Fleische der lebendigen Tiere einen so großen Ekel haben

Ich, N., trete unter das gesegnete Angesicht der Priester in Tranquebar, falle nieder zu ihren Füßen, und offeriere mich zu allen Diensten, die sie mir befehlen; als der ich anjetzo im Jahr *Nándawáruschúm* bis zu dem 17. Oktober, gesund und wohlauf bin.

Ihr Begehren ist, daß ich Ihnen schreiben solle, was wir Malabaren für eine Eßart gebrauchen, und warum wir kein Fleisch essen, auch warum nicht alle, die in einem Hause sind, beisammen speisen? Hierauf dienet folgendes zur Antwort:

Einige unter uns Malabaren essen nichts anders als *Márakari*[a], und tun vorhero ihre gewohnte Zeremonien mit Abspülen und Waschen ihres Leibes und mit Opfern und Anbetung. Wenn sie solches verrichtet, so gehen sie vorsichtig nach Hause,[b] hängen all ihre Opfergeräte an die Wand und lassen sich Wasser bringen, mit welchem sie sich die Füße abwaschen.[c] Alsdann essen sie, und zwar einige des Tages nur ein-

---

a *Márakari* sind alle diejenige Eßwaren, die in Gartenfrüchten bestehen.

b Nachdem sie sich in einem Teiche oder Fluße gereinigt und ihre Zeremonien gegen die Götter verrichtet haben, so müssen sie sich auf dem Wege nach Hause wohl vorsehen, daß sie nicht etwas berühren oder auf etwas treten, das sie verunreinigen könnte.

c Weil sie nicht wissen, ob sie auf dem Wege nach Hause auf etwas unreines getreten, so waschen sie sich abermal ihre Füße, ehe sie zu essen anfangen.

Abbildung 18: Südindisches Schaf

mal, einige zweimal, einige auch wohl gar dreimal. Das Weib bringet erstlich das Essen vor ihren Mann und trägt es auf. Sind Kinder im Hause, so haben sie ihre Schüsseln á part, welche das Weib gleichfalls füllet und ihnen vorsetzet, ehe sie selbsten ißet.

Was große Leute sind, die pflegen vor dem Essen das *Pantschatscharum*[a] nachdenklich zu rezitieren und die aufgetragene Essen bei Rezitierung desselben mit Wasser zu besprengen und zu weihen. Alsdenn essen sie selbige.

Dieser und unser allermeisten und gemeinesten Eßwaren sind folgende:

Kirei[b], *Wareikái*[c], *Káddarikái*[d], *Páwakái*[e], *Mánkái*[f],

a *Panschatscharum* ist eine kleine Gebetsformel von 5 Buchstaben oder Silben, die sie fast zu allen Verrichtungen gebrauchen.

b *Kirei* ist ein Gartenkraut von vielerlei Sorten, welches sehr häufig gesäet und zur Speise gebrauchet wird.

c *Wareikái* sind grüne Feigen, so noch nicht zur Reife gekommen sind, und zu Suppen gebrauchet werden.

d *Káddarikái* ist eine runde Gartenfrucht, die gar wohl schmecket.

Poralankái[a], *Táduwalankái*[b], *Parenkikái*[c], *Tschúreikái*[d], *Píkankái*[e], *Mullikái*[f], *Néllikái*[g] *Awareikái*[h], *Murunkeikái*[i], *Barubbu*[j], *Kireidándu*[k], *Tschirukiránku*[l], *Wállikiránku*[m], *Tschákkareiwallikiránku*[n] und dergleichen mehr.
Solche Eßwaren werden teils mit Milch, teils mit Butter, teils auch nur mit einer Brühe von allerlei Gewürzen zugerichtet und bei dem Reise gegessen.

Außer diesen essen wir keine andere Zugemüse, sie kämen denn solchen gleich. Die Ursache, daß wir nicht anders essen, ist diese, weil es unter uns von langen Zeiten her also gebräuchlich ist und gesaget wird, daß die, so allein solche reine Speisen essen, so bald nach ihrem Tode in die Seligkeit eingenommen werden. Dahingegen die, so alles in der Welt gegessen und untaugliche Speisen in ihren Leib genommen, alsdann sehr harter Strafe würden unterworfen sein.

---

e *Páwakái* ist eine längliche Frucht, die auswendig Stachel und inwendig Kern hat, als Bohnen.

f *Mánkái* ist die grüne Frucht von *Mangus*-Bäumen, die einen großen Saft bei sich hat und vor ihrer Reife zum Kochen gebrauchet wird.

a *Poralankái* ist eine lange Frucht, so an Stangen in die Höhe wächset.

b *Táduwalankái* ist eine kleine Frucht, die auf Sträuchern wächset.

c *Parenkikái* sind Kürbse, welche die Portugiesen aus Europa allhier erst gepflanzet haben, die aber nunmehrs im ganzen Lande häufig wachsen und auf mancherlei Weise zur Speise zugerichtet werden.

d *Tschúreikái* ist eine große und lange Frucht, so fast aussiehet wie Kürbse.

e *Píkankái* ist eine achteckigte Frucht, die man zu Brei kochet und auch in Butter brätet.

f *Mullikái* ist eine stachlichte kleine Frucht, so auf Stengeln wächst und so groß als eine Nuß ist.

g *Néllikái* ist eine Baumfrucht, so rund und weiß als Stachelbeeren aussiehet.

h *Awareikái* ist eine Art Bohnen, die grüne mit den Schalen gekocht werden.

i *Murunkeikái* ist eine lange und dünne Baumfrucht. Die Wurzeln von solchem Baum schmecket eben an Speisen wie der Meerettich.

j *Barubbu* ist eine Art von kleinen Erbsen.

k *Kireidándu* ist ein Kraut mit großen Stengeln, welche Stengel sehr wohlschmeckend sein.

l *Tschirukiránku* ist eine Art von Erdäpfeln [Kartoffeln].

m *Wállikiránku* ist eine Art Rüben.

n *Tschákkareiwallikiránku* ist eine rote Wurzel, so als Rüben schmecket wenn sie an Speisen gekocht wird.

Abbildung 19: Zuckerpresse in Chinapatam

Wenn nun der Mann und die Kinder gegessen haben, so ißet alsdann das Weib mit dem übrigen Dienstvolke und Sklaven im Hause. Denn es wird bei uns dafür gehalten, es sei keine gute Ordnung und Ehrbarkeit in der Welt, wenn das Weib entweder vor dem Manne oder mit dem Manne zugleich speiset. Ißet sie aber dennoch allso, so wird es ihr vor Sünde und Hochmut ausgeleget. Dahero pflegen einige solche Ordnung zu übertreten. Einige aber leben ohne Ordnung dahin und essen alsobald für sich, wenn etwa ihre Männer allzulange außenbleiben.

Das Fleischessen ist unter uns nur bei wenigen gebräuchlich. Welches Fleischessen aber doch nur meist in Fischen bestehet. Etliche essen auch unter den kleinen Tieren und Vögeln einige. Die alleruntersten Geschlechte aber essen allerlei unreine Tiere und Vögel. Ein Poet unter uns schreibet folgendes: Wer sich enthält von allen Speisen der lebendigen Tiere, vor selbigen hebet jedermann die Hände auf mit ehrerbietiger Salutation[99], ja vor selbigen neigen sich alle lebendige Kreaturen und machen ihr *Schalám* für ihm. Es wird also von uns für große Sünde gehalten, wenn man die Kreaturen, welche

Fleisch, Leben und fünf Sinne haben, martert, würget, erschießet, schlachtet und ißet. Ja es wird unter uns gänzlich dafür gehalten, daß einer, der solcher Tiere Fleisch ißet, nicht in die Seligkeit kommen könne, sondern von den *Emadudákköl*[a] zu ihrer Gesellschaft aufgenommen und seinen Weg dahin fahren werde.

Es ist auch die allgemeine Rede unter uns, daß die Sünde, damit einer seines Nächsten Gut gestohlen oder an sich gebracht hat, demjenigen, der solches getan, zum Kinde in der Welt geboren werde. Welches Kind alle Güter seines Vaters liederlicher Weise durchbringet und nachhero wieder stirbet.

Ja wir glauben auch, daß Seelen als Tiere wieder in die Welt geboren werden. Denn wenn einer in der Welt seines Nächsten Weib begehret und stirbet in solcher Sünde, so muß er einundzwanzig Geschlechte lang in der Hölle liegen.[b] Wenn solche Zeit verflossen, so wird er als ein Tier in die Welt geboren. Auch alle andere, die in unreiner Liebesbrunst sterben, werden gleichfalls als unreine Tiere in die Welt wiedergeboren.

Hiernebst haben wir auch viele Historien, daß daselbst die Götter in dieser und jener Tieresgestalt in der Welt erschienen sein. Dahero haben wir Furcht, ein Tier zu töten, und einen Abscheu, das Fleisch von selbigen zu unserer Speise zu gebrauchen.

Jedoch was weise Leute anlanget, die alles wissen und verstehen, die machen sich kein Gewissen allerlei zu essen, und verwerfen und meiden nichts anders in der Welt als nur die Sünde.

Hiermit habe ich auf ihre Frage geantwortet. Finden sie in den Worten oder in den Sachen einen Irrtum, so bitte ich, daß sie mir alles verzeihen wollen.

---

a *Emadudákköl* sind die Diener und Gesandten von *Emen*, der ein Gott des Todes und ein König der Höllen ist.

b Sie statuieren eine Erlösung aus der Höllen. Denn nach ihrem Prinzipio, daß Himmel, Hölle und Welt ein Spielwerk Gottes sei, bilden sie sich nach dem Tode lauter Variationes ein und glauben, daß auch die Seligen wieder aus ihrer Seligkeit fallen und verdammt werden können.

Der fünfzehnte Brief

Welcher unterschiedliche Pflichten in sich hält, die Eltern, Schulmeister, Priester, Obrigkeiten und Herren gegen ihre Kinder, Schüler, Jünger, Untertanen und Sklaven, und diese wiederum gegen ihre Eltern, Schulmeister, Priester, Obrigkeiten und Herren auszuüben schuldig sind[100]

An die Herren Priester in Tranquebar, die das Lob und die Gnade Gottes je mehr und mehr ausbreiten, lasse ich, N., folgendes Schreiben abgehen.

Uneracht, daß sie selbstens alles wissen, was unter uns gebräuchlich ist, so haben sie doch begehret, daß ich ihnen schreiben sollte, was nach unserm Gesetze die Eltern, Schulmeister, Priester, Obrigkeiten und Herren gegen ihre Kinder, Schüler, Jünger, Untertanen und Sklaven zu tun schuldig sein, und diese hingegen wiederum gegen ihre Eltern, Schulmeister, Priester, Obrigkeiten und Herren.

Dies alles fasse ich kurz zusammen in folgenden Punkten.

Unter uns ist der Eltern Pflicht, erstens daß sie die Kinder bis zum fünften Jahr mit aller Sorgfalt wohl pflegen und warten, zweitens daß sie nach fünf Jahren die Knaben in die Schule tun und sie allerlei Wissenschafte und Künste lernen lassen, die Mädchen aber in häuslichen Sachen unterrichten, drittens daß sie alsobald ihre Kinder strafen und vermahnen, wann sie einige Sünden und Bosheit an ihnen sehen, viertens daß sie die Knaben, wenn sie das Gehörige in Schulen erlernet haben, an solche Örter austun, allwo sie servieren[101] oder sonsten etwas angreifen können, fünftens daß sie ihnen einen Handel oder dieses und jenes Gewerbe verschaffen, wodurch sie was verdienen mögen, und sechstens daß sie beides, ihre Söhne und Töchter an gute Personen ihres Geschlechtes verheiraten.

Der Kinder Pflicht gegen die Eltern bestehet darinnen: Erstens, sie müssen Vater und Mutter gehorsam sein, ihren Worten Glauben beimessen, ihre Vermahnungen anhören und nach ihrem Willen tun. Zweitens müssen sie die Eltern pflegen, ihnen in allem zu Diensten stehen und den Vater eher essen lassen, als sie essen. Drittens müssen sie ihre Eltern, wenn sie alt und schwach worden sind, wohl in acht nehmen und ihnen solche Speisen zu essen geben, wonach sie eine Begierde haben, auch sonsten alles tun, was sie erfreuen kann. Viertens müssen sie ihre Eltern, wenn sie sterben, beweinen und bei dem Leichenbegängnis alles tun, was sich zu tun gebühret. Fünftens müssen sie ihre Gebeine sammlen und nach gesetzten Zeremonien in den Fluß tragen. Und sechstens müssen sie stets bis an ihren Tod ihrer gestorbenen Eltern eingedenk sein und auf ihren Namen das gewöhnliche Fasten und Almosen verrichten.

Was anlanget die Pflicht der Schulmeister unter uns, so bestehet sie in diesen fünf Stücken: Erstens müssen sie die Schulwissenschaften so dozieren, daß die Schüler eine Sache einmal gehöret, sie es zum andern Mal völlig begreifen und wiedersagen können. Zweitens müssen sie alle Schüler nur mit einem Auge ansehen und in ihrem Dozieren kein Ansehen der Personen haben, daß sie auf einen weniger als auf den andern Reflexion machen wollten. Drittens müssen sie die Wildheit der Jugend mit guter Lehre, Vermahnung und Strafe auszutreiben suchen. Viertens müssen sie alle ihre Schulkinder ansehen, als wärens ihre eigenen Kinder und ihnen die Treue beweisen, die sie ihren eigenen erweisen würden. Und fünftens müssen sie im Dozieren gute Ordnung halten und nicht allein die Kinder Verstand und Vernunft lehren, sondern auch machen, daß sie leben, wie sie leben sollen, und tun, was ihnen zu tun gebühret.

Der Schüler Pflicht gegen ihre Schulmeister bestehet gleichfalls in fünf Stücken. Erstens müssen den Schulmeistern soviel Lohn geben, daß sie mit ihrer Familie wohl auskommen können. Zeitens müssen sie allezeit ihnen gehorsam und untertänig sein. Drittens müssen sie aus ihren Händen diejenige Strafe willig annehmen, die ihrer Bosheit, Ungehorsam und Widerspenstigkeit gemäß ist. Viertens müssen sie selbige respektieren und ihnen alle Ehrerbietigkeit erweisen. Und fünftens müssen sie ihre Präzeptores nicht erzürnen, sondern ihnen lauter Freude verursachen.

Nun folget dasjenige, was die Priester gegen ihre Jünger unter uns zu tun schuldig sind. Erstens müssen sie ohne Zorn sein und einen tugendsamen Wandel führen, auch allezeit solche Sachen lehren, die Gott gefällig sind. Zweitens müssen sie den Herrn[102] bitten, daß er denjenigen, die seine Jünger sind, weder an ihrer Seele noch an ihrem Leibe einigen Schaden oder Unfall wolle zustoßen lassen. Drittens müssen sie diejenigen, die Böses tun, so strafen und betreuen, daß sie dadurch Verstand bekommen und besser werden. Und viertens müssen sie alle segnen, daß sie sich vermehren und ausbreiten.

Der Jünger Schuldigkeiten gegen ihre Priester sind folgende: Erstens müssen sie würdige Leute sein, über welchen allezeit der priesterliche Segen könne bestehen bleiben. Zweitens müssen sie die Lehre ihrer Priester in Aufrichtigkeit und Glauben annehmen und darinnen zunehmen. Drittens müssen sie sich bereit halten, der Priester Verordnungen gemäß zu wandeln. Und viertens müssen sie für ihrer Priester Leib Sorge tragen, daß sie ihre Unterhaltung haben können.

Ferner, was anlanget der Könige und Obrigkeiten Pflichten gegen ihre Untertanen, so lehret unser Gesetz folgendes davon. Erstens müssen sie allen ihren Untertanen eine Hilfe und Trost sein, auch denjenigen aufhelfen, die in ihrem Lande verschmachten wollen, und allen einen solchen Tribut setzen, der erträglich und zu geben möglich ist. Zweitens müsen sie ihrem Versprechen nachkommen und dasjenige denen Untertanen widerfahren lassen, was sie gelobet und verheißen haben. Drittens müssen sie solche Ministros erwählen, die sich um die Untertanen recht bekümmern, und selbsten das königliche Zepter in solcher Gerechtigkeit führen, daß sie ihren Untertanen weder zuviel noch zuwenig tun. Viertens, wenn Klagen einlaufen, sie sein von was für Sachen sie wollen, müssen sie alles wohl untersuchen, den Unterdrückten helfen und die Übeltäter dem königlichen Rechte gemäß strafen. Fünftens müssen sie niemanden den Zugang verwehren, nicht geizig sein, noch sich bestechen lassen, sondern die Armen und Geringen sowohl hören als die Reichen und Vornehmen, und solches ohne Zorn und Unwillen, Gott bittend, daß er es allen ihren Untertanen wohlgehen lassen solle. Sechstens müssen sie nicht der

Untertanen Güter oder ihr Vieh oder etwas von ihrem andern Habe und Gut begehren, sondern auf solche Mittel bedacht sein, daß unter ihrer Regierung die Untertanen zu etwas kommen mögen. Und siebentens müssen sie nötige Unkosten darreichen, daß in ihren Landen die *Pagoden*, die Fremdlinge und Armen unterhalten werden können, und selbst denen Dürftigen reichlich Almosen austeilen.

Hierbei ist denn der Untertanen Pflicht diese: Erstens müssen sie denjenigen Tribut geben, der ihnen auferleget ist, und dem Befehl des Königs gehorsam sein und sich scheuen, etwas dawider zu handeln. Zweitens müssen sie alle Gott bitten, daß er ihres Königs Reich wolle wachsen und zunehmen lassen, daß er ihrem Könige wolle Verstand und Weisheit geben, und daß sie gegen ihn ein gehorsames und untertäniges Herz bekommen mögen. Und viertens müssen sie das Land nicht lassen verderben, sondern reichlich besäen, bepflanzen und bebauen, daß der König seine Freude daran haben könne.

Was endlich anlanget, wie die Herren sich gegen ihr Gesinde und Sklaven unter uns verhalten sollen, so bestehet solches darinnen: Erstens müssen sie für ihren Leib und ihre Seele sorgen. Zweitens müssen sie selbige unterweisen, wie sie zugleich auch Gott dienen sollen. Drittens müssen sie selbige ansehen als ihre Kinder und gegen sie keinen Zorn hegen. Viertens müssen sie diejenigen, so ihnen nicht gehorsam sein wollen, gebührend strafen und sie vermahnen. Und fünftens müssen sie diejenigen, so ihnen gehorsam gewesen sind und treu gedienet haben, frei geben und sich verheiraten lassen.

Der Sklaven Pflicht aber gegen ihre Herren ist diese: Erstens müssen sie ihnen gehorsam sein und alles tun, was ihnen befohlen wird. Zweitens müssen sie ihre Vermahnungen annehmen und in aller Treue danach wandeln. Und drittens müssen sie ihnen alles Gutes gönnen und wünschen, auch für ihr Wohlsein Gott anrufen, und mit ihrem ganzen Wandel und Dienst lauter Freude verursachen.

Hiermit habe ich kürzlich dasjenige geschrieben, was sie verlanget. Täte unter uns ein jedweder, was er tun sollte, so würden wir Glück und Segen haben. Aber weil anjetzo hierauf wenig gesehen wird und ein jedweder nach seinem Gutdünken lebet, so hat Gott dieses Land und uns alle eine Zeitlang mit teurer Zeit und vielen anderen Plagen gestrafet. Sie können befehlen, worinnen ich ihnen ferner dienen könne. *Schalam.*

Der sechzehnte Brief

Darinnen vermeldet wird, was für ein Recht und Gericht die Könige in ihren Landen zu führen pflegen und mit was für Strafen sie die Übeltäter belegen[103]

Im Jahr *Nándanawáruschúm* den 19. Oktober.
Denen Königlichen Priester in Tranquebar bringe ich, N., mit aufgehobenen Händen mein Schalàm und berichte folgendes auf ihre Frage.

Es haben die Könige dieser Länder allerdings solche Bücher, darinnen Gesetze geschrieben sind, nach welchen sie ihr Regiment führen und Recht und Gerechtigkeit handhaben sollen.[a] Auch sind in unsern Gesetz- und alten Historienbüchern solche Lehren enthalten, die zur Regierung der Welt und weltlichen Statuten gehören. Ein jedwedes Verbrechen hat unter uns seine gesetzte Strafe. Die Macht zu töten und am Leben zu strafen geben die Könige keinen andern als ihren *Subeiatáren.*[b]

---

a Daß sie einige Bücher unter sich geschrieben haben, wie die Könige und ihre Regierungen beschaffen sein sollen, ist wohl zu glauben. Aber daß sie ein Formalgesetzbuch hätten, nach welchem sie sich in allen Gerichten jeder Örter richteten, daran ist völlig zu zweifeln. Denn wenn eine Sache zu richten ist, so rufen sie die alten Einwohner zusammen und fragen, ob nicht zu ihren Zeiten vormals dergleichen Sachen vorgelaufen wären und wie man sie dazumal abgetan habe? Was diese denn sagen, danach richten sie sich in ihrem Urteilspruche: jedoch geschiehts nur bei wichtigen Sachen also. Bei geringen Sachen haben sie kein solches Fragen vonnöten.

b *Subeiatáren* sind gleichsam Landpfleger, deren im Tanjourischen Reiche viere gefunden werden, so da das ganze Land unter sich haben und die Einkünfte an die königliche Kammer berechnen oder auch jährlich einen gewissen Pacht von selbigen erlegen. Unter ihnen stehen alle übrige Bedienten des ganzen Landes, ausgenommen die Bedienten am königlichen Hofe.

Abbildung 20: Königliches Siegel des Chola-Herrschers Rajaraja I.

Sonsten sind in Städten, Flecken und Dörfern allenthalben *Awalutár*[a], *Maniakárer*[b] und anderer dergleichen Leute.

Wenn nun hie oder da im Lande von jemanden einiges Unrecht verübet wird, so verklaget man ihn bei dem, welcher über selbigen Ort, unter dem er stehet, gesetzt worden ist. Dieser läßt solches den Einwohnern kundtun und befraget sie, was in der Sache zu tun sei. Das Urteil, welches die alten Einwohner sprechen, ziehen die übrigen in Consideration[104] und halten Rat darüber. Ist es nun eine Sache, die von dasigem Oberhaupte ausgemacht und gestraft werden kann, so wird die Strafe alsobald vollzogen. Wo nicht, so muß sie demjenigen referieret und überschicket werden, von welchem das dasige Oberhaupt dependieret, zu welchem auch die streitige Parteien oder Übeltäter gebracht werden. Dieser untersuchet die Sache und hält Rat mit den übrigen. Hat der Übeltäter oder Beschuldigte Geld,

---

a *Awalutár* sind Amtsleute, die unter dem *Subeiatár* stehen und einen ansehnlichen Ort mit vielen Flecken und Dörfern unter ihrer Aufsicht und Direktion haben.

b *Maniakárer* sind gleichsam Bürgermeister oder Stadt- und Landrichter. Denn eine jedwede Stadt und Dorf hat einen *Maniakáren*, der das Haupt ist, vor welchen alle Sachen kommen müssen, und der zugleich auch auf alle Einkünfte seines Ortes sehen und Rechenschaft geben muß.

wird ihm selbiges abgenommen und die Person gehet alsdann frei aus. Ist sie aber arm und wird schuldig befunden, so kann sie der gesetzten Strafe nicht entgehen.

Was anlanget die Strafarten, die in diesem Lande unter uns gebräuchlich sind, so will ich nur ihrer etliche spezifizieren. Man pfleget die Übeltäter zu foltern; man leget ihre Füße in Eisen, man wirft sie ins Gefängnis; man schneidet ihnen die Ohren ab; man hacket ihnen die Hände ab; man schneidet ihnen die Hauptbinde[105] mit den Haaren ab; man nimmt ihnen auf der einen Seite einen Arm und auf der andern Seite ein Bein ab; man fitschelt[106] ihre Glieder; man leget den Hals und die Beine in einen eisern Ring zusammen; man läßt sie in einen Brunnen, taucht sie unter und ziehet sie wieder in die Höhe. Man bindet ihnen die Arme hinten aus und läßt einen hinter sie hergehen, der sie bei einem jeden Schritte mit dem Kniebeine[107] auf den Hintersten stoßen muß. Man bindet ihre Füße oben an einen Baum und ihr Haupt unten und läßt sie schlagen. Man streicht[108] sie mit zusammengeflochtenen ledernen Riemen. Man stecket sie lebendig auf die Pfähle. Man weist[109] ihnen Essen und läßt sie dabei Hungers sterben. Man verbrennet ihr Gesicht und Glieder mit brennenden Kerzen.[110] Man hänget sie an Galgen. Man schneidet ihnen die Zunge aus dem Halse; man reißt ihnen die Augen aus; man bindet ihnen Hände und Füße zusammen und läßt sie in heißem Sande sich herumwälzen, daß sie oben von der Sonne, unten aber vom Sande gebrannt werden. Man hauet ihnen die Köpfe ab. Man führet sie auf einem Esel herum und behängt sie mit Blumen. Man beschert ihnen das Haupt und läßt fünf Zöpfe darauf stehenbleiben, und was dergleichen Strafen mehr sein, die ich nicht alle benamen[111] kann.

Soviel habe ich Ihnen wissen lassen wollen. *Schalam.*

Der siebzehnte Brief

Worinnen gemeldet wird, was die Malabaren vor eine Meinung von den bösen Geistern und Gespenstern haben[112]

Im Jahr *Nándanawáruschúm*, den 20. Oktober.

Denen beiden Herren Priestern vermelde ich, N., meinen Gruß. Sie fragen, ob unter uns Gespenster gesehen werden und was unsere Meinung von solchen Gespenstern sei. Darauf gebe ich Ihnen folgendes zur Antwort.

Es werden allerdings Gespenster unter uns gesehen, welche wir für Teufel halten. Denn diejenigen, die sich erhenken, oder mit Gift vergeben, oder erstechen, oder sonsten in einer Angst und Gefahr plötzlich um ihr Leben kommen, oder auch vom Teufel erwürget werden, kommen wegen ihres unzeitigen Todes weder in Himmel noch in die Hölle, sondern ihre Seelen schweben als Gespenster herum, welche die *Pirári*, *Dúkkei*, *Káli*, *Ayam*, *Mariámmen* und *Ellámmen* zu den ihrigen annehmen.[a] Hiernebst, wenn einer unter denen, die um *Tschiwén* in der Seligkeit sind,[113] hochmütig, ungehorsam und widerspenstig wird, daß er wider *Tschiwén* halsstarrigerweise sündiget, so gibt ihm *Tschiwén* den Fluch und läßt ihn zum Teufel werden.

Solche Personen nun, die auf solche Weise zu Teufeln werden, und diejenigen, so eines gewaltigen Todes sterben, versammlen sich zusammen und schweben in der Welt umher. Und solches sind die Gespenster, die sich unter den Menschen sehen lassen und die Dummen und Einfältigen sehr verführen, auch die andern vielfältig versuchen.

Diese teuflische Gespenster erwecken viele Phantasien von allerhand unkeuschen und hurischen Dingen. Sie erscheinen auf verstellte Art und Weise. Sie verursachen hitzige Fieber, Pe-

---

a Dieses sind die obersten unter den Teufeln und bösen Geistern, und werden mit Anbetungen und Opfern allenthalben von diesen Heiden venerieret, daß sie ihren Landen, Städten, Flecken, Dörfern und Häusern keinen Schaden zukommen lassen sollen, noch selbsten ein Verderben über sie bringen.

Abbildung 21: Durga, umgeben von je zwei männlichen und weiblichen Gläubigen sowie zwei Halbgöttern

stilenz und allerhand Böses zum Schaden der Menschen. Sie hantieren sonderlich des Nachts und präsentieren sich in Träumen als schöne Jungfrauen, mit welchen man Sünd und Schande begehet. Und solches werden Hurenteufel genannt, welche oftmals des Abends als wohlgestalte und ausgezierte[114] Jungfrauen erscheinen und eben mit einer solchen Stimme einen zu sich rufen, als diese und jene bekannte Jungfer in selbigen Orte. Wer sich denn nun in solcher bösen Lust entzünden läßet und ihnen nachgeht, den bringen sie ums Leben. Wer aber solche Gespenster siehet und sich nicht fürchtet, über selbigen kommen sie alsobald und ergreifen ihn, daß er nachmals von ihnen besessen wird. Alsdenn rumoren sie in solchen Menschen und machen, daß sie allerlei untereinander hineinreden,[115] daß sie ohne Kleider nackend herumgehen und nichts ordentliches nach menschlicher Vernunft tun können, sondern lauter verkehrte und unmenschliche Dinge anrichten. Ja sie quälen solche Leute und machen, daß sie rohe Fische, ungekocht Fleisch, Gras und allerlei, was ihnen vorkommt, essen.

Hiernebst verfügen sich solche Gespenster auch zu denen, so da Wasser schöpfen und damit die Gärten oder Äcker wässern. Ja sie gesellen sich in schöner menschlicher Gestalt zu denen Reisenden und führen sie irre.

In Summa: Solche Gespenster können nicht ruhen, sondern schwärmen stets herum und richten viel Unheil an und sinnen stets auf List und Ränke, wie sie die Menschen verführen können.

Soviel ist mir von den Gespenstern bewußt. Aber einige Historien davon zu schreiben ist mir vorderhand nicht möglich gewesen. In dem Buche *Werálakadei*[a] werden sie viele solche Historien lesen können.

N. läßt Ihnen wissen, daß er in der Sache, die Sie ihn befraget, ganz unerfahren wäre, auch anjetzo wegen seiner Schulverrichtungen dazu keine Zeit hätte. Daher er sich entschuldigen läßet und um Verzeihung bittet. *Schalám.*

---

a *Werálakadei* ist ein poetisches Buch, darinnen eine weitläufige Historie stehet von einem, der durch den Fluch *Isurens* aus der Seligkeit gehen und zum Teufel werden müssen. Welcher nachmals in der Welt unter den Menschen vielfältig erschienen ist, unter ihnen Dienste angenommen, und große Lüste, Ränke und Künste ausgeübet hat, um jedermann zu äffen und zu verführen.

Der neunzehnte Brief

Worinnen die wöchentliche, monatliche und jährliche Fasttage spezifizieret werden, die unter den Malabaren gebräuchlich sind, mit Vermelden, wem zu Ehren und aus was Absicht jede Fasten gehalten werden

Im Jahr *Nándanawáruschúm*, den 24. Oktober.

Denen beiden Herren Priestern in Tranquebar wünsche ich, N., Gesundheit und göttlichen Segen, gleichwie ich bis gegenwärtigen dato wohlauf und gesund bin.

Nachdem Sie so vielerlei Fasten unter uns sehen, begehren Sie zu wissen, was für berühmte Fasttage wir eigentlich unter uns haben. Worauf Ihnen dann folgendes zur Nachricht dienen kann.

Diejenigen Fasttage, so alle acht Tage einmal kommen sind diese: Der Sonntag, der Montag, der Dienstag, der Freitag und der Sonnabend. Ein jeder, der sich durch Gelübde um gewisser Ursachen willen zu einer wöchentlichen Fasten verbindet, erwählet von diesen fünf Tagen einen, so der Sache, die er begehret, gemäß ist, und fastet an selbigem beständig.

Diejenigen Fasttage, so alle halbe Monate einmal kommen, sind diese: *Egadéschiwurudum*, *Boratóschum* und *Tschéstiwurudum*. Der Fasttag, so alle siebenundzwanzig Tage einmal kommt, heißt *Kádijeinátschéddirum*. Das Fasten, so alle Monat einmal kommt, heißt *Ammawaschei*. Das Fasten, so jährlich einmal kommt, heißt *Ketáriwurudum*.
Das Fasten, welches jährlich im Oktober[a] einfällt, heißt *Kándatschéstiwurudum*. Das Fasten, welches jährlich im November kommt, nennen wir *Kadijeitschómawárum*. Es werden in solchem Monate die vier Montage dazu erwählet. Auch fällt zum Ausgang dieses Monats das Fasten *Pulleiárnónpu* genannt.

---

a Ihre Monate richten sich nach dem alten Kalender. Dahero hat man alle Fasttage, die hier benamet sind, nach dem alten Stylo zu rechnen, wie ehemals von uns in dieser Materie geschehen ist [gemeint ist der tamilische Kalender für 1712, HB, 5. Cont., Halle 1713, S. 200f.], so kommen einige oftmals in den folgenden Monat hinein.

Abbildung 22: Shankara-Nārāyana; Form, die Śiva (rechte Hälfte) und Viṣṇu (linke Hälfte) vereint

Das Fasten, so im Dezember gehalten wird, heißt *Diruwádirei*. Das Fasten im Januario, welches vier Sonntage nacheinander währet, heißt *Náiddukirmeiwurudum*. Das Fasten, so im Februario einfällt, heißt *Tschiwarátirei*. Im Monat Julio kommt das viersonntägige Fasten, *Nairu* genannt. Das Fasten im August heißt *Awanimúlum*. Und das Fasten, so im September einfällt, heißt *Airapuschei*.

Hiernebst, wenn einer jährlich in seines verstorbenen Vaters Namen Almosen austeilet, so pfleget er selbigen Tag zu fasten, der *Didi* heißet. Desgleichen kommt auch jährlich ein gewisser Fasttag, *Pulleiartschawudi* genannt.

Von allen diesen Fasttagen hat man folgendes zu merken: Diejenigen, so wöchentlich den Sonntag zu ihrem Fasttag erwählen, tun solches der Sonnen zu Ehren, aus Absicht Kinder und Reichtum zu bekommen. Auch gedenken sie allerlei andere Sachen durch solches Fasten zu erhalten, wobei sie Reis in Milch sieden und allerlei auftragen, der Sonnen zu opfern, welches mit lauter Zeremonien geschiehet.

Das wöchentliche Fasten am Montage geschiehet *Tschiwén* zu Ehren, welchem sie opfern und anbeten, um die Seligkeit zu erlangen.

Das wöchentliche Dienstagsfasten geschiehet aus Liebe zu dem *Wáiddianáda Schwámi*[a], welchen sie bitten, daß er ihnen Kinder geben wolle.

Das wöchentliche Fasten am Freitage geschiehet der *Magá Letschimi* zu Ehren, die bei solchem Fasten gelobet und angebetet wird, daß sie Reichtum und alle anderen Dinge geben soll.

Das wöchentliche Sonnabendsfasten geschiehet zu Ehren dem *Sániéschurabágawán.*[b] Denn unserer Meinung nach hält dieser *Sániéschurabágawán* die Menschen besessen. Alsdann plaget er sie jämmerlich und macht, daß Männer, Weiber und Kinder sich voneinander trennen. Auch verursachet er, daß die Güter, so der Mensch besitzet, ganz keinen Nutzen schaffen. Ja er macht die, denen er übel will, vor jedermann verhaßt und böse, und läßt nicht zu, daß eine Sache glücklich ausschlage. Wie er denn einen der vorigen Könige, *Nalarascha*[c], genannt,

---

a *Wáiddianáda Schwámi* ist des *Isurens* Sohn *Subbiramanien.*

b *Sániéschurabágawán* ist einer von den gewaltigsten und obersten Teufeln, von welchem diese Heiden viel Historien erzählen. Er hat in dieser ganzen Heidenschaft nicht mehr als eine *Pagode*, nicht weit von Tranquebar gelegen, an einem Orte *Dirunalláru* genannt. Sie können ihn nicht grausam genug und abscheulich genug abmalen. Diese und dergleichen Teufel verehren sie bloß um deswillen, daß sie ihnen nichts böses tun sollen.

c *Nalarászcha* ist ein König, von welchem sie schreiben, daß er ein Kind der Sonnen gewesen, aber von *Sániéschuren* übel geplaget worden sei, also daß er mit seiner Gemahlin sich nirgends zu lassen gewußt und allenthalben herumgeschwärmt sei. Endlich kommt er nach *Dirunlláru* und wird von solchem elenden Zustande nebst seiner Gemahlin befreiet, welcher Zustand solange angehalten, bis er aus dem größten Könige der allerärmste und verachtetste Mensch worden ist. Ein ander König, so ein vortrefflicher Poet gewesen, hat solche Historie in zierlichen Versen weitläufig beschrieben, welches Buch *Nalénkadei* genannt wird.

Abbildung 23: Die Göttin Lakshmi in Tirumalisai

also geplaget hat. Man saget, wenn er einen Menschen besäße, quälete er ihn sieben Jahr. Derohalben stellet man ihm zu Ehren einen Fasttag an. Denn es wird dafür gehalten, als täte er denenjenigen kein solches Leid an, sondern sei gegen die, so ihn anbeten und aus Liebe zu ihm solchen Fasttag halten, ganz gütig.

Das Fasten, welches alle Monate zweimal kommet und *Egadéschiwurudum* genannt wird, geschiehet *Wischtnu* zu Ehren aus Begierde in sein Paradies, *Weigundam* genannt,[a] zu gelangen. Dieses Fasten ist vormals durch einen König erfunden und eingeführet worden. Die Historie dessen, nebst dem Nutzen solches Fastens ist geschrieben in dem Buche, *Egadéschipuranum* genannt.

Von dem Fasttage, *Boratóschum* genannt, sagt man, daß er des *Tschiwéns* angenehmer Tag sei, und daß durch das Fasten dieses Tages alle Sünden, die man in den 15 Tagen begangen hat, völlig hinweggenommen werden. Ja wenn man solchen Tag mit gesetzten Zeremonien zubrächte und an selbigen *Tschiwén* lobete und anbetete, daß man in keinen Irrtum noch Sünden fallen möchte. Der Nutzen solchen Fastens ist so groß, daß kein Mensch ihn beschreiben kann. Und solchen Fastenden stößet nicht nur kein Leid zu, sondern sie erlangen auch ganz ungezweifelt die Seligkeit.

Der Fasttag, *Tschéstiwurudum* genannt, wird der *Ischuri*[b] zu Ehren gehalten, und zwar allein von den Weibspersonen, als welche bei dem Fasten die *Ischuri* loben und anbeten, daß sie ihnen Kinder geben und ihre Männer bei gesundem und langem Leben lassen wolle.

Der Fasttag, *Kádijeinatscheddirum* genannt, geschiehet *Isuren* zu Ehren, welchen sie anbeten, daß er ihnen guten Verstand, gute Gedanken und einen guten Sinn geben, auch die Seligkeit schenken wolle.

Der monatliche Fasttag, *Ammawáschei* genannt, ist denen Verstorbenen zugut eingeführet worden, als worinnen die Fastende den *Tschiwén* bitten, daß er allen denjenigen, die ihres Geschlechts und Herkommens sind, die Seligkeit geben wolle.

Das jährliche Fasten *Ketáriwurudum* geschiehet gleichfalls darum, daß man guten Sinn, Verstand und Weisheit erlangen möge.

---

a *Weigundam* ist der Ort der Seligkeit, wohin diejenigen nach dem Tode zu kommen gedenken, die *Wischtnums* Religion sind.

b *Ischuri* ist des *Isurens* Weib und wird bald *Ispiri*, bald *Párwadi*, bald *Paraméschuri*, und bald wieder mit einem andern Namen benennet.

Der jährliche Fasttag, *Kándatschéstiwurudum* genannt, geschiehet dem *Subbiramanien* zu Ehren, der um deswillen bei solchen Fasten angebetet wird, daß er alle Feinde vertilgen und Hilfe leisten wolle, zu wandeln den Pfad der Tugenden.

Das jährliche Fasten, *Kádijeitschómawarum* genannt, wird vor ein heiliges und sehr nützliches Fasten gehalten. Denn wer in selbigem Monat die vier Montage über mit gehörigen Zeremonien seine zum Fasten gesetzte Werke verrichtet, die Blätter vom Baum, *Willam* genannt, opfert, und auf seine Unkosten die heiligen Lampen in der *Pagode* aufstecket, dessen Lohn ist nicht auszusprechen. Zu einem solchen Menschen nahen sich nicht die *Emadudákól*[a], und er erlanget ganz gewiß die Seligkeit.

Das jährliche Fasten, *Nonpu* genannt, hat diesen Nutzen, daß aller Hausrat in gutem Stande bleibe und vermehret werde. Wäre aber dieser Fasttag nicht, so sagt man, daß alle Hausgeräte von Würmern würde gefressen werden und verfaulen.[116] Von diesem Fasten ist ein Buch vorhanden, darinnen dessen Historie und Nutzen geschrieben stehet.

Das jährliche Fasten, *Diruwádirei* genannt, halten die getrauten Weibspersonen, darinnen sie die *Ischuri* verehren und anbeten, daß sie es ihren Männern wohlergehen lassen und alle Glückseligkeit geben wolle.

Das jährliche Fest *Náiddukirmeiwurudum* geschiehet der Sonnen zu Ehren und aus Begierde, Kinder und alles andere zu erlangen.

Von dem jährlichen Fasten, *Tschiwarátirei* genannt, ist ein Buch vorhanden, darinnen dessen Historie geschrieben stehet mit Vermeldung, was für einen Lohn derjenige zu erwarten habe, welcher solches Fasten hält, den *Tschiwén* darinnen anbetet und ihm Blätter von dem Baum, *Willam* genannt, nebst anderen Gaben zum Opfer bringet.

---

a *Emadudákól* sind die Gesandten des höllischen Königs, *Emen* genannt, welche diejenigen Sterbenden, so in Sünden gelebet haben, abholen und zur Höllen führen. Die Frommen aber holen die *Tschiwadudaköl* ab und führen sie in die Seligkeit zu *Tschiwén*, dessen Gesandten sie sind.

Das Viersonntagsfasten im Monat Julio, *Nairu* genannt, geschiehet auch der Sonnen zu Ehren, daß sie alles geben wolle, was man wünschet und im Herzen gedenket.

Das jährliche Fasten, *Awanimúlum* genannt, wird gehalten aus Begierde, daß man zur Seligkeit kommen, bei *Isuren* sein, und von ihm zu den Seinigen angenommen werden möchte.

Das Fasten, *Airapuschei* genannt, geschiehet der *Saraschubadi*[a] zu Ehren, als welche angebetet wird, daß sie zum Lernen der Künste Glück geben und vor allen vorangehen wolle.[117]

Das Fasten, *Didi* genannt, geschiehet aus dieser Ursache, daß *Tschiwén* den verstorbenen Eltern die Seligkeit geben wolle, darum sie ihn anrufen und verehren.

Das Fasten, *Pulleiartschawudi* genannt, wird gehalten aus Begierde nach gutem Verstand, Kunst und Wissenschaften, daß man selbige hurtig erlernen und dabei alles Wohlleben erlangen möge.

An dem Fasttage, *Weigúnda egadéschi* genannt, pflegt man *Wischtnum* zu verehren und nichts anderes zu essen, als den Saft aus dem Blatte *Dulaschi* genannt, auch die ganze Nacht durch zu wachen und über *Wischtnu* seine Betrachtung zu haben. Demjenigen, der solches tut, ist eine Stelle im Paradies des *Wischtnu* bereitet.

Dieses alles habe ich hiermit soweit geschrieben, als mein Verstand sich in solchen Sachen erstrecket. Wollen sie etwas mehrers von solchen Fasttagen und deren Nutzbarkeiten, wie auch von ihrem Ursprung, so müssen sie verständigere Leute fragen als ich mit meinesgleichen bin. Denn ob wir gleich die Namen solcher Fasttage wissen, so sind uns doch die uralten Historien von selbigen nicht recht bekannt. Und was uns auch bekannt ist, das können wir nicht so leicht schreiben, wenn wir nicht die Bücher vor uns haben. Und dieses ist die Ursache, warum ich keine Historien von solchen Fasttagen angeführet habe. Wenn Sie mir ferner was befehlen, so erwägen Sie wohl, ob es in meinem Vermögen stehe oder nicht. *Schalám.*

---

a *Saraschubadi* ist des *Birúma* Weib und eine Göttin der Gelehrsamkeit.

Der zwanzigste Brief

Worinnen die vornehmsten Götter nach ihrem Amt und Familie beschrieben werden

Im Jahr *Nándanawáruschúm*, den 24. Oktober.

Ich, N., grüße die Priester in Tranquebar und lasse folgendes Schreiben an Sie ergehen.

Sie begehren von einer solchen Sache Nachricht zu haben, die Sie besser wissen als ich oder ein anderer schreiben kann. Unsere Götter verwerfen Sie ja, was soll ich Ihnen also davon schreiben? Sage ich etwas von ihnen, das nicht in unseren Büchern geschrieben ist und [nicht] mit unsern allgemeinen Lehrsätzen übereinkommet, so werden Sie mich alsobald einer Lügen beschuldigen? Schreibe ich aber ihre rechte Beschaffenheit nach unsern Gesetzbüchern, so wird Ihnen alles ungereimt vorkommen. Jedoch hoffe ich, daß Sie nicht werden erzürnet sein, wenn ich tue, was Sie mir befehlen. Dahero will ich alles kurz zusammenfassen, was in unsern Gesetzbüchern weitläufig von den Göttern geschrieben stehet.

Diejenige, von welchen die Gesetzbücher und Historien am meisten handeln und deren Namen in viel Tausende vervielfältiget worden, sind die *Mumúrtigöl*, nämlich *Birúma*, *Wischtnu* und *Ischuren*.

Von *Birúma* wird geschrieben, daß er alles, was in der Welt ist, schaffe. Und wenn er jemanden schaffet,[a] so schreibet er im alsobald in die Hirnschale,[b] wie lange er in der Welt leben

a Sie statuieren, quod anima non ex traduce sit, sed a Deo dimanet & inseratur in corpus [daß die Seele nicht überführt werde, sondern von Gott entspringe und in den Leib eingepflanzt werde]. Hiernebst glauben sie auch, daß eine Seele oftmals viele Leiber annehme und von dieser und jener Person vielfältig in die Welt geboren würde. Überhaupt bekennen sie alle, daß die Seele ein unsterblicher Geist sei, der niemals vergehen könne, und halten es für eine große Plage und Strafe, wenn die Seele wieder andere Leiber annehmen soll, als worinnen sie gleichsam gefangen gehalten würde.

b Hinten in der Hirnschale sind Fugen, die aussehen wie eine Naht, von den Mediciis [Medizinern] Sururæ genannt. Diese halten sie für solche Characteres und Buchstaben, die *Birúma* geschrieben, damit alles aufgezeichnet wäre, was jedem in der Welt begegnen solle.

Abbildung 24: Virabhadra mit dem ziegenköpfigen Weisen Daksha

solle und was für Gutes und Böses er auszustehen habe. Außer diesem saget man, daß sein Amt und Verrichtung sehr herrlich und vortrefflich sei. Die Göttin, die er zum Weibe hat, ist *Saraschúbadi*. Im Buch *Negéndu*[a] stehet geschrieben, wieviel Namen er und sie hat. Er hat einige, die ihn verehren, anbeten und ihm Opfer bringen.[118]

---

a *Negéndu* ist ein poetisches Wörterbuch, darinnen zuvörderst die Namen der Götter und Göttinen geschrieben stehen, welche aus allen poetischen Büchern zusammen getragen sind. Da den ein jedweder von ihren Göttern viele Namen hat. Wer nicht weiß, was einer für Namen hat, der meinet, ein jedweder Name bedeute einen anderen Gott, da doch nur die Namen, nicht aber die Person etwas anders ist. Wer solches Buch nicht gelernet, kann weder die alten noch die neuen Poeten in ihren Schriften verstehen.

Abbildung 25: Shankara-Nārāyana; Form, die Śiva (rechte Hälfte) und Viṣṇu (linke Hälfte) vereint

Des *Wischtnums* Amt ist dieses: Er mißet allen soviel zu als sie nötig haben. Er schützet, errettet und erlöset auch alle. Wieviel und mancherlei Namen erhabe, stehet gleichfalls im *Negéndu* geschrieben. Er hat zwei Göttinnen zum Weibe, nämlich die *Magá Letschimi*[a] und die *Púmadéwi*.[b] Diese werden gleichfalls angebetet, daß sie alles geben sollen, was man wünschet und vonnöten hat. Woferne die *Magá Letschimi* bei einem ist, so hat er alles Glück und vollauf. Weichet sie aber nur ein wenig von einem weg, so vergehet aller Reichtum und alle Herrlichkeit. Hiernebst wird von *Wischtnu* geschrieben, daß er neunmal in die Welt kommen sei und alle erlöset habe.[119] Denn es ist neunmal soweit kommen, daß alles, was in der Welt ist, hat verder-

a *Magá Letschimi* ist die Göttin des Glücks und der Schönheit.

b *Púmadéwi* ist die Göttin der Erden.

ben und untergehen wollen. Daher ist er neunmal, sie von allem Verderben zu erlösen, kommen, und hat darin alles Böse ausgerottet und das Gute wieder angerichtet. Hinführo wird er noch einmal in die Welt kommen in der Gestalt eines Pferdes.[120]

Er hat nur einen Sohn,[a] der da *Kúschen* heißet. Mit diesem hat es folgende Beschaffenheit. Als *Tschidei*[b] schwanger war, führten sie selbige in eine Wüsten, allwo sie in des *Walmigararischi*[c] Hause gebar. Als nun der *Rischi* im Gebet und tiefen Betrachtungen begriffen war, so legt sie das Kind vor ihm hin, daß ers aufziehen sollte. Nachmals aber nimmte sie es wieder von ihm weg, ohne daß er's bei seinen Betrachtungen gewahr wird. Da sein Gebet und Betrachtung vollendet war und er die zugeschlossene Augen auftat, sahe er das Kind nicht und meinete, es würde es ein Tiger oder ander Tier verschlungen haben, und schaffete geschwind aus einem Grasstengel ein ander Kind,[d] welches vor ihm weinend lag. Es kam aber die *Tschidei* zu ihm und fragete: Ei Herr, was ist das vor ein Kind? Er sprach: Solches ist auch dein Kind. Nimm es hin und ziehe es auf. Solches wurde alsdann *Láwen* genannt und vor *Wischt-*

---

a *Wischtnu* schreiben sie keine Söhne zu, soferne, als er außer seinen Verwandlungen betrachtet wird. Aber wenn man ihn betrachtet, wie er neunmal in die Welt in die Welt kommen, so hat er allezeit, sooft er in Menschengestalt erschienen, auf der Welt Weiber und Kinder gehabt und viele unflätige Dinge begangen, wie er denn, als er unter dem Namen *Kischtnen* in der Welt gewesen, allein 16000 Weiber für sich an einem Orte bewahret hat.

b *Tschidei* ist dasjenige Weib, welches er zur Zeit, als er unter dem Namen *Rámen* in der Welt gewesen, geheiratet hat. Die Poeten schreiben, daß sie aus einem Acker geboren wäre, als eben einer selbigen gepflüget habe. Solches Kind hätte alsdann der dasige König, *Dinagaramagá Ráscha* genannt, zu seiner Tochter aufgenommen und erzogen. Sie schreiben von solcher *Tschidei* gar viele Historien, wie sie nämlich dem *Rámen* von einem Riesen, *Rawánen* genannt, gestohlen worden, und wie ihretwegen ein so großer Krieg entstanden.

c *Walmigararischi* ist unter ihnen ein sehr heiliger Prophet, der des *Rámens* Priester gewesen sein soll.

d Von ihren *Rischigöl* oder Propheten schreiben sie gar viele Wunder und geben vor, daß sie wegen ihrer strengen Buße und heiligen Lebens viele außerordentliche Wundergaben von Gott empfangen hätten, vermittelst welcher sie Menschen schaffen und andere große Dinge in der Welt tun könnten.

nums Kind gehalten, also daß ihm zwei Söhne können zugeschrieben werden.

Was ferner anlanget des *Ischurens* Amt, so bestehet es darinnen: Er siehet auf alle Menschen, ob sie Gutes oder Böses tun und läßet jedem entweder gehörige Strafe oder gehörige Belohnung widerfahren. Er macht allen Dingen ein Ende und läßet vergehen, was vorhero erschaffen gewesen. Diejenigen, so ihn anbeten und verehren, nimmt er zu den Seinigen auf und gibt ihnen gehörigen Reichtum und allerlei andere Güter. Und letztlich, wenn diejenigen, so ihm gedienet, sterben wollen, sendet er seine Diener, daß sie selbige zu ihm bringen müssen, da er ihnen denn seine Seligkeiten zu genießen gibet. Wer ihm dann und wann die Blätter von dem Baum *Willám*[a] nebst andern Sachen opfert, der kommt nach dem Tode nirgends anders hin als an den Ort, wo *Tschiwén* residiret. Dieser *Ischuren* hat zwei Göttinnen zu Weibern, nämlich die *Ispari* und die *Kenkabawani*. Im *Negéndu* stehen alle ihre und seine vielfältigen Namen spezifizieret. Die *Ischuri* und *Letschimi* haben gleiche Ehre und Anbetung auf Erden.

Der *Ischuren* hat zwei Söhne, nämlich *Wikkinéschuren* oder *Pulleiár* und *Subbiramanien*. Derjenige Sohn, so ihm aus seinem Samen geboren worden, als sich *Wischtnu* in einer Frauensgestalt vor ihm zeigete, heißt *Arígaribúddiren*.[121] Da ist nun gleichfalls im *Negéndu* geschrieben, wieviel und mancherlei

---

a *Willám* ist ein solcher Baum, dessen Blätter 3 Spitzen haben. Die Blätter solches Baums sind um deswillen so hoch zum Opfer ästimiret, weil sie ein Historienbuch haben, darinnen erzählet wird, daß ein böser Jäger, der einen Tiger verfolget und sich im Walde verirret hätte, auf einen solchen Baum gestiegen wäre und des Nachts für dem Tiger sich auf selbigem verborgen hätte, da er denn, um nicht einzuschlafen und herunterzufallen, die ganze Nacht über Blätter abgerissen hätte, die da herunter auf ein *Lingum* gefallen, welches *Lingum* er nicht gesehen. Als er nachhero gestorben und die *Emadudákköl* ihn zur Hölle führen wollen, so hat es *Tschiwén* nicht zugegeben, sondern ihn in die Seligkeit aufgenommen, darum, weil er die jetztgedachte Nacht gefastet und das *Tschiwalingum* mit Blättern von selbigen Baum bestreuet. Von dieser Historie kommt ihr jährlicher Fasttag her, *Tschiwarátirei* genannt, der im Februario einfällt.

Abbildung 26: Viṣṇu in der Herabkunft als Narasiṁha, halb Mensch, halb Löwe

Namen diese Söhne haben. Allezeit, wenn man eine Sache anfangen will,[a] verehret man den *Wikkinéschuren* und bringet ihm Opfer. Denn es wird gesaget, daß er alle Sachen, die man in seinem Namen anfänget, glücklich vonstatten gehen lasse. Den *Subbiramanien* aber verehren wir um deswillen mit Opfern und Anbetungen, daß er uns nicht von denen Teufeln verführet werden lassen, sondern alle Feinde ausrotten und alle Unglücksfälle von uns hinwegtun.

Was anlanget die übrigen Personen, die in unsern *Pagoden*

a Zum Anfang eines jeden Buches setzen sie erstlich einige Lobsprüche dieses *Wikkinéschurens* oder *Winâiagens*. Desgleichen, wenn sie ihr Opfer verrichten, wenn sie einen sonderlichen Akt vorhaben oder sonsten was anfangen wollen, so muß allezeit die Figur dieses *Pulleiár* dabei stehen und die erste Verehrung bekommen.

verehret werden, als *Periatampirán*,[a] *Ayanár*, *Pirariar*, *Dúkkei*, *Káli*,[b] *Wiren*[c] und andere dergleichen, so sind sie alle durch einen Fluch[d] aus der Seligkeit in diese Welt verstoßen und zu Teufeln geworden. Wir halten sie insgesamt für Schutzgötter der Städte, Dörfer und Landschaften, als welche eine große Furcht haben für des *Tschiwéns Panschátscharum*[e] und für *Wischtnums Attscharum*,[f] desgleichen auch für des *Subbiramaniens* Namen und für des *Pulleiárs* Lobe. Hiernebst, wenn

---

a *Periatampirán* heißt eigentlich in ihrer Sprache der große Gott, und zwar fast eben in dem Verstande, als wie der Teufel in heiliger Schrift ein Gott dieser Welt genannt wird. Die Historie hiervon wird weitläufig in einem Buche, *Kándapuránum* genannt, erzählet, da nämlich *Tákken*, ein König über alle 14 Welten, mit dem Gott *Ischuren* nicht hat wollen zufrieden sein, sondern an seiner Stelle einen andern Gott schaffen und einführen wollen, in welches Vorhaben alle andern Götter mit einstimmeten, aber übel belohnet wurden.

b *Káli* ist die Göttin der bösen Geister, so sonst *Páttirakáli* genannt wird.

c *Wiren* ist der *Wirabáddiren*, der mit 1000 Häuptern und 2000 Armen aus des *Isurens* Schweiß geboren worden. Denn als *Tersanen* oder *Tákken* an seiner Stelle einen andern Gott machen wollte, sendete er [Isuren] seine zwei Söhne dahin, daß sie sein Vornehmen zernichten sollten. Aber diese ließen sich betören und im Wege aufhalten. Darüber geriet *Isuren* in solche Klemme, daß ihm der Angstschweiß aus seiner Stirne drang. Solchen fängt er mit seinem Fingernagel auf und spritzt ihn in großem Zorn von sich. Da denn aus solchem Schweiße ein so ungeheurer Riese entstund, welchen er aussendete, um *Tákkens* Vornehmen zunichte zu machen.

d Von dem Fluche, welchen die großen Götter oftmals ihren Weibern und Kindern, oder auch den kleinen Göttern und überhaupt allen denen, die ihnen ungehorsam sind, geben, findet man allenthalben in ihren Büchern viel geschrieben. Es wird aber einem jeden eine gewisse Zeit bestimmet, wie lange er dem Fluche soll unterworfen sein und wann seine Erlösung kommen werde. Auf solche Weise sind nach ihrer Meinung noch viele aus der Götter Geschlechte in der Welt, die als böse Geister herumschweben und die Häupter von den Teufeln sein sollen.

e *Panschátscharum* ist die Gebetsformel *Námatschiwáia*.

f *Wischtnums Attscharum* sind die Malzeichen, die sich diejenigen, so von *Wischtnums* Religion sind, auf ihre Armen brennen lassen, und alle Bezeichnungen, damit sich die *Wischnupaddikárer* in ihrem Gesicht und Leibe bezeichnen. Wenn nun die Tschiwapaddikárer ihre Gebetsformel von den 5 Buchstaben fleißig rezitieren und die *Wischtnupaddikárer* die Charakteres ihres *Wischtnums* annehmen, so meinen sie, daß die Schutzgötter Furcht für ihnen tragen und ihnen weder selbsten Leid antun, noch von andern Teufeln ihnen solches antun ließen.

die Einwohner ohne Liebe und ohne Barmherzigkeit sind, so drillen diese Schutzgötter sie über alle Maßen und wollen allerlei Sachen zum Opfer haben. Um sie zu versöhnen, müssen die Einwohner Böcke, Schweine, Hühner, starke Getränke, *Süre*, gekochte Reisklumpen, gebratenen Reis, und allerlei andere Sachen zum Opfer bringen.

Was anlanget die 330 Millionen Götter, von welchen in unseren Büchern Meldung geschiehet, so sind selbige nebst den 48000 Propheten in der Welt, *Déwalógum* genannt,[a] unter welchen *Dewendiren* der König ist. Wir haben zwar unterschiedliche Historien von solchen Göttern, aber ihre Namen sind uns gar wenig bekannt.

Sie wollen, daß ich Ihnen alle unsere Götter nach der Ordnung erzählen und zugleich ihre vielfältige Namen und Verrichtungen schreiben soll. Aber wie ist solches möglich? Wenn sie im *Negéndu* nachschlagen, so finden Sie alle Namen der Götter, soviel als ihrer in unsern poetischen Büchern geschrieben stehen. Will man sich in größere Weitläufigkeit einlassen, so findet man darin kein Ende. Soviel habe ich Sie wissen lassen wollen.

Der einundzwanzigste Brief

Welcher von denen Teilungsarten bei ihren Erbschaften Nachricht gibt[122]

Denen Priestern in Tranquebar, welche nicht allein jedermann Verstand predigen, sondern auch allen einen solchen Weg zeigen, darauf man die Seligkeit erlangen kann, wünsche ich, N., Friede und die Güter der andern Welt.

Auf Ihre Frage, wie es unter uns mit dem Erbgut gehalten werde, wenn Eltern sterben und Kinder hinterlassen, antworte ich kürzlich folgendes:

---

a *Déwalógum* heißt soviel als die Götterwelt und ist unter den 14 Welten die höchste ohne eine [d.h. zweithöchste].

Wenn einer zehn bis zwölf Kinder hat und reich ist, so pfleget der Vater annoch bei Lebenszeiten eine Teilung zu machen und jedem etwas gewisses zu geben.[a]

Stirbet er aber ohne solche Teilung, daß das ganze Erbgut beisammen bleibet, so verrichten erstlich die Kinder ihre schuldige Zeremonien gegen ihren verstorbenen Vater bei dem Leichenbegängnis. Wann solches geschehen und die Kinder, die teils verheiratet, teils unverheiratet sind, sich nicht untereinander vergleichen können, sondern sich miteinander zanken, so rufen sie einige von ihren Freunden zusammen und stellen eine gleiche Teilung an, da denn ein jedweder seine gehörige Portion an Gelde, Geschmeide, Sklaven, Kühen und Kälbern bekommt. Auch bekommen die Unverheirateten soviel vom Erbgut voraus als ihre künftige Heirat kosten möchte. Die Töchter aber haben kein Teil am Erbgute, sondern allein die Söhne. Jedoch, wenn Vater oder Mutter zur Sterbenszeit befiehlet: Dieser oder jener Tochter gebet soundsoviel, so wird ihnen gegeben, was ihnen bestimmet ist. Wo aber die Eltern keine solche Verordnung machen, so essen die unverheirateten Töchter solange, bis sie heiraten, mit den Brüdern, welche sie erziehen und ihnen Hochzeit machen. Was ihnen nun die Brüder aus gutem Willen wollen zukommen lassen, damit müssen sie sich vergnügen.[123] Ein weiteres Anteil haben sie nicht an dem Erbgute.

Ferner so ist auch dieser Gebrauch unter uns: Sobald als der Vater gestorben ist und der älteste Sohn Witz und Verstand hat, so setzen ihn die übrigen Erben, wo sie anders alle einstimmig

---

a Solche Teilung bei Lebenszeiten geschiehet gemeiniglich wenn der Vater sehr alt ist und dem Hauswesen nicht wohl mehr vorstehen kann; da er denn vor sich soviel behält, als er gedenket bis an sein Ende nötig zu haben. Kommt er aber nicht damit aus, müssen ihm die Söhne Zuschub geben und bis an sein Ende ehrlich unterhalten. So geschiehet es auch mit den Müttern, welche zwar nach der Väter Tode mit den Söhnen kein Erbgut haben, aber von den Kindern versorget werden. Hat ein Weib kein Kind, wenn ihr Mann stirbet, so gehet sie gemeiniglich wieder in ihr Elternhaus und behält nichts als ihr Geschmeide. Die Weiber und Töchter haben überhaupt kein Anteil an Erbgütern; sie werden aber von den übrigen ernähret und müssen in Häusern dabei weibliche Arbeit verrichten.

sind, zu ihrem Oberhaupte, lassen ihm alles in Händen, essen und trinken aus gemeinschaftlicher Kassa, handeln und wandeln nach ihrer Profession[124] und geben von allem dem ältesten Bruder Rechnung, als welcher für jeden Sorge träget und ihnen nötige Speise, Kleidung und alles andere verschaffet.[a] Wer hierinnen nicht mehr einstimmen will, dem geben sie sein Teil und lassen ihn ausgehen.

Sterben die Eltern ohne Geld und lassen annoch viele Schulden hinter sich, so nimmt auf selbige Weise ein jedweder Sohn ein gewisses Teil von den Schulden auf sich, und schaffen alle Rat, daß auf einigerlei Art und Weise[125] die Schuldherren oder Gläubiger befriediget werden können. Hiernebst, wenn der jüngste oder mittelste Bruder ein besser Geschicke hat als der älteste, so erwählen sie ihn zu ihrem Oberhaupte und Direktor aller Erbgüter und Handelschaften. Können sie nicht untereinander harmonieren, so teilen sie sich untereinander, wie gemeldet worden. Die verständigsten aus ihrem Geschlecht und Freundschaft[126] sind in allen Streitigkeiten die Schiedsleute. Wollen sie aber nicht mit ihrer Entscheidung zufrieden sein, so hat ein jedweder Freiheit, seine Sache bei dem Land- oder Stadtgerichte zu suchen.

Dieses ist die Art und Weise unserer Teilung, die wir in Erbschaften unter uns haben. *Schalam.*

---

a Der Brüdern und Schwestern sind oftmals viele, welche denn wieder Weiber, Männer und Kinder haben. Alle solche halten zusammen und dependieren [hängen ab] von einem, der sie überhaupt in allen versorget, auch ihre Kinder wieder heiraten läßet und unter sich behält. Damit aber solche Kommunität [Gemeinschaft] nicht allzugroß und weitläufig werden möge, so sind immer einige, die sich davon abtrennen und etwas eigenes vor sich anfangen. Auch gehet alsdann, wenn ihr oberhaupt stirbet, eine große Trennung und Veränderung vor sich.

Der zweiundzwanzigste Brief

Worinnen vermeldet wird, wie die Götzendienerinnen in *Pagoden* erzogen werden und was sie lernen müssen, auch was ihre Verrichtungen sein[127]

Im Jahr *Nandanawaruschum*, den 27. Oktober.

Denen Herren Priestern vermelde ich, N., mein *Schalam*. Sie haben begehret, daß ich Ihnen schreiben solle, was es mit den *Dewatáschigöl*[a] unter uns vor eine Bewandnis habe, worauf ich denn dieses zur Nachricht schreibe:

Diejenigen Mägden, so zu *Dewatáschigöl* erwählet werden sollen, müssen eine gute Gestalt haben. Wenn solche Mägden, die hierzu auferzogen werden, fünf Jahre alt sind, so tun sie selbige in die Schule[b] und lassen sie lernen. Wenn sie soviel gelernet, daß sie wenig lesen können, werden sie in die Tanzschule getan.[c] Ihre Verrichtungen in dieser Schule sind fol-

a *Dewatáschigöl* heißen **Dienerinnen der Götter**, welchen Namen sie daher bekommen, weil sie sich allein mit den Göttern verloben müssen und in der Welt sich nicht verheiraten dürfen, damit sie stets ihren Dienst in den *Pagoden* vor den Göttern unabläßig tun können. Es haben aber allein die *Pagoden*, so dem *Isuren* und *Wischtnu* zu Ehren gebauet sind, solche Götterdienerinnen, die denn auch alle andere Pagoden selbiges Ortes an Festtagen bedienen. An einer Pagode dienen oftmals zehn, fünfzehn bis zwanzig solche *Dewatáschigöl.*

b Es ist sonsten unter diesen Heiden nicht gebräuchlich, daß sie die Töchter in die Schule schicken und sie lesen und schreiben lernen lassen. Aber diejenige Mägden, so zu Dienerinnen der Götter präparieret werden sollen, tun sie in die Schule und lassen sie soviel lernen, daß sie diejenige poetische Bücher wohl lesen können, die sie nachmals stets singen müssen.

c Solche Tanzschule wird gemeiniglich in einem Gewölbe der *Pagode* gehalten. Der Tanzmeister der sie lehret, heißt bei ihnen *Náttuwen*, der auf Unkosten der *Pagode* unterhalten wird. Solche Tanzkunst haben sie in einem Buch beschrieben, *Páradasástirum* genannt; welches Buch der Tanzmeister wohl verstehen muß. Es ist in selbigem zugleich die Singekunst enthalten, weil sie bei solchem Tanzen zugleich sein muß. Dieses Tanzen wird von niemanden, als solchen *Dewatáschigöl* und denen, die Tanzmeister abgeben wollen, erlernet. Das europäische Tanzen ist unter ihnen ganz nicht gebräuchlich. Wenn sie sehen Männer und Weiber untereinander tanzen, so kommt ihnen solches ebenso töricht vor, als uns ihr Götzenwesen vorkommen möchte, und halten solches vermischte Tanzen vor unkeusch.

Abbildung 27: Kinnarī; Wesen halb Mensch, halb Vogel, dient sie den Göttern, u. a. als Musikant

FIG. 154.—Kinnarī; Râmêsvaram.

gende: Sie ziehen Unterkleider an, bestreichen täglich ihre Glieder mit Öl und üben sich, daß alle Fugen an ihrem Leibe geschmeidig werden. Hierbei gewöhnen sie sich eine Zeitlang nach demjenigen Takt zu tanzen, der da heißet: *Tágu déri kìratá dadìnkinatòm* etc.[a] Wenn sie darinnen geübet sind, lernen sie nach einem naderen Takt tanzen, der da heißet: *Dirigirá tattán kina mótta dimir dáddin migawódi* etc. Wenn sie auch in diesem eine Fertigkeit erlanget, so gewöhnen sie sich abermal nach einem neuen Takt zu tanzen, der also heißet: *Tándatindimín, tindimindimitá* etc. Dergleichen Takte und Melodie-

---

a Sie haben gar sonderliche und schwere Taktarten, die sie mit langen und kurzen, hurtigen und langsamen Silben exprimieren [ausdrücken]. Noten, als unsere, haben sie nicht, wohl aber allerhand Charakteres, nach welchen sie sich hierin richten.

arten, danach sie tanzen lernen, sind achzehn. Wenn sie nun darinnen wohl exerzieret sind, werden sie wieder in die erste Schule getan, darinnen sie allerlei Bücher lernen, als *Mudirei*, *Nálwari*, *Ambigeimalai*, *Abiramiamtadi* und *Kóilkalambagam*[a]. Hiernebst lernen sie auch nach diesen Versarten singen und tanzen, als da ist *Kálidurei*, *Wenpá*, *Innischei*, *Tarischei*, *Maddeiwiruddum*, *Ulá*, *Agawel*, *Tschindu* und *Badam*.[b]

Ehe sie in diesen alle recht geübet werden und alle Gestus und Posituren[c] nach der Kunst machen lernen, werden sie acht, neun bis zehn Jahr alt. In solchem Alter wird ihnen eine Hochzeit gemachet, *Arankéddukaliánum*[d] genannt. Alsdann kommt der Priester selbiger *Pagode* und bindet ihr im Namen des *Kumára Schwami*[e] die Traubinde[128] um den Hals. Sie geben auch einer jedweden von ihnen einen andern Namen und be-

---

a *Kóilkalambagam* ist ein poetisches Lobbuch, dergleichen fast eine jede große Pagode ein eigenes hat, darinnen die Herrlichkeit solcher Pagode und das Lob des Gottes, der darinnen verehret wird, hoch ausgestrichen wird, welches denn die *Dewatáschigöl* stets zu singen pflegen.

b Solches sind lauter Benennungen der mancherlei Versarten, die die Poeten nach einem gewissen Takt und Melodie einrichten, nach welchen sie gesungen werden können.

c Wenn solche Mägden tanzen lernen werden sie zugleich angewiesen, wie sie eine jede Sache, sie sei traurig oder freudig, mit ihrer singenden Stimme und mit den Händen, Augen und anderen Gliedern, wie auch durch allerlei Posituren zu erkennen geben mögen. Daher wird ihr Leib mit allen Gliedern so gelenk, daß sie selbige drehen können, wie sie wollen.

d *Arankéddukaliánum* ist eine solche Hochzeit, dabei das Mägden, so aus der Lehre getan und zu einer Götterdienerin der Pagode angenommen wird, vor einer großen Versammlung in der Pagode alle ihre Exercitiis [Übungen] im Singen und Tanzen machen muß. Solches ist gleichsam ein öffentliches Examen, nach welchem sie mit vielen Zeremonien zu einer *Dewatáschi* angenommen wird.

e *Kumára Schwámi* ist *Subbiramánien*, des *Isurens* Sohn, von welchem die Poeten schreiben, daß er ein großer Liebhaber der Frauenspersonen sei. Daher werden alle *Dewatáschigöl* an ihn verlobet und vertrauet. Der Priester in selbiger *Pagode* präsentieret des *Subbiramániens* Person und hängt dem Mägden die Traubinde an, welches mit eben denjenigen Zeremonien geschiehet, als wenn sonsten zwei Personen miteinander sich trauen lassen. Nach solchem Trauakt wird die Götterbraut nach aller Herrlichkeit in die Stadt unter großem Getümmel herumgetragen. Wenn solche Hochzeitfreude vollendet ist, fängt sie an, in der *Pagode* mit andern ihren Dienst zu verrichten.

niemen[129] einen gewissen vornehmen Einwohner in selbiger Stadt, vorgebend, er sei ihr Vater.[a]

Die Kleider und der Schmuck, womit diese *Dewatáschigöl* allezeit ausgezieret gehen, bestehet in folgenden Sorten: Sie tragen zum Unterkleide bundstreifigten Kattun. Unter solchem Kleide haben sie lange Hosen, die bis auf die Füße reichen. Um den Oberleib haben sie enge bunte Brüstgen[130]. In die Nase hängen sie Goldringe. In der Stirne haben einige den halben Monden oder die halbe Sonne hängen von Golde. In den Haaren haben sie allerlei Gehänge. Oben an den Ohren hängen sie güldene Blätter, so die offenen Ohren bedecken. In den Ohrlappen, der aufgespalten ist, hängen sie güldene Ringe, auch inwendig ein gülden Blatt, daß der Ohrlappen rund aufgespalten bleibet. Oben an den aufgespaltenen Ohrlappen hängen sie einen güldenen Reif und andere Zieraten von Golde. Um den Hals hängen sie güldene Ketten und Goldstücke, die auf mancherlei Art zugerichtet sind, desgleichen auch Korallen und Perlen. Um den Oberarm haben sie güldene oder silberne Armbänder. Um vorder Arm bei der Hand[131] haben sie solche güldene oder silberne Spangen, die auf vielerlei Art zugerichtet sind. Auch haben sie um die Hände große Korallen mit Goldperlen vermenget und Ringe von Glase. An den Fingern haben sie güldene und silberne Ringe. Um den Leib haben sie silberne Gürtel, davon einige schmal, einige breit sind. An einigen ist vorne ein güldener oder silberner Schlangenkopf. Unten an Beinen haben sie silberne Spangen und Reifen mit allerhand Zierat. Auf dem Oberbeine[132] haben einige ein silbern Blatt. Auch haben sie auf allen Zehen an Füßen silbernen Schmuck. Auf solche Weise gehen sie gezieret.

Wenn sie mannbar worden sind, wird ihnen noch einmal

---

a Solche Mägden sind entweder Hurkinder von andern *Dewatáschigöl* oder sind von einigen dazu erkauft oder aufgenommen worden, welche alsdann zu ihren Vätern beniemet werden. Denn sie halten solches für ein gutes Werk, wenn jemand solche Mägden zur *Pagode* widmet und sie lesen, singen und tanzen lernen läßt. Hat aber die *Pagode* ein solch Mägden auf ihre Unkosten auferzogen, so geben sie ihr alsdenn gemeiniglich den Vornehmen in derselben Stadt zum Vater, welcher solches als eine große Ehre annimmet.

Hochzeit gemachet, welche Hochzeit *Rúdukaliánum*[a] heißet. Nachmals vermischen sie sich mit Männern.[b] Alle Tage gehen sie dreimal in die Pagode, nämlich des Morgens, des Mittags und des Abends.[c] Wenn der Priester das Rauchopfer verrichtet, so tun sie ihren Dienst, weisen mit den Händen,[d] singen und tanzen vor

---

a *Rúdukaliánum* ist diejenige Hochzeit, darinnen alle Zeremonien gemachet werden, die gebräuchlich sind bei dem Akt, der da gehalten wird zur Zeit, wenn die Frauenspersonen mannbar werden. Auf solcher Hochzeit gehet gleichfalls alles prächtig und herrlich zu, dabei ein öffentlicher Aufzug in den Straßen selbiges Ortes gehalten wird.

b Wenn solche Hochzeit vorbei, so fangen sie ihr Hurenhandwerk an. Denn weil sie sich an niemand ordentlich verheiraten dürfen und lauter solche Verrichtungen haben, so die bösen Lüste erwecken, auch stets solche Bücher singen, darinnen die unkeuschen Händel der Götter geschrieben stehen, so machen sie ihre rechte Profession von Hurerei; welches ihnen denn soviel einbringt, daß sie sich in Kleidern und güldenen und silbernen Geschmeide wohl halten können. Wie denn ihr ganzer Schmuck ein Hurenschmuck ist und alle ihre Reden, Gebärden und Verrichtungen sind Verführungen der jungen Leute. Ihre Häuser sind öffentliche Hurhäuser, darinnen manche Europäer an ihren Seelen Schaden leiden und ihre Gesundheit verlieren. Auch ist es in Indien hier und da bei europäischen Christen leider (!) zu einer Gewohnheit worden, daß sie bei Lustbarkeiten solche Huren mit ihren Musikanten zu sich kommen und vor sich tanzen und spielen lassen, welches ein sehr heidnischer Greuel ist. Ja viele sehen auch bei ihren Festtagen ihrem Gauckelspiele mit Fleiß zu, wodurch denen Heiden eingebildet wird, daß ihr Götzendienst ein weit Besseres in sich habe, als der Christen ihr Gottesdienst, weil diese häufig zum Anschauen kommen und sich darüber gleichsam ergötzen. Ferner geschiehet solches Zuschauen oftmals bei Hochzeiten der Heiden, als wo auf solche *Dewatáschigöl* ihre meiste Künste mit Singen, Springen und Tanzen vor jedermann sehen lassen, die auch bei allen andern Freudenbanketten unter diesen Heiden gebrauchet werden. Die Portugiesen nennen selbige *Dewatáschigöl* in ihrer Sprache *Balhadeiras de Pagode*, Pagodentänzerinnen, die Dänen und Holländer aber nennen sie Tanzhuren, weil ihre meiste Profession im Tanzen und Huren bestehet.

c In solchen drei Tageszeiten, nämlich des Morgens, Mittages und des Abends, wird in der Pagode das tägliche Opfer vom Priester verrichtet, dabei sie jedesmal einen gewissen Tanz tun und eine gewisse Materie von dem Götzen, dem sie opfern, singen müssen. Dabei allerlei Instrumenta von Messing, Holz und Leder gepfiffen [geblasen], gespielet und geschlagen werden.

d Mit den Händen machen sie allerlei Posituren, wie auch mit den andern Gliedern des Leibes, wie es diejenige Historie mitsichbringet, die sie vom Götzen singen, spielen und tanzen. An welchem Singen und Tanzen *Isuren* seine sonderliche Lust haben soll, als welcher selbsten in ihren Büchern als ein guter Tanzmeister beschrieben wird. Wie sie denn auch vorgeben, daß die Götter in ihren Residenzen stets solche Sängerinnen und Tänzerinnen um

selbigen Figuren.[a] Dabei werden alle Instrumenta[b] von den Musikanten gespielet. Solches Spielen, Tanzen und Singen währet eine Stunde mit allerlei Posituren und Gebärden. Alsdann nehmen sie brennende Lampen in die Hände, tanzen mit selbigen herum, dabei gleichfalls gesungen und gespielet wird. Solches tun sie, um nicht beschrien zu werden und alle Sünden, die aus dem Beschreien[c] kommen, zu vertilgen.[133] Wenn sie daselbst alle Zeremonien verrichtet haben, gehen sie nach Hause.

Eine jede bekommt täglich ihre gewisse Portion Reis zum Essen. Ihre Häuser werden auf Unkosten der *Pagode* gebauet und erhalten. Denen Musikanten wird monatlich eine gewisse Gage von der *Pagode* gezahlet, da denn einer 12 oder 15 *Fano*[d] bekommt, je nachdem eines Amt wichtig oder gering ist. Sie bekommen aber weiter kein Teil von den Einkünften der *Pagode*.[e]

Dies sei genug zur Beantwortung ihrer Frage. *Schalam.*

---

sich hätten, und einmal diese und ein andermal wieder eine andere Komödie spielen ließen.

a In dem innersten Teil der *Pagode* stehet das *Lingum*, welchem der Brahman opfert. In dem äußersten Teile aber verrichten die *Dewatáschigöl* ihr Singen und Tanzen. Neben ihnen stehen die Götzenfiguren in selbigem Gewölbe, und sie können bis in das hinterste Teil zu dem *Lingum* sehen, weil in allen Gemächern Lampen brennen. Da machen sie denn nun nicht allein vor dem *Lingum* ihre Zeremonien und Posituren, sondern auch vor den Götzenfiguren, die nahe bei ihnen stehen, auf welche sie mit Fingern weisen und gleichsam mit ihnen reden, je nachdem die Historie ist, die sie singen. Welches alles richtig nach dem Takte gehen muß.

b Ihre Instrumenta sind vielerlei. Einige haben Saiten, teils von Därmen, teils von Messing. Einige sind von Horn, Holz und Metall, die geblasen werden. Einige sind von Messing und werden geschlagen. Einige sind von Leder und werden auch als Trommeln geschlagen. Alle zusammen sind es 32 Instrumenta.

c Es ist gar eine gewohnte Sache unter ihnen, daß einer von andern beschrien wird, und haben allerlei Mittel, das Übel, welches von solchem Beschreien herkommt, zu vertreiben. Solche Meinung ist aus dem Heidentum auch in das Christentum ehemals gekommen und wird noch von vielen Christen vor gar gewiß gehalten.

d Solches machet nach deutscher Münze 1 Reichstaler und 1 Reichstaler 6 Groschen.

e Eine jede alte und königliche [vom König gestiftete] *Pagode* hat gewisse Einkünfte von Zöllen und Akzisen, sonderlich hat sie von allen Getreiden etwas zu empfangen.

Der dreiundzwanzigste Brief

Darinnen enthalten ist, was das Weibsvolk unter den Malabaren lernet und tut[134]

Denen Priestern in Tranquebar wünsche ich, N., alles Wohlsein, als der ich bis zum 30. Oktober des Jahres *Nándanawáruschúm* gar wohlauf bin und in diesem Schreiben ihre Frage folgendergestalt beantworte.

Die Töchter werden unter uns bis zum fünften Jahre sorgfältig erzogen, ohne daß sie in solchen Jahren zu etwas angeführet werden.

Sind die Eltern reich und vermögend, daß sie allerlei zu tun geben können, so gewöhnen sie ihre Töchter vom fünften Jahre an zu allerlei Hausarbeit. Arme Eltern aber, die im Hause keine Arbeit geben können, schicken ihre Töchter in solchem Alter aus, dieses und jenes zu holen und zu bestellen. Nach sieben Jahren lernen sie Reis und allerlei Speisen kochen. Auch lernen sie Matten flechten und Wolle spinnen. Wenn sie 9 bis 10 Jahr alt worden sind, werden sie verheiratet.[a] Von solcher Zeit an dürfen sie nicht mehr aus dem Hause gehen. Und soferne sie ja aus dem Hause gehen wollen, so nimmt jedesmal eine noch zwei bis drei andere Weibspersonen mit sich.[b] Wenn die Hochzeit vorbei ist, bleiben sie stets in der Schwiegereltern Hause, wo ihr Bräutigam oder Mann sich aufhält, und verrichten in selbigem allerlei häusliche Arbeit, die da vorfällt.

---

a Diese Heiden lassen ihre Kinder, und sonderlich ihre Töchter, gar jung heiraten, teils, daß sie für Unzucht und Hurerei verwahret werden möchten, teils auch, weil die Eltern gerne frühzeitig und vor ihrem Tode ihre Kinder versorget wissen wollen.

b Wenn ihre Töchter an jemanden verlobet sein, aber vor der Heirat mannbar worden, haben sie große Acht auf selbige, daß sie nicht auf böse Wege geraten mögen. Auch diejenigen, so schon Weiber sind, werden nicht gern allein gelassen wenn sie ausgehen, sonderlich aber wenn sie von einem Ort zum andern über Land gehen. Überhaupt findet man bei diesen Heiden keinen so freien gemeinschaftlichen Umgang unter Manns- und Weibspersonen, als es unter den Europäern gebräuchlich ist und zu vielen Sünden Gelegenheit gibt.

Was aber der Könige Töchter anlanget, so bleiben sie stets innen und lernen im königlichen Schlosse Lesen, Schreiben und andere Wissenschaften.[a] Wenn sie solches gelernet und mit diesem oder jenem vermählet worden, so haben sie zu ihrem Zeitvertreib viele Gespielinnen, mit welchen sie allerlei Spielwerke anstellen.

Was arme und gemeine Leute sein, die lassen ihre Weiber Reis stoßen[135] und verkaufen. Sie haben auch viele andere Arten von Arbeit, dadurch sie ihre Nahrung suchen.

Was die Witwen anlanget, so werden einige gefunden, die bei Lebenszeit ihrer Männer sich was verdienet und beigeleget[136] haben, wovon sie sich ernähren. Wo nicht, so haben sie doch ihren Brautschatz, der sich auf etwas beläuft. Haben sie nun keine Kinder wenn die Männer sterben, so nehmen sie den Brautschatz als ihr Eigenes und suchen sich davon zu erhalten. Haben sie aber Kinder, so nehmen des Manns Brüder sie und die Kinder auf, geben ihnen nötige Ausgaben und tragen Sorge für alle zusammen. Haben sie keine Kinder, so nehmen sie ihr Geschmeide und gehen wieder in ihr Elternhaus. Sind nun ihre Eltern etwas vermögend, so unterhalten sie diese ihre verwitwete Töchter ohne einigen Mangel. Sind sie aber arm, so verkaufen die Witwen ihr Geschmeide, legen das Geld nützlich an und arbeiten dabei, daß sie ihr Auskommen haben können. Es gehet hierin nach der Weise eines jeden Geschlechtes[137] unter uns.

Dies habe ich Ihnen wissen lassen sollen.

---

a Es haben die Heiden viele Ursachen, warum sie ihre Töchter nicht lesen und schreiben lernen lassen. Jedoch pflegen gemeiniglich die königliche Prinzessinnen und anderer großer Herren Töchter dazu angehalten zu werden. In Ansehung, daß alle ihre Bücher teils in undeutlichen [schwerverständlichen] Versen geschrieben sind, teils auch lauter törichte Fabeln in sich halten, so ist es freilich nicht viel nütze, daß sie zum Lesen und Schreiben angehalten werden.

Der vierundzwanzigste Brief

Darinnen vermeldet wird, auf was Weise diejenige Asche präparieret werde, mit welcher sich die *Tschiwapaddikárer* täglich bestreichen, und mit welchen Zeremonien solches Bestreichen geschehe, auch womit sich die *Wischtnupaddikárer* zu bezeichnen pflegen

Im Jahre *Nándanawáruschúm*, den 3. November.

Denen beiden Herren Priestern bringe ich, N., mit aufgehobenen Händen ein zehntausendfaches *Schalám.*

Sie fragen, was es doch mit der *Dirunúru*[a] und mit dem *Dirunánum*[b] unter uns für eine Beschaffenheit habe.

Die *Dirunúru* wird auf mancherlei Weise zubereitet von Brahmanen, *Pantáren*, *Antigöl* und andern Leuten. Soll sie aber recht gut sein, so geschiehet ihre Zubereitung auf folgende Weise.

Man nimmt solche Kühe, die am Euter und überall schwarz sind und füttert sie mit lauter grünem Strohe, nicht aber mit Grase. Den Mist von solchen Kühen nimmt man und macht unter Rezitierung gewisser Gebetsformeln selbigen zu runden Klumpen, welche man erstlich vier oder fünf Tage im Schatten trocknet und hernach in der Sonne dürre werden läßet. Als-

---

a *Dirunúru* heißt **heilige** oder **göttliche Asche**. Denn *núru* ist in ihrer Sprache **Asche** und *diru* heißt **göttlich** oder **heilig**. Mit dieser Aschen bestreichen sich alle *Tschiwapaddikárer*, große und kleine, vornehme und geringe, Männer und Weiber. Sie halten ein solches Bestreichen vor ein großes Geheimnis und vor ein sonderbares Stücke ihres Gottesdienstes. Solches Geheimnis aber offenbaren sie nicht denen Europäern, sondern wenn sie von ihnen gefraget werden, warum sie sich täglich also bestreichen, antworten sie, daß sie es täten zum Zierat, welcher Zierat also unter ihnen gebräuchlich wäre, oder auch, weil es unter ihnen von vorigen Zeiten her die väterliche Weise wäre.

b *Dirunánum* heißt der **göttliche Namen** und ist das Zeichen, womit sich alle *Wischtnupaddikárer* an der Stirne und andern Gliedern des Leibes bezeichnen. Solches Schmierwerk ist keine Asche oder Kuhmist, sondern eine Farbe von einer Art Erde zubereitet. Einige machen solche Farben weiß, einige rot und einige geben ihr eine andere Farbe. Im Bestreichen haben sie auch vielfältige Arten und sind untereinander verschieden.

Abbildung 28: Śiva in der Form des Dakṣiṇāmūrti, in der er mit Yōga beschäftigt ist

dann trägt man selbige an einen Ort unter den *Tschiwadálangöl*[a] und holt Spreu herzu, streuet sie unter und legt solche gedorrete Klumpen obendrauf. Über selbige aber schüttet man abermal einen großen Haufen Spreu und stecket Feuer drein. Wenn alles zu Aschen verbrannt und verloschen ist, so nimmt man selbige Asche unter Rezitierung gewisser Gebetsformeln mit den Händen auf, und tut sie in ein großes Gefäße, gießet Wasser darauf und rühret es untereinander. [Man] seiget es auch dreimal durch ein Tuch und macht wiederum Klumpen daraus, läßt sie dürre werden, ziehet aus dem Diesem[138] und allerhand Blumen den Geruch, machet sie mit selbigem

---

a *Tschiwadálangöl* sind diejenige Plätze, allwo *Tschiwén* oder *Isuren* seine Taten und Wunder getan hat, welche denn vor allen andern Plätzen von ihnen sehr heilig gehalten werden.

wohlriechend und bringt sie alsdann in die Gegenwart Gottes[a], verrichtet daselbst ein Trankopfer und alle andere Opfer, wodurch solche Asche geweihet wird.

Dieses tun und verrichten allein die Brahmanen, *Pantáren* und *Antigöl*. Was die gemeine *Dirunúru* anlanget, so kann sie jedermann machen ohne solche Zeremonien.

Dirunánum ist eine Erde, die an einem Berge gefunden wird. Selbige Erde wird herzu gebracht, in Wasser zerrieben und durchgeseiget. Diejenigen, die nach *Dirúppadi*[b] wallfahren gehen, pflegen selbige von dannen mitzubringen. Weil ich kein *Wischtnupaddikárer* bin, so verstehe ich nicht ihre Zubereitungsart, auch weiß ich nicht, mit was für Zeremonien sie auf den Leib gestrichen wird.

Die Zeremonien aber, die bei Bestreichung der *Dirunúru* vorgehen, sind diese:

Erstlich wäschet und spület man den Leib ab, ist in feiner Andacht und Devotion, bringt Wasser herzu und setzt solches neben sich. Alsdann hebt man mit den Fingern die Asche auf und rezitieret andächtig die Gebetsformel *Námatschiwaia* und die andern Gebetsformeln, die man von seinem Priester empfangen hat. [Man] nimmt auch Wasser in die Hand und reiniget mit dessen Tropfen unter Rezitierung der Gebetsformeln den Leib. Ist es nun nach Mittage, so kehret man das Gesichte gegen Abend, ist es aber Morgen, so kehret man das Gesichte gegen Morgen. Darauf nimmt man die Asche, legt sie in die Hand, rezitieret dabei abermals das Gebet, welches einem sein Priester verordnet hat, reibet die angefeuchtete Asche mit beiden Händen, gedenkt an Gott den Herrn, und bestreicht erst den Kopf damit. Zum andern gedenkt man an *Tschatátschiwum*

a Die Gegenwart Gottes heißt allhier der Ort, wo in der *Pagode* das Götzenbild stehet.

b *Dirúppadi* ist ein Ort, der 15 Tagereisen von Tranquebar nach Nordwesten im Mogulschen Lande lieget und sonst von den Europäern *Drippodi* genannt wird. Daselbst ist auf einem Berge eine große *Pagode*, von welcher sie große Wunder erzählen. Daher ist jährlich von fernen Landen ein großes Wallfahren dahin. Von welchen Wallfahrten selbige *Pagode* jährlich viele tausend Taler Einkommens hat.

und bestreicht mit selbiger die Stirne. Zum dritten gedenkt man an *Rúddiren* und bestreicht die Brust damit. Zum vierten gedenkt man an *Wischtnu* und bestreicht den Nabel. Zum fünften gedenkt man an *Birúma* und bestreicht hinten den Rücken, das Kniebein, die Armen und den Hals.

Die Ursache, warum wir uns mit dieser Asche bestreichen, ist diese, daß die *Emadudáköl*[a] sich nicht sollen zu uns nahen. Wenn man denn nun mit selbiger sich bestrichen hat, so rezitieret man die von seinem Priester empfangene Gebetsformel einundzwanzigmal nacheinander her. Nach diesem allen singet man Loblieder über denjenigen, welchen einer zu seinem Gott erwählet hat. Solches alles geschiehet entweder zu Hause oder an einem Wasser.

Die Ursache, warum man mit solcher Asche durch drei Finger allenthalben drei Striche am Leibe machet, ist diese, weil es also in den Gesetzbüchern geboten ist.

Den Nutzen aber solcher Bestreichung mit dergleichen Asche und der Bezeichnung mit dem *Dirunánum* kann ich nicht beschreiben. Sie müssen dieserwegen solche Leute befragen, die in Erkenntnis solcher Sache weiter kommen sind als ich. *Schalám.*

---

a *Emadudáköl* sind die Gesandten aus der Höllen von dem Gott des Todes und der Höllen, *Emen* genannt. Sie holen die bösen Menschen aus der Welt und führen sie in die Hölle. Dahero fürchten sich diese Heiden für ihnen eben als wir Christen uns für den bösen Engeln oder Teufeln fürchten. Hingegen beschreiben sie die *Tschiwadudáköl* eben als wie wir die guten Engel beschreiben, nämlich, daß sie um die Frommen sind und [diese] in ihrem Tode in die Seligkeit zu *Tschiwén* einführen. Das Wort *Dudáköl* heißt Gesandten und kann in ihrer Sprache von den Engeln gebrauchet werden. Wenn man aber *Ema-* oder *Tschiwa* dazusetzet, so ist es heidnisch und heißet soviel als *Emens* oder *Tschiwéns* Gesandten.

Der fünfundzwanzigste Brief

Vom Ackerbau[139]

Im Jahr *Nándanawáruschám*, den 6. November. Denen Priestern vermelde ich, N., mein *Schalám*. Sie verlangen zu wissen, wie es hierzulande mit dem Ackerbau beschaffen sei, und mit was für Getreide die Äcker jährlich besäet werden. Davon gebe ich ihnen folgende Nachricht.

Diejenigen, so Profession machen vom Ackerbau, müssen vors erste Kühe und Ochsen haben. Auch müssen sie allerlei Geschirre haben, als Pflüge, spitzige und scharfe Eisen an Pflügen, Jochstricke, dadurch sie die Kühe oder Ochsen zusammenspannen, Hacken, Sicheln und dergleichen mehr.

Im Monat Junio müssen sie allenthalben die Äcker umreißen, und sie zur klaren Erde pflügen.

Alsdann nehmen sie von der *Kárnéllu*, und säen sie. Solche *Néllu* ist in Stroh eingebunden und darinnen verwahret worden. Solche in Stroh fest eingebundene *Néllu* nehmen sie, werfen selbige in einen Teich, und lassen sie darin feuchte werden bis gegen Abend, da sie selbige wieder herausnehmen, und sie auf solche Äcker säen, die denn niedrig liegen und zu weichem Kote gemacht worden sind.[140] Wenn ein solcher Acker besäet worden ist, machen sie selbigen gleich und eben, welches mit einem Brette geschiehet, darauf der Ackermann sich setzet und es von den Ochsen allenthalben über den Acker ziehen läßet, damit der Samen zugleich in die Erde gedrücket wird.[141]

Ist's anderer Art Samen, der im trockenen Acker gesäet wird, so eggen sie selbigen ein mit einem Aste von der *Tarei*[a]. Wenn nun der Samen von der *Néllu* aufgegangen und eine Spanne hoch gewachsen ist, also, daß er ausgerauft und fortgepflanzet werden kann, so bearbeiten sie die Äcker, darein sie pflanzen

a *Tàrei* ist ein Dornbaum, der gemeiniglich zu lebendigen Zäunen [Hecken] in Gärten gebrauchet wird. Und weil er lange Blätter mit vielen Stacheln hat, so wird er auf trockenen Äckern an statt einer Egge gebrauchet.

Abbildung 29: Tamilischer Pflug und Zubehör aus dem Gebiet von Tranquebar

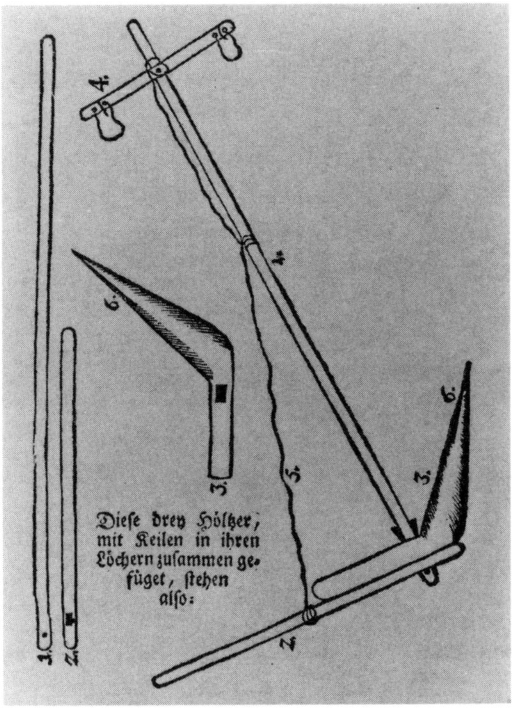

wollen, noch einmal, und leiten Wasser darauf, es sei nun Regenwasser, oder dasjenige süße Wasser, welches jährlich um diese Zeit aus einem andern Lande von Abend in unser Land kommet[a]. Wenn solches geschehen, raufen sie die grüne *Néllu* aus, und pflanzen sie büschelweise in die bewässerten Äcker.

Diese *Kárnéllu*[b] ist von unterschiedlicher Art, und wird von

a Im Julio pfleget jährlich ein großes Wasser von der Westseite der Küste zu kommen, welches das ganze Land befeuchtet und fruchtbar machet. Bleibet dieses Wasser außen, so wird es teure Zeit, weil alsdann die erste *Néllu*-Saat verloren ist, welche allezeit in tiefem Wasser wachsen muß.

b *Kárnéllu* ist ein Generalwort und hält alle andere *Néllu*-Arten in sich, die zu der ersten Saat gehören. *Néllu* ist überhaupt das vornehmste Getreide, und wird von allen Indianern zur Speise gebrauchet, wie in Europa das Korn: sie backen aber kein Brot daraus, sondern sie stampen selbige zu Reise, wie man Gerste zu Graupen stampet, und kochen solchen Reis mit Wasser, den sie denn anstatt des Brotes zu allen Speisen essen. Die Juni- und Juli-Saat nennen sie um deswillen die erste Saat, weil ihr Neujahr sich mit dem April anfänget.

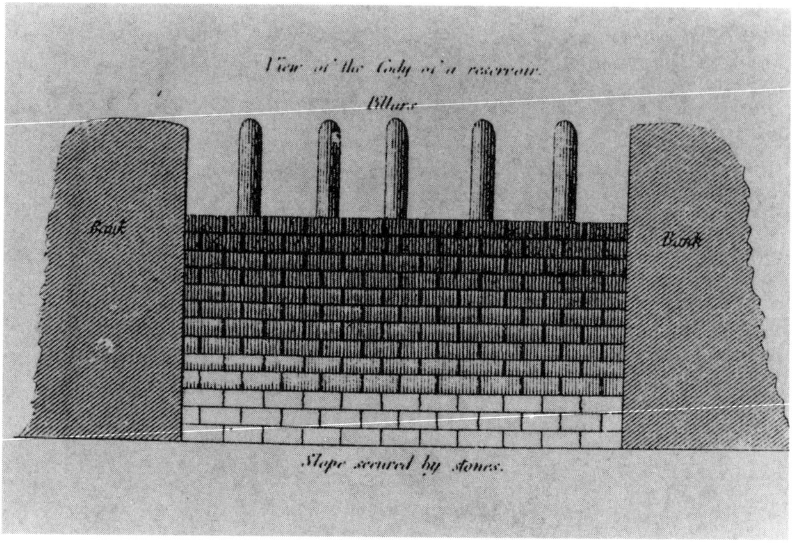

Abbildung 30: Frontansicht der Staumauer eines Wasserreservoirs

einigen früh, von anderen spät gesäet. Dahero geschiehet auch die Ernte nicht zu einer Zeit. Einige wird im September, einige im Oktober, einige im November, und einige auch im Dezember geerntet.

Wann solche Saat vorbei ist und geerntet wird, so gehet alsobald die andere Saat an, von der *Pischáma néllu*[a], die gleichfalls von einigen früh, gleich im September und Oktober, von andern aber spät im November gesäet, und nachmals auf die zubereitete und bewässerte Äcker gepflanzet wird.

Unter dieser *Néllu* ist nicht mehr als eine Art, die nicht fortgepflanzet wird, sondern gleich aufwächset bis zur Ernte, welche Art *Iránkamittán* genannt wird.

---

a *Pischána néllu* ist gleichfalls eine Generalbenennung, darunter alle *Néllu*-Arten, die zur anderen Saat gehören, verstanden werden. Und weil solcher *Néllu*-Wachs eben in der Regenzeit einfällt, so ist er weit besser und dauerhaftiger, als die *Néllu* von der ersten Saat. Denn diese kann man nicht über 1 oder 2 Monate aufschütten. Sie quillt auch nicht recht, wenn man sie kochet. Aber die *Néllu* von der andern Saat kann mehr als ein Jahr liegen, und ist am gesündesten. Man kauft sie in der Ernte haufenweise ein, und läßt sie liegen bis gegen den April, Majum, Junium und Julium, in welchen Monaten sie gemeiniglich teuer wird.

Die vielfältigen Arten von solcher *Néllu* haben folgende Benennung[142] als 1) *Arináiagen*, 2) *Kúruwei*, 3) *Porkáli*, 4) *Anitschunen*, 5) *Ariatán*, 6) *Nunánku*, 7) *Diruwaránken*, 8) *Aragiawánen*, 9) *Tilleináiagen*, 10) *Tschírankatschampá*, 11) *Irannawári*, 12) *Keipurum*, 13) *Podpálei*, 14) *Iránkamittán*, 15) *Kuruweikileiám*, 16) *Tschuruneiwálen*, 17) *Karuwálen*, 18) *Tschampá*, und 19) *Tschurukurúmbei*[a].

Außer der *Néllu* säen sie auch *Nanscheipúnschei*[b], als *Kelwarugu*[c], *Warachu*[d], *Kámbu*[e], *Dinéi*[f], *Ellu*[g], *Tscherubáiru*[h], *Karámani*[i], *Kóllu*[j], *Olúndu*[k], *Duwarei*[l], *Kárakáni*[m], *Tschówalum*[n] und dergleichen mehr. Die ersten zwei Arten werden

a Diese spezifizierte *Néllu*-Arten sind nicht alle an einem Ort zu finden in diesen Landen. In ihren Büchern lieset man noch mehrere Namen von der *Néllu.*

b *Nánscheipunschei* ist eine Generalbenennung aller derjenigen Samen und Feld-Früchte, die außer der *Néllu* in diesem Lande gefunden werden.

c *Kelwarugu* ist eine kleine rote Feldfrucht, die fast wie der Hirsen wächset, und wird von den armen Leuten als *Néllu* zu ihrer täglichen Speise gebrauchet.

d *Warachu* ist eine weiße runde Feldfrucht, so als Gras wächset, und wird auch von armen Leuten an statt der *Néllu* gegessen.

e *Kámbu* ist eine weiße Feldfrucht, deren Samen fast wie Salatsamen aussiehet. Solche Frucht wächst auf hohen Stengeln, als ein Mann hoch, und wird auch statt des Reises gegessen, ist aber etwas wohlfeiler, und soll sehr gesund sein.

f *Dinéi* ist fast eben eine solche Frucht, als *Kambu*, und hat auch solche lange Stengel, welche etwas brennen, wenn man sie anrühret. Sie ist sehr hitzig, und wird nur von denen gegessen, die das kalte Fieber haben. Will man sie aber sonsten als Reis essen, so muß man viel Milch und Butter darunter tun.

g *Ellu* ist eine kleine runde Feldfrucht, als Senfkorn, woraus sie ein gutes Öl machen, mit welchem sie wöchentlich das Haupt reiben und waschen.

h *Tschèrubáiru* ist eine Art Wicken, die zum Essen gebraucht werden.

i *Karámani* ist eine große Art Wicken.

j *Kóllu* ist eine andere Art Wicken, die kurze Schoten haben und deren Ranken sich auf die Äcker weit ausbreiten.

k *Olúndu* ist auch eine Art Wicken.

l *Dúwarei* ist eine große Art Wicken, deren Ranken wie kleine Bäume aussehen. Sie werden zu Arzenei gebrauchet.

m *Kárakáni* ist eine Feldfrucht, die fast Ähren, wie der Hafer hat, und wird gegessen.

n *Tschówalum* ist eine Feldfrucht, deren Stengel sehr hoch wachsen und große Ähren haben. Sie wird gleichfalls an statt des Reises gegessen.

eben wie die *Néllu* fortgepflanzet, die anderen Arten aber nicht. Solche Getreidearten werden allein in solche Äcker gesäet, die hoch und trocken liegen, welche vorhero dreimal bearbeitet werden müssen, ehe sie damit besäet werden können. Eine jedwede Art hat ihre gewisse Säezeit, die sie observieren. Die andere Saat im Jahre wird im Januario, Februario, Martio und April geerntet, jenachdem einer früh oder spät dies und jenes gesäet hat.

In den Gärten, die dieser und jener hinter seinem Hause hat, pflegen sie gleichfalls allerhand Samen zu säen, als *Mánschel*[a], *Inschi*[b], *Tschirukiránku*[c], *Wenkáium*[d], *Karúmbu*[e], *Bugeiilei*[f] und dergleichen mehr.

Wegen der *Néllu* müssen sie von fünf Teilen drei Teile an den König Tribut geben, wegen der übrigen Getreidearten geben sie von allen die Hälfte an den König.

Hiermit habe ich geschrieben, was verlanget. *Schalám.*

Der sechsundzwanzigste Brief

Darinnen gezeiget wird, wie die Heiden in ihrer Religion nicht gerne wollen getadelt sein und selbsten an den Christen vieles zu tadeln finden[143]

Im Jahre *Nándanawáruschúm*, den 8. November.

Denen Priestern in Tranquebar, die da heilige Wege lehren und mit geistlichen Waffen streiten und siegen, vermelden wir, N. N., ein demütiges *Schalám.*

---

a *Mánschel* ist Curcuki, die sie als Safran zur gelben Farbe gebrauchen.

b *Inschi* ist Ingwer.

c *Tschirukiránku* ist eine Wurzel oder Art von Rüben.

d *Wenkaium* sind Zwiebeln.

e *Karúmbu* ist ein Zuckerbaum, welche Bäume haufenweise nahe beieinander gepflanzt werden. Nachmals schneiden sie selbige in Stücken, tun sie in eine Zuckermühle und pressen Zucker daraus.

f *Bugeiilei* ist Tabak, welcher reichlich in diesen Landen gezeuget wird, und ehemals von den Europäern darein gebracht worden ist.

Alles, was Sie schreiben und reden, läuft auf eine Verachtung und gänzliche Verwerfung unserer Religion und unseres ganzen Gottesdienstes hinaus. Denn Sie sagen, daß alles, was in unsern 4 Gesetzbüchern, in den 6 *Sástirangöl* und in den 18 *Puránen* geschrieben stünde, falsch und betrüglich sei, also daß wir durch Lesung solcher Bücher ganz verworren und von Gott abgeführet würden. Ja, es wäre alles, was darinnen geschrieben, wider Gottes Heiligkeit und wider den menschlichen Verstand und Weisheit. Die Historien, die sich hier und da auf der Erden und in den andern Welten mit unsern Göttern zugetragen haben, halten Sie für Gedichte der Poeten und sagen, es sei mit selbigen lauter Betrug des Teufels. Ja, die Götter, welche wir ehren und von welchen wir die Seligkeit hoffen, halten sie für Teufel und beschuldigen uns, daß wir durch ihre Figuren niemanden als den Teufel verehreten. Daß wir 14 Welten statuieren und sagen, daß in der Welt, *Déwalógum* genannt, 330000000 Götter, 48000 Propheten und viele Musikanten sein, solches kommt ihnen ungereimt vor. Item, daß wir unsern Göttern leibliche Gestalten, Weiber, Kinder Spielwerke und andere dergleichen Sachen zuschreiben, solches ist Ihnen lauter Unvernunft. Unsere Opferarten, die wir den Göttern tun, und unsere Feste, wie auch unsern ganzen Dienst in den *Pagoden* halten Sie für sündlich. Auch halten sie es für sündlich und töricht, daß wir uns mit *Rúddiratschangöl*[a] behängen, mit Asche von Kuhmist beschmieren, die Kühe so hoch ästimieren, die Sonne verehren, auf Tage halten und so viele Wahrsagerkünste unter uns haben. Item, daß wir Wallfahren gingen, einen Ort heiliger hielten als den andern, so viele Fabeln unter uns hätten und närrische Wunder vorgäben.

Sie tadeln unsere Bemühungen, die wir haben in vielfältigen Wasserreinigungen, in Rezitierung allerhand Gebetsfor-

---

a *Rúddiratschangöl* sind dürre Früchte von einem Baume, die sehr hart sind und als Perlen gebrauchet werden. Einige sein groß, einige klein. Sie treiben großen Aberglauben damit und hängen sie um den Hals, in der Meinung, daß sie dadurch für Heilige angesehen würden, und daß selbige ihnen eine große Hilfe zur Seligkeit wären. Hiervon haben sie sehr vieles in ihren Büchern geschrieben.

meln, in Vertilgungen der Sünden und in Erlangung der Seligkeit. Ja Sie tadeln die vielfältige Bußarten, den Unterscheid der Geschlechte, unsere Eßart, unsere Fastart, unsere Lebensart, unsere guten Werke und Almosen; vorgebend, wir wären Heiden, stünden unter dem Fluche, hätten kein bekehrtes Herz und wären Gott mißfällig mit allen unseren Verrichtungen, könnten auch bei solchem Dienste niemals die Seligkeit erlangen. Sintemal alle Wege, die wir wandelten, nicht Gottes sondern unsere Wege wären, die wir uns selbsten nach unserm Gutdünken erwählet hätten.

Nun ist es zwar wahr, daß viele Sachen unter uns zu tadeln sein, auch gehen allerlei Sünden und Ungerechtigkeiten bei uns im Schwange, welches nicht sein sollte, aber gleichwohl kann man nicht alles verwerfen. Wären wir Heiden und hätten einen ganz falschen Gottesdienst, so würden ganz keine Tugenden und guten Werke unter uns zu finden sein. Nun aber sind ja so viel Tugenden unter uns und werden allenthalben von diesen und jenen gute Werke ausgeübet. Ja, man findet Leute unter uns, die so heilig leben, daß man sie keiner Sünden überzeugen kann. Soll denn nun ein solch Gesetz, das alle Sünden verwirft und zum Guten führet, ein falsches Gesetz sein, dadurch man nicht selig werden könne?

Eine jedwede Nation hat ihre besondere Tracht, Sitten und Rechte, die der andern Nation ungereimt vorkommen. Also ist's auch mit der Religion. Gott ist mannigfaltig in seinen Kreaturen und mannigfaltig in seinen Werken. Daher will er auch mannigfaltig verehret werden.

Unser Gesetz und Religion mag in sich selbsten gut sein, aber daß sie so getadelt und verworfen wird, ist unsere eigene Schuld, einesteils weil wir nicht mit Ernst danach leben, andernteils weil wir in selbiger nicht solche Erkenntnis und Erfahrung haben, daß wir alle Tadelungen mit Wahrheitsgründen ablehnen und unsere Lehrsätze umständlich beweisen könnten.

Hiernebst finden wir gleichfalls an den Christen, die aus Europa in unser Land kommen, vieles zu tadeln. Und sollen wir anders die Religion aus den Werken urteilen, so können wir gar wenig Gutes von der christlichen Religion gedenken. Denn wir sehen, daß wenig Gerechtigkeit und Keuschheit unter ihnen sei. Sie üben wenig gute Werke aus, geben wenig Almosen, haben keine Buße unter sich, nehmen gerne Geschenke, trinken sich voll in starkem Getränke, martern die lebendige Kreaturen und gebrauchen sie zu ihrer Speise, halten gar wenig auf die leibliche Reinigkeit, verachten alle andern neben sich, sind sehr geizig hoffärtig und zornig.

Unsere Brahmanen sagen gar, daß die Blanken eine solche Nation sein, die von den *Rátschider*[a] ihren Ursprung genommen, ja, sie halten sie vor solche Leute, die weder von Sünde noch Tugend was wüßten, und sich weder vor dem Bösen noch Gutem fürchteten, sondern lauter *Adamer*[b] wären.[144]

Diejenigen aber, die unter uns von Ihren Gesetzbüchern etwas gelesen und verstanden haben, judizieren sehr wohl von Ihrer Religion. Gleichwohl aber kommt es unserer Vernunft nicht allzu gereimt vor, daß Sie an einen Gott glauben, der von seinem eigenen Volke gemartert und getötet worden.

Jedoch wer sind wir, daß wir von solchen Sachen schreiben? Wenn wir lange der Religion wegen disputieret haben, so heißt's endlich doch: Wir sind eines Gottes Geschöpfe, haben gleichen Eingang in die Welt und gleichen Ausgang aus der Welt. Soviel nun Gott Barmherzigkeit über uns hat, soviel sind wir selig. Und wie er uns beherrschet und regieret, so müssen wir unter ihm leben und können weder ein mehrers noch weniger tun außer dem, was er über uns beschlossen hat. *Schalám.*

---

a *Rátschider* sind bei ihnen Riesen, die sie [als] grausam beschreiben und von selbigen sehr viele Historien erzählen, wie sie nämlich ehemals so große Kriege geführet, in der Welt unter den andern Menschen sehr tyrannisieret, allerlei Tier- und Menschenfleisch gefressen, daß sie immer wilder und grausamer worden, alles Land verheeret und keine Religion ästimieret, sondern alles Gute auf der Welt haben auszurotten gesuchet.

b *Adamer* heißen bei ihnen solche Leute, die nichts anders tun können, als immer sündigen und Böses ausüben.

Der siebenundzwanzigste Brief

Darinnen judizieret wird, was für ein Unterscheid sei zwischen den Religionsbüchern der Christen und Malabaren

Denen Priestern in Tranquebar, die das Gesetz desjenigen Gottes, der alles erschaffen hat und auch alles erhält, lehren, wünsche ich, N., göttliche Gnade, daß ihre Beredsamkeit in der Lehre vielen Nutzen schaffen möge.

Soviel als ich Ihre und unsere Gesetzbücher gelesen, finde ich folgenden Unterscheid darinnen.

Ihre Bücher sind in ungebundener Rede geschrieben und tragen alles ganz deutlich vor. Unsere malabarischen Bücher hingegen sind zwar auch zum Teil in Prosa, meistenteils aber in Versen geschrieben, darinnen alles ganz dunkel und unverständig ist denen, so die Poesie nicht verstehen.

Hiernebst sind die Lehren in Ihren Büchern nicht allein auf die faßliche Weise mit jedermann bekannten Worten vorgetragen, sondern es sind auch solche Lehren, die zur anderen Welt führen und die Anweisung tun, wie man in dieser Welt leben und wandeln solle. Daher diejenigen, die darnach leben, nirgends anders hin als in die Seligkeit kommen können.

Weil aber unsere malabarischen Bücher in poetischen Versen geschrieben sind, so verstehen allein diejenigen etwas weniges von selbigen, die gelehrt sind und deren Profession es mit sich bringet, daß sie andere darinnen wieder unterrichten müssen. Deren aber sind sehr viele, die nichts von unseren Büchern verstehen und bloß ihre Zeit daran wenden müssen, daß sie ihren Bauch ernähren können.

Hiernebst so ist unser Gesetz allein in den Händen der Brahmanen. Und wenn auch gleich jemand zu ihnen kommt und sie dieses und jenes aus dem Gesetz fraget, so sagen und schreiben sie doch die Gesetzlehren nicht deutlich, daß man sie verstehen könnte, sondern singen alles in Versen, man mag's verstehen oder nicht. Sie sagen auch nur allezeit diejenigen Dinge aus dem Gesetz, die ihnen Hilfsmittel zu ihrer Unterhaltung sind.

Es ist also ein Unterscheid zwischen unserm und ihrem Gesetze. Was in unserm Gesetz enthalten ist, bekommen wir, die wir keine Brahmanen sind, nicht zu wissen. Sie sagen uns nur dasjenige, was zu den Handlungen dieser Welt gehöret. Dieses hören wir alleine und sorgen nur lauterlich für Sachen, so zum Ehestand gehören, welche uns dann in manche Eitelkeit hineinführen und uns ferner an nichts anderes gedenken lassen. Hiernebst schreiben und singen die Poeten unter uns mancherlei Carmina[145] über diesen und jenen, so wie es ihnen einfällt und ihnen gutdünket. Da meinen denn nun viele, es sei also wie sie singen und schreiben. Jedoch sind unter den Brahmanen solche Leute, die unser Gesetz ebenso deutlich wissen und verstehen, als wie Sie Ihres verstehen. Sie wissen aus selbigen alle Dinge, nämlich wie die Welt regieret werde, nach was für einem Recht die Könige ihre Länder beherrschen sollen, wie der Wandel eines jeden Menschen in der Welt beschaffen sein müsse, was von der andern Welt zu wissen und zu glauben sei, warum soviel Götter verehret werden, warum man bei deren Anbetung und Opfern hölzerne und steinerne Figuren brauche, und was dergleichen mehr ist. Aber dieses behalten die Brahmanen nur für sich und verkündigen uns andern lauter solche Sachen, die ihnen Nutzen bringen, da sie davon ihren Unterhalt haben.

Dieses ists, was ich Ihnen habe wissen lassen wollen.

Der achtundzwanzigste Brief

Darinnen eine Historie von einem Priester und Jünger erzählet wird, woraus zu judizieren, wie die Priester und Jünger beschaffen sein müßten

Im Jahr *Nándanawáruschúm*, den 9. November.

Denen Priestern vermelde ich, N., meinen Gruß.

Sie fragen, wie unter uns die Priester und Jünger beschaffen sein müssen. Solches will ich Ihnen in einer Historie referieren.

Zur Zeit als die drei königliche Häuser *Tschéren*, *Tschóren* und *Pantien* diese Länder beherrschten, war unter ihnen ein König, der in allen Landen ausrufen[a] und nachforschen ließ, ob irgendwo ein Priester *Káranakúru*[b] vorhanden sei. Indem solches in einer Stadt ausgerufen wurde, hörete es der Priester selbiger Stadt. Und [es] ließ eben dieselbige Person allenthalben ausrufen, ob irgendwo ein Jünger *Káranatschischen*[c] vorhanden sei.

Dieses verkündigten sie dem Könige und sprachen: Herr, hat Eure Majestät nicht befohlen auszurufen, ob ein *Káranakúru* vorhanden sei? Aber anjetzo ruft ebenderselbige allenthalben aus, ob ein *Káranatschischen* vorhanden sei.

Sobald sie solches vor ihn brachten, rief er den Ausrufer zu sich und befragte ihn darum. Dieser sprach: Herr, es war in einer Stadt ein Priester. Derselbe hieß mich so ausrufen.

Der König fragte: Kannst Du mir selbigen Priester zeigen?

Er antwortete: Ja Herr, ich kann in Eurer Majestät zeigen.

Darauf setzte der König einen andern in die Regierung an seiner Stelle, ließ sich den Priester zeigen und zog mit alle dem königlichen Geschmeide dahin, das er sonsten pflegte an sich zu tragen. Und als er an denselbigen Ort kam, ging er dem Priester entgegen, fiel nieder zu seinen Füßen und blieb mit großer Devotion zu seinen Füßen liegen. Nachmals stund er wieder auf.

---

a Solches Ausrufen ist in diesem Lande sehr gebräuchlich. Der Ausrufer hat ein messingenes Becken und schlägt darauf, daß sich die Leute versammlen und hören sollen, was zu verkündigen sei. In allen Gassen ruft er denn laut aus, was er zu suchen oder zu verkündigen hat. Wenn einem was wegkommet, es sei Sklave, Kind, Geld, Vieh oder andere Sachen, und er klaget deswegen, so gehet alsobald einer mit einem solchem Becken herum und ruft es aus. Hinwiederum, wenn eine Obrigkeit an diesem und jenem Orte was befehlen will, so läßt er sie es auf solche Weise ausrufen.

b *Káranakúru* ist ein solcher Priester, der nichts mit den Weltsachen zu schaffen hat, sondern in Verleugnung aller Dinge stehet, allein mit geistlichen Sachen umgehet und in der Tat tuet, was er lehret.

c *Káranatschischen* ist ein solcher Jünger, der nicht nur den Namen, sondern auch die Tat hat, nämlich, der demjenigen in allem nachkommt, was der Priester lehret, auch dem Leben sowohl als der Lehre des Priesters beständig nachfolget.

Der Priester aber sprach zu seinen andern Jüngern: Sehet, dieser ist noch nicht soweit in der Verleugnung gekommen, daß er seinen angelegten Schmuck ablegen und verabscheuen kann, sondern trägt selbigen annoch mit Lust und Liebe. Was vor ein Mittel ersinne ich wohl, daß ihm solcher Schmuck zu seiner Beschämung benommen werde?

Hierauf ließ er diesen Jünger hinter sich herkommen und führte ihn zu einem Flecken. Daselbst sagte er ihm einige Lehren, welchen er nachkommen müßte. Er brachte ihn endlich zu einem Wechsler in selbigem Flecken und sprach: O Wechsler! Nimm diesen zu dir und gib mir auf ihn 100 *Wirágen*[a].

Als nun derselbige Wechsler sah, wie solche Person mit den köstlichsten Perlen und Edelsteinen behangen war und er wohl soviel Geld darauf leihen könnte, gab er dem Priester die verlangten 100 Wirágen. Der Priester nahm solche, gab dem Jünger den nötigen Unterricht und ging fort.

Der Wechsler verwunderte sich über die köstlichen Kleinodien, die dieser Jünger an sich hatte, unterhielt ihn des ersten Tages sehr köstlich und herrlich; des andern Tages aber hieß er ihn alle seine Kleinodien ablegen. Worauf er denn auch selbige abnahm und dem Wechsler gab. Dieser hielt ihn nachmals nicht mehr in seinem Hause, sondern logierte ihn draußen an die Straße und ließ ihm durch Dienstmägden Essen bringen. Da gedachte dieser Jünger an die Lehre seines Priesters, erwägete selbige in seinem Herzen und betete stets zu Gott. Solchergestalt litt er eine Zeitlang viel Ungemach.

Es trug sich aber zu, daß *Isuren* dessen Gebet, Liebe und Glauben sah und ihm die Seligkeit zugedachte, auch seine Gesandten zu ihm schickete, die ihn trösteten und sprachen: Richte dich nach dem, was dir der Priester gesagt hat und sei fest in deiner Liebe und deinem Glauben.

Lange hernach kam endlich der Priester und gab dem Wechsler die 100 *Wirágen* wieder, nahm seinen Jünger und führete ihn an einen andern Ort, allwo sich beide unter einen

---

a *Wirágen* ist eine Goldmünze, die von den Europäern *Pagode* genennet wird. Ein jedwedes Stücke gilt nach deutscher Münze 2 Reichstaler.

Baum setzten. Da erzählete der Jünger seinem Priester wie und durch wen er wäre getröstet und benachrichtiget worden, daß er um diese Zeit sollte erlöset werden. Hierauf gab ihm der Priester viele Lehren und unterrichtete ihn weitläufig. Alsdenn gingen sie beiderseits miteinander in einen Wald und beteten daselbsten. Hierdurch wurden der *Isuren* und *Isúri* bewogen, daß sie ihnen erschienen und sie beide zu sich in die Seligkeit einholeten.

Auf solche Weise müssen also die Priester und die Jünger beschaffen sein. Nämlich die Priester müssen wissen, wie sie ihre Jünger von der Welt und deren Eitelkeit abführen sollen. Und die Jünger müssen ihren Priestern gehorsam sein, sich prüfen lassen, ihre Worte nicht übertreten, sondern aufrichtig nach ihrer Lehre wandeln. Aber heutzutage sind nur lauter *Káriakurúköl*[a] und *Káriatschischáköl*[b] unter uns.

Das ists, was ich Ihnen habe wissen lassen wollen.

Der neunundzwanzigste Brief

Darinnen vermeldet wird, wie die Welt ehemals durch eine Wasserflut untergegangen sei und ins künftige durch eine Feuerflut untergehen werde, da alsdann eine Gerichtszeit kommen und eine neue Schöpfung vorgehen werde[146]

Im Jahr *Nándanawáruschúm*, den 11. November.

Denen Priestern in Tranquebar, die jedermann unterweisen und den Adel der Weisheit offenbaren, bringe ich mit auf-

---

a *Káriakurúköl* sind solche Priester, die bei ihrer Priesterschaft sich in weltliche Sachen stecken und viel Weltliches an sich haben, auch nach weltlichem Reichtum, Ehre und fleischlicher Bequemlichkeit trachten. Die mit dem Gesetz und allen ihren Gesetzverrichtungen nur ein Gewerbe treiben und dadurch ihre Nahrung suchen, aber sich im geringsten nicht nach ihrer Lehre richten, noch ihre Jünger auf eine rechte Ausübung der Lehre weisen.

b *Káriatschischáköl* sind solche Jünger, die nur den Namen und den äußerlichen Schein haben, aber ganz nicht leben, wie sie leben sollen, deren Herz, Sinn und Trachten bloß auf das Irdische gerichtet ist.

gehobenen Händen mein *Schalám* und lasse folgendes Schreiben an Sie ergehen.

Sie verlangen eine Sache von mir zu wissen, darinnen ich ganz unerfahren bin, nämlich, was wir glauben von der Welt Untergange und ob vorhero schon ehemals die Welt untergegangen sei. Und weil Sie selbsten wohl wissen, daß solche Sache ausführlich zu schreiben über mein Vermögen gehet, so befehlen Sie, daß ich Ihnen nur soviel davon überschreiben soll, als ich wüßte und verstünde. Dasjenige nun, das ich davon weiß und gehöret habe, ist folgendes:

Die Welt ist vorhero durch eine Wasserflut untergegangen.[a] In selbiger hat *Wischtnum* ein jedes[b] bewahret und ihm wiederum aufgeholfen.

Fraget man, wenn ins künftige die Welt wieder vergehen solle, so ist zu wissen, daß dieses *Kaliújum*[c] 432000 Jahre stehen müsse, von welchen nur 4337 Jahre verflossen sind. Wenn aber alle Jahre werden verflossen sein, so wird die Welt durch eine Feuerflut vergehen.[147] Und alsdann soll eine Zeit kommen, da alle Menschen werden gerichtet werden. Nachmals wird Gott die Welt neu schaffen. Soviel habe ich unter uns gehöret.

Diejenigen, so wohl belesen und unterrichtet sind, wissen solches alles. Aber unsereiner hat von solchen Dingen keine Wissenschaft. Könnten wir ohne Sorge und Bekümmernis sein, wegen der nötigen Speise und Kleidung, also daß wir unsere Sorge allein auf solche geistliche Dinge legen könnten, so wür-

---

a Das Gerüchte von der allgemeinen großen Sündflut ist bei diesen Heiden vor alters erschollen. Die Poeten aber haben alle Umstände in viele Fabeln verkehret.

b Durch **ein jedes** wird allhier jede Art von allen Kreaturen verstanden. Denn es wurden nicht allein acht Menschen, sondern auch von allen lebendigen Tieren und Vögeln ein paar in den Kasten Noahs erhalten. Da sie aber solche Erhaltung und nachmalige Vermehrung allein dem wahren Gott zuschreiben sollten, so schreiben sie selbige aus Verführung der Poeten dem *Wischtnu* zu. Wie sie denn alle Wunderwerke Gottes und den ganzen Levitischen [Alttestamentarischen] Gottesdienst in Fabeln und törichte Zeremonien verwandelt haben.

c *Kaliújum* ist nach ihrer Rechnung die jetzige Weltzeit.

den wir uns um solche Sachen bekümmern und eine Wissenschaft darinnen erlangen können. Aber wegen der teuren Zeit und vielfältigen Hausmangels an Lebensmitteln können wir nicht forschen, was vergangen und zukünftig ist, sondern müssen sorgen, wie wir heute unsern Unterhalt bekommen sollen, und so auch morgen und alle Tage. Da wir nun in Ehesachen und in das Hauswesen verwickelt sind, was sollen wir wohl von solchen Sachen verstehen, damit Sie stets umgehen? Oder wie sollen wir auf ihre hohe Fragen Antwort schreiben können? Denn Sie haben sich in der Welt um nichts mehrers zu bekümmern als um lauter geistliche Sachen. Auf selbige stehet Ihr ganzer Sinn. Davon reden und schreiben Sie stets und können auch außer sich vielen andern mit leiblichen Almosen zu Hilfe kommen.

Doch es ist unser Glück in der Welt nicht besser. Wir werden geboren mit Schmerzen, auferzogen mit Bekümmernis unserer Eltern. Und wenn diese tot sind, erben wir solche Mühe und Bekümmernis und plagen uns wegen der Unterhaltung unseres Leibes, der doch kurz hernach verbrannt und zu Asche wird. *Schalám.*

Der zweiunddreißigste Brief

Darinnen eine vorgegebene Historie erzählet wird, daß ein Priester mit seinen Jüngern Kuhfleisch gegessen, und was sich dabei zugetragen habe[148]

Im Jahr *Nándanawáruschúm*, den 14. November.

Denen königlichen Priestern in Tranquebar vermelde ich, N., meinen Gruß.

Sie verwundern sich, daß es unter uns vor so große Sünde geachtet werde, wenn man Kuhfleisch ißet. Damit Sie aber wissen mögen, daß gleichwohl unter uns solche Leute gewesen, die solches Fleisch selbsten gegessen und für keine Sünde gehalten haben, so will ich Ihnen folgende Historie erzählen.

Vor alten Zeiten war ein Priester, welcher zu Gott große Lie-

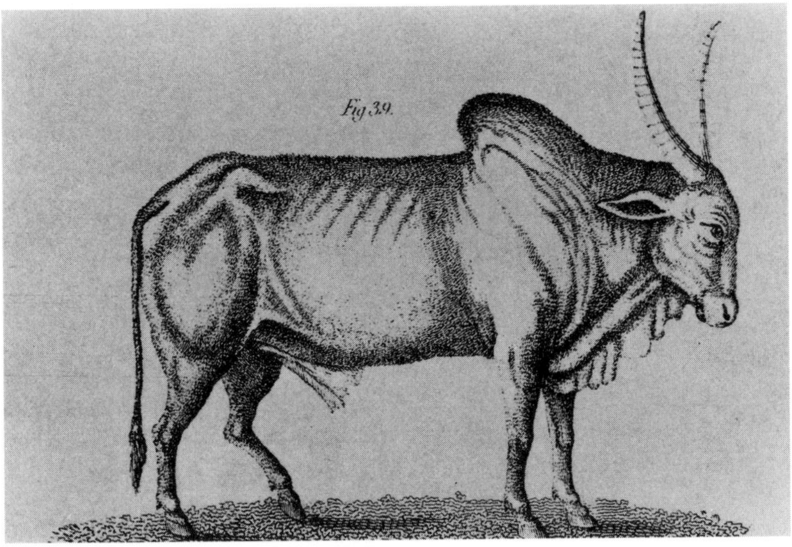

Abbildung 31: Südindischer Ochse

be, Furcht, Treue und Glauben hatte und ein sehr angenehmer Freund Gottes war. Dieser hatte einige Jünger, die um ihn waren, seine Lehren annahmen und ihn hoch ehreten. Als auf solche Weise einige Zeit verflossen war, sagte der Priester, er wolle als ein Pilgrim wallfahren. Es gingen aber zwei Jünglinge hinter ihm her und sprachen: Herr, wir wollen auch mitgehen. Er ließ es geschehen und nahm sie mit. Indem sie aber so gehen, kommen sie in einen Wald, und als sie diesen durchgangen, kommt ihnen allen ein Hunger an und sie sind dabei sehr müde. Darauf gehen sie in einen Flecken, darinnen *Bareier*[a] wohnen. Der Priester nimmt von ihnen gekochtes Kuhfleisch und ißet es. Die Jünger nehmen solches auch und essen es. Ein wenig hernach muß sich der Priester übergeben, weil er solcher Speise niemals gewohnet gewesen. Alles aber, was aus

a *Bareier* sind die verachtetsten Leute unter diesen Heiden und essen allerlei Fleisch, darunter auch solche Kühe, die da sterben wollen oder schon gestorben sind. Denn weil die Malabaren kein Vieh schlachten, so lassen sie selbiges gehen bis es stirbet. Alsdenn holen die *Bareier* und sonderlich die *Wettiár* unter selbigen solche tote Äser ab.

seinem Munde kam, fiel als *Tamarei*-Blumen[a] und als allerlei andere Blumen auf die Erde. Die Jünger mußten sich auch übergeben, aber ihr Übergebenes fiel als Fleisch zur Erden.

Weil der Priester an Gott Glauben, Liebe und Treue hatte, so fiel das gegessene Kuhfleisch als Blumen aus seinem Munde. Denn Glaube, Liebe und Treue sind die vornehmsten Stücke. Wer keinen Glauben hat, der hat nichts, wenn er sich gleich von allen Dingen enthält. Wer aber Glauben hat, der hat alles, er mag im übrigen essen, was er will.

Dieses habe ich Ihnen wissen lassen wollen. *Schalám.*

Der dreiunddreißigste Brief

Von dem Almosen, welches die Söhne nach ihrer Eltern Tode jährlich verrichten in Meinung, daß solches den verstorbenen Seelen zustatten kommen solle. Item von den Zeremonien, die bei Sterbenden und Gestorbenen vorgehen

Im Jahr *Nándanawáruschúm*, den 17. November.

Denen beiden Herren Priestern in Tranquebar vermelde ich, N., meinen Gruß.

Sie fragen, auf was [für] Weise das *Didi*[b] unter uns gegeben werde? Davon Sie denn folgendes wissen sollen.

Ehe solcher Tag kommet, werden von dem, der das *Didi* geben soll, vorher allerlei Eßwaren angeschaffet von Feld-, Baum- und Gartenfrüchten. Auch werden Rauchwerk, Blumen, Sandelholz und allerlei Gewürze angeschaffet. Hierauf werden zugleich 10 oder 5 *Marakál*[c] Reis angeschaffet, je nachdem einer,

a *Tamarei* ist eine Blume wie die Tulpe. Sie geben vor, daß sie 1000 Blätter habe, und schreiben gar viel in Büchern von selbiger.

b *Didi* ist eine Almosensverrichtung, welche die Kinder nach ihrer Eltern Tode jährlich einmal verrichten müssen, und solches zwar in dem Namen ihrer verstorbenen Vaters und Mutter, aus Absicht, daß solches Almosen ihren Seelen zugute kommen solle.

c *Marakál* ist ein Maß, etwas kleiner als eine deutsche Metze.

der das *Didi* gibet, reich oder arm ist, als welcher auch Milch und andere Sachen parat halten muß.

Den Tag vorhero, ehe *Didi* gegeben werden soll, muß das ganze Haus gereiniget werden. Des Tages aber, an welchem solches Didi gegeben wird, muß das Haus gewaschen und mit Kuhmist beschmieret werden. Auch müssen alle Kleider im Hause gewaschen sein und ales Volk im Hause reine Kleider anhaben.

Alsdann kommen acht, zehn, zwanzig, dreißig und mehr Brahmanen, welche man niedersetzen heißen muß. Derjenige Sohn nun, der in dem Namen seines verstorbenen Vaters solches *Didi* gibet, nimmt eine Wasserreinigung vor und verrichtet mit Devotion seine Zeremonien. Wenn solches geschehen, so übet er die Liebeswerke aus. Die Brahmanen nehmen von selbigem Wasser und sprengen es dreimal auf sein Haupt, werfen auch Blumen und Reis darauf. Solches tun drei oder fünf Brahmanen. Wenn solches geschehen, so legt er ihnen Feigenblätter vor und läßt Eßwaren darauf legen. Auch nennet er die Namen *Birúma*, *Wischtnum* und *Tschiwén* und teilt denen Brahmanen, so Wasser und Blumen auf sein Haupt gesprenget, neue Kleider aus. Denen übrigen Brahmanen gibt er auch jedem seine Portion, je nachdem sie vornehm oder geringe sind.

Nach diesem allen macht er seine Verehrung und fällt vor ihnen nieder auf sein Angesicht. Alsdann legt er Reis mit allerlei Früchten auf den Ort, wo die Brahmanen gesessen, feuchtet ihn an mit Wasser, knetet es untereinander und macht runde Klumpen daraus. [Er] legt drei oder vier solche Klumpen auf ein Feigenblatt, gedenkt an seinen Vater, Mutter, Großvater und Ältervater, und tut eben, als wenn selbige solches äßen. Alsdann hebt er solche[149] auf und verwahrt sie. Denen Brahmanen macht er nochmals eine Verehrung und läßt sie von sich gehen.

Nachhero ruft er seine Freunde und Verwandten, desgleichen auch die Fremdlinge, und gibt ihnen zu essen. Auch trägt er ihnen *Betel Arék* auf, redet sehr freundlich mit ihnen und dimittieret[150] sie mit großer Ehrenbezeugung.

Soviel habe ich vom *Didi*-Geben vermelden wollen.

Hiernebst haben Sie auch gefraget, was bei den Sterbenden und Gestorbenen für Zeremonien vorgehen. Davon haben Sie folgendes zu wissen.

Ehe einer stirbet tut er noch vorhero allerhand gute Werke und Almosen, wie es sein Vermögen zulassen will. Solche Almosen bestehen nun in Kühen, Gelde, Kleidern, Getreide, Baumfrüchten und allerlei Eßwaren, welche er teils denen Brahmanen, teils denen armen Leuten und denen Fremdlingen mitteilet. Die Brahmanen tuen denn die gesetzten Zeremonien, die sie bei Sterbenden nach dem Gesetz zu tun haben.

Wenn einer gestorben ist, so rufen sie wiederum einige Brahmanen oder *Pantárangöl*, welche Wasser aus der *Pagode* holen und damit den toten Leichnam waschen. Nachmals werden Feueropfer getan, wobei sie die göttliche Schrift lesen und die gesetzten Zeremonien verrichten. Alsdann tragen sie die Leiche nach dem Verbrennplatze, wohin ihr alle Freunde und Verwandten mit aufgedecktem Haupte nachfolgen und auf den toten Körper insgesamt einige Körner Reis werfen, wenn selbiger auf den Holzhaufen geleget ist. Seine Söhne nehmen ein Stück Sandelholz und legen es angezündet zu seinen Häupten. Worauf denn der ganze Haufen unten mit Feuer angezündet wird. Den andern Tag darauf gehen die Söhne mit den Freunden wieder hinaus, sammlen des Verstorbenen Gebeine und tragen sie in einen Fluß.

Solches alles habe ich kurzgefaßet, weil ich weiß, daß Ihnen solches alles ohnedem schon wird bewußt sein. *Schalám.*

Der vierunddreißigste Brief

Darinnen ein Brahman denen Schulkindern eine Diät vorschreibet, nach welcher sie gesund erzogen werden können[151]

Im Jahr *Nándanawáruschúm*, den 17. November.

Denen Herren Priestern wünsche ich , N., Gottes Segen. Sie befragen mich, wie und auf was Weise ihre Schulkinder gesund und frisch erzogen werden können, und was für eine Diät zu ihrer Gesundheit vorzuschreiben sei. Hierauf dienet zur Nachricht, daß in diesem Lande folgende Diät bei den Kindern müsse observieret werden.

Kinder, die ihr fünftes Jahr erreichet, müssen gewöhnet werden, des Morgens frühe aufzustehen und zwei Stunden hernach die Frühkost von dem, was des gestrigen Tages gekocht ist, zu essen. Des Mittags aber müsen sie neugekochte Speise haben, da denn alle Suppen und Zugemüse mit beißenden[152] Gewürzen, als Pfeffer und dergleichen, stark angemacht sein müssen. Auch muß man kühlenden *Dáir*[a] und Buttermilch oft auf den Reis gießen und sie essen lassen. Nachmittags muß man ihnen gleichfalls etwas für ihren Hunger geben. Des Abends um 8 Uhr muß man ihnen Milch zum Reise geben. Ist aber keine Milch vorhanden, muß man von Pfeffer und *Tamarin* eine Suppe machen[153] und sie auf den Reis gießen.

Sie müssen nicht unterlassen, alle acht Tage sich einmal am Leibe zu waschen und den Kopf samt allen Gliedern mit Öl zu bestreichen.

Alle vier Tage einmal muß ihnen ein Trank gegeben werden, der folgendergestalt zu präparieren ist: Man nimmt von Pfeffer soviel als eine *Pagode* schwer ist und vier Reiserchen von dem Baum, *Wébbamaram*[b] genannt. Hierzu tut man Fenchel soviel, als das Gewicht eines halben *Pagodens* austragen möchte. Solches zerreibt man und läßts untereinander wohl kochen. Auf solche Weise muß man mit solchen Kindern bis zum zehnten Jahre verfahren.

---

a *Dáir* ist eine geronnene Milch, die allenthalben in Ostindien zur Kühlung gegessen wird. Man nimmt gute Milch, wie sie von der Kuh kommt, siedet sie und läßt sie wieder kalt werden. Alsdann tut man ein wenig sauer hinein von dem alten *Dáir* und läßt sie des Nachts über stehen. Des Morgends ist sie geronnen, schmecket auf dem Reise sehr angenehm und kühlet sehr.

b *Wébbamaran* ist ein Baum dessen Holz, Blätter und Früchte ganz bitter sind. Man setzt in Ostindien gerne solche Bäume vor die Häuser weil es ein schattigter Baum ist, der groß fortgesetzet [umgesetzt] werden kann und bald Äste bekommt. Er ist auch ein reinlicher Baum, darinnen sich kein Ungeziefer aufhält, darum, weil alles an ihm bitter ist. Aus der Frucht wird Öl gemacht.

Des Morgens können sie drei bis vier Stunden lernen. Nachmals aber muß man ihnen eine oder zwo Stunden zur Bewegung des Leibes geben.

Diejenigen Kinder, die ihr zehntes Jahr erreichet haben, müssen des Morgens sehr frühe aufstehen und ihre Andacht verrichten, nach dem Gesetz. Alsdann müssen sie noch eher als die Sonne aufgehet ihre Zähne reinigen mit einem Hölzchen vom Lundten-Baume[154] oder von einem andern Baume. Auch müssen sie selbige mit Aschen reiben und reinigen, denn solches ist dem Leibe sehr gesund. Wenn Gott angebetet worden, können sie lernen bis 9 Uhr und alsdann essen, was am gestrigen Abend beigesetzt[155] worden ist. Nachhero können sie um 1 Uhr rechte Mahlzeit halten. Alle Speisen aber müssen mit vielen beißenden und bitteren Gewürzen angemachet werden. Die Speisen, so hitzig[156] sind, taugen nicht. Man muß sie reichlich mit Butter anmachen, sonst können sie nicht wohl verdauet werden. Des Mittages, nach dem Essen, müssen die Kinder nicht schlafen. Denn solches ist ihnen schädlich. Nach 8 Uhr können sie des Abends speisen. Auf solche Weise muß man mit ihnen bis zum sechzehnten Jahr verfahren.

Alle Tage müssen sie zum wenigsten zwei Stunden aus der Schule gelassen und zur Bewegung des Leibes angehalten werden. Alle Monat müssen sie ununterbrüchlich wenigstens einmal purgieren,[157] welches bei den Kleinen auch gut ist. Auch müssen sie alle acht Tage einmal sich waschen und mit Öle bestreichen, welches Öl auf dem Kopfe und dem ganzen Leibe wohl eingerieben und nachmals mit Wasser abgewaschen werden muß. Alle vier Tage müssen sie einmal den vorgedachten Trank trinken. Wenn man sie nach solcher Diät unterhält werden sie nicht leichtlich krank werden.

Wollte man dieses weitläufig schreiben, so würde man zwei- bis dreihundert Blätter nötig haben. Ich habe aber alles kurzgefaßet und in Eil' geschrieben.

Nach zehn Uhr müssen sie erst des Abends schlafen gehen und des Morgens vorm Aufstehen sehr frühe sich drei Stunden zu wachen sich angewöhnen.

Soviel habe ich Ihnen auf Ihre Frage zur Nachricht mitgeteilet. Wollen Sie es weitläufiger haben, so können sie jemand von Ihren Schreibern zu mir senden, dem ich solches in Griffel diktieren kann. Denn ich weiß nicht Malabarisch, sondern allein *Telinkisch*[158] zu schreiben. *Schalám.*

Der achtunddreißigste Brief

Worinnen vermeldet wird, was für ein Unterschied zwischen Gott, dem höchsten Wesen, und zwischen den andern Göttern sei[159]

Im Jahr *Nándanawáruschúm*, den 19. November.

Was anlanget den Unterscheid zwischen den Göttern, die in diesem Lande angebetet werden, und zwischen Gott, dem höchsten Wesen, so gebe ich folgende Nachricht.

Am Ende der Welt werden diese und jene Götter alle insgesamt Götter zu sein aufhören. *Piradiár*, *Ayanár*, *Periátampirán*, *Elámmen*, *Mariámmen*, *Dúkkei*, *Bagabádi*, *Tánmer*, *Mannarschwámi*, *Ankalámmen*, *Wirabáddiren*, alle diese Götter sind insgesamt erstlich bei Gott dem höchsten Wesen angenehme Diener gewesen. Indem sie sich aber in solchem Stande gefunden, sind sie stolz und hochmütig worden, in ihrem Herzen gedenkend: Können wir nicht eben sowohl solche Dinge, Menschen und Kreaturen schaffen? Diese ihre Gedanken insgesamt sind Gott, dem höchsten Wesen, durch die Weisheit wissend worden, der sie wegen solcher boshaftigen und hochmütigen Gedanken in die Welt verstoßen hat.

Als sie solchergestalt zur Welt verstoßen wurden, kamen sie alle und fragten: Herr, wann soll die Zeit unserer Erlösung kommen?

Alsdann sprach Gott, das höchste Wesen, zu ihnen: Gehet hin in die Welt, bleibet daselbsten und seid Könige über die Teufel und über alle böse Geister, und gebet acht, daß diese Teufel an denen Menschen keine Bosheit ausüben. Alle Menschen sollen euch jährlich ein Fest halten, sie sollen euch auch

Abbildung 32: Śivas Sohn Skanda (Subrahmanya), auf einem Pfau reitend und mit sechs Gesichtern versehen

nötige Sachen zum Opfer bringen. Bleibet nach meinem Befehl bis an der Welt Ende also. Am Ende der Welt soll euch wieder die Seligkeit werden.

Weil es nun also in dem Gesetz stehet, so halten ihnen die Menschen jährlich ein Fest. Es ist demnach zwischen solchen Göttern und zwischen Gott, dem höchsten Wesen, ein Unterscheid.

Was aber die andern Götter anlanget, als *Ischuren*, *Pérumal* und *Rúddiren*, so ist zwischen ihnen und zwischen Gott, dem höchsten Wesen, kein Unterscheid. Fraget man, warum unter ihnen kein Unterscheid sei, so dienet zur Antwort: Weil jene lauter Charakteres sein, wodurch des höchsten Gottes Namen und er selbsten erkannt werden kann, und weil sie eben wegen der Charakteres, die das höchste Wesen hat, angebetet werden, so ist kein Unterscheid unter ihnen.

Man saget auch, daß *Subbiramanien* Gottes Sohn sei. Die Ursache, warum er ihn erschaffen, ist diese:

Es war ein König *Tschúrapadbamá*[a], welcher tausend *Wéllum*[b] Kriegsvolk hatte. Dieser König tat allen Göttern, die von dem höchsten Wesen verordnet waren, großes Leid an, und übete an ihnen große Bosheit aus. Dahero gingen alle Götter zu Gott, dem höchsten Wesen, und beklageten sich darüber. Darauf schuf er den *Subbiramania Schwámi* und sendete ihn aus mit dem Befehl, daß er den König *Tschúrapadbamá* umbringen sollte. Hierauf stieg der *Subbiramanien* auf den Pfau[c], kam einher, siegete und schlug alles tot, so daß nicht einer von dem Geschlechte selbigen Königes übrig blieb. Nachdem er diesen König getötet und den Sieg davongetragen hatte, erlangete er in dem höchsten Wesen die Seligkeit.

Alle diese Personen sind also in dem höchsten Wesen begriffen. Daher ist unter dem höchsten Wesen und unter dergleichen Göttern kein Unterscheid. Alle diese Personen, die wir Götter nennen, werden zur Zeit, wenn alles wieder in seinen Ursprung gehen wird, in das einzige göttliche Wesen verwandelt werden. Das höchste Wesen ist allein der einzige Gott, der jetzo und allezeit und in Ewigkeit unvergänglich sein und bleiben wird. Es ist also ein Unterscheid zwischen den Schutzgöttern und zwischen dem höchsten Wesen, aber zwischen *Ischuren*, *Pérumal*, *Rúddiren* und dem höchsten Wesen ist kein Unterscheid. *Wirúma*, *Wischtnu*, *Rúddiren*, *Tschatátschiwum* und *Maéschuren*, diese fünf Gesichte[d] werden zuletzt bei Gott wieder ein einiges Gesichte werden.[160]

Dieses sei die Antwort auf Euer Ehrwürden Frage, ob unter dem höchsten Gott und den andern Göttern ein Unterscheid sei oder nicht.

---

a *Tschúrapadbamá* wird von den Poeten als ein König über alle 14 Welten beschrieben, welche Herrschaft er durch seine langwierige harte Buße erlanget hätte. Solche Historie wird weitläufig in einem Buche, *Kándapuránum* genannt beschrieben.

b *Wéllum* ist eine große Zahl, die vieltausendmal Tausend in sich begreifet.

c Der Pfau ist noch heutzutage in den Pagoden des *Subbiramaniens* Wagen, auf welchem sie ihn in Festtagen herumtragen. Solches Pfauenbild ist von Holz, mit allerlei Farben bemalet.

d Sie schreiben *Tschiwén* oder dem höchsten Wesen 5 Gesichter zu, welche die 5 großen Götter bedeuten sollen. Was die klugen Brahmanen und andere

Der neununddreißigste Brief

Von den vielen Besessenen unter den Malabaren und wie der Teufel von ihnen ausgetrieben werde

Im Jahr *Nándanawáruschúm*, den 20. November.

Auf die Frage, ob unter uns Malabaren Leute gefunden werden, die vom Teufel besessen sind, dienet folgendes zur Antwort.

Es sind allerdings viel Leute unter uns, die von den Teufeln besessen werden. Denn es ist eine Teufelin, die *Kattéri*[a] heißet, welche einige besessen hält, sonderlich aber wohlgestalte Jungfrauen zu besitzen suchet, als deren Gestalt sie übel zurichtet und machet, daß sie keine Gedanken haben auf die Haussachen noch auf ihre Männer und Kinder, dagegen aber das Haupt stets umdrehen, immer singen und diejenigen, so ihnen nahe kommen, ausschelten, sie mit Steinen werfen, ganz toll umherlaufen, alles verkehrt und untereinander[161] reden, auch weder zum Reis noch anderen Eßwaren Begierde haben, sondern in die Büsche hineinlaufen und daselbst liegenbleiben, auch mitten in der Nacht in diejenigen veralteten *Pagoden* gehen, deren sich die Teufel bemächtiget haben, und daselbst mit den Teufeln spielen. Auf solche Weise schwärmen sie herum und wenn ihnen ein Hunger ankommet, essen sie alles, dessen sie habhaft werden können. Wenn denn jemand nahe zu ihnen kommt und ihnen mit guten Worten zuredet, so schelten sie ihn aus und schlagen ihn. Alle dergleichen böse Laster und Untugenden verüben sie.

Hiernebst ist auch ein Teufel, *Periátampiran*[b] genannt, wel-

---

verständige Leute anlanget, wollen sie gerne alle Götter in den einzigen Gott hineinbringen, zumal, wenn sie es hierinnen mit verständigen Leuten zu tun haben. Gleichwohl aber können sie die Historien, die von solchen Göttern geschrieben sind, nicht leugnen, als die da klärlich zeigen, daß lauter Absurditäten aus solchem Satz folgen. Dahero drehen sie die Sache bald so, bald wieder anders.

a *Kattéri* ist eine Feld- und Waldteufelin, die sich nach ihrer Meinung in wüsten Gebäuden aufhält.

b *Periátampiran* ist einer von den obersten Teufeln.

Abbildung 33: Die gütigen Jungfrauen. Südindische Dorfgöttinnen

cher auch einige besessen hält. Welche von diesem besessen werden, die können keine Speise bei sich behalten und drehen stets den Kopf. Diejenigen, so von diesem Teufel besessen werden, führet man in die *Pagoden* der Schutzgötter und kocht zum Opfer solchen Schutzgöttern Böcke, Schweine, Hähne und dergleichen Eßwaren mehr. Dabei läßt man die von solchem Teufel besessene Person vor den Schutzgöttern sich niedersetzen. Und, um den Teufel auszutreiben, bittet und spricht man: Mutter, was wollt ihr mehr? Ich will euch allerlei Eßwaren bringen. Alsdenn sitzt die vom Teufel besessene Person in der Gegenwart solcher Schutzgötter. Dabei werden die Trommeln und allerlei Saitenspiele gerühret. Während der Zeit schlägt man die vom Teufel besessene Person mit Stecken, bedräuet[162] den Teufel und jaget ihm diese und jene Furcht ein. Hiervor fürchtet sich der Teufel und fähret aus. Sobald nun der Teufel ausgefahren ist, redet die Person sehr wohl und kommt wieder zu gutem Sinne und Verstande.

Einige besitzet der Teufel, *Ettschipischáschu*[a] genannt, ei-

a *Ettschipischáschu* ist der Freßteufel, der gerne um diejenigen ist, die sich mit Speisen tragen.

nige der Teufel, *Bareipischáschu*[a] genannt, einige der Teufel, *Brámanapischáschu*[b] genannt, einige die Teufelin, *Birúmarátschadi*[c] genannt, einige der Teufel, *Tschurakátupischáschu*[d] genannt, einige der Teufel, *Wettúnipischáschu*[e] genannt.

Wenn einer ins Feuer springt und sich verbrennt, so wird er zum Teufel und besitzt einige. Auch diejenigen, die sich selbst vergeben, erhängen, ins Wasser springen und sterben, die sich die Zunge aus dem Halse reißen und sich selbsten ums Leben bringen, ja alle, die eines unzeitigen und gewaltsamen Todes sterben, werden zu Teufeln und besitzen die Menschen. Item, wenn einer eine Schuld begangen und am Leben gestrafet wird, der wird zum Teufel und besitzt Menschen.

Auch ist ein Wasserteufel. Wenn einer alleine durch ein Wasser gehet, so macht er ihn furchtsam und tötet ihn im Wasser.

Aber alle diese Teufel können ausgetrieben werden, sie mögen besitzen, wen sie wollen, ohne nur der *Brámanapischáschu*, *Bareipischáschu* und *Birúmarátschadi*. Diese drei können nicht ausgetrieben werden. Ist einer von diesen Teufeln besessen, so wird er ihrer nicht los bis in seinen Tod.

Die Art und Weise, wie die Teufel von den besessenen ausgetrieben werden, verhält sich also:

Man führet die vom Teufel besessene Person in eine *Pagode* der Schutzgötter, bringt diesen ein Opfer, beschwöret die Teufel mit einem Eid bei dem obersten[f] unter ihnen, schlägt

---

a *Bareipischáschu* ist ein Teufel aus der *Bareier* Geschlechte, welcher entstehet, wenn sich unter diesen Leuten einer ums Leben bringet.

b *Brámanapischáschu* ist der Brahmanenteufel.

c *Birúmarátschadi* ist eine gewaltige Teufelin, von welcher viele Historien geschrieben sind.

d *Tschurakátupischáschu* ist derjenige Teufel, der sich an demjenigen Orte aufhält, allwo die toten Körper verbrannt werden.

e *Wettúnipischáschu* ist der Kriegsteufel. Sie glauben, daß alle, die im Kriege totbleiben, zu Teufeln werden und sich zu diesen gesellen.

f Die obersten und die Könige der Teufel sind im vorigen 38. Briefe spezifizieret worden. Man erkennet übrigens hieraus, daß die Malabaren in dem Wahn stehen, als würde ein Teufel durch den andern ausgetrieben, gleichergestalt als auch die Pharisäer unsern Heiland beschuldigten, daß er die

die besessene [Person] mit Stecken und bedräuet die Teufel. Wollen sie hierauf nicht weichen, so beschwöret man sie mit einem Eid bei dem einigen Gott. Alsdann fängt der Teufel in der besessenen Person mit großem Grimm an zu schreien, wird sehr zornig und verspricht, er wolle ausfahren, man solle nur den Eid, womit er beschworen wäre, von ihm wieder hinwegnehmen. Das Zeichen nun, das er gibt, wenn er ausfähret, ist dieses: wenn man in ein *Panel* Wasser schöpfet und hinsetzet, so nimmt er dasselbige Wasser, zerschlägt das *Panel* und schreit über Gewalt und Unrecht.

Der vierzigste Brief

Von der Hexerei und Zauberkünsten, wie sehr nämlich selbige unter den Heiden im Schwange gehen

Im Jahr *Nándanawáruschúm*, den 21. November.

Ihre Frage ist, ob solche Leute gefunden werden, die mit den Teufeln einen Bund machen und diese und jene Künste treiben. Darauf berichte ich folgendes.

Es ist eine Kunst, welche Hexerei und Zauberkunst genannt wird.

Ayanár, *Páttirakáli*, *Wáirawen*[a], *Periátampirán*, *Kattéri*, *Rínawirabaddiren*, *Mariámmen*, *Ankalámmen*, *Kattárunen*[b], *Munnariár*[c], *Antarentawirabaddiren*; alle diese Feld-, Stadt-

---

Teufel austriebe durch der Teufel Obersten, die aber von Christo nachdrücklich widerleget werden Matth. 12, 24 seqq. Wie denn auch das, was hier der Korrespondent von der Methode, die Teufel auszutreiben, weiter berichtet, die Malabaren der Nichtigkeit ihres Wahns leichtlich überzeugen könnte.

a *Wáirawen* ist der oberste Teufel über den Reichtum, der die vergrabene Schätze besitzet.

b *Kattárunen* ist der oberste Teufel derer, die sich selbst erhängen oder erhänget werden.

c *Munnariár* sind diejenigen vornehmen Teufel, deren Figur und greuliche Gestalt vor den Eingangstüren in den *Pagoden* als Wächter gestellet werden, daß sie alles darinnen verwahren mögen.

Abbildung 34: Virabhadra hält den Kopf Dakshas ins Feuer

und Schutzgötter sind Könige über die Teufel. Diesen bringet man insgesamt Opfer und Verehrungen, als Böcke, Schweine, Hähne, Eier, starke Getränke und andere Eß- und Trinkwaren. Da tut man ihnen denn ein Gelübde von 20 oder 30 *Perdous*[a]. Ein jedweder unter ihnen hat seine besondere Bestallung. Diesen verschwört man sich nun durch eine Gebetsformel mit einem Eide bei *Paruмésuren* und verheißet mit einem Eide: Siehe! Ich will bei dir wohnen, wohne du bei mir. Solchergestalt machet man alle solche Feldgötter bei sich wohnend und verspricht ihnen, jährlich zwei- oder dreimal Opfer zu bringen, da man denn alles halten muß, was man versprochen, zu tun nach ihrem Willen. Diese Götter tun denn gleichfalls alles, was sie versprechen.

Wenn solches Verbündnis gemachet ist, so präparieret ein solcher Schwarzkünstler eine schwarzgelbe Farbe und streichet selbige in die Hand. Wenn er darein siehet, so kann er alle diejenigen Götter und Göttinnen gleichsam wie in einem Spiegel sehen, die er mit Namen rufet. Alsdann fraget er selbi-

a *Perdou* ist eine güldene Münze, die 10 *Fano* oder nach dem Gelde in Deutschland 20 Groschen gilt.

ge, was sie haben wollen. Da sie alsobald in einer Gestalt dasjenige sehen lassen, was sie haben wollen, welches er ihnen gibet. Nachdem behält er diejenigen Götter bei sich, die er vonnöten hat, und die andern, die er nicht nötig hat, läßt er wieder von sich gehen. Darauf übet er seine Kunst aus und sendet sie hier und da hin zu diesen und jenen Verrichtungen.

Er kann Kopf- und Bauchwehtage verursachen, lahme Beine und Arme machen, die Leute von Sinnen bringen, sie toll und rasend und zu Narren machen, er kann die Menschen scheußlich und ungestalt machen, böse und schädliche Krankheiten verursachen, Füße und Hände starr machen, und auf solche Weise kann er nach und nach einen ums Leben bringen.

Des Nachts im Schlafe schickt er die Teufel aus und kann durch sie große Bosheit verüben. Solche Bosheit ist diese: Er macht im Traume eben, als wenn einer das Gedärme aus dem Leibe risse und den Hals abschnitte; ja er macht, als wenn Leute mit Schwertern, Spießen und Büchsen kämen, die den Kopf abhacken und stechen wollten. Er macht auch eben, als wenn Schlangen kämen, die einen verfolgeten und bissen. Alle diese Schrecken und Furcht jaget [er] den Leuten ein in den 12 Stunden des Nachts und kann machen, daß sie nicht schlafen können.

Unter solchen Hexenmeistern und Zauberern sind einige, die alsobald den Menschen ums Leben bringen können. Die Teufel tun solches aus Furcht vor dem Eide[a], den solche Leu-

---

a Der Eidschwur ist bei ihnen in gar sonderlichem Gebrauche. Wenn einer von seinem Schuldmann [Schuldner] etwa das Geld nicht bekommen kann, so tut er einen Eid bei dem Oberhaupt der Stadt, unter welchem sie beide stehen. Alsdann darf wegen solchen Eides der Schuldner nicht von der Stelle gehen, er bezahle denn seine Schuld oder er zeige ein Remedium [Mittel], dadurch der Kreditor kontentieret [zufriedengestellt] werden könne. Will er sich vor solchem Eide nicht fürchten, so nimmt ihn der Kreditor und schleppt ihn zu dem Herrn, bei welchem er den Eid getan hat. Oftmals vereinigt sich eine ganze Zunft [Kaste] und wollen dies und jenes nicht haben. Will man sie nicht hören, so tun sie einen Eid bei dem König, vor welchem sich die andere Partei fürchten und die Sache konzetieren [zugestehen] muß. Will sie aber nicht, so brauchen sie Gewalt. Und kommt die Sache vor den König, so werden diejenigen hart gestrafet, die sich vor dem Eide nicht gefürchtet, der

te bei Gott getan haben. Denn die Teufel fürchten sich sehr vor dem Eide, den man bei Gott tut. Es sind unter solchen Leuten einige, die durch Versprechungsformeln die Fische in der See zusammenrufen können, auch machen, daß kein Fisch in Netzen gefangen werde; item, daß das Vieh und die Tiere keine Speise essen müssen. Alle solche Dinge sind sie mächtig zu tun aus Hilfe des Teufels.

Will nun einer, der solche Kunst gelernet hat, zuletzt, wenn er sterben soll, nicht nach der Teufel Willen tun und leben, so bringen ihn dieselbige Teufel selbsten ums Leben.

Dieses ist die Beschaffenheit derer, die mit den Teufeln einen Bund machen und diese und jene Künste ausüben.[a]

---

bei seinem Namen geschworen ist. Da geben sie denn nun vor, es sei unter den Teufeln auch also, daß wenn man bei ihren obersten oder bei Gott selbsten über sie einen Eid täte, so müßten sie sich davor fürchten und tun, was man haben wolle.

a Daß dergleichen Teufelskünste sein und unter diesen Heiden stark im Schwange gehen, daran ist ganz und gar nicht zu zweifeln. Es hat einstmals ein persianischer Kaufmann gegen uns bekannt, daß er, da er ganz alleine weit im Lande unter diesen Heiden sich seiner Kaufmannschaft wegen aufgehalten habe, aus Kuriosität und um zu erfahren, ob solche Künste sein oder nicht, sich bei einem in die Schule begeben habe, da ihm denn 20 Tage zum Lernen gesetzet worden. Er hätte aber nicht länger als nur drei Tage aushalten können, in welchen er soviel gesehen, daß ihm alle Haare zu Berge gestanden. Des Nachts hätte er mit seinem Lehrmeister in einem Kreise gesessen, da hätte sich ein Saal präsentieret, dessen Länge und Breite man nicht [hätte] übersehen können. In dem Saale wären von weitem viele tausend Böcke gekommen und sich nahe zu ihm gemachet. Da hätte er einige Wörter müssen sprechen und die Böcke mit Reiskörnerchen bewerfen, daß sie nicht in den Kreis kommen können. Dabei [ist] ihm angst und bange geworden, daß er niemals mehr solches ferner versuchen wollen. Man siehet hieraus, wie mächtig der Teufel unter den Kindern des Unglaubens ist und wie häufig solche Teufelskünste unter den Heiden erlernet und praktizieret werden, davon uns unterschiedliche Exempel bewußt sind. Man kann auch hieraus erkennen, daß, wo sich solche Künste auch in Europa finden, dieselbigen von den Heiden herkommen, wie auch Gaukelspiele und andere Blendwerke der Augen, dergleichen in diesen Landen unter den Heiden unzählig viele gefunden werden. Welche Teufelskünste und Gaukelspiele leider ihren freien Lauf haben und von niemanden verboten oder gehemmet werden.

Der sechsundvierzigste Brief

Welcher 64 Fragen enthält, die beantwortet werden sollen[163]

Im Jahre *Nándanawáruschúm*, den 29. November.

Sie haben bishero unterschiedliche Fragen an mich getan, welche ich nach meiner Erkenntnis ihnen beantwortet habe. Anjetzo will ich gleichfalls an Sie einige Fragen tun, welche sie mir zu beantworten belieben wollen. Selbige sind folgende:

1. Wieviel Geschlechte der Menschen hat Gott anfänglich erschaffen? 2. Wie hat er diese Welt erschaffen? 3. Zu was[164] Endzweck hat Gott die Menschen in die Welt erschaffen? 4. Was sind die Menschen Gott zu tun schuldig? 5. Auf was[165] Weise und durch wen ist die Sünde in die Welt kommen? 6. Was ist die Tugend? 7. Was war vorhero, ehe Himmel und Erde erschaffen wurde? 8. Von wem wurde Gott bedienet und verehret, ehe wir Menschen waren? 9. Woraus ist des Menschen Seele erschaffen? 10. An welchem Orte ist die Seele im Menschen? 11. Wo ruhet sie, wenn der Mensch schläft? 12. Woher ist das Licht entstanden? 13. Woher ist der Schall gekommen? 14. Wovon entstehet der Wind? 15. Was haben die 5 Elementa vor eine Ausgeburt? 16. Wie sehen die Elementa aus und was haben sie vor eine Farbe? 17. Wie mancherlei ist das Leben in der Welt? 18. Wie sollen die Menschen in der Welt leben? 19. Welches ist das Mittel, Gutes zu erlangen? 20. Worinnen bestehet der Gehorsam eines Jüngers gegen seinen Lehrer? 21. Was hat ein Lehrer an seinem Jünger zu tun? 22. Woher kommts, daß unter den Menschen einige reich und einige arm sein? 23. Wie kann man einen bösen Menschen gut machen? 24. Wenn Menschen geboren werden, warum werden einige blind, einige lahm und einige mit anderen Gebrechen geboren? 25. Aus was [für] Ursache sterben einige Kinder im Mutterleibe, einige wenn sie ein Jahr alt und einige wenn sie drei, fünf, neun und zehn Jahr alt sind? 26. Warum sind einige von einem hurtigen Ingenio[166] und einige von einer dummen Art? 27. Wenn der Mensch stirbet, wo bleibt seine Seele? 28. Was ist die Seligkeit? 29. Was ist die Hölle? 30. Wird

die Seele des verstorbenen Menschens wieder mit einem anderen Leibe in die Welt geboren oder nicht? 31. Wie ist eigentlich die Seele gestaltet? 32. Was ist es denn vor eine wunderliche Sache, daß die Seele mit einem Leibe in die Welt geboren wird, eine Zeitlang in der Welt mit dem Leibe vereiniget ist und nachmals solchen Leib wieder verläßet? 33. Haben die lebendigen Tiere in der Welt auch eine Seele, Verstand und Willen? 34. Siehet Gott die Menschen in der Welt alle auf gleiche Weise an oder macht er unter ihnen einen Unterscheid? 35. Woher kommen die vielen Religionen in der Welt? 36. Wann hat die christliche Religion ihren Anfang genommen? 37. Wie ist Christus Gottes Sohn? 38. Wie ists möglich, daß Gott ein einiger Gott, gleichwohl auch dreifaltig ist? 39. Wie hat Christus in dem Leibe der Mariä ohne Sünde empfangen und geboren werden können? 40. Da er Gottes Sohn ist, warum hat er nicht anders als durch menschliche Geburt in die Welt kommen können? 41. Was ist sein fürnehmster Endzweck gewesen, also in die Welt zu kommen und [als] Mensch geboren zu werden? 42. Warum ist er von einem so armen Weibe geboren? 43. Aus was [für] Ursache hat er in so großer Armut gelebet? 44. Warum hat er denn nur arme Leute zu seinen Jüngern erwählet? 45. Warum ist er nicht die ganze Welt durchreiset, daß alle Menschen seine Lehre hätten hören können? 46. Was hat er eigentlich gelehret? 47. Warum ist er von so vielen in der Welt verachtet und verspottet worden? 48. Warum haben ihn denn die Juden selbsten nicht vor Gottes Sohn annehmen wollen? 49. Was hat er von der Sünde und der Tugend gelehret? 50. Was hat er seinen Jüngern vor Kennzeichen gegeben? 51. Was hat er vor Gebetsformeln gelehret? 52. Was hat er vor einen Weg zur Seligkeit gezeiget? 53. Warum müssen sich diejenige taufen lassen, die seine Jünger werden wollen? 54. Warum hat er zuletzt als[167] ein Dieb am Kreuz hängen müssen? 55. Wie ists möglich, daß er als ein wahrer Gott hat sterben können? 56. Aus was [für] Ursache ist er zur Höllen gefahren? 57. Wie ist er wieder aufgestanden? 58. Wie ist er gen Himmel gefahren? 59. Warum wird seiner Lehre noch allenthalben widersprochen? 60. Warum leben einige Christen so böse, da sie doch eine so heilige Lehre haben? 61. Wie ist's möglich, daß alle Seelen am Ende der Welt mit ihren vorgehabten Leibern wieder vereiniget werden? 62. Wie wird alsdann das Gericht beschaffen sein, daß Christus über alle Menschen halten wird? 63. Wenn er die Bösen zur Hölle verdammet, werden sie denn immer in der Höllen liegenbleiben oder haben sie ins Künftige die Seligkeit zu hoffen? 64. Werden keine andere in der Welt selig als nur die Christen?

Alle diese Fragen sind mir vor diesmal eingefallen, teils aus unserm, teils auch aus Ihrem Gesetze, welche ich um deswillen an Sie schreibe, weil Sie mir selbsten Erlaubnis dazu gegeben haben. Finden Sie was darinnen zu tadeln, so wollen Sie mir solches verzeihen. Denn die vornehmste Eigenschaft bei Gott, bei den Königen und bei den Priestern ist diese, daß sie stets verzeihen die Fehler und Gebrechen derer, die unter ihnen stehen.

Der fünfundfünfzigste Brief

Darinnen von einer Sonnenfinsternis gemeldet wird, die in acht Tagen einfallen werde. Item was ihre Meinung von solchen Sonnen- und Mondenfinsternissen sei, warum sie sich bei selbigen in der See zu baden pflegen, und wie selbst der König von *Tanjour* im Aufbruch sei, an die See zu kommen und sich darinnen zu baden

Im Jahr *Nándanawáruschúm*, den 10. November[168].

Denen königlichen Priestern in Tranquebar berichtet N. folgendes:

Es fället heute über acht Tage, als an der Mittwoche den 18. Dezember,[a] eine Sonnenfinsternis ein, und zwar des Morgens vor und mit Aufgang der Sonnen, welche drittehalb Stunden stehen wird, aber bei Aufgang der Sonnen nur eine halbe Stunde gesehen werden kann. Diese Finsternis nimmt den halben Teil der Sonnen ein.

a Ihr 18. Dezember ist nach unserm Stilo novo [neuen Stil, d.h. Gregorianischem Kalender] der 28. Dezember.

Abbildung 35: Himmelsdiagramm mit den Grenzen des Universums, Sonnen- und Planetenbahnen, dem Tierkreis und zwei Finsterniszyklen (Tamil Nadu um 1750)

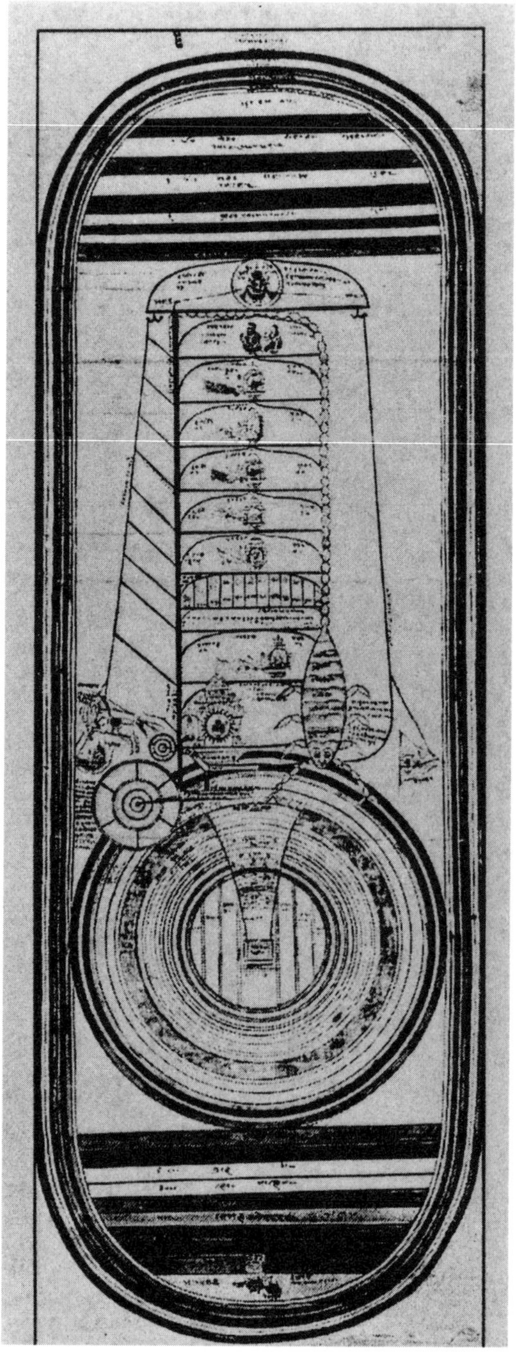

Ich verstehe mich zwar nicht auf solche Sachen, doch will ich schreiben, was ich gehöret habe.

Es ist eine Schlange, *Tschéschen* genannt. Selbige trägt den Berg *Kailáschum*[a] und alle 14 Welten. Sie hat 1000 Häupter, die beisammenstehen und ein Haupt ausmachen. Wenn nun diese Schlange eben in einer Distanz von 1000 *Jóschinei*[b] der Sonnen gegenüberstehet, so bedecket sie die Sonne mit ihrem Haupte von Tausend Köpfen. Und da saget man, daß die Sonnenfinsternisse davon entstünden. Und auf gleiche Weise auch die Mondenfinsternisse, wenn sie mit dem Haupte den Monden bedecket. Hierdurch soll denn über alle Kreaturen in der Welt ein Gift fallen. Dahero pflegen wir an einem solchen Tage nicht zu essen, sondern zu fasten, und solches zwar von den Größten bis zu den Kleinesten. Und wenn man sich eben zu der Stunde, als eine dergleichen Sonn- oder Mondenfinsternis einfällt, in der See badet, so soll man von dem Bösen, das davon entstehet, befreiet sein. Ja durch solches Seebad zu dergleichen Zeit sollen alle Sünden weichen, die einer begangen hat. Einige Finsternisse an Sonne und Mond sind ganze Finsternisse, einige sind Dreiviertelfinsternisse, einige nur halbe Finsternisse, einige Viertelfinsternisse, einige aber Achtelfinsternisse und so weiter. Da wissen nun die Brahmanen, wenn die Sonne oder Mond soundso weit verfinstert ist, was solches bedeute und für welche Kreaturen es schädlich sei. Welches sie vorher verkündigen, wie sie denn auch in den Kalendern jährlich solches observieren.

Anjetzo ist der König von *Tanjour* in Aufbruch, um an die See zu kommen nach *Tschánkumugum*[c] und sich daselbst bei

---

a *Kailáschum* ist ein Berg, von welchem sie schreiben, daß er durch alle vierzehn Welten gehe. Sonst wird er für das Paradies und den Sitz *Isurens* gehalten. Die Poeten haben gar viel in ihren Büchern davon fabulieret. Die gemeinste Meinung ist, daß die Sonne um solchen Berg herumgehe und daß er von einer Schlange getragen werde, welche die Sonn- und Mondenfinsternisse verursachen solle. Aber ihre Mathematici müssen notwendig den rechten Lauf der Sonnen und des Mondes wissen, weil sie alle Sonn- und Mondenfinsternisse akkurat in ihren Kalendern vorhero spezifizieren können.

b *Jóschinei* ist ein mathematischer Grad am Himmel.

dieser Sonnenfinsternis im Seewasser zu baden. Er ist schon nach *Kombakónum* gekommen. Es ist aber den Einwohnern ein großer Schade, wenn er also durchs Land ziehet. Denn sie müssen alles anschaffen, was sein Volk, das er mitbringet, vonnöten hat. Und obgleich solches auf Unkosten des Königs geschiehet, so nehmen doch die Reiter und Fußgänger[169] den Leuten alles aus dem Hause, reisen alle Baum- und Gartenfrüchte ab und drillen[170] die Leute. Es ist zwar immer über 100 und 1000 Mann ein Hauptmann gesetzet, welcher solchen Unfug strafen würde, wenn er es wüßte, aber niemand darf sich unterstehen, einige Klagen darüber zu führen. Hiernebst, wenn der König sich also in der See wäschet, so sind soviel andere große Herren mit ihm. Daher müssen zu solchem Waschen die Einwohner wohl 200 Kühe herzutreiben, die bei solchem Waschen den Brahmanen gegeben werden.[a] Auch werden ihnen Kleider, Geld und viele andere Almosen gegeben. Hernach gehet ein jedweder an seinen Ort.

Soviel habe ich Ihnen berichten wollen.

---

c *Tschánkumugum* ist ein Ort anderthalb Meilen von Tranquebar gegen Norden an der See gelegen. Derselbige Ort heißt *Kawéripatnam*, allwo ehemals die Franzosen eine Logie [Niederlassung] gehabt haben. Solcher Ort wird am allerheiligsten zu solchem Seebade bei den Sonn- und Mondenfinsternissen gehalten. Daher gehen aus allen Städten und Dörfern unzählige Menschen dahin von Manns- und Weibspersonen. Sonst ist auch allenthalben bei solchen Sonn- und Mondfinsternissen der ganze Seestrand voller Menschen, die sich im Seewasser baden. Sie stehen am Ufer, daß die Wellen sie etwas betreffen können, von welchen sie das Wasser auffassen und sich am ganzen Leibe waschen.

a Die Brahmanen haben bei diesem Bade den besten Vorteil. Denn der König und alle großen Herren, wie auch Leute von mittelmäßigem Stande, teilen ihnen reichlich Almosen mit, daß ihnen solches Bad desto besser bekommen solle. Von den reichen Leuten nimmt ein jedweder eine Kuh und etwas Seewasser in die Hand, gibt die Kuh mit einer Hand voll Wasser einem Brahmanen, welcher mit der Kuh und dem Wasser zugleich alle seine Sünden über sich nimmt. Und auf solche Weise geben sie den Brahmanen auch alle übrige Almosen, nämlich in der Intention, daß er durch Annehmung derselbigen und durch Annehmung des Wassers alle ihre Sünde über sich nehme. Dahero kommen weit und breit aus der Ferne über die Maßen viel Brahmanen zu solchem Seebade. Sie baden sich teils selbsten, teils aber verrichten sie viele Zeremonien gegen die, die sie dazu erwählet haben. Wie denn solches Bad mit lauter Zeremonien verrichtet wird.

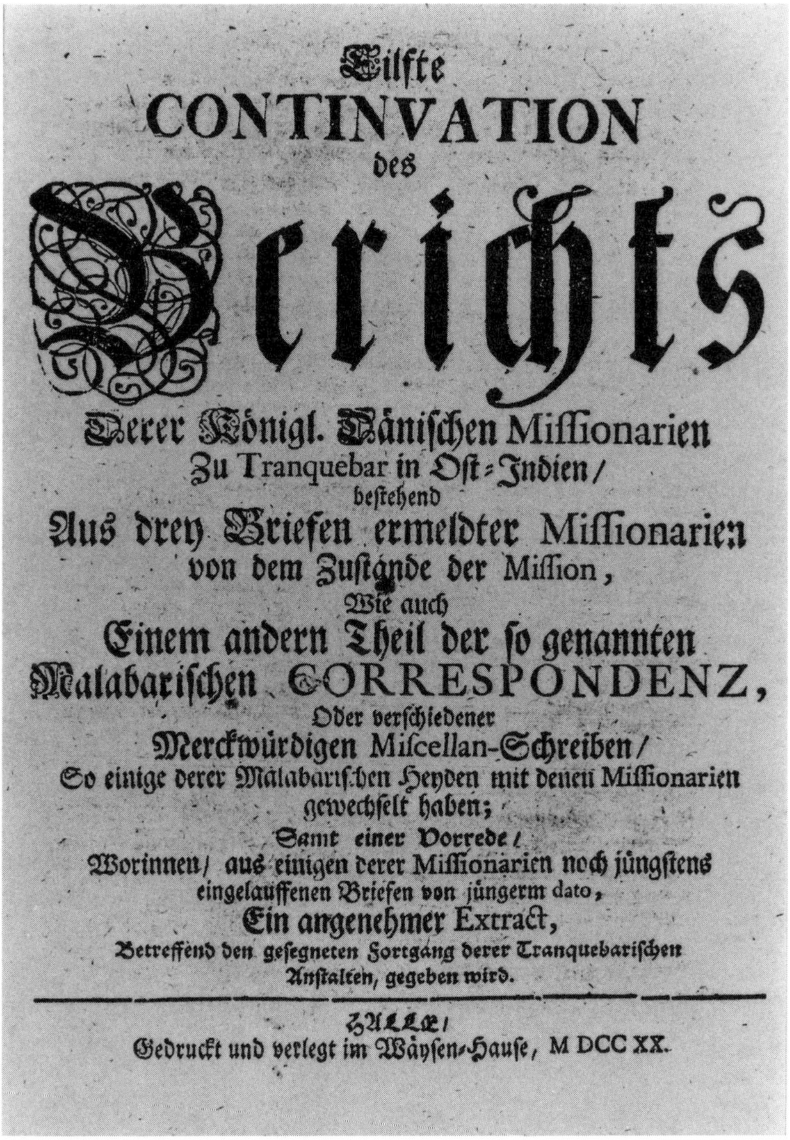
Eilfte
CONTINVATION
des
Berichts
Derer Königl. Dänischen Missionarien
Zu Tranquebar in Ost-Indien/
bestehend
Aus drey Briefen ermeldter Missionarien
von dem Zustande der Mission,
Wie auch
Einem andern Theil der so genannten
Malabarischen CORRESPONDENZ,
Oder verschiedener
Merckwürdigen Miscellan-Schreiben/
So einige derer Malabarischen Heyden mit denen Missionarien
gewechselt haben;
Samt einer Vorrede/
Worinnen/ aus einigen derer Missionarien noch jüngstens
eingelauffenen Briefen von jüngerm dato,
Ein angenehmer Extract,
Betreffend den gesegneten Fortgang derer Tranquebarischen
Anstalten, gegeben wird.

HALLE/
Gedruckt und verlegt im Wäysen-Hause, M DCC XX.

Abbildung 36: Titelblatt der 11. Continuation der »Halleschen Berichte«

Zweiter Teil

Der fünfte Brief

Von den 4 Herrschaften, in welche das Tanjourische Reich eingeteilet ist, und wie die Untertanen darinnen leben

Meinen Priestern mache ich, N., meine demütige Ehrbezeugung, schreibe und sende Ihnen folgenden Brief. Auf Euer Ehrwürden Frage überschreibe ich dieses:

Der Name des Königs, welcher über das Tanjourische Reich geherrschet, heißet *Egóschiráscha*, der nun vor zwei Jahren gestorben ist.[171] Des jetzt regierenden Königs Name ist *Saruwóschiráscha*,[172] welcher das Tanjourische Reich[a] als Souverän beherrschet. Sein jüngerer Bruder heißet *Dukkoschiráscha*.[173] Diese dreie sind Gebrüder, unter welchen der erste gestorben, und die andern beide sind noch am Leben.

In ihrem Reiche regieren[b] 4 *Suweiatár*[174], deren Namen sind: *Tschokkápamudaliár*, *Wawóschipándiden*, *Schwaminádapullei* und *Annátschipándiden*. Diese sind die viere. Des Königes vornehmste Bediente sind etwa 10 bis 12 Personen. Die Stadt, wo der *Suweiatár Tschokkápamudaliár* wohnhaft ist, heißet *Diruttorapundi*, und lieget gegen Süden. Die Stadt, wo der *Suweiatár Wawóschipándiden* ist, heißet *Kumbakónum*. Die Stadt, allwo *Schwaminádapullei* wohnet, heißet *Ka-*

---

a Der Tanjourische König ist soweit souverän, daß er alle Jahre an den *Großen Mogul* einen ansehnlichen Tribut geben muß, der sich jährlich auf 333333 Rthlr. belaufen soll. Der *Diwan*, als des *Großen Moguls* General, welcher über denjenigen Mogulschen Distrikt gesetzet ist, der neben dem Tanjourischen Reiche auf dieser Küste nordwärts hinauf lieget, fordert solchen Tribut jährlich ein.

b Das Tanjourische Reich ist in vier große Herrschaften eingeteilet, über eine jede regieret ein Herr, dessen Amtsname *Suweiatár* ist, welches soviel heißen möchte als ein Oberamtmann.

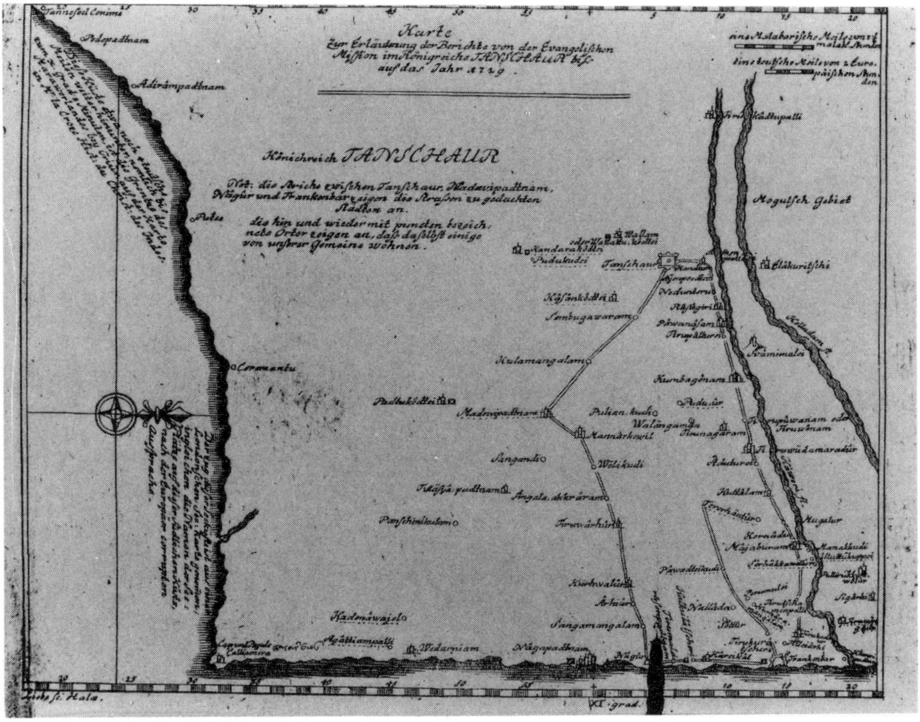

Abbildung 37: Karte des Königreiches Tanjore (1729). Eingezeichnet sind die Städte und Dörfer mit Verbindungen zur Mission

ruppúraneikuri. Die Stadt, allwo *Annátschipándiden* ist, heißet *Kewurimáirom*.

Diejenige Herrschaft, wo *Tschokkápamudaliár* regieret, hat[c] der kleinere König *Dukkoschi* zu seinem Eigentum bekommen. In diesem Gebiete[a] wird allen Einwohnern zu rechter Zeit ihr Gebühr und Teil gegeben, dahero säen sie fleißig. Die nichts haben, denen wird Frucht gegeben. Die keine Ochsen zu pflügen haben, denen werden auch Ochsen gegeben. Der *Suweiatár* tut ihnen auch dazu einigen Vorschuß. Auf solche Art bleibet der Acker nicht unbesäet liegen, sondern wird bestellet. Darauf bekommen die Einwohner zur Erntezeit von fünfen zwei Teile.[175] Derohalben leiden die Einwohner in seinem Gebiete keine Not, sondern haben ihr nötiges Auskommen.

In dem Gebiete, wo *Wawóschipándiden Suweiatár* ist, bekommen die Einwohner etwas weniger zu ihrem Teil als die vorigen bekommen.

In dem Gebiete, wo des *Schwaminádapullei* sein Sohn *Boanambaláttapullei* die Herrschaft hat, ist ein vergrabener Schatz gefunden worden, darauf er einen großen Palast von 16 Höfen gebauet hat; und weil er dem nähesten Bedienten, der

---

c Als nun fast vor 3 Jahren der vorige König von *Tanjour*, namens *Ergoschirascha*, ohne Erben starb, so hatte er des jüngsten Bruders *Dukkoschi* seinen Sohn zum Nachfolger in seinem Reiche ernennet. Jedoch, als er nun fast sterben wollte, so änderte er durch Persuasion [Überredung] seiner Mutter, sein gemachtes Testament, und ließ es der Disposition seiner Mutter über, welchen sie zum Nachfolger erwählen wollte. Diese hatte nun vor andern eine große Neigung zu ihrem ältern Sohn, als des Königs ältern Bruder, und ernennete ihn zum König. Hierüber war der jüngere Bruder sehr mißvergnügt, und nahm sich vor, wider den ältern die Waffen zu ergreifen. Weil aber eben zu der Zeit der ältere Bruder immer gewärtig sein mußte, daß ihm der *Mogulsche Diwan*, wegen der gemachten Prätension [Anspruch], mit einer Armee zusprechen würde, so suchte die Mutter und der ältere Sohn, als jetziger König, den jüngeren mit Güte zu besänftigen, und übergaben ihm zu seinem Eigentum eine von den vier Herrschaften, womit er content [zufrieden] war.

a In diesem heidnischen Lande haben die Einwohner keine eigene Äcker in Besitz, sondern alle Länderei des ganzen Landes gehöret dem Könige. Die Untertanen müssen in einer jeglichen Stadt und Dorfe, auf Anordnung des *Maniakaren*, ackern, säen und ernten, dafür sie ihr Gebühr bekommen. Wenige sind unter den Bramanen und Gelehrten, die etwas Land oder Garten zu ihrem Eigentum von dem König geschenkt bekommen haben.

jetzo beim Könige ist, namens *Kandóschiwitschitra*, nicht genug veneriret hat, so hat dieser dem König vorgebracht, daß der *Boanambaláttapullei* eine dergestalt wunderschöne Frau und Tochter habe, daß dergleichen in der Welt nicht leicht zu finden wären. Überdies wäre es in seinem Palaste überaus prächtig. Er hätte Betten von Sandelholze gemachet, Schuckeln,[176] die in goldenen Ketten hingen, sehr kostbar ausgearbeitete Säulen, dergleichen in dem königlichen Palast selbst nicht gefunden würden, unter welchen einige ausgehöhlet, und gediegenes Gold hinein gegossen wäre, so er darinnen insgeheim verborgen hielte. Darauf hat der König Mannschaft gesendet, und ihn zu sich berufen. Abermal hat der König Soldaten mit einigen Damen vom Hofe gesendet, seine Frau und Tochter abzuholen. Allein, weil des *Suweiatárs* Palast mit 20 streitbaren Soldaten, die Wache zu haben, besetzet gewesen ist, so haben sie zu des Königs Leuten gesprochen: Wir lassen euch nicht hinein, es müßte denn sein, daß ihr uns alle tötetet, alsdenn habet ihr Freiheit hinein zu gehen. Derohalben haben des Königs Leute solches alsobald dem Könige avisieret, worüber der König sehr erbittert worden ist, und hat befohlen, das ganze Haus zu ruinieren, und alle in dem Hause befindlichen Sachen nach dem königlichen Schlosse zu bringen. Was dieses *Suweiatárs* Einwohner anlanget, so leiden sie keine Not, von den fünf Teilen bekommen sie ordentlich zwei Teile, und befinden sich dabei gar wohl.

Der vierte *Suweiatár Annátschipándiden* wohnet zu *Máirom*. Dieser hat fast sein ganzes Gebiete dem *Ayawéien*[a] übergeben,

---

a *Ayawéien* ist ein vornehmer Bramaner, der von sehr großem Reichtum ist, und in *Kaweripátnam*, einer Stadt 2 Meilen von hier, seine Wohnung hat. Er steigert den Preis des Getreides nach seinem Gefallen, welches gleichfalls unsere Stadt mit vielem Schaden erfahren muß. Und wenn schon einige Mal deswegen Klage vor den König von *Tanjour* kommt, so weiß er doch bald solche Missetaten mit vielen Geschenken bei dem Könige und seinen großen Bedienten wieder zu stillen. Wie denn dieses ein allgemeines Übel unter diesen heidnischen Königen und Regierungen ist, daß die schlimmste Sache durch Geschenke muß recht behalten. Es geschiehet gar vielfältig, daß die streitenden Parteien beide mit ihren Geschenken certieren [wettstreiten], und einander immer überschätzen. Wer nun zuletzt das höheste gibet, derselbe bekommt recht.

Abbildung 38:
Marathe aus
Tañcāvūr in
typischer Kleidung seines
Volkes (18. Jh.)

welcher denen Einwohnern überaus großes Unrecht tuet, gibt ihnen ihren bestimmten Teil nicht von den Äckern, die sie abwarten[177] müssen, gibt ihnen auch kein Getreide zu säen, und zwinget sie, daß sie von den Äckern mehr Maß liefern müssen, als sie eingeerntet haben. Auf solche Art zehret er sie sehr aus. Wenn sie ihm das nicht liefern, soviel er haben will, verkaufet er ihre Häuser, ihre Leibeigene, und presset sie sehr. Er zwinget sie, ihm Gehorsam zu leisten als Sklaven. Hiernebst verkaufet er ihnen den *Néllu* sehr teuer, und verbietet, daß sie denen, die ihre Ochsen, *Néllu* zu holen, halten, keinen *Néllu* verkaufen, sondern bei ihm kaufen müssen, und so ja einige auf heimliche Art was verkaufen, so lässet er in den Zöllen[a] aufpassen, und denen Käufern den *Néllu* wegnehmen. Hingegen nimmt er seinen *Néllu*, läßet denselben nach Tranquebar und andern angrenzenden Örtern bringen, und teuer verkaufen.

Soviel habe ich ihnen hiervon wissen lassen sollen.

Der sechste Brief

Von dem Ursprung der Stadt Tranquebar, und wie die Dänische Nation allhier ihre Kolonie aufgerichtet hat[178]

Denen beiden Priestern, welche dem Dreieinigen Gott, als dem König aller Könige, und dem Herrn aller Herren zu vielen Freuden leben, das wahre Gesetz ausbreiten, Gerechtigkeit hand-

---

a Dergleichen Zölle gibts an allen Landstraßen, da nicht nur von allerhand Kauf- und Eßwaren der Zoll gegeben werden muß, sondern auch von denen Menschen, Pferden und *Palanquinen* oder Tragesesseln. Ein Europäer gibt für seine Person 2 *Fano*, für einen *Palanquin* 10 *Fano*, für ein Pferd 5 *Fano*. (Mit Wagen fährt man hier nicht, der Flüsse und des Wassers wegen, worüber keine Brücken sind.) Ein Portugiese gibt einen halben *Fano*. Ein Malabar, der ein Christ worden ist, gibt 16 *Kas*. Ein Mohr ebensoviel. Die Malabaren aber sind alle frei, und zahlen nur von ihren Waren. Dieses ist zwar der gesetzte Preis, allein die Zöllner sind niemals damit zufrieden, sondern nehmen auf ungerechte Weise vielmals 2, 3, und 4 gedoppelt mehr. Dahero auch hier die Zöllner von denen Malabaren für die ungerechtesten Leute gehalten werden.

haben, die Tugenden ausüben, und alles nach Ordnung unterhalten, fället N. als der geringste unter Ihren Dienern, zu Fuße, mit diesem demütigen Anbringen.

Das Geschlecht der *Sellingörs*[a] hat vor 300 Jahren[179] zu *Dirumuleiwáschel*, zu *Dirukareiúr* und zu *Dirukilatscheri* gewohnet.[b]

Nach selbiger Zeit war ein geehrter Mann, namens *Nelleiinápullei*, derselbige wußte, daß vor alten Zeiten auf diesem Platz diese Stadt Tranquebar gewesen war, welche durch große Wassergüsse verwüstet, und zu einem großen Sandhügel geworden war. Dieser hatte einen Brahmanen zum Priester[c], welcher ihm alle dieses Platzes Herrlich- und Vortrefflichkeit referierete und zeigete. Darauf kamen beide, Priester und Jünger, zu diesem Ort, und nahmen ihn in Augenschein, da sahen sie von dem Turm der großen *Pagode*[d] die Spitze noch hervorragen: das übrige alles war wüste und viel Buschwerk. Dieses alles ließ *Nelleiinápullei* abhauen und wegnehmen, und machte den Platz zurechte, daß er da wohnen konnte.

Zu der Zeit war Fürst[e] in *Tanjour Ramapattiranáikker*.[180] Auf ihn folgete *Atschudappanaikker*. Nach diesem regierete *Wi-*

---

a Die *Sellingör* sind diejenigen, welche ihre eigene Boote halten, hier und da auf der See hinfahren, alle Sachen von Schiffen und wieder zu Schiffen bringen. Ihre Boote sind hoch, und nicht mit einem einzigen Nagel befestiget, oder zusammengenagelt, sondern sie sind aus starken Bindfaden, der aus Kokusnüssen gemacht ist, auf sonderbare Art zusammengebunden und befestiget, und können viel Gut einnehmen. [Diese Seeleute waren Fischer, die Bezeichnung leitet sich aus einem Bootstyp, der Chelinge, ab.]

b Sind Städte, die 1 und 2 Meilen weit um Tranquebar herum liegen.

c Viele Malabaren pflegen sich gewissen Brahmanen zu ihren Priestern zu erwählen, und ihre Jünger zu werden. Die Priester nehmen sie mit gewissen Zeremonien an, und geben ihnen eine Gebetsformel. Soferne die Schüler selbige fleißig beten, und darnach leben, so sollen sie die Seligkeit erlangen.

d Diese *Pagode* steht allhier noch, ist groß, und wird für gar heilig gehalten. Nachhero sind noch andere hier in der Stadt gebauet worden, die aber nicht so groß sind als jene.

e Die Könige von *Tanjour* haben vormals nur den Titel eines Fürsten geführet, bis sich nunmehro die letzten Könige den Königstitel selbst angemaßet haben. Jedoch werden sie noch bis dato von unterschiedlichen Nationen nur Fürsten genennet; wie dann sonderlich die Holländer noch jetzo zu sprechen pflegen: der Naikker von *Tanjour*, d.i. der Fürst von *Tanjour*.

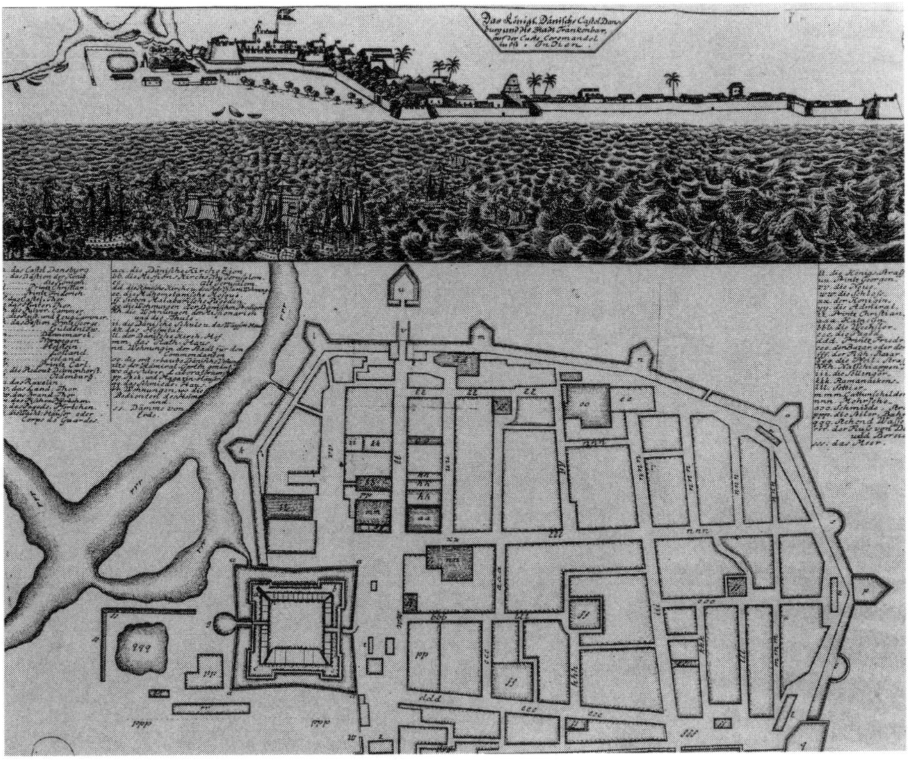

Abbildung 39: Stadtplan von Tranquebar

scheiaráguwenáikker. Nach ihm regierete ein König *Egóschirásche,* und nunmehr der jetzige König *Sarawóschirásche.*[181]

Die *Maniakárer*[a] allhier sind nach und nach folgende gewesen: 1) *Nelleiinapullei,* 2) *Kalengiraijapullei,* 3) *Kanguráijapullei,* 4) *Schalawarisetti,* 5) *Deijappapullei,* 6) *Periakaliáppapullei,* 7) *Angátschiapullei,* 8) *Ramapáttirapullei,* und 9) *Káliappapullei*[b].

Zur Zeit des Fürsten *Atschudappanaikker*[182] kam aus dem Königreich Dänemark ein Admiral[c] allhier auf der Reede an. Als er ans Land stieg, kam ihm der damalige *Maniakáren Kalengiraijapullei* entgegen, sprach mit ihm, präsentierte ihm ein Haus zu seiner Wohnung, redete vieles zu seinem Vergnügen mit ihm, und versprach ihm, daß er hier Freiheit bekommen sollte, ein Kastell zu bauen. Er sollte auf 10 Tage allhier verbleiben, unterdessen wollte er nach *Tanjour* reisen. Der *Maniakáren* reisete sofort zu dem Fürsten, sprach mit ihm, machete alle Sachen aus, und kam wieder nach Tranquebar. Er ging alsobald zum Admiral, und verkündigte ihm dasjenige zu großen Freuden, was er bei dem Fürsten ausgerichtet hatte. Hierauf machten sich der Admiral und *Kalengiraijapullei* auf,

---

a Die *Maniakárer* sind die regierenden Personen in einer Stadt über die Schwarzen, und sind so viel als ein Bürgermeister sein möchte. Sie haben auch noch 2 oder 3 Personen als ihre Ratsherren zur Seite, nebst einigen Schreibern, welche zusammen der Stadt Bestes raten und richten sollen. In den Seestädten, wo die Europäer das Gouverno haben, stehen sie unter dem Gouverneur, nach dessen Willen sie das Regiment führen müssen. In einigen Seestädten ist auch ein Europäer zu diesem Officio bestellet.

b Dieser ist anjetzo allhier der *Maniakárer.*

c Dieser war ein dänischer Edelmann, namens Gule de Gedde, so im Jahr 1618 aus Kopenhagen auslief, und nach Verfließung [von] 22 Monat, in währender Zeit er eine schwere und gefährliche Reise gehabt hatte, im Jahre 1619 in Ostindien, anfänglich zu Ceylon, nachgehends auf dieser Koromandelinischen Küste ankam. Christianus IV. König von Dänemark und Norwegen, gottseligen Andenkens, gab ein Schiff und eine Jacht mit, und die damals aufgerichtete Ostindische Kompanie in Kopenhagen ließ noch 5 Schiffe mit auslaufen, von welchen allen er Oberkommandeur war. Gedachter Gule de Gedde hat diese Reise selbst beschrieben, und in dänischer Sprache ediret. Baldäus gedenket dessen auch p. 237 seqq.

nahmen einige Geschenke[a] mit, und kamen zum Fürsten in *Tanjour*. Als der Fürst den Admiral sah, verwunderte er sich sehr, und willigte dem Admiral alles ein, was er verlangete,[183] und sprach: Er möchte sich in Tranquebar setzen und formidabel machen. Darauf offerierte ihm der Fürst wiederum einige Verehrung, und ließ ihn von sich. Er kam wieder nach Tranquebar, und bauete den Admiral-Garten[b], allwo er sich in einem darinnen erbaueten Hause aufhielt, und nach Verfließung vieler Jahre[184] das hiesige Kastell[c]. Der Zoll, welcher bisher von der Stadt dem Fürsten zugefallen war, blieb noch dem Fürsten, der Zoll aber, so von Schiffwaren zu entrichten wäre, sollte dem Admiral sein.

Man wollte nur gerne, daß die Stadt möchte ins Aufnehmen kommen, und mit guten Einwohnern und Handelsleuten besetzet werden; dahero fragte er, wie solches anzugreifen. Darauf kam ein mohrischer Kaufmann zuerst in die Stadt, mit Namen *Modalinámarakair*,[185] und wohnete hierselbst. Von den

---

a Dieses ist eine allgemeine Gewohnheit in Orient, wie sonderlich auch die Heilige Schrift davon hin und wieder Nachricht gibt. Kommt jemand von Fremden einen zu besuchen, oder es will einer von einem Höhern eine Gütigkeit genießen, oder wenn die Einwohner von obrigkeitlichen Personen Hilfe oder Beistand verlangen, so werden jederzeit Geschenke offerieret. Welche unter geringen Teils in allerhand Früchten, unter höhern in Seide, Gold und Silber bestehen. Sie werden aber anjetzo zu großem Mißbrauch angewendet, denn es werden nicht nur die gerechten Sachen dadurch unrecht gemacht, sondern viele wohlhabende Leute geraten dadurch in Armut.

b Dieser Garten liegt noch allhier in den Ringmauern der Stadt, und rundum mit Mauern umgeben. Das darinne erbauete Haus hat 2 Aufsätze, und ist so gebauet, daß oben zu beiden Seiten haben können kleine Stücken gepflanzet werden, und hat in den ersten Jahren anstatt der Fortalessa [eines Forts] dienen müssen. Anjetzo wird in diesem Garten Pulver gemachet.

c Dieses Kastell lieget an der Seekante ins Gevierte und hat 4 Bollwerke, ist mit einem Wassergraben umgeben, darüber eine Zugbrücke gehet. Es wohnet der Kommmandant mit einigen Schreibern und Soldaten darauf. Die übrigen Sekret-Räte allhier haben ihre Wohnungen in der Stadt. In den vorigen Zeiten haben die Malabaren im Lande dieses Kastell, so Dansburg genennet wird, nur das Feuerkastell genennet, und dafür große Furcht gehabt, welche ihnen aber zu diesen Zeiten ganz vergangen ist. Außen vor der Stadt, auf der andern Seite nach dem Lande zu, liegt ein Ravelin [Außenwerk]. Die Soldaten sind teils Europäer, teils hiesige Land-Portugiesen, teils Malabaren.

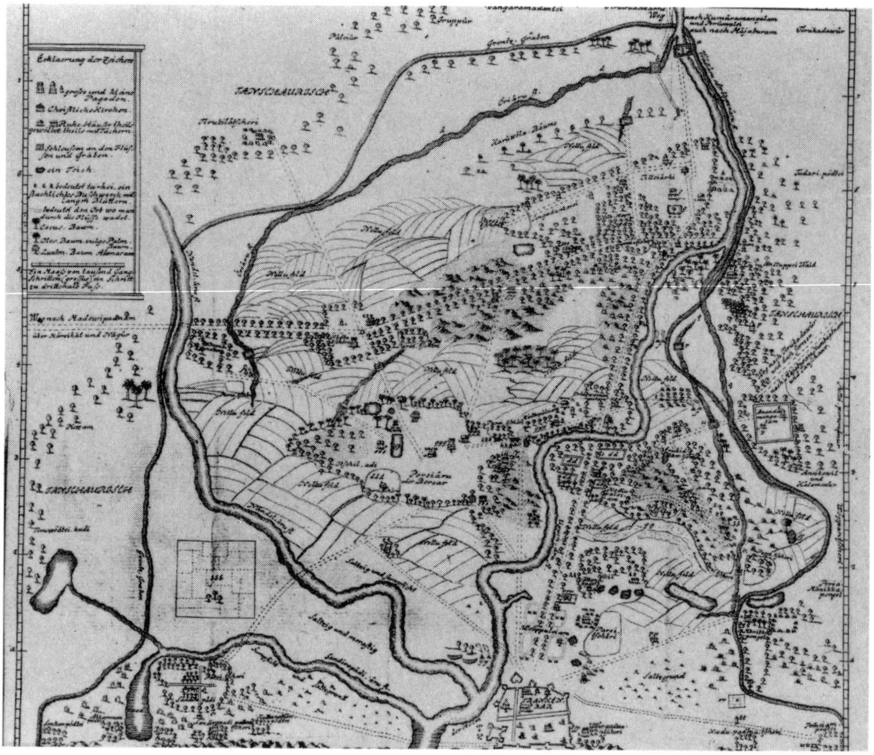

Abbildung 40: Karte der dänischen Kolonie Tranquebar

malabarischen Geschlechtern kam einer, namens *Pótpadasetti*,[186] und ward ein Einwohner. Von dem malabarischen Geschlechte der *Tschénadalawer* kamen 3 Familien.[187] Nachhero kam ein jeder nach seinem Belieben zur Stadt, und wurde Einwohner. Einige wurden auch noch gerufen. Auf diese Art ist es in der Stadt viele Jahre wohlergangen.

Viele Jahr hernach ist ein Kommandeur[a] aus Dänemark kommen,[188] welcher den Wall mit seinen Mauern um die Stadt aufführen ließ, und darauf allen Zoll auch von denen hierher gehörigen Dorfschaften zu sich nahm, und die Stadt wurde mächtig.[189]

Es war ein Tanjourischer General, welcher sich gegen diese Stadt feindselig verhielt. Darauf hat der Kommandeur gefraget, wer doch unter denen großen Malabaren dieses Generals Feind wäre. Als man ihm einen solchen genennet, hat er ihn zu sich kommen lassen und gesagt: Wenn Ihr mir das Haupt des *Mapulleinaikken* (welches der General war) herbringet, so will ich euch unter mir zum Aufseher der Schwarzen über diese Stadt und Dörfer bestellen, und euch alle Liebe beweisen; und hat ihn also mit dieser Verheißung fortgesendet. Hierauf ging der *Ramanaikken*[b] hin, hieb jenem den Kopf ab und kam wieder. Dieserwegen gab er ihm Lizenz, ein Haus in der Stadt zu bauen und allhier zu wohnen. Es kamen auch zugleich zu

---

a Sein Name war Magnus.

b Dieser *Ramanaikken* ist etwan vor 17 Jahren allhier gestorben. Er ist als ein kleiner Fürst, oder wie ein General gewesen. Er hat viel Land und Dorfschaften gehabt, und viele Soldaten oder *Taliaren* gehalten. Damit er aber hier in der Festung unter sicherem Schutz leben, und nicht etwan von dem König in *Tanjour* oder andern Fürsten überfallen werden möchte, hat er sich unter des hiesigen Kommandantens Gouverno begeben, und monatlich 10 Taler zu seiner Gage von der Kompanie genommen. er hat die Stadt beständig mit den nötigen Viktualien [Lebensmittel] versehen, feindliche Anfälle abgehalten. Ist jemanden was wegkommen von Blanken oder Schwarzen, oder ist etwas gestohlen worden, so hat er solches durch seine Soldaten bald wieder herbei geschafft. Die Stadt und Kompanie hat im Handel und Wandel allerhand Vorteile durch ihn und seine Vermittelung genossen, so daß jedermann noch dieselbigen Zeiten lobet. Der Kommandant hat durch ihn viele Vorteile und Erleichterungen in seiner Regierung haben können.

der Zeit viele Kapitalleute mit herein und wohneten hier.[a] Die Handelschaft, und die Schiffahrt ging damals nach Wunsch vonstatten. Hingegen gehet es jetzo ganz anders und sehr schlecht zu.

Soviel habe ich Ihnen wissen lassen wollen, und verbleibe Ihr demütiger Diener.

Der achzehnte Brief

Was innerhalb fünfundachzig Jahren für Könige unter denen Malabaren regieret haben?

Die beiden Herren Priester wollen uns nach ihrer Liebe nicht verlassen, sondern uns ferner derselben genießen lassen. Ein *Antu* sind sechzig Jahre. Sie haben gefraget, welches der regierenden Könige ihre Namen sein, die sowohl in diesem, als in dem vorigen *Antu*[b] gelebet haben? Was sie für eine Regierung geführet haben? Wessen Regierung nach Recht und Gerechtigkeit geführet worden sei?

Hierauf vermelden wir nach unserm Vermögen und nach derer Relation, die wir hiervon mit mehrern gefraget haben, folgende Nachricht:

Im vorigen *Antu*[190] ist in diesem *Tschoromandelischen* Reiche[c] *Ragunadanáiker*[191] König gewesen. In *Diritschinápal-*

---

a Die Kommerzien sind dazumal hier in größerm Flor gewesen als in Madras, und ist diese Stadt genennet worden, die Speisekammer der ganzen Küste Koromandel. Allein nachhero sind die größten Kaufleute und Kapitalisten nach und nach auf andere Plätze gezogen, wodurch die Handlung hier sehr gefallen ist.

b Weil ein *Antu* eine gewisse Jahreszeit ist von 60 Jahren, und in dem jetzigen *Antu* 25 Jahr verflossen seind, so machet das jetzige *Antu* mit dem vorigen 85 Jahr aus.

c Dieses Tanjourische Reich heisset auf Malabarisch Koromandel, oder *Tschoromandalum*, von dem ersten Könige, welcher *Tschoren* geheißen, und *Mandalum* heisset ein Reich. Von diesem malabarischen Namen *Tschoromandalum* haben die Portugiesen, welche die ersten Europäer in Indien gewesen sind, dieser ganzen Küste den Namen Koromandel gegeben.

li[a] ist *Marudeiwírappanáiker*[192] König gewesen. In dem Reiche *Tschinschi*[b] hat der damalige König *Tschinschiwaradáppanáiker*[193] geheißen. In dem Lande *Ikerian*[c] ist des Königs Name *Waschappanáiker*[194] gewesen. Der König in *Maschúr*[d] hat *Tschirangadéwer*[195] geheißen. Diese alle sind Könige ohne Krone gewesen.[196] Der König im Reich *Kandi*[e] ist aus dem Geschlecht, so von der Sonnen hergeleitet wird, sein Name war *Tschingamagárascha*[197]. Dieser König trug allein die Krone.

Der König in *Tschoramandel*, *Ragunanáiker*, hat unter seiner Regierung viel *Pagoden* gebauet, und hat dieselben mit nötigen Feldern und Einkünften versehen, und geordnet, was darinne vor Feste gefeiret werden sollen. Er hat auch die dazugehörigen Brahmanenwohnungen gebauet, und ihnen die nötigen Einkünfte vermachet. So hat er auch für die Fremdlinge und Pilgrime Speisehäuser gestiftet, damit darinnen täglich gespeiset würden, so viel tausend Menschen auch kämen. Deren hat er in einer jeden Stadt bauen lassen. Sonderlich hat er allezeit viel Brahmanen gespeiset. In allen Wegen hat er auf beiden Seiten Bäume pflanzen lassen. Die Reisenden haben auf seine Kosten in denen Ruhehäusern Öl gefunden, ihr Haupt zu waschen. Für die kleinen Kinder, die diejenigen, so die Wege reisen, mit sich haben, hat er in denen Ruhehäusern[f] Wie-

---

a *Diritschinápalli* ist eine königliche Residenz, ein paar Tagereisen hinter *Tanjour*. Sonsten war *Madurei* die Hauptstadt, welche aber jetzo mit unter *Diritschinápalli* gehöret.

b *Tschinschi* ist ein Reich, so an dem Tanjourischen Reiche nordwärts lieget, und gehöret unter das Mogulsche Reich.

c Das Reich *Ikerian* liegt abendwärts.

d Das Maschursche Reich lieget zwischen *Ikerian* und *Diritschinápalli*.

e *Kandi* ist die bekannte Insel Ceylon, die uns nach Mittage zulieget. Die Seestädte rund um diese Insul herum, besitzen die Holländer, nebst dem ganzen Reich *Jaffanapatnam* darauf. Mitten im Lande regieret der heidnische König oder Kaiser, welcher souverän und von großer Macht ist, dem die ganze Insel zugehöret, und nicht wie die andern Könige dem *Mogul* Tribut geben muß.

f Unter denen vielen Ruhehäusern, die man zwischen hier und *Tanjour* auf der Reise antrifft, werden noch zwei gefunden, darinnen dergleichen für die Kleinen geleget ist. Über diese Stücke findet man auch noch Kämme darinnen.

gen, Milch, Früchte und Fächer verordnet, daß solchergestalt ein jeder, was er nur verlangen kann, findet. Ferner hat er viele Teiche, viele Ruhehäuser, viele Stifte, viele Wälder, viele Blumengärten angerichtet, und viele gute Werke getan, als auf seine Kosten andern Hochzeiten ausrichten,[a] andere kleiden, andern Gärten und Felder geben, andern Vieh geben, und dergleichen viel mehr. Allen Einwohnern hat er die Felder zu besäen ausgetan, und von fünfen zwei genommen.[b] Des Nachts hat er auf den Gassen die Elenden und Hungerigen mit Fackeln aufsuchen und zu dem Ort bringen lassen, wo sie Pflege gehabt, und hat sein ganzes Land ohne Strafe und Marter, ohne Krieg, Totschlag und Unrecht, alles mit größtem Recht regieret. Das Recht hat er niemals gebeuget. Die Brahmanen und *Pandarangöl* waren immer darinnen begriffen, das Gesetz und die Disziplinen zu traktieren und zu lehren. Die in seinem Lande befindliche *Pagoden* und ihre Einkünfte, ingleichen die Festtage, unterhielt er in beständigem Wohlstande. Die in seinem Reiche regierende andere Personen, als kleine Fürsten, Generalspersonen, Gouverneurs und andere, machte er gegen sich so gehorsam, daß sie nach seinem Befehl taten. Er bauete auch aus Gold ein Haus, und setzete einen güldenen Knopf darauf. Er sammlete einen Königlichen Schatz von neunzigtausendmal Tausend, und legete ihn da hinein. Nachdem er also vierzig Jahre nach Gerechtigkeit regieret hatte, starb er. Die übrigen Könige haben nicht so gerecht regieret, sondern es hat hie und da ihre Ungerechtigkeit in etwas vorgeleuchtet.[198]

In diesem *Antu* ist in dem Reich *Tschoramandel* König gewesen des *Ragunadanáiker* sein Sohn, namens *Atschudawischeiaráguwendiranáikken.*[199] In dem Reiche *Dirutschinápalli*

---

a Dieser Gebrauch ist unter den Malabaren gar gange und gäbe, und rechnen solchen für ein gar gutes und verdienstliches Werk. Sonderlich aber haben solches die Brahmanen zu geniessen, daß ihnen von Reichen soviel Unkosten dargereichet werden, als ihre Hochzeit erfordert.

b Die jetzigen Könige nehmen von fünfen drei oder vierte halben [dreieinhalb], daß also die Untertanen für nichts bessers als Sklaven des Königs ästimiret werden.

Abbildung 41: Der Marathen-Fürst Shivaji mit Schwert und Panzerhandschuh (Golkonda 1680–1687)

war König *Tschokkalingamanáikken*.[200] In dem Reich *Maschúr* ist König gewesen *Tschirangadéwer*.[201] Im Lande *Ikerian* war *Tschewapanáiker*[202] König, und im Reiche *Tschinschi* war *Rámarúscha*[203], und nachhero kam der *Mogul* und ward da König. Der König in *Kandi* heißet wie der vorige *Tschingamagárascha*[a], welcher auf Königlichem Thron sitzet, und Kron und Zepter führet.[204]

Was das anlanget, wie der König in Koromandel, des *Ragunadanáiker* Sohn, sein Reich regieret hat, so war vor 50 Jahren eine große Teuerung, welche der *Mogul* durch Krieg verursa-

a Tschingamagarascha heisset ein großer Löwenkönig, welcher Name erblich, den alle Nachkommen bekommen, und soll soviel heissen: Wie der Löwe unter allen Thieren der König ist, also sei dieser König zu Kandi unter allen Königen der größte König. Sonst heissen auch die Könige zu Kandi Tschuriakoletturascha, d.i. Könige, die von der Sonne herstammen.

chet hatte. Ein Maß Reis kostete dazumal 1 und 2 *Fano*.[a] Dahero zu derselben Zeit dieser König täglich zehn- bis zwanzigtausend Personen frei speisete. An einem Tage rief er den *Maniakáren*[b] und sagte, daß er sollte hunderttausend Menschen zusammenrufen und sie frei speisen, und wenn er dieses täte, so versprach er ihm nicht nur einen *Palanquin* zu schenken, sondern auch Freiheit dazu, sich darauf tragen zu lassen.[205] Hierauf versammlete der *Maniakáren* soviel Leute, und gab ihnen zu essen. Alsdann schenkte ihm der König einen *Palanquin* und dazu noch einige Dorfschaften von 4000 *Perdous*. Einmal ließ er eine Waage aufziehen, in die eine Schale setzte er sich, in die andere Schale legte er soviel Gold, so schwer als er war, und gab hernach dasselbige Gold unter die armen Leute. Also war er zu guten Werken, und zum Mitteilen unter die Leute sehr freigiebig. Auf gute Werke verwendete er viele Schätze, und diejenigen Stiftungen, die sein Vater angerichtet hatte, unterhielt er beständig fort.

Nachhero regierete er aber sehr ungerecht. Wenn in seinen Ländern wohlbegüterte Leute waren, ließ er sie zu sich kommen und nahm ihnen ihre Güter, und ließ sie noch dazu geißeln, daß er also grausam zu hausen anfing. Im ganzen Land wurde nichts als Unrecht gehöret. Er ließ auf grausame Weise die Leute gefangennehmen, sie totstechen und tothauen. Wenn er Leute sahe mit guten Kleidern, ließ er sie auf dem Wege töten und raubete ihnen alles. Es war keiner, der das Unrecht untersuchet noch gerichtet hätte. Ein jeder übete aus, was er in seinem Herzen Böses gedachte, und niemand fragete danach. Hatte jemand ein schönes Weib, sendete er seine Soldaten und Reiter dahin, ließ das Weib auf einen *Palanquin* setzen und zu sich bringen, und gab ihren Männern ein Stücke Geld. Wenn jemand ihm sagte, daß in dieser und jener Stadt ein schönes Weib anzutreffen wäre, so beschenkte er einen solchen, und ließ

---

a Jetzo kaufet man für 1 Fano 5 bis 6 Maß Reis, welches aber denen Einwohnern wegen der ordinären wohlfeilen Zeit gar teuer ist, da sie bei wohlfeilen Zeiten sonsten 20 Maß gekaufet haben. Ein Maß Reis hat nach dem Gewichte anderthalb Pfund.

b *Maniakáren* ist soviel als ein Bürgermeister in der Stadt.

solch Weibesbild zu sich holen und nahm sie zu seinem Weibe. Auf solche Art ließ er vieler Männer Weiber und Töchter aufsuchen, und machte sie zu seinen Weibern, und beraubte sie ihrer Keuschheit.

In Durchbringung vieler Kleidung, in Verschwendung vieler köstlicher Balsame, in Aufwendung vieler Kosten auf Essereien, hatte er keinen seinesgleichen. Täglich zog er 3 neue Kleider an, davon eines auf 300 *Perdou*[a] kostete und wenn er es auszog, so warf er es weg und zog es nicht mehr an oder gab es anderen. Er vermengete das schönste Gold mit Sandelholze, riebe es klein und bestrich sich damit. Täglich verwendete er auf Moschus[206], Zibet[207] und andere wohlriechende Dinge 50 *Perdou* und bestrich sich damit. Wenn er auf das Sekret[208] ging, nahm er für 5 *Perdou* wohlriechenden Balsam mit und bestrich das Sekret damit. Zum ersten Mal machte er Hochzeit mit 5 Gouverneurstöchtern. Hierauf nahm er noch 115 Weiber. Außer diesen seinen geheirateteten Weibern hatte er noch 1000 Kebsweiber, 360 Weibspersonen mußten täglich vor ihm tanzen und spielen. Wenn er auf seinem Schloß aus einem Hause ins andre gehen wollte, so ging er auf dem *Palanquin* dahin, welcher allezeit von Weibespersonen mußte getragen werden. Das Fackelntragen, die Lobsprüche über den König ausrufen, das *Rondel*[b] tragen, des Königes Speichel auffangen, mit dem Pfauenfächer fächern, Tücher auf dem Wege ausbreiten, [um] darauf zu gehen, das Liedersingen, auf Instrumenten schlagen, Pauken und Trommeln rühren, alle diese Dienste wurden von denen Weibespersonen verrichtet. Mannspersonen mußten nicht dazu genommen werden, noch auf dem Schlosse sein. Zu allen diesen Diensten auf dem Schlosse waren 5000 Weibespersonen, die solche ausrichten mußten. Wenn er außerhalb des Schlosses ging, mußten die Mannespersonen die Dienste tun. Bei vollem Monde nahm er alle seine Weiber und Kebsweiber zusammen, ging zum Tei-

a Ein *Perdou* ist 10 Fano oder 20 Groschen.

b *Rondel* ist ein runder Schirm, welcher hierzulande für der Sonnenhitze getragen wird.

che im Garten, dazu er für 1000 *Perdou* wohlriechende Salben präparieren ließ, die er mit dem Wasser des Teiches wohl vermischete, und sobald der volle Mond aufging, stieg er mit allen seinen Weibern in dasselbe wohlriechende Wasser und spielete darinnen mit ihnen.

Dieses Leben trieb er auf 60 Jahr lang und lebete herrlich und in Freuden. Dabei es in der Regierung sehr ungerecht zuging. Da es nun so zuging, so kam ein Geschrei, der große *Mogul* käme mit einem großen Kriegesheere zu der Stadt *Tanjour* zu.[209] Als er dieses Gerücht hörete, so gedachte der König *Atschudawischeiaráguwendiren* zu einer anderen Stadt zu flüchten. Darauf kamen zwei von seinen Söhnen zu ihm und sagten: Herr Vater, Ihr beherrschet ein Land, so jährlich viel hunderttausend Einkommens hat, und Ihr seid allein der König, so über dieses ganze Koromandel regieret. Warum wollet Ihr denn flüchten, indem Ihr höret, daß der elende Tropf, der *Mogul*, ankommt. Dieses ist Euch ja vor der Welt eine große Schande. Indem wir, Eure zwei Söhne, da sein, so denket nicht also. Wir wollen 4000 Reiter zusammennehmen, nebst 20000 Fußvolk, und dem *Mogul* entgegen gehen nach *Tschinschi*, ihn in die Flucht schlagen, niederhauen, was niederzuhauen ist, und die Gefangenen mit uns zurücknehmen. Der König antwortete ihnen: Habet ihr solche Gedanken? Wenn ihr solche Herzhaftigkeit habet, so werdet ihr mich auch gefangennehmen und mich niederhauen und das ganze Land regieren. Warf sie gleich beide in ein finster Gemach, ließ ihnen Speise durch ein Loch in der Tür vorhalten aber nicht geben, und brachte sie auf solche Art vom Leben zum Tode.

Nach diesem hielt der König zu *Dirutschinápalli*, mit Namen *Tschokkanadanáikker*, um die Tochter des *Atschudawischeiaráguwendirens* an, sie zu zu heiraten.[210] Allein er ward deswegen zornig, sagete: Soll ich einem König von so geringem Herkommen meine Tochter geben? Dieses hörete *Tschokkanadanáikker*, brachte dannenhero 30000 Fußvolk und 5000 Reiter zusammen und wollte *Tanjour* einnehmen. Er setzte über die Armee den *Tschinnatambimodali*[211], welcher hinab zog und Tanjour 6 Monat belagerte. Der *Atschudawischeiaráguwendi-*

Abbildung 42: Der Moghul-Kaiser Aurangzeb in voller Rüstung zu Pferde (1680)

ranáikken schrieb alsobald an den *Marawer*-König[a] und an den König zu *Maschúr*.[212] Der *Marawer* machte sich mit 30000 Fußgängern und 2000 Reitern auf, kam ihm zu Hilfe, lagerte sich in einem Wald. Der kommandierende General und andere Fürsten soffen stark, spieleten und wurden ganz taumelnd. Dieses kam dem *Tschinnatambimodali* zu Ohren, welcher gleich aufbrach und sie im Walde umringete. Alsdenn stieg der Marawerische General *Raschuradewen*[213] mit den Seinigen bald zu Pferde, rückte gegen seine Feinde und erlegte einige davon. Er ward aber dabei sehr ermüdet und ging in seiner annoch währenden Trunkenheit hin und streckte sich unter einen Baum. Dann kam der *Tschinnatambimodali* und nahm ihn gefangen. Sobald er ihn gefangen hatte, schickte er ihn zu seinem König in *Dirutschinápalli*. Der König *Tschokkanadanáik*-

---

a Das Marawerische Reich lieget hart an dem Tanjourischen Reiche, mittagwärts.

ker sagete zu *Raschuradewen*: Du bist mein eigener General,[a] warum kommest du meinem Feinde zu Hilfe? Der General antwortete: Warum wollet Ihr einen auf unrechtmäßige Weise seiner königlichen Würde berauben? Nahm seinen Speichel aus dem Munde und warf ihn dem König ins Angesicht. Der König ergriff ihn hierauf und zerfleischete ihn mit seinem Säbel.

Der *Tschinnatambimodali* rückete unterdessen wieder vor *Tanjour*. Alsdenn tat der König in *Tanjour* alle seine Weiber und seine Edelgesteine in ein Haus, legte Pulver darunter, steckte es an, wodurch sie alle in die Luft flogen. Er selbst aber, der König, setzte sich auf einen Elefanten und nahm seinen Sohn zu sich und 15 Soldaten, und tat die vier Stadttore auf. Alsdenn kam das ganze Kriegsheer des *Tschokkanadanáikkens*, zog zur Stadt hinein, stellete sich in Glieder und machten vor dem Tanjourschen König ein *Schalám*. Hierauf sagte *Atschudawischeiaráguwendiren* zu ihnen: Schießet mich mit Euren Flinten nicht tot, sondern zerhauet mich mit Euren Säbeln. Er aber und sein Sohn ging noch unter die Soldaten, und erlegten auf 40 bis 50 Personen mit dem Degen in der Faust, unter währendem Gefecht wurde er erschossen, daß er vom Elefanten fiel. Sie hieben ihm den Kopf auf, legten selbigen auf einen *Palanquin* und überbrachten ihn dem *Tschokkadanáikken* in *Dirutschinápalli*. Der König sahe den Kopf an, ward betrübt und ließ ihn verbrennen.[b]

Hernach setzte der Diritschinapallische König seinen jüngsten Bruder, den *Muttuarakattirináikken*[214] an dessen Statt zum Könige in *Tanjour*. Er gab auch an seinen General, dem *Tschinnatambimodali*, aufs neue Befehl, seine Soldaten und Reiter zusammenzuziehen, nach der Stadt *Ramesurum*[c] zu gehen, und den Vizekönig in *Marawar* zu belagern, welchem er alsobald

---

a Das Marawerische Reich gehörete vor diesem mit zu *Diritschinápalli*, und hielt dieser König daselbst einen Vizekönig, nachhero aber hat sich der Vizekönig zu einem eigenen König aufgeworfen, daß nunmehr das *Marawer*-Land seinen besondern König hat.

b Ist noch ein Liebeszeichen gewesen, weil unter den hiesigen Heiden das Verbrennen die ordentliche Zeremonie bei Toten ist.

c Ist eine Hauptstadt der Marawer.

nachkam. Nach dreien Tagen bekam er *Ramesurum* ein, plünderte die ganze Stadt, alle Leute, die sich ansichtig wurden, hieben sie danieder, und kehreten wieder zurücke. Hierauf versammleten sich die Weiber in *Marawar* auf 20000 Personen, nahmen Degen, große Stöcke und Knittel, hielten sich auf dem Wege, wo *Tschinnatambimodali* herkommen mußte, verborgen.[215] Als der General mit seiner Armee marschieret kam, umringeten sie ihn, töteten 4000 bis 5000 Mann, und die übrigen schlugen sie mit großem Geschrei in die Flucht. Den General aber bekamen sie gefangen, schlugen ihm den Kopf ab, legten ihn in einen Mörsel und zerstampften ihn wohl.

Es war aber ein Sohn von dem *Atschudawischeiaràguwendiranáikken* entkommen und zu dem *Marawer* gegangen. Dieser machte sich nach etlichen Jahren auf, setzte sich zur See auf eine Schaluppe und kam nach Tranquebar,[216] hielte eine Unterredung mit dem dasigen Kommandanten, welcher ihm 500 Reichstaler zahlete, und ließ ihn nach *Dewanapattnam*[217] gehen. Als er daselbst war, machte er sich mit seinem Gesandten, dem *Rengappaien*[218], auf, ging nach dem Schloß *Aiani*, redete mit dem König *Tschaschimagarascha*[219] und sagte: Nehmet die Stadt *Tanjour* mit Euren Soldaten ein und übergebet sie mir, ich will Euch 100000 Perdou deswegen liefern. Der *Tschaschimagarascha* war damit zufrieden, zog 5000 Reiter und 50000 Fußknechte und ging auf *Tanjour* los. Der König und sein Bruder gingen selbst mit. Sie fingen widereinander an zu streiten, bekamen die Festung ein, worauf er des *Atschudawischeiaráguwendirens* seinen Sohn, den *Tschengamaladáschi*[220], zum Könige in *Tanjour* einsetzete. Demjenigen Minister und Gesandten, den er mit von *Dewanapattnam* nahm, gab er seinen Abschied und nahm einen andern an. Deswegen wurde der Minister *Rengappaien* sehr zornig, ging zu dem *Tschaschimagarascha* und fragte: Warum habt Ihr um der 100000 *Perdou* willen die Festung Tanjour eingenommen und jenem übergeben? Ihr könnet ja einen jeden Tag soviel Geld aus demselben Reiche bekommen. Lasset die Festung nicht in seinen Händen, sondern nehmet sie wiederum ein. Dergleichen Verkleinerungsreden hat er viel gesagt. Als solches Vornehmen der neue König in *Tanjour Tschengamaladáschi* hörete, begab er sich des Nachts auf die Flucht, und *Tschaschimagarascha* machete sich daselbst zum Könige.[221] Dieser hat gar gerecht regieret, ließ in seinem Lande 24 *Marakal*[a] *Néllu* verkaufen, regierete 10 Jahr lang zu seiner Untertanen Vergnügen und starb hernach. Nach ihm regierete sein Sohn *Egóschiráscha*.[222] Dieses sein Regiment währete 27 Jahr, worinne aber bald Gerechtigkeit gehandhabet, bald Ungerechtigkeit wieder ausgeübet wurde. Und als er starb, so wurde sein Bruder *Saruwóschiráscha* König,[223] welcher noch jetzo regieret. Dieses Königs sein vornehmster Bedienter, der ein Brahmane ist, heißet *Istrìamburaier*, welcher des Königs Herz in Händen hat, und nach dessen Willen das Regiment geführet wird.

Zu *Dirutschinápalli* kam nach des *Tschokkanadanáikken* sein jüngerer Bruder *Muttuarakattirináiken*[224]. Nach diesem ward König *Mutturengawirakíschtnapanáiker*[225]. Nach ihm wurde Königin seine Mutter *Mangama*[226]. Nach ihr ward König ihres Sohns Sohn, der anietzo regieret, und *Rengamuttuwirakischtnappanáiker*[227] heißet.

Derjenige, der in diesem *Antu* unter allen am allergerechtesten regieret hat, war *Egóschiráscha*, welchem kein anderer König an Gerechtigkeit gleichet. Unter denen jetzo regierenden Königen ist keine Gerechtigkeit zu finden.

Diese Nachricht haben wir Ihnen wissen lassen wollen.

Der einundzwanzigste Brief

Ob der Sklavenhandel eine gute Sache sei?

Sie haben mich gefraget, ob es böse oder gut sei, wenn man Sklaven aufkaufe und sie wieder verkaufe und also damit einen Handel treibe? So ist hierauf zu wissen, daß es unterschiedliche Arten gibt, die Leibeigenen an sich zu bringen oder zu kaufen.

---

a Ein *Marakal* ist 4 Maß, und 1 Maß enthält anderthalb Pfund Reis. Wenn der Reis noch in seinen Hülsen ist, so wird er *Néllu* genennet.

Eine Art ist, wenn man einen viel gutes vorschwatzet, allerhand Persuasiones[228] bei ihm brauchet und verspricht, ihm gute Kleider zu geben, dabei allerhand Schmuck anzuhängen und ihm allerhand betrügliche Worte vorsaget und sein Gemüt damit überwindet und nimmt ihn nachher des Nachts mit sich und läuft mit ihm fort, gibt ihm gutes Essen und verkauft ihn hernach betrüglicherweise an andere.

Eine andere Art ist, wenn man Tollpulver über einen herwirft. Dieses geschiehet also: Es ist eine Art Pulver, die nehmen sie und gehen damit an fremde Örter, sehen sich nach guten und teuren Sklaven um, nehmen das Pulver und streuen es über sie her, darauf kehren sie wieder zurück und gehen ihren Weg fort. Sobald solches Pulver über einen gefallen, bekommet ein solcher Verwirrung im Haupt, siehet sich gleich nach dem um, der das Pulver auf ihn geworfen und gehet als ein Törichter von sich selbst nach. Wenn er sehr weit von selbigen Platz abkommen ist, so nimmt der Betrüger solchen Sklaven, gibt ihm von Essen und Kleidern, was er verlanget und verkauft ihn hernach.

Eine andere Art ist, wenn einige selbst weder Gutes noch Böses verstehen, weder auf Reputation noch auf Schande halten, und selbst törichterweise hingehen, entweder sich selbst oder ihr Kind oder ihren Bruder als Sklaven verkaufen.[229]

Wer nun einen Sklavenhandel hat, die Sklaven kaufet und verkaufet, solcher ist ein großer Sünder und wird unmöglich zur Seligkeit, sondern ins Verderben eingehen. Diese Sünde ist über die fünf großen Sünden[a] noch eine weit größere Sünde. Eine Stadt, die solchen Sklavenhandel vergönnet, kann nicht ins Aufnehmen kommen. Solches ist bei denen Malabaren eine ausgemachete Sache. Dannenhero ist es böse, wenn man

---

a Diese Heiden machen zu den fünf großen Sünden: 1. Leugnen, daß man ein ihm anvertrautes Gut empfangen habe; 2. Starkes Getränke trinken, welches den Kopf einnimmt; 3. Der Priester ihre Weiber zur Wollust begehren; 4. Einen Brahmanen ums Leben bringen; 5. An denen vier Sünden Gefallen haben und in seinem Herzen darein consentieren [zufrieden sein]. In der Erzählung dieser fünf Sünden sind sie nicht einstimmig, denn andere erzählen sie wieder auf eine andere Art.

Sklaven kaufet und verkaufet, und kann niemals gesaget werden, daß ein solcher Handel gut sei.[230]

Der zweiundzwanzigste Brief

Warum die Malabaren gewisse Tage und Monate erwählen zu ihren Hochzeiten

Die Herren Pastores wollen ihrem unwürdigen Diener allezeit auf geneigte Weise viele gute Vermahnungen geben und in ihrer Liebe kontinuieren.

Sie verwundern sich, warum es doch geschehe, daß die Malabaren in einigen gewissen Monaten ihre Hochzeiten halten und in einigen Monaten derselben gar keine halten. Worauf ich Ihnen folgende Ursachen schreibe:

In einem Jahr sind 12 Monate.[231] Unter diesen 12 Monaten ist die Sonne 6 Monate diesseits und 6 Monate jenseits. Ich will sagen: Wenn die Sonne diesseits der Linie[232] nach Norden zuläuft, so hält man es unter uns für überaus gut, wenn man alsdenn Hochzeit machet. Und wenn die Sonne jenseits der Linie 6 Monat lang nach Süden zuläuft, so hält man das Hochzeitmachen für böse. Außer diesem ist auch zu wissen, wenn die Sonne schon nordwärts ihren Kurs hat, so regieren in einigen derselben Monaten der Feuerstern[a], zuweilen sind auch Sonnen- oder Mondfinsternisse, und wiederum ist die Venus[b] auf eine Zeit unsichtbar, in solchen Monaten ist es gleichfalls nicht gut, wenn man Hochzeit machet. Hiernebst sehen sie

---

a Dieser Feuerstern regieret nach ihrer Meinung in den beiden Monaten April und Majo, worinne es auch nach dem alten Stylo [dem Julianischen Kalender] gerechnet, am allerheißesten hier ist, als in welchen Monaten dieses 1714ten Jahrs, nach dem Thermometro des Johann Patriks allhier vielmals bis 2 Grad über 0 Grad gestiegen ist.

b In ihrer Astronomie zählen sie 7 Planeten, 12 himmlische Zeichen, 27 ordinäre Bildersterne und noch 2 andere, deren Sternbilder sie alle zeigen.

fleißig auf ihren Geburtsstern[233] und Geburtstag,[a] wie auch auf die 12 himmlische Zeichen[234], in welchem von denen einem sie geboren sind und richten nach solchem ihren Hochzeitstag ein.

Hernach, wenn Mann und Weib miteinander wohl und in Liebe leben und eines Herzens sein wollen, auch wenn ihr Geschlecht durch Kinderzeugen sich vermehren soll, so suchen die Brahmanen einen solchen Tag und ein solches himmlisches Zeichen, nach welchem sie sich solches versprechen können und machen Hochzeit.

Wenn sie aber an einem bösen Tage, in einem bösen Himmelszeichen und da ein böser Stern regieret, Hochzeit machen, so gerät der Ehestand nicht wohl, und der Mann, das Weib und die Kinder sind immer widereinander. Derohalben fragen sie bei denen Brahmanen um des Mondes Zeit, um einen guten Tag, um ein gutes Himmelszeichen und Stern, und, nachdem sie solches alles wohl erkundiget haben, machen sie Hochzeit.

Hierinne lieget gar viele Weitläufigkeit und Wissenschaft; allein ich habe nur das wenige melden können, was ich davon weiß, und es ihnen überreichen sollen. Wie denn diese Dinge die die Astrologi und Nativitätssteller[235] allein am besten wissen, andere haben hiervon nicht suffiziente Wissenschaft.

Der dreiundzwanzigste Brief

Wie die Herren ihre Sklaven halten und wie diese jenen gehorsamen sollen[236]

Ein Herr soll seine Sklaven also halten, wie er sich und seinen Leib selbst hält, und wie er gegen seine Kinder gesinnet ist. Er

---

a Einige notieren sich ihrer Kinder Geburtstagsstern und Geburtstag, welche es aber nicht getan haben, rufen einen Astrologum, oder hierinne erfahrnen Brahmanen, wenn sie Hochzeit machen wollen, welcher durch die Bedeutung der Buchstaben ihres Namens sowohl Geburtsstern, als Geburtstag, mit Ausrechnung heraus bringen kann, wonach sie sich denn in Machung der Hochzeit richten.

soll sie mit gutem Verstand zum Gehorsam anhalten. In Essen und Kleidung soll er sie so unterhalten, daß ihnen ihr nötiges nicht gebricht. Wenn die Sklaven eine Schuld begehen, so soll er sie nicht mit Grausamkeit züchtigen, sondern sie mit Maß strafen.

Die Sklaven sollen auf solche Art ihren Herren gehorsam sein und Dienst tun, daß sie ihnen in keinem Stück einigen Betrug beweisen, nicht tückisch gegen sie sein, nicht vorwärts Gutes und hinterher Böses von ihren Herren sprechen, nicht lügen und untreu sein, sondern dem Herrn alle Ehre mit Höflichkeit, Furcht und Liebe beweisen, die im Hause vorgehende Dinge bei andern nicht ausbreiten, diejenigen Leute, so ihren Herren gehäßig sind, nicht lieben, bei andern von ihren Herren nicht übels sprechen. Und wie sie ihren Herren Gehorsam beweisen, so sollen sie es auch gegen Frau und Kinder tun: ja sie sollen so gegen alle ihren Gehorsam beweisen, wie ein Jünger gegen seinen Priester.

Wenn die Sklaven auf gute Weise ihren Herren gedienet und gehorsam gewesen sind, sollen sie selbige zur Sterbenszeit noch vor sich kommen lassen, sie freigeben, ihnen zu ihrer Hochzeit, Haushaltung und künftigen Unterhalt ein Stück Geld geben, und ihnen zu Ehren helfen. Wenn einer viel Sklaven in seinem Hause hat, die sowohl männlichen als weiblichen Geschlechts sind, so soll er sie sich untereinander verheiraten lassen, und soll ihnen auf alle Art forthelfen. Dieses ist sowohl der Herren als der Leibeigenen Pflicht.

Der vierundzwanzigste Brief

Ob es erlaubt sei, Krieg zu führen?

Die beiden Priester wollen ihre Liebe gegen mich allezeit kontinuieren.

Sie haben gefraget: Ob es nach dem malabarischen Gesetz erlaubet sei, Krieg zu führen, oder ob der Krieg Gott mißfällig sei?

In einem von unsern Büchern, so *Ráschanidisastirum*[a] heißet, stehet geschrieben: Wenn einem eine Kuh entgegen läuft ihn zu töten, so soll er sie ums Leben bringen.[b] Also auch mit einem Feinde, der ihm gehäßig ist und mit der Intention, einen zu ruinieren, ankommt, mit selbigen soll man kriegen, und dazu ist Freiheit. Wenn man einem solchen Feinde nicht Widerstand tut und ihm denselben durch Überwinden nicht untertänig machet, so bestehet des Herrn des Landes seine Herrschaft nicht und [er] verlieret seinen Zepter. Allein auf ungerechte Weise Krieg zu führen, dazu man keine Ursache hat, ist nicht Gottes Erlaubnis. Wenn man nach Gerechtigkeit mit dem Schuldigen Krieg führen und ihm denselben untertänig machen kann, so ist dazu Freiheit.[237]

Unter den Menschen ist es nötig, dergleichen Frage anzustellen. Allein die sämtlichen vierundachzig Hunderttausend Arten der lebendigen Tiere streiten und beißen sich untereinander, ohne daß sie um Freiheit fragen. Wenn einer unter denen Menschen mit seinem Feinde rechtmäßig streitet und im Kriege erleget wird, daß er stirbet, so halten wir dafür, daß er gewiß eine Stufe der Seligkeit überkommen werde. Und ist in der Malabaren Gesetz geschrieben, daß diejenigen die Seligkeit erlangen, welche im Kriege sterben.

Diese Nachricht habe ich Ihnen wissen lassen wollen.

---

a In diesem Buch ist enthalten der Könige Regierung, wie sie Recht und Gerechtigkeit handhaben, das Böse bestrafen und das Gute belohnen sollen, wie sie sich im Kriege zu verhalten haben, was sie für Zoll nehmen sollen, wie sie der Untertanen Herz und Liebe gewinnen sollen etc.

b Weil diese Heiden die Kuh für ein gar heilig Tier halten, so wird auch dies zu einer Todsünde von ihnen gerechnet, wenn einer eine Kuh tötet und deren Fleisch gar ißet. Doch aber vergönnen sie in solchem Fall die Kuh zu töten, wenn sie einen selbst ums Leben bringen will.

Der achtundzwanzigste Brief

Warum so viel Malabaren die lebendigen Tiere nicht essen

Sie haben diese Frage zur Beantwortung an mich ergehen lassen: Weil Gott die Tiere dem Menschen zu Nutz erschaffen hat, warum doch die Malabaren so viel Geschöpfe für unrein halten und verwerfen?

Worauf ich antworte: Haben nicht die Tiere sowohl als wir das Leben? Warum sollen wir sie töten und essen? Nachdem uns Gott viele andere Geschöpfe gegeben hat, warum sollen wir jene quälen und essen? Man hat es um deswillen verworfen, weil es weder mit unserer Religion, noch mit der Höflichkeit, Reinlichkeit und Mäßigkeit übereinkommt, daß man lebendige Tiere quälet und tötet.

Die Brahmanen haben es um deswillen verworfen, weil das Töten der Tiere Sünde ist und wider die Mäßigkeit streitet, und nicht mit der Weisheit einstimmet; weil das Lob Gottes nicht genug ist, welches man mit einer solchen Zungen tut, damit[238] man Fleischgeschöpfe gegessen hat; weil es keine sonderbare Sache ist Fleisch zu essen. Hingegen, wenn man solche lebendige Kreaturen nicht quälet, die andern leblosen Kreaturen ißet, dabei Gott dienet und lobet, so erlanget man deswegen Belohnungen.

Etliche unter denen *Tschúddirern*[a] verabscheuen solche lebendigen Geschöpfe und verwerfen sie; hingegen speisen sie reine Speisen. Einige wiederum speisen sie auch.

Wer diese lebendige Geschöpfe mit Herz und Mund verläßet und verabscheuet, hingegen reine Speise ißet, derselbe bekommt davon Belohnungen. Diejenigen, welche in ihrem Herzen Lust haben, solche zu essen, aber des Hochmuts wegen verwerfen und nicht essen, dieselben haben große Sünde.

Dieses ist der Malabaren Lehrsatz.

---

a Die *Tschuddirer* sind die eigentlichen Malabaren, von welchem Namen ausgeschlossen sind die Brahmaner, die ihr Geschlecht von dem Abgott *Birúma* her derivieren, und die *Bareier* welche das verachtetste Geschlecht unter den Schwarzen sind.

Weil die Weisen, die vor diesem gelebet haben, als *Wedawiáscher*[a], *Diruwalluwer*[b] und solcher großen Leute mehrere, solches verworfen haben, so haben es auch zu diesen Zeiten die Brahmanen, die *Tschaiwer*[c] und andere mehr verworfen. Es ist allerdings wahr, daß Gott dergleichen Geschöpfe denen Menschen zugut und den Menschen zur Zierde geschaffen hat, und können sie auch diejenigen, so dazu Belieben tragen, essen. Allein, die daran keinen Gefallen haben, können sie auch verwerfen. Hiernebst ist in dem *Diruwalluwer* geschrieben: Die lebendigen Tiere plagen ist Sünde.

Weil gesaget wird, daß diejenigen eine sonderbare Belohnung erlangen, welche diese alle verabscheuen, reine Speisen erwählen und dabei ihr Opfer verrichten, so haben wir Malabaren solches angenommen. Und durch solches Exempel sind von Tage zu Tage mehrere entstanden, die eben dieses beliebet haben.

Über diejenigen, so solche Tiere essen, ist vielerlei in unsern Büchern geschrieben.

Solches habe ich berichten wollen.

Der neunundzwanzigste Brief

Ob die heidnischen Könige besser nach Gerechtigkeit richten, als die hier wohnenden Europäer, oder ob dieser Regierung vor jenen gerechter ist?

Hierauf ist meine Antwort: Der malabarischen Könige Gerechtigkeit und Gesetz ist gut. Wenn sie eine Sache richten, so ver-

---

a *Wedawiáscher* ist einer mit von denen vornehmsten Propheten und hat durch seine Buße große Gaben erlanget. Von *Birúma* soll er das Gesetz empfangen und selbiges in die Welt gebracht und allenthalben ausgebreitet haben. So soll er auch denen Menschen die vielerlei Bußarten offenbaret und ihnen die Mittel dazu gezeiget haben. Er hat unterschiedene Bücher geschrieben.

b *Diruwalluwer* ist der gelehrte Poet, dessen Historie völlig im sechsten Briefe gemeldet worden ist.

c *Tschaiwer* sind diejenigen, die mit lauter Opfern, Werken und vielen Anbetungszeremonien umgehen und dabei ihre andere Arbeit machen.

fahren sie nach Recht und Gerechtigkeit, hören glaubwürdige Zeugen, fragen zehnmal nach der Sache und erforschen sie wohl, hören keine falschen Zeugen noch Unrecht. Wenn die Klagenden zum Könige kommen, werden sie in ihrem Gesuch und Recht nicht aufgehalten, so auch nicht bei denen Richtern und königlichen Ministris. Dergestalt ist dieses ein gutes Recht und Gerechtigkeit.

Allein die jetzo regierenden Könige richten nicht mit solcher Akkuratesse und wird nicht die Gerechtigkeit ausgeübet, die bei Königen sein sollte. Ein jeder hält Gericht und Regiment nach seinem Gutdünken und wie er es haben will. Derer hierseienden Europäer ihre Gerechtigkeit und Gesetz ist jetzo ohnstreitig besser als der malabarischen Könige ihre Gerechtigkeit. Sie führen ihr Regiment wohl, ohne Ungerechtigkeit und List und ohne, daß sie den unschuldigen Nächsten unrecht beschuldigen und Geld von ihm erpressen sollten. Die Malabaren haben zwar auch in vielen Dingen noch bessere Gesetze als die Europäer, allein, niemand richtet danach. Es gehet nicht anderes im Schwange als Ungerechtigkeit. Gerechtigkeit wird nicht gehandhabet.

Was anlanget, welche unter beiden am fähigsten sind, so sind die Europäer zur See und zu Lande mit ihrem Geschütz am geübtesten. Hingegen sind die Malabaren zu Pferde, mit dem Degen in der Faust, im Bogen und Pfeil, mit Spießen, am Mute und in guter Marschordnung die geübtesten.[a] Ingleichen sind sie sehr erfahren zu kriegen mit Elefanten und Kamelen.

Wenn die Malabaren Krieg führen, brauchen sic allerhand Kriegslist und lassen die Feinde nichts von ihrem Vornehmen wissen. Hiervon schreibe ich folgendes Exempel:

Vor 20 Jahren, als zu *Dirutschinápalli* des jetzoregierenden Königs *Rengamuttuwirakischnapanáikkers* sein Vater, *Wi-*

---

a Es scheinet, ob habe der Korrespondent hier zu viel von seinen Malabaren geschrieben. Soviel wir in der Erfahrung haben, so sind sie sehr feige Leute, und wenn sie marschieren, gehen sie wie eine Herde Kühe untereinander. In denen anderen gemeldeten Exercitiis haben wir ihre Künste noch niemals gesehen.

Abbildung 43: Virabhadra mit Pfeil und Bogen, Schwert und Schild

scheiarengatschokkanadanáikker, das Regiment führete, so ging folgendes vor:[239]

Derselbe König hatte zweiundsiebenzig Generals unter sich. Ein jeder von diesen hatte etliche Tausend eigenes Volk zu kommandieren. Sie aber alle hielten den König gering. Derowegen machte der König 20000 Fußvolk, 3000 Reiter fertig und sagte: Wir wollen ein wenig ausziehen, uns zu divertieren[240]. Und nahete innerhalb 6 Tagen zu eines Generals Stadt. Daselbst ließ er alle sein Volk hinter sich. Er allein stieg zu Pferde und ritte mit bloßem Säbel in der Hand hinein. Als nun hierauf der General *Schilináikker* bei Sonnenuntergang mit seinem Volke da war, so stieg er allein zu Pferde, ritte ihm sehr geschwind entgegen. Und da er nicht wußte, daß es der König wäre, gedachte er, wer dieser sein möchte? Der König ritte diesem gleichfalls geschwind entgegen und hieb ihn zu Tode. Hernach wußte es jedermann, daß es der König wäre. Und macheten ihre untertänige Ehrenbezeigung. Da ihn der König gehauen hatte, rief er dessen Sohn und setzte ihn an seine Statt. Dieses Kind warf güldene und silberne Blumen zu des Königs Füßen, fiel vor ihm nieder und präsentierte ihm für 200000 *Perdou* ein Geschenk. Der König sagte zum Sohn: Fürchte Dich für nichts. Dein Vater tat mir nicht die gehörige Schuldigkeit. Darum habe ich ihn getötet. Du aber mußt mit Verstande regieren.

Er ließ hernach seine Elefanten und Völker zusammenziehen, marschierte von dannen in Eil ganz allein zu Pferde nach dem General namens *Regunadadewen*. Dieser General brachte güldene und silberne Blumen, legte sie zu seinen Füßen und fiel vor ihm nieder. Alsdenn sprach der König zu *Regunadadewen*: Warum hältest Du denn nicht gute Wache? Als ich kam und zur Stadt einritte, war niemand auf der Wache. Sollte ein Feind kommen, so wäre es um die Festung geschehen. Und war sehr gegen ihn erzürnet.

Regunadadewen sprach: Herr König, es ist also: Ich bitte Euch untertänig, vergebet mir nach Eurer Gnade. Und offerierte ihm zum Präsent einen güldenen *Palanquin*, welcher 122000 *Perdou* kostete, ingleichen zwei *Marakal*[a] voll Perlen, Korallen und Edelgesteine nebst einigen Elefanten.

Hierauf gab ihm der König einige Vermahnungen und reisete zu allen übrigen Generalspersonen, strafete einige, andere machte er sich mehr untertänig und gehorsam. Die ihm nicht königliche Ehre gaben, hieb er nieder, und marschierete wieder nach seiner Stadt. Als er angekommen war, schickte der *Große Mogul* zu ihm, und ließ seinen Tribut[b] von ihm einfordern. Er gab zur Antwort: Ich gebe keinen *Kas*[c] Tribut. Beliebet es ihm und ist er vermögend, mein Land zu ruinieren oder

a Ein *Marakal* hält vier Maß und wieviel ein hiesiges Maß halte, ist oben gemeldet.

b Der Dritschinapallische, Tanjourische und die andern Könige auf dieser Küste sind alle Tributarii vom *Großen Mogul*, ohne der auf der Insel Ceylon, welcher souverän ist.

c *Kas* ist eine kupferne Münze, deren 80 auf einen *Fano* gehen. Ein *Fano* sind 2 Groschen.

wegzunehmen, so kann er es tun. Im übrigen gebe ich keinen *Kas*.

Da der Mogul diese Antwort hörete, sagte er: Dieser muß ein guter Soldat sein und fürchtete sich, solches zu tun.

Es ist wahr, es ist keiner im ganzen Reich *Diritschinápalli* ein solcher guter Soldat als dieser König. Dieser König ging zu dem Fluß *Kawéri*[a], stieg auf ein Pferd für 4000 *Perdou* und befahl seinen Hohen, daß sie sich auf 40 bis 50 Personen sollten zu Pferde setzen und ihre Schwerter herausziehen, mit ihm ein Fechten zu halten. Er nahm sein bloßes Schwert mit dem Schilde in der Hand, ließ soviel Personen mit ihren Schildern und Schwertern ihm entgegenkommen, mit ihm zu fechten. Allein, er hielt soviel Schwerter ab und trieb sie zurücke. Und als sie ihm nichts anhaben konnten, retirierten sie sich. Auf solche Art pflegten sie öfters miteinander an demselbigen Fluß ein Gefechte anzustellen. Die besten Pferden waren ihm nicht stark, sondern [er] ritte meistens täglich 2 Pferde zu Tode. Dieser König war 22 Jahre alt. Wenn er ausritte, sich zu erlustigen, so waren andere Könige mit ihren Generals in Furcht und standen wohl auf der Hut.

In dem Kriegsgefechte war er der andere *Wiratschuren*.[b] Er ging einstmals aus, sich zu divertieren, so hörete er wohl, daß in einem gewissen Walde Tiger sich aufhalten sollten. Er umgab den Wald mit 20000 Fußvolk und 3000 Reitern und versprach, welcher sich in Erlegung der Tiger tapfer erweisen würde, dem wollte er eine hohe Bedienung geben und 5000 *Per-*

---

a Die Malabaren statuieren neun Hauptflüsse, unter welchen der Fluß *Kenkei* oder *Ganges* in Bengalen der Hauptfluß ist, den sie für die Göttin des Wassers halten und zugleich für *Isurens* anderes Weib. Dieser Göttin *Kenkei* ordnen sie acht Jungfrauen als Gespielinnen zu, welches die übrigen Hauptflüsse sein, unter welchen *Kawéri* ein Fluß mit ist.

b *Wiratschuren* oder *Wirapaddiren* ist einer von des *Isurens* unechten Kindern, der von dem Schweiße geboren ist, welchen er mit der Hand von der Stirn wischete und wegspritzete, daraus dieser Sohn wurde. Weil er das Vorhaben des *Isurens* Schwiegervater zunichte machen sollte, als *Tukken*, der Schwiegervater, einen andern Gott an *Isurens* statt einsetzen wollte, so bekam dieser Sohn tausend Häupter und zweitausend Hände und zerstörete mit großer Wut des *Isurens* Schwiegervaters sein Unternehmen.

dou zum Präsent. Sie antworteten alle: Wir können hierbei nichts ausrichten. Die Tiger traten aus dem Wald heraus, krümmeten mit großem Zorn ihre Schwänze und sahen die Soldaten scharf an. Alsofort gab der König seinem Pferde die Sporen und rennte nach denen Tigern zu, hieb auf einen Streich einen voneinander. Dergleichen geübte Krieger sind unter denen Malabaren viel.

Der Europäer ihre Könige mögen zur See und in den Feuerkünsten sehr geübte Könige sein. Sollten die Malabaren zur See mit ihnen streiten, würden sie allerdings den kürzern ziehen. Allein, zu Lande sind die Malabaren geübet.

Kommentierende Anmerkungen

1 entschuldigt.

2 Die Missionare verwandten in ihrer Übersetzung die christliche Terminologie, so daß eine genaue Identifizierung des Terminus nicht in jedem Fall möglich ist. Hier handelt es sich wahrscheinlich um einen Brahmanen, einen Angehörigen der obersten Kaste.

3 Es handelt sich um die Behandlung dieser Fragen nach den sechs als orthodox bezeichneten indischen Philosophiesystemen: Pūrva-mīmāmsā, Vedānta oder Uttara-Mīmāmsā, Sāmkhya, Yoga, Nyāya und Vaiśesika. Diese Systeme berufen sich auf die unfehlbare Autorität der vedischen Texte und erheben den Anspruch philosophische Systeme auf der Basis des Veda zu sein. Der Veda (»Wissen«) ist ein vier Sammlungen von Liedern und Sprüchen umfassender und in Sanskrit abgefaßter Literaturkomplex, der von den Hindus als heilig angesehen wird. Die Pūrva-mīmāmsā beschäftigte sich ursprünglich hauptsächlich mit den rituellen Teilen des Veda, der als Kompendium ritueller Vorschriften angesehen wurde, und wurde im 8. Jahrhundert zum philosophischen System ausgebildet. Der Vedānta (»Ende des Veda, Essenz des Veda«) traktiert die Upanishaden, philosophische Texte der letzten Phase der vedischen Literatur. Er ist das aufnahmefähigste aller Systeme und beansprucht den Rang einer alle Systeme zusammenfassenden Universalphilosophie.

Das Sāmkhya (»Zahl, Zählmethode«) geht von einem Dualismus von passiven Einzelseelen und einer mit evolutionären Eigenschaften versehenen Urmaterie aus und verneint einen Gott als Urprinzip. Der Yoga (»Anspannung, Zügeln«) stellt eine Systematisierung von Meditationsregeln dar, auf deren Basis durch Konzentration der Geisteskräfte eine höhere Erkenntnis erlangt werden könne.

Das Nyāya (»Regel, Grundsatz, Richtschnur«) beschäftigt sich mit der Logik, ermittelt die Regeln des richtigen Denkens. Das Vaiśesika (»Besonderheit«) setzt sich mit den Unterschieden zwischen den Kategorien der Realität auseinander. Im Laufe der Zeit verschmolzen beide Systeme, da sich das Vaiśesika die Logik des Nyāya zueigen machte und letzteres das atomistische Grundkonzept des Vaiśesika integrierte.

4 bestätigt.

5 Brahmanen verkauften häufig ihr Wissen und machten ihre Lehre zum Geschäft. Ziegenbalg und Gründler profitierten insofern von dieser Haltung, als sie dem Manuskript der »Genealogie der malabarischen Götter« Zeichnungen von Götterstatuen beilegen konnten, die ein Brahmane gegen Bezahlung angefertigt hatte.

6 Die Begriffe »malabarisch« und »Malabare«, heute ausschließlich auf die südindische Westküste bezogen, wurden bis weit ins 18. Jahrhundert auch zur Bezeichnung des Tamil und der Tamilen benutzt.

7 Gemeint sind die Veden: Ṛgveda, Sāmaveda, Yajurveda und Atharvaveda, die als göttliche Offenbarung angesehen werden und nach hinduistischer Vorstellung ewig sind.

8 »Mit den Sāstras sind die sechs philosophischen Systeme gemeint: vēdāntam, vaisēsikam, pāttam, pirabāgaram, pūruwamīmānsei, uttaramīmānsei« (Caland, 1926, S. 256). Vgl. Anmerkung 3.

9 Die achzehn sogenannten »großen« Purāṇas gelten zwar als kanonische Bücher des Hinduismus, können aber nicht als Erläuterung der orthodoxen Philosophiesysteme angesehen werden.

10 Der in der Antwort auf diese Frage geäußerten Ablehnung des Christentums wegen fehlender »Werke« liegen die Lehren vom Dharma und Karma zu Grunde.

Das Universum unterliegt dem Dharma, einem ewigen Weltgesetz. Jeder Einzelne hat seinen persönlichen Dharma, der von ihm Pflichten und Frömmigkeit abverlangt. Der Dharma muß erfüllt werden. Seine Nichterfüllung bringt Leiden, ein ihm entsprechendes Leben Glück. Dieser Schicksalsglauben wird durch die Lehre vom Karma weiterentwickelt, die mit der Vorstellung von der Wiedergeburt verbunden ist. Die Hindus glauben, daß moralisch gute wie schlechte Taten (Karma) Lohn oder Strafe nach sich ziehen. Hat die Seele den Körper des Sterbenden verlassen, geht sie in einen neuen Körper ein. Die neue Existenz, z.B. als Tier oder Angehöriger einer höheren Kaste, ist die Frucht der Taten (»Werke«) aus vorigen Leben. Das jetzige Dasein ist Ergebnis der Taten in früheren Leben. Die Taten im gegenwärtigen Dasein ziehen ein entsprechendes zukünftiges Leben nach sich. Aus dem Kreis der Wiedergeburten kann man nur durch Abkehr von der Welt erlöst werden.

Eine Aufstellung solcher guten und schlechten »Werke« sind in der Antwort auf die zweite Frage im zweiten Brief zu finden.

11 An dieser Stelle wird die Nichtbeachtung der Kastenunterschiede und der Stellung von Mann und Frau zum Hauptgrund für die Ablehnung des Christentums angeführt. Obwohl die ersten Missionare der Dänisch-Halleschen Mission versuchten, dem Kastensystem entgegenzutreten, war man in der Folgezeit gezwungen, diesem in der Missionsgemeinde Raum zu geben. Andernfalls wären Missionsversuche unter den höheren Kasten erfolglos geblieben.

Im 13. Brief finden sich weitere Gründe für die Weigerung, zum Christentum überzutreten.

12 Gemeint sind die verschiedenen »Kasten« in der hinduistischen Gesellschaft. In der Übersetzung und den Kommentaren wird häufig für die Kaste »Geschlecht«, »Freundschaft«, »Zunft«, und »Verwandschaft« synonym verwendet. Die vier Varṇas, Stände der vedischen Gesellschaft, werden zwar – mit dem Begriff Jāti (cāti) versehen – in den Briefen erwähnt, gleichzeitig werden aber an verschiedenen Stellen andere »Geschlechter« aufgeführt, deren Beziehungen untereinander

sich nicht strikt am klassischen System der Varnas ausrichten. Die Darstellung legt den Schluß nahe, daß sowohl in der Welt der Tamilen als auch in den Augen der Missionare die »Kaste« keine alles dominierende Rolle spielte (vgl. DHARAMPAL-FRICK, 1994, S. 228–239).

13 Diese Frage ist nicht ungewöhnlich. Die Missionare suchten einerseits nach den Indern, mit denen sie sich bei einem Besuch in religiösen Fragen auseinanderzusetzen hatten, andererseits versuchten sie auch Dialogpartner zu finden.

14 Siehe auch die Antwort auf die zweite Frage im folgenden Brief.

15 ferner.

16 gestaltet sind.

17 In Südindien erheben die Śūdras, nach der klassischen Kastenhierachie die Angehörigen der vierten Kaste, den Anspruch, mit den Brahmanen, die zuwanderten bzw. von den südindischen Herrschern im Laufe der Jahrhunderte ins Land geholt wurden, als gleichrangig behandelt zu werden. Sie verfügen über eigene religöse Führer, die Śūdra-Brahmanen und Paṇṭaraṉ.

18 Gemeint sind die 18 in Sanskrit verfaßten »großen« Purāṇas.

19 Verrat an seinem Herrn.

20 Bereits im Ṛgveda heißt es im Hymnus X, 90: »Der Brahmane war sein Mund, die beiden Arme wurden zum Rājanya [d.h. Ksatriya] gemacht, seine beiden Schenkel zum Vaisya; aus den beiden Füßen entstand der Sūdra« (MYLIUS, 1978, S. 67). Die im Brief folgende Teilung der Kasten und der Gegensatz zwischen Brahmanen und Śūdras entspricht der Situation in Südindien.

21 Die Antwort des Korrespondenten basiert auf der Lehre vom Dharma. Sünden und Tugenden sind von Anfang an da und werden durch den Dharma im Lebensweg des Einzelnen bestimmt und sind deshalb unausweichlich.

22 Sehen, Hören, Riechen, Schmecken, Berühren.

23 Die Antwort korrespondiert mit der vorigen Frage. Der Dharma bestimmt letztendlich, ob sich ein Mensch wandeln kann.

24 D.h. sich entsprechend seinem Dharma verhalten.

25 Dieser Auffassung liegt die Vorstellung von der Seelenwanderung zugrunde. Die Seele gelangt in Abhängigkeit von den Taten des Sterbenden in seinem Leben in den neugeschaffenen Körper eines Wesens. Der Lohn guter Taten ist eine Wiedergeburt in einer besseren Existenz.

26 Die folgenden Fragen zielen auf die vier Āśramas der »Zweimalgeborenen«, d.h. die vier Lebensstadien, die ein Mann der drei oberen Kasten auf dem Weg zur Erlösung durchläuft, sobald er herangewachsen ist. Diese Lebensstadien stellen ein idealisiertes Modell im Rahmen der Lehre vom Dharma dar. Jedem Stadium entsprechen bestimmte Pflichten.

Im ersten Stadium *Brahmacāriya* widmet sich der heranwachsende Hindu als Schüler bei einem *Guru* dem Studium der Veden. Nach der abschließenden Weihe beginnt das Leben als Hausvater (*Gṛhastha*). Gründung einer Familie und materieller Erwerb stehen im Mittel-

punkt. Im Alter soll sich der Hausvater von seiner Familie abwenden und als Einsiedler (*Vanaprastha*) in die Wildnis ziehen. Im vierten Stadium läßt der Hindu als bettelnder Wandermönch die Welt völlig hinter sich und wird zum *Sannyāsī*. Pflicht und Lebensziel ist die Erlösung.
Die in den folgenden vier Fragen besprochenen Gruppen entsprechen dem Śaiva-System (vgl. CALAND, 1926, S. 277ff.) Die ersten beiden Gruppen lassen sich ihrer Beschreibung nach allerdings nur dem zweiten Lebensstadium *Gṛhastha*, dem des Hausvaters zuordnen.

27 Zu dieser Gruppe zählt Ziegenbalg insbesondere die Priesterschaft und die Bettelmönche (CALAND, 1926, S. 27).

28 Diese Gliederung entspricht dem Lebensstadium Vānaprastha, d.h. dem des Asketen.

29 Gemeint ist wahrscheinlich ein Matha, eine Art Kloster, in dem Asketen lebten und auch aus religiösen Gründen Reisende materiell versorgt wurden.

30 besuchen.

31 Entspricht dem Stadium des Sannyāsī, des Weisen.

32 Hierin sahen die Missionare Anknüpfungspunkte. Ziegenbalg dokumentierte bereits im »Malabarischen Heidentum« seine Affinität zu den »Weisen«: »Welche demnach Gnánigöl geworden sind, die halten nicht nur allein das weltwesen, sondern auch alles andere vor Thorheit, worinnen die anderen ihre Seeligkeit erlangen suchen. Sie verwerffen die vielen Götter... Sie verwerffen alle Ceremonien... Sie heben auff allen Unterschied der Religionen und der vielen Casten oder geschlechter...«(CALAND, 1926, S. 27f.).

33 kommen und gehen sie.

34 Es werden asketische Bußarten im Rahmen der Yōga-Praxis beschrieben.

35 Mit den folgenden drei Fragen zur Polygamie, der Wiederverheiratung von Witwen und der Witwenverbrennung hatte sich die Mission ständig auseinanderzusetzen, weil die hier geäußerten tamilischen Vorstellungen dem christlichen Selbstverständnis entgegenstanden. Während die ersten beiden Probleme zu Auseinandersetzungen mit einzelnen Konvertiten führten, spielte das letzte Problem nur in der Diskussion mit Nichtchristen eine Rolle, weil sich die Gemeinde der Mission vorwiegend aus Paṟayaṉ, außerhalb der Kastenordnung und damit unter ihr Stehenden, und Śūdras zusammensetzte, die davon nicht berührt waren.

36 Die strenge Ablehnung der Wiederverheiratung einer Witwe entstammt erst nachvedischer Zeit. In Manus Gesetzbuch, Buch IX, Vers 65 bis 68, wird darauf verwiesen, daß nirgendwo im Eherecht die Wiederverheiratung einer Witwe erwähnt werde, dieser Brauch von den höheren Kasten abgelehnt werde und nur zur Vermischung der Kasten führe.

37 Gemeint sind die klassischen vier Hauptkasten oder Varna: die Brahmanen, die Ksatriya, die Vaiśya und die Śūdra. Diese überlieferte Teilung ist, falls sie jemals den Gegebenheiten entsprach, abseits der heu-

tigen Realität. Der Terminus Varṇa wird analog dem Begriff Jāti (im Text *Tschádi*) zur Bezeichnung der Kaste benutzt.

38 Es handelt sich um die Wäscher (*vaṇṇāṉ*), Barbiere (*nāvitaṉ*), Töpfer (*kuyavaṉ*), Gold- oder Silberschmiede (*taṭṭāṉ*), Kupferschmiede (*kaṉṉāṉ*), Maurer (*taṟṟaccaṉ*), Grobschmiede (*kollaṉ*), Zimmerleute (*taccaṉ*), Ölhändler (*eṇṇeyvāṇiyaṉ*), Salzhändler (*uppuvāṇikaṉ*), Betelverkäufer (*ilaivāṇikaṉ*), (*paḷḷi*), Blumengirlandenmacher (*pūmālaikkāraṉ*), Totengräber (*paṟaiyaṉ*), Muschelhornbläser (*kōviṟkuṭiyāṉ*), Trommler in den Tempeln der Pitāri (*ōccaṉ*), Fischer (*valayaṉ*), Schneider (*pāṇaṉ*).

39 Das Ideal der treuen Ehefrau und die Situation der Witwen im gesellschaftlichen Leben führte dazu, daß sich viele Witwen verbrennen ließen. Einerseits befreite sie entsprechend der Tradition durch ihr Opfer ihren Ehemann aus der Hölle, andererseits entging sie einem Leben, in dem sie als unrein angesehen wurde. Vielfach wurden Witwen gezwungen sich selbst zu verbrennen.

40 Hier ist die ethnische Zugehörigkeit gemeint.

41 Dubois berichtet demgegenüber, daß im Jahre 1801 mit dem verstorbenen früheren marathischen Rāja von Tañcāvūr zwei seiner Frauen verbrannt wurden (Dubois, 1978, S. 364ff.).

42 Absprache.

43 Festgelegt wird, welches Kind der Braut nach derem Tod ihren Besitz erhalten soll.
Das von der eigenen Familie der Braut mitgegebene Gut war für den Ehemann unantastbar. In der Regel erbten es nach ihrem Tode die Töchter, ansonsten fiel es an die Familie zurück. In den oberen Kasten gab es auch den Brauch der Weitervererbung an die Söhne.

44 Osten.

45 Nur die wenigen großen Heerstraßen, welche die großen Städte verbanden, waren in der Regenzeit passierbar. Die während der trockenen Jahreszeit zwischen den Dörfern als Straßen benutzten Dämme der Reisfelder waren dann überflutet.

46 Der Begriff des Hinduismus war zu jener Zeit noch nicht bekannt. Ziegenbalg ging bereits im »Malabarischen Heidentum« von zwei Hauptreligionen aus, die das indische »Heidentum« prägten. Aufgrund ihrer Nähe betrachtete er sie analog den Verhältnissen im Christentum auch als Sekten (Dharampal-Frick, 1994, S. 356ff.).
Die Grundrichtungen unterscheiden sich nach dem jeweiligen Hochgott, *Śiva* und *Viṣṇu*, der auch als das Höchste Wesen angesehen wird. In jeder Grundrichtung taucht der Hauptgott der anderen Richtung als untergeordneter Gott, als Inkarnation oder Form auf. Die den Grundrichtungen zugeordneten Sekten unterscheiden sich nicht nur durch die angeführten Äußerlichkeiten, sondern auch durch unterschiedliche religiös-philosophische Grundlagen und Wege zur Erlösung. Die verwirrende Vielfalt der angebeteten Götter unter den Śaivas weist auf die Integration des Volksglaubens hin. Verschiedene aufgeführte Sekten wie die Vīraśaiva aber auch die erwähnten Kṛṣṇa verbundenen Sekten haben reformatorische Bezüge.

47 Diese Zuordnung der Jainas, Anhängern einer Religion, die im 11./12. Jh. ihren größten Einfluß in Südindien hatte, beruht wahrscheinlich auf einer bereits zu dieser Zeit vorhandenen Tendenz zur Selbstintegration in den Hinduismus. Andererseits reflektiert sie auch die (gewaltsame) Zurückdrängung dieser Religion durch hinduistische Kräfte und gemeinsame Wesenszüge beider Religionen.

48 Neben den aufgeführten vier Veden, die zwischen 1200 und 500 v.d.Z. in Sanskrit abgefaßt wurden, gehören auch die Brāhmaṇas (rituelle Opfertexte) und die Upaniṣaden (Geheimlehren) zur göttlichen Offenbarung. Das Fehlen dieser Texte in der Aufzählung weist auf mangelnde Kenntnisse des Korrespondenten hin.

49 Ziegenbalg begann frühzeitig tamilische Bücher zunächst abschreiben zu lassen, später aufzukaufen. Die bis 1708 auf diese Weise in den Besitz der Mission gelangten 119 Manuskripte führte er in einem kommentiertem Verzeichnis, der »Bibliotheca Malabarica«, auf. Dieses Verzeichnis wurde 1880 von Wilhelm Germann herausgegeben (GERMANN, 1880, S. 61–94).

50 Hier fehlt im Originaldruck der dazugehörige Fußnotentext.

51 Die Analphabetenrate war natürlich hoch und der Buchdruck noch nicht verbreitet, so daß die Bücher nur wenigen Gebildeten zugänglich waren. Für die Verbreitung war der öffentliche Vortrag entscheidend. Allerdings berichten die Missionare verschiedentlich, daß sie bei Angehörigen unterer Kasten tamilische Bücher auf Palmblättern geschrieben vorfanden.

52 historisch.

53 Die Frage bezieht sich auf die heiligen Schriften der Śaivas. Es existieren 28, nicht 24, solcher »Überlieferungen«. Diese Werke unterteilen sich in vier Abschnitte, die sich mit der Erkenntnis, der Meditation, der Herstellung von Götterbildern u.a. sowie dem Ritual beschäftigen.

54 dogmatisch, den Lehrsätzen entsprechend.

55 Es handelt sich nicht um Bücher sondern um die bereits genannten orthodoxen Philosophiesysteme, die jeweils mehrere Werke umfassen.

56 Der Autor erklärt die Vielfalt der Götternamen, die den europäischen Leser verwirrt. Aufgeführt sind die eigentlichen Namen der wichtigsten Götter. Während wichtige Götter des Hindu-Pantheons fehlen, wird die starke Stellung der tamilischen Götter durch die Erwähnung der wichtigsten Vertreter deutlich. In den Kommentaren zu den Brieftexten ordnet Gründler die Beinamen, Inkarnationen usw. den jeweiligen Göttern zu.

57 D.h. es existiert nur ein Gott als Höchstes Wesen, der aber am jeweiligen Ort entsprechend seiner Erscheinung und seinen Taten einen konkreten Namen erhalten hat, und dort unter diesem Namen angebetet wird.

58 Nach hinduistischer Vorstellung gibt es ein Universelles Wesen, eher eine Kraft, die über dem Schöpfergott Brahmā und unabhängig von ihm existiert, die immateriell und doch materiell ist, nicht personifiziert werden kann, die formlos, ohne Anfang und Ende ist. Von dieser

Kraft geht alles aus und und alles geht wieder in sie ein. Der Schöpfergott als personifizierte Gottheit nimmt seinen Ursprung in diesem Wesen, ist ihm aber nicht gleichzusetzen.

59 Hier ist laut Text eine Fußnote vorgesehen, die aber im Druck aus Platzgründen weggelassen wurde.
Wissentliche Sünden werden bewußt begangen und entsprechend bestraft. Unwissentlich begangene Sünden ziehen keine Strafe nach sich.

60 In der Antwort wird Śiva nach der Vorstellung der Śaivas als Höchstes Wesen betrachtet und mit dem Schöpfergott gleichgesetzt.

61 Brahmā hatte mit der von ihm geschaffenen Tochter Śatarupā den Sohn Manu, den ersten Menschen. Śatarupā soll nach anderen Mythen die Frau von Manu gewesen sein.

62 Nicht von Manu, sondern von Brahmā stammen die vier Grundkasten ab.

63 Gemeint sind die Ñāni.

64 den Inhalt.

65 Dieser Brief zeigt, daß die Bemühungen der Missionare, Übersetzungen aus dem Sanskrit durch Brahmanen anfertigen zu lassen, letztlich zum Scheitern verurteilt waren. Die durchaus zu verstehenden Schwierigkeiten einer Übersetzung, die vom Korrespondenten angeführt werden, waren in der Regel aber nur eine höflich formulierte Verweigerung. Den Missionaren sollte der Zugang zu den Sanskritquellen, insbesondere religiösen Charakters, unmöglich gemacht oder wenigstens erschwert werden.

66 Dieses Abhandlung wurde von Gründler ins Deutsche übersetzt. A. H. Francke befürchtete mangelnden Absatz einer Einzelpublikation und sah sich deshalb nicht in der Lage, dieses Werk zu veröffentlichen (siehe auch Lehmann, 1955, S. 124–126).

67 Mathematik.

68 auszudrücken.

69 vorher.

70 gelernt zu.

71 vor.

72 gelernt.

73 Bericht.

74 1 Elle = 66 cm; 1 Klafter = 1,9 m.

75 Zitrone.

76 bestätigt.

77 Dieser Brief ist den in Südindien weitverbreiteten Dorfgottheiten gewidmet. Diese sind Bestandteil des Volksglaubens und existierten bereits zu Zeiten, als die Brahmanen noch nicht in den Süden vorgedrungen waren.
Die Dorfgottheiten sollen vor Unglück und Krankheiten schützen und die bösen Geister abhalten.
Jedes Dorf hat seinen Schutzgott, meistens handelt es sich um eine Göttin. Viele dieser Gottheiten gehen auf einen ehemals lebenden Menschen zurück. Mit der Anbetung dieser Gottheiten sind Rituale wie Feuerlaufen oder das Hakenschwingen, wobei Haken durch die Rücken-

muskulatur des Gläubigen gezogen werden und dieser an einer Schwinge aufgehängt wird, verbunden.

78 Gemeint ist eine Art tamilischen Brotes, das aus Hefeteig besteht und in Öl gebacken wird.

79 Kopfschmerzen.

80 für dich.

81 Kāvēri.

82 pflegt man.

83 Das tamilische Rechnen wurde in den Unterricht der Dänisch-Halleschen Mission aufgenommen, um den Schülern eine berufliche Perspektive zu eröffnen.

84 Beispiele.

85 Ergebnis.

86 anwenden.

87 aussprechen.

88 vortragen.

89 üben.

90 Weihrauchgefäß.

91 Gemeint ist der indische Safran, der auch als Farbstoff verwendet wird.

92 Festlichkeit.

93 in allem zurechtfinden.

94 Im Sinne der Auffassung, daß Śakti die weibliche Kraft des Höchsten Wesens darstellt.

95 Die ersten fünf Götter bilden im Glauben der Śaivas die fünf Gesichter Śivas analog der Hindu-Triade. Die beiden letzten Götter sind Söhne Śivas.

96 Dieser Absatz bezieht sich auf die Ñānis.

97 zerstört.

98 wegfallen.

99 Begrüßung.

100 Die in diesem Brief dargelegten Auffassungen spiegelten sich in der Missionsarbeit wider. Sie decken sich in den wesentlichen Punkten mit pietistischen Idealen und der Situation am Halleschen Waisenhaus. Gleichzeitig können diese Ansichten zum Verhältnis zwischen Obrigkeit und Untertanen sowie Herrn und Sklaven als Kritik an der Praxis der Dänischen Ostindienkompanie und ihrer europäischen Angestellten verstanden werden.

101 dienen.

102 Gott.

103 Dieser Brief berührt ein für die Mission heikles Problem. In Fällen der Rechtssprechung waren die Missionare, soweit es Europäer betraf, auf die dänische Gerichtsbarkeit angewiesen, die sich auch auf indische Konvertiten erstreckte. Erst unter der Führung Gründlers begann sich innerhalb der Mission eine eigene Gerichtsbarkeit in Abgrenzung von der dänischen herauszubilden. Die Klärung von Streitfragen unter Tamilen war dem indischen Gericht überlassen, das seine Gewalt auch auf christliche Tamilen zu erweitern versuchte. Dies gelang zum Ärger der Missionare an Orten mit wenigen Christen nicht

nur im Gebiet von Tañcāvūr, sondern auch im Territorium der dänischen Handelskompanie.

104 Erwägung, Betracht.

105 turbanartige Kopfbedeckung.

106 Man schlägt sie mit einer Rute.

107 Knie.

108 schlägt.

109 zeigt.

110 Gemeint sind Fackeln.

111 benennen.

112 Geister- und Gespensterglaube waren im 18. Jahrhundert in Deutschland noch weit verbreitet, wie zeitgenössische Berichte bestätigen (vgl. z.B. Christian Friedrich LAUKHARD, Leben und Schicksale von ihm selbst beschrieben, Leipzig 1989, S. 19f.). Entsprechende Erscheinungen unter den Tamilen konnten folgerichtig unter den europäischen Lesern auf Resonanz hoffen.

113 Gemeint sind die Bewohner von Śivas Paradies.

114 geschmückte.

115 vor sich hin reden.

116 Über das Ausmaß des Ungezieferbefalls berichten die Missionare verschiedentlich. U.a. waren die Schriften der Missionsbibliothek betroffen. In einem anderen Fall wurden die Holzbalken eines Gebäudes von Termiten so zerstört, daß es schließlich zusammenbrach.

117 Gemeint ist, daß es in allem vorangehen wolle.

118 Allerdings ist Brahmā nur ein Tempel in ganz Indien geweiht.

119 Gemeint sind die Herabkünfte Viṣṇus (Avatāra) in den vier Zeitaltern der hinduistischen Kosmologie. Am verbreitesten ist ein Zyklus von 10 Avatāras, es gibt aber beispielsweise auch einen Zyklus von 22 Avatāras. Der Autor bezieht sich auf die bereits erfolgten 9 Herabkünfte (vgl. KEILHAUER/KEILHAUER, 1983, S. 77–106).

120 Beim Untergang des gegenwärtigen Zeitalters, des Kaliyuga, wird Viṣṇu bei seiner zehnten Herabkunft als apokalyptischer Reiter auf weißem Roß mit Flammenschwert erscheinen (ebenda, S. 106).

121 Aus der Verbindung zwischen Śiva und Viṣṇu in der Erscheinung der Mohinī entsprang Hariharaputra (unter den Tamilen Aiyaṉār), der hier als dritter Sohn Śivas erwähnt wird. Ein vierter Sohn ist Vīrabhadra. Beide sind vom Autor des Briefes als Schutzgott aufgeführt.

122 Die Informationen des Korrespondenten waren für die Missionare einerseits von Bedeutung, weil in der Missionsgemeinde Erbfälle auftraten, andererseits aber viele Konvertiten Familienmitglieder hatten, die nicht zum Christentum übertraten. Vielfach verweigerten letztere die Herausgabe des Erbes, da die Großfamilie die Basis für das Erbrecht bildete und ein Konvertit automatisch die Zugehörigkeit zu seiner Kaste und damit auch zur Familie verlor. Die Übertragung europäischer Erbrechtsvorstellungen auf die Mission hätte zu zusätzlichen Komplikationen geführt.

123 begnügen.

124 Beruf.

125 gemeinsam.

126 Kaste und Verwandtschaft.

127 Dieser Bericht über die Tempeltänzerinnen ist die umfassendste Darstellung aus dem Erbe der Dänisch-Halleschen Mission zu diesem Thema. Die Kommentare Gründlers sind gleichzeitig die schwächste Kritik von Seiten der Missionare, die sich ansonsten scharf gegen diese Institution wandten. Der Autor bezieht sich auf Gegebenheiten im Gebiet von Tañcāvūr, beschränkt den Wirkungsbereich der Tänzerinnen auf den Tempel. Deren Rolle im öffentlichen Leben und für den Tañcāvūrschen Hof wird nicht berührt. Auch die sexuelle Komponente, Hauptkritikpunkt der Missionare, scheint für den Korrespondenten zweitrangig zu sein (zum Gesamtproblem vgl. auch SVEJDA-HIRSCH, 1991).

128 Gemeint ist die Tāli.

129 benennen.

130 Mieder.

131 Handgelenk.

132 Spann.

133 Gemeint ist die Zeremonie Arāti gegen den bösen Blick (vgl. DUBOIS, 1978, S. 148f.).

134 Bereits 1707 war von Ziegenbalg und Plütschau eine Mädchenschule eröffnet worden. Neben Hausarbeiten und christlicher Religion gehörten Lesen und Schreiben zum Unterricht (HB, 6. Cont., 1714, S. 241f.).
Die Beschreibung der Ausbildung der Mädchen zeigt die untergeordnete Rolle der Frau in der Hindu-Familie, insbesondere wenn man sie mit den oben dargestellten Bildungsmöglichkeiten der Jungen vergleicht. In Herrscherfamilien kam es vor, daß Mädchen eine gediegene Ausbildung erhielten und als Dichterinnen in Erscheinung traten.

135 Das Reiskorn wird durch Zerstoßen aus der geernteten Nellu gewonnen, wobei etwa 50 Prozent Masseverlust eintritt.

136 zurückgelegt.

137 Kaste.

138 Tau.

139 In den Berichten der Missionare nehmen der Ackerbau und ihn beeinflußende Faktoren wie Wetter, Kriege, Steuerlasten u.a. sowie die Auswirkungen von Katastrophen und Mißernten wie Hunger, Fälle von Kannibalismus, Landflucht, Selbstverkauf in die Sklaverei usw. einen breiten Raum ein, weil die Mission direkt davon betroffen war.

140 In einer Darstellung des Reisanbaus in Tañcāvūr gegen Ende des 18. Jahrhunderts heißt es dazu: »Vor dem Säen wird der Nellu in Stroh gepackt, 48 Stunden eingeweichet und mit Erde oder Steinen beschweret. Hierauf wird er aus dem Wasser genommen, auf die trockene Erde geleget, und des andern Tages mit Wasser begossen. Hierdurch wird er erwärmet, da er denn aufschwillt; und nach 12 Stunden treibt der Keim hervor. Dieser ausgekeimte Nellu wird auf das Saatfeld sehr dicke gesäet, welches 4 Finger hoch mit Wasser bedeckt

ist und wie ein Teich aussiehet. Ist das frische Wasser noch nicht gekommen, so muß es aus einem nahe liegenden Teiche geschöpfet und darauf geleitet werden, welches bey den Arten geschiehet, die man schon im May und Jun. säet. Den andern Tag nach der Saat wird das Wasser wieder abgeleitet, da denn dieselbst inzwischen schon Wurzel gefasset hat.« (LIEBAU, 1995, S. 76)

141 Dieses Brett hat die Maße von 5 mal 1,5 Fuß (ebenda).

142 Die nachfolgenden Bezeichnungen kommen in der bereits erwähnten Darstellung vom Ende des 18. Jahrhunderts nicht vor, in der 24 Reisarten in vier Gruppen, *Kar* und *Kadappu* (die ab Juni gesät werden), *Pisanam* und *Samba* (Spätsaat) aufgeführt werden. Die Reisarten der letzten beiden Gruppen sind qualitativ höherwertig und teurer (ebenda, S. 71–75).

143 In den Briefen verwahren sich die Korrespondenten verschiedentlich gegen Angriffe auf die eigene Religion. Dieser Brief ist insofern beispielhaft, als er unterschiedliche Sichtweisen und Argumente verschiedener Gruppierungen der Gegner des Christentums erkennen läßt und die Rezeption missionarischer Positionen durch die indische Seite zeigt.

144 Dem Vergleich der Europäer mit den Rākṣasas liegt mythologisch der Kampf des Helden Rāma gegen Rāvaṇa, dem König der Rākṣasas zugrunde. Die Europäer sind damit das Böse und Fremde schlechthin.

145 Gesänge.

146 Der Sintflutmythos stellte für die Missonare ein Bindeglied zu einer gemeinsamen Vergangenheit der Christen und Tamilen dar. Gleichzeitig war der indische Mythos für sie Beispiel der Entstellung durch die »Heiden«. In der indischen Mythologie ist der Sintflutmythos mit dem Werden und Vergehen der vier Weltzeitalter verbunden, die in jeweils 14 Manvantaras, das Alter eines Manu, unterteilt werden können. Jedes Manvantara beginnt mit einer Flut und der Errettung des Veda. Visnu erscheint periodisch in seinen zehn Herabkünften, um die Götter und Menschen von den Dämonen zu erretten und die Weltordnung wiederherzustellen. In seiner Inkarnation als Fisch wird die Ähnlichkeit der Sindflutsage indischer und sumerisch-babylonischer Herkunft deutlich: Viṣṇu sagt eine große Flut voraus und gebietet Satyavrata, dem ersten Menschen, ein Schiff mit den Ahnherren der Brahmanengeschlechtern, Tieren und Saatgut zu besteigen. Visnu zieht das Schiff zum Himalaya, um den Rückgang der Flut abzuwarten.

147 Jedes Zeitalter endet mit einem weltweiten Brand.

148 Das generelle Verbot des Genusses von Kuhfleisch wurde zum Erstaunen Außenstehender immer wieder durchbrochen. Im vorliegenden Brief werden Bedingungen genannt, unter denen der Verstoß gegen diese Vorschrift für einen Brahmanen keine Konsequenzen hat. Erstens ißt er Fleisch in der Not, und zweitens weiß er wahrscheinlich nicht, daß es sich um Kuhfleisch handelt. (Vgl. VON GLASENAPP, Bd. 1, 1986, S. 163; ebenda, Bd. 2, S. 260).

149 Reiskugeln.

150 entläßt.

151 Dieser Brief vermittelt einen Eindruck von der Ernährung und dem Tagesablauf tamilischer Schulkinder. Für die Missionare waren diese Informationen von Wert, weil sie eine erprobte Ernährung ihrer eigenen Schüler sichern und deren Lebensrhythmus beibehalten mußten. Gleichzeitig wurde damit die Berechnung der Unterhaltskosten für einen Schüler der Missionsschule und eine entsprechende Vorratswirtschaft möglich. Die jährlichen Kosten für einen Missionsschüler lagen im ersten Drittel des 18. Jahrhunderts inklusive Kleidung je nach Altersstufe und Zugehörigkeit zur tamilischen oder portugiesischen Gemeinde zwischen 9 und 11 Reichstalern.

152 scharfen.

153 Curry.

154 siehe *Alamaran.*

155 vorgesetzt.

156 heiß.

157 ein Abführmittel benutzen.

158 Telugu, eine dravidische Sprache Südindiens.

159 Der Korrespondent legt die Auffassung vom ewigen Hochgott in seiner Dreifaltigkeit von Schöpfung (Brahmā), Erhaltung (Viṣṇu) und Zerstörung (Śiva) dar und stellt ihm die vergänglichen Manifestationen seiner Offenbarung in Form einer Vielzahl von Göttern gegenüber. Je nachdem ob Śiva oder Viṣṇu innerhalb der Dreifaltigkeit als das bestimmende Element gesehen wird, unterscheiden sich die beiden religösen Grundrichtungen. Der Verweis auf Subrahmanya als Gottes Sohn ist Bestandteil śivaitischer Auffassungen.

160 Es handelt sich um die śivaitische Deutung der Dreifaltigkeit. Śiva als männliche Kraft des höchsten Wesens hat danach fünf Gesichter: Brahmā, Viṣṇu, Rudra, Sadāśiva und Maheśvara. Die drei letzteren sind Manifestationen Śivas.

161 vor sich hin.

162 bedroht.

163 Der folgende Brief ist das einzige Beispiel der Korrespondenz, in dem von indischer Seite zwingend Fragen aufgeworfen werden. Der Autor, mit der christlichen Lehre vertraut, konzentriert sich auf innere Probleme des Christentums, die er mit seinem hinduistischen Hintergrund als widersprüchlich auffassen muß bzw. die ihm seltsam vorkommen. Einige Fragestellungen zeigen, daß es nicht nur um Erkenntnis ging. Sie sind vom Wunsch diktiert, daß die Missionare mit ihrer Antwort die den Fragen zugrundeliegenden Argumente bestätigen sollten. Wenn zum Beispiel Gottes Sohn sterblich ist, hat dann nicht auch Gott zumindest eine sterbliche Seite? Und wenn dem so ist, steht der christliche Gott dann nicht unter dem von den Tamilen verehrten Höchsten Wesen? Oder aber, wenn die indische Religion älter ist als das Christentum, ist sie dann nicht auch »wahrer«?

164 welchen.

165 welche.

166 Verstand.

167 wie.

168 Es muß sich um den 10. Dezember handeln.

169 Fußvolk.

170 schinden.

171 Der Autor unterliegt einem Irrtum. Es handelt sich um Shahji (1686–1712), Sohn Ekojis (1675–1686).

172 Saraboji (1712–1728).

173 Tukoji, von 1728 bis 1736 Herrscher von Tañcāvūr.

174 Dieses an Gegebenheiten des nördlichen Indien orientierte System der Administration wurde erst von den Marathen eingeführt. Die Subadāre waren insbesondere für die Steuereintreibung und die Sicherung des staatlichen Getreidehandelsmonopols verantwortlich. Die Namen der Subadāre weisen darauf hin, daß die marathischen Rājas insbesondere Brahmanen und tamilische Śūdras mit hohen Verwaltungsaufgaben betrauten, um ein Gegengewicht zu den unterworfenen telugischen Nāyaks in ihrem Herrschaftsgebiet zu schaffen.

175 Diese Angaben beziehen sich auf den Reis, neben Textilien das Hauptexportgut Tañcāvūrs. Für andere landwirtschaftliche Güter war die Abgabenlast differenziert. Die Darstellung staatlicher Organisation des Ackerbaus entsprach für den Reisanbau den ökonomischen und sozialen Gegebenheiten: Das Land wurde in Tañcāvūr zum großen Teil von Landarbeitern bestellt, die von den Bauern angestellt und mit Naturalien bezahlt wurden. Die Ernte wurde nach dem Dreschen vom Vertreter des Steuereinnehmers begutachtet und aufgeteilt. Die angesprochenen 60% waren als Exportartikel Haupteinnahmequelle des Rājas. Der Rest verblieb bei den Bauern. Die Abgabenquote veränderte sich im Laufe der Zeit und schwankte, auch in Abhängigkeit von der Bodenqualität zwischen 55% und 70% (vgl. den Beitrag des Missionars John, Wie der Nellu oder Reis im Tanschaurischen gebauet wird, und dessen verschiedene Arten, in: Neuere Geschichte der Evangelischen Missionsanstalten zur Bekehrung der Heiden in Ostindien, Bd. 4, Halle , 1796, S. 348–368).

176 Schaukeln.

177 bestellen.

178 Die Aufeinanderfolge der Herrscher in Tañcāvūr und die Namen der Fürsten anderer südindischer Staaten sind historisch nicht in jedem Fall korrekt.

179 Demnach wäre die (Neu-)Gründung Tranquebars nach 1400 erfolgt.

180 Ein Fürst gleichen Namens ist nicht überliefert. Aus dem Text des Briefes läßt sich auf Vijayaraghava Nayaka, der nach 1520/21 Tañcāvūr vom Herrscher Vijayanagars erhielt, oder wahrscheinlicher auf Śevappa Nayaka (1532–1580) schließen.

181 Die Abfolge der Herrscher von Tañcāvūr war: Śevappa Nayaka (1532–1580), Achyutappa Nayaka (1580–1600), Ragunātha Nayaka (1600–1634), Vijayaraghava Nayaka (1634–1673), Chengamaladās (1675–1676), Ekoji (1676–1686), Shahji (1686–1712), Saraboji (1712–1728).

182 Hier irrt der Korrespondent. Die Geschehnisse um den Vertrag ereigneten sich 1620 in der Regierungszeit von Ragunātha Nayaka (1600–1634). Die ersten Verhandlungen mit dem Nāyak von Tañcāvūr wurden von Roland Crappé (?-1645), Kommandant der Vorhut der Flotte und später aller dänischen Besitzungen in Ostindien, geführt, den Vertrag unterzeichnete Admiral Ove Gedde (1594–1660).

183 Zusätze im Vertrag, die die Finanzierung des Baus der Festung Dansborg, die zunächst durch den Nāyak erfolgen sollte, zeigen, daß den Dänen nicht alles bewilligt wurde (Diller, 1993, S. 11ff.).

184 Die Festung Dansborg wurde bereits 1621 fertiggestellt. Danach folgten im Laufe der Zeit Um- und Ausbauten.

185 Es handelt sich um einen Vertreter der Marakkāyar, einer Gruppe der tamilischen muslimischen Gemeinschaft der Chulias. Diese Gruppe spielte im indischen Handel mit Südostasien eine dominierende Rolle und trat auch als Partner der europäischen Ostindienkompanien in Erscheinung (Arasaratnam, 1995).

186 Hier handelt es sich um einen Angehörigen der Chetty, einer Händlerkaste.

187 Bei dieser Kaste handelt es sich entweder um Betelhändler oder aber um Weber. Die Ansiedlung von Webern im Fischerdorf Tranquebar hatte insofern Bedeutung als der größte Teil des Handels von der Koromandelküste nach Europa und Südasien mit Textilien erfolgte.

188 Es handelt sich wahrscheinlich um den Kapitän Magnus Jacobson, der um 1671–73 Festungskommandant war.

189 Die folgende Darstellung bezieht sich auf Vorgänge unter dem Gouverneur Eskild Andersen Kongsbakke (1655–1669), der Rama Naikken in einer Zeit, während der in 24 Jahren keine Unterstützung aus Dänemark eintraf und der Nāyak von Tañcāvūr Tranquebar 1666/67 belagerte, als Verbündeten in den Dienst der Kompanie nahm. 1669 kam der neue Gouverneur Henrik Eggers (1669–1673) mit frischen Truppen in Tranquebar, mit deren Hilfe dem gerade durch Kämpfe mit dem Herrscher von Madurai geschwächten Nāyak 1670 einige Gebiete abgenommen wurden. Diese Erwerbungen wurden dann von den neuen marathischen Herrschern Tañcāvūrs anerkannt.

190 Die vorige Periode müßte etwa 1692 enden. Allerdings zeigen die Angaben des Autors, daß er die Herrscher zum Teil nicht richtig einordnet.

191 Ragunātha Nayaka (1600–1634).

192 Muthu Vīrappa Nayaka I. (1609–1623). Sein Bruder Tirumala Nayaka (1623–1659), der sein Nachfolger wurde, fehlt in der Aufstellung des Korrespondenten.

193 Varadappa Nayaka.

194 Es könnte sich zeitlich nur um Virabhadra (1620–1645) handeln.

195 Gemeint ist wahrscheinlich Sriranga II. (1615), Herrscher von Vijayanagar.

196 Diese Herrscher unterstanden dem Herrscher von Vijayanagar zumindest nominell.

197 Rajasimha II. (1628–1687).

198 Diese Beschreibung stellt die Regierung Ragunātha Nayakas als eine Art »Goldenes Zeitalter« dar und negiert bestimmte Aspekte, z.B. Kriege mit den Portugiesen und dem Nāyak von Madura, die entsprechende ökonomische und soziale Auswirkungen nach sich zogen. Die Verdienste dieses Herrschers um die Literatur bleiben unerwähnt, möglicherweise, weil sie dem Autor unbekannt waren oder die von ihm aufgeführten Details als wichtiger erschienen. Die Darstellung wird vor dem Hintergrund der nach seiner Regierungszeit entstehenden Schwäche Tañcāvūrs, der fortlaufenden Kriege zwischen den Herrschern Südindiens, der Expansionsbestrebungen des Moghulreiches an der Koromandelküste in der 2. Hälfte des 17. Jahrhunderts und der schweren Hungersnöte in diesem Gebiet verständlich.

199 Vijayaraghava Nayaka (1634–1673).

200 Chokkanatha Nayaka I. (1659–1682). Er verlagerte 1665 die Hauptstadt Maduras nach Tiruchchirappally.

201 Gemeint ist Sriranga III. (1642–1673), letzter Herrscher von Vijayanagar, der seine letzten Lebensjahre bis 1673 in Maisūr im Exil verbrachte und dort Hof hielt. Der Autor betrachtet ihn wahrscheinlich auch im Exil als Oberhaupt eines imaginär weiterexistierenden Vijayanagar, dem ja die aufgeführten Herrscher mindestens formal untertan gewesen waren.

202 Sivappa Nayaka (1645–1660).

203 Rājarām Bhonsle (1680/89–1700), Herrscher der Marathen, war von 1689 bis zur Eroberung durch die Truppen Aurangzēbs 1698 im Besitz von Ginjee.

204 Gemeint ist Narendrasimha (1707–1739).

205 Es handelte sich um ein Privileg, das den Rang in der Gesellschaft verdeutlichte. Auch die Europäer legten fest, wer unter ihnen im Palanquin getragen werden durfte.

206 Stark riechendes, salbenartiges Sekret der männlichen Geschlechtsdrüsen des Moschustieres.

207 Für die Herstellung von Riechstoffen verwendeter, stark nach Moschus riechender Inhalt der großen Drüsensäcke am After der Zibetkatzen.

208 Toilette.

209 Es handelt sich um den Einfall von Truppen Bijapurs unter der Führung von Shahji und Mustafa Khan 1659.

210 Die folgenden Vorgänge beziehen sich auf 1673/74.

211 Bei Chinna Tambi Mudali handelt es sich um einen Verwandten des Herrschers der Marawer, der dem Nāyak von Madura diente (Irvine, Bd. 3, 1990, S. 96).

212 Die folgende Darstellung findet sich mit Abwandlungen bei Manucci, ist aber der Zeit vor Chokkanatha Nayaka zugeordnet (ebenda, S.96–100).

213 Es handelt sich um Rāja Surya, Herrscher der Marawer, der 1674 vom Nāyak von Madura getötet wurde.

214 Alagiri Nayaka wurde 1673 als Statthalter in Tanjore eingesetzt. Auseinandersetzungen mit Chokkanatha Nayaka von Madura und dem

Herrscher der Marawer führten zum Einmarsch Ekojis und seiner Flucht.

215 Nach Manucci schworen die Frauen, sich ihren Männern zu verweigern, bis diese sich an Chinna Tambi Mudali gerächt hätten. Die Marawer haben dann den General und alle seine Soldaten in Rāmēśvaram umgebracht (Irvine, Bd. 3, 1990, S. 98).

216 Eine vorherige Bitte um Unterstützung war von den Niederländern in Nākapattanam abgelehnt worden.

217 Heute Teil der Stadt Cuddalore.

218 Gemeint ist Venkanna Iyer.

219 Hier liegt ein Irrtum des Autors vor. Chengamaladās wandte sich an den König von Bijapur, in dessen Diensten die marathischen Bhonsles Shahji und dessen Sohn Ekoji standen, die bereits 1659 Tañcāvūr einmal besetzt hatten. Da Shahji bereits 1664 verstorben war, kann nur Ekoji gemeint sein. Von der hinduistischen Bevölkerung Südindiens wurden die Bhonsles als Fortsetzer der (hinduistischen) Tradition von Vijayanagar angesehen.

220 Chengamaladās (1674–1675).

221 Die Krönung erfolgte am 17. März 1675.

222 Gemeint ist Shahji (1686–1712).

223 Saraboji (1712–1728).

224 Muttu Alagiri oder Muttulinga Nayaka (1678). Dieser wurde von seinem Kavallerieoffizier Rustam Khān ermordet, der den Thron bis zu seiner Ermordung 1680 innehatte. Danach regierte nochmals Chokkanatha Nayaka bis zu seinem Tode im Juni 1682.

225 Rangakrishna Muttu Virappa IV. (1682–1689), Sohn Chokkanatha Nayakas.

226 Mangammal, von 1689 bis 1706 Regentin.

227 Vijaya Ranga Chokkanatha Nayaka (1706–1732), Sohn von Rangakrishna Muttu Virappa IV.

228 Überredung.

229 Hungersnöte, Kriege, wachsende Steuerlast und eigene Verschuldung zwangen vielfach zum Selbstverkauf, um die physische Existenz zu sichern.

230 Diese Passage im Brief war auch für die Dänen brisant. Mit der Stadt ist sicher Tranquebar gemeint. Die Verdammung des Sklavenhandels, nicht aber des Erwerbs von Sklaven ohne Betrug, entsprach der Absicht der Missionare, selbst Sklaven zu kaufen und diese zu bekehren. Andererseits mußten sie erleben, daß von ihnen unterrichtete und bekehrte Sklaven der Europäer weiterverkauft wurden. Die Mission wollte ein Verbot solcher Verkäufe.

231 Der Darstellung liegt das lunare System zugrunde.

232 Gemeint ist der Äquator.

233 Gemeint sind Mars, Venus, Merkur, Mond, Sonne, Jupiter und Saturn, die die Tierkreiszeichen regieren.

234 Gemeint sind die Tierkreiszeichen, von denen Widder, Zwillinge, Löwe, Waage, Schütze und Wassermann als ungünstig gelten.

235 Horoskopsteller.

236 Die folgende Darstellung vermittelt ideale Auffasungen, die mit der Realität wenig zu tun hatten. Sie war für die Missionare von Interesse, weil sie anfangs u.a. das Ziel verfolgten, selbst Sklaven zu kaufen und diese zu taufen, ein Unterfangen, dem die Finanzlage Einhalt gebot.

237 Die Reduzierung des »gerechten« Krieges auf einen Verteidigungskrieg entspricht nicht der indischen Tradition. Yājñavalkya schreibt in seinem Gesetzbuch: »Dasselbe Verdienst, welches für einen Herrscher in der Beschützung seines Reiches liegt, erwirbt er ganz, wenn er ein fremdes Reich in seine Gewalt bringt.« (Zitiert nach: von Glasenapp, Bd. 2, 1986, S. 281). Kautilīya beschreibt im 7. Abschnitt des Arthaśāstra, einem Werk über Politik und Staatskunst, eingehend, unter welchen Vorzeichen Angriffskriege erfolgreich geführt werden können.

238 mit der.

239 Hier wurden die Personen vertauscht. Vijaya Ranga Chokkanatha Nayaka (1706–1732) war der Sohn von Rangakrishna Muttu Virappa IV. (1682–1689). Die folgende Darstellung reflektiert die in Madura vor sich gehenden Machtkämpfe zwischen dem Herrscher und den lokalen Machthabern.

240 unterhalten.

Glossar

Abirámi [apirāmi]
»die Schöne«, Beiname der Göttin Pārvati.

Abiramiandádi [aprāmi antāti]
Liederbuch mit Lobpreisungen der Göttin Pārvati, die in Tirukkavatūr Apirāmi genannt wird. Verfasser ist Apirāmapaṭṭar, Priester im Tempel des Königs Saraboji von Tañcāvūr (frühes 18. Jahrhundert).

Abischégum [apiṣēkam]
»heilige Salbung«; Trankopfer: mit Honig, Zucker und Kokosnußwasser wird der Linkam gesalbt. Erster der drei Bestandteile der Pūja.

Adalalógum [atalalōkam]
Name einer der sieben unteren Welten.

Adamer [atamaṉ]
niedriger, verworfener Mensch.

Adbaschi dulakkawéri [aippaci tulākkāvēri]
Hindu-Festval im Oktober/November in der Stadt Māyūram am Ufer des heiligen Kāvēri, an dem Pilger aus allen Teilen Südindiens teilnehmen.

Adirwédum [atarvaṇavētam]
Atharvaveda; vierter Veda, der aus 20 Büchern und 721 Hymnen besteht; er enthält weitgehend Zaubersprüche.

Agamangöl [ākamankaḷ, Sing. ākamam]
»Überlieferung«; 28 heilige Schriften, die die Grundlage des Śaiva-Siddhānta, des von Meykantatēva im 13. Jahrhundert begründeten philosophischen Systems, bilden.

Agawel [akaval]
»Pfauenschrei, Pfauentanz, Pfauengesang«; Versmaß.

Agíl [akil]
Aloe, *Aquilaria agalocha*; harzreicher, wohlriechender Baum, dessen Holz zur Herstellung aromatischer Stoffe verwendet wird.

Aiani [aranī]
Arani; Stadt im Norden von Tamil Nadu.

Airapuschei [āyutapūcai]
Hindu-Fest zu Ehren der Göttinen Sarasvāti, Pārvati und Laksmi im September. Sarasvāti wird von Lehrern und ihren Schülern, Soldaten und Künstlern in der Form des jeweils von ihnen bei der Arbeit benutzten Werkzeuges (Schreibzeug und Bücher, Waffen usw.) angebetet.

Alamaram [ālamaram]
Banyan-Baum; indischer Feigenbaum, *Ficus Indica.*

Ambigeimálei [ampikaimālai]
Buch mit dreißig Lobsprüchen über die Göttin Pārvati, Autor ist Kulacēkara Varakuṇa Rāma Pāṇṭiyaṉ (16. Jahrhundert).

Ammawaschei [amāvāci]
»Neumond«; Fasten für die Verstorbenen am Ende des Neumonds unter Hindus aller Richtungen zu Ehren Śivas.

Ammei [ammai]
»Mutter«; Beiname der Göttin Pārvati.

Anitschunen [aṉīcu]
eine Art ungeschälten Reises (Nellu).

Ankalámmen [ankālammaṉ]
tamilische Dorf- und Schutzgöttin; sie soll vor Dämonen schützen und diese vertreiben.

Annatánum [aṉṉatāṉam]
Darbringung von Reis; Almosen in Form von Reis.

Anta Sástirum [aṇṭacāstiram]
nicht genau zu identifizierendes Buch über das Universum.

Antam [aṇṭam]
Himmel, Firmament.

Antarentawirabaddiren [anṭaranṭavīrapattiraṉ]
Schutzgott.

Anti (Pl. Antigöl) [āṇṭi, Pl. āṇṭikaḷ]
Bettelmönche; tragen gewöhnlich gelbe Kleidung.

Antu [aṇṭu]
»Jahr, Zeitalter«; in der Zeitrechnung der Tamilen ein Zyklus von sechzig Jahren, in dem jedes Jahr eine eigene Bezeichnung trägt; jeder Zyklus hat einen eigenen Namen.

Aragiawánen [aḻakiyavāṇaṉ]
Nellu-Art.

Arak [arakku]
in Südindien aus fermentiertem Saft verschiedener Palmen destillierte Spirituose.

Arankéddukaliánum [araṅkēṟṟu-kalyāṇam]
erste öffentliche Vorstellung ihrer Tanzkunst durch die Tempeltänzerinnen, wenn diese acht bis zehn Jahre alt sind.

Arek [aṭaikāy]
Areka-Nuß; port. areca, *Areca catechu.*

Areiká [araikkāl]
ein Achtel als die Hälfte eines Viertels.

Areikáni [araikkāṇi]
der einhundertsechzigste Teil eines Ganzen als die Hälfte eines Kāni.

Areimá [araimā]
ein Vierzigstel als Hälfte von Orumā.

Ariatán [ariyatān?]
Art ungeschälten geringwertigen Reises, der im Juli angebaut wird.

Arígaribúddiren [arikaraputtiraṉ]
Sohn Śivas und Viṣṇus; entstammt der Verbindung beider Götter, als Viṣṇu zur Gewinnung des Unsterblichkeitstrankes die Gestalt der Mohinī annahm, in die sich Śiva verliebte; Beiname des tamilischen Schutzgottes Aiyaṉār.

Arináiagen [arināyakaṉ]
Art ungeschälten Reises.

Ariwari [arivari]
Alphabet; Buch, das die tamilischen Kinder erstmals mit den Tamilbuchstaben bekannt macht.

Artschunen [aruccuṉaṉ]
einer der fünf Pāndava-Brüder aus dem Epos Mahābhārata.

Arubaddunálu diruwileiádel [aṟupattunālu tiruviḷayāṭal]
Hymnen von Śaiva-Dichtern (Heiligen) mit Erzählungen über Taten des Gottes Śiva in Maturai; Werk des Parañcōti (zweite Hälfte des 16. Jahrhunderts).

Arugenbillu [aṟugu]
Grasart, *agrostis linearis, L.*

Aruneikiriantádi [aruṇakiriyantāti]
Buch mit einhundert Liedern über Śiva; Autor ist Aruṇakirinātar, größter Tamilpoet des 15. Jahrhunderts.

Aschamenkirigei [ācamaṉiyam, ācamaṉkiriyai]
Zeremonie, bei der Gesicht und Mund mit Wasser gereinigt werden. Damit ist die Vorstellung verbunden, sich von Sünden zu befreien.

Atitschúwari [āticuvaṭi]
āti – »Beginnen«, cuvaṭi »Olai(Palmblatt)-Buch«; das erste Buch, das die Kinder nach Erlernen des Alphabets lesen; gemeint ist das Buch »Ātticūṭi« der Dichterin Auvaiyār (10. oder 12. Jahrhundert).

Attscharum [aṭcaram]
gemeint ist Astātcaram, die achtsilbige Gebetsformel der Anhänger Viṣṇus.

Awalutár [avālutār]
für eine Festung oder Stadt und ein Territorium mit mehreren Dörfern verantwortlicher Beamter; Steuereintreiber.

Awanakanákku [avanakaṇakku]
die Rechnungsführung im Handel mit Areca-Nüssen.

Awanimúlum [āvaṇimūlam]
Fasten im August/September zu Ehren Śivas.

Awareikái [avaraikāy]
eine Art von Hülsenfrüchten, die verschiedene Sorten, *Dolichi* und *Phaseoli* einschließt.

Ayam [āyam]
»Mutter«; Bezeichnung der Göttin Ammai.

Ayanár [aiyaṉār]
alter Schutzgott der Tamilen; Sohn Śivas und Viṣṇus in dessen weiblicher Form Mohinī; hält Teufel, Krankheiten, Feuersbrünste u.ä. ab.

Badam [patam]
eine Art musikalischer Komposition; Ode.

Bagabádi [pakavati]
»Erhabene«; Göttin der Tugend; Beiname der Göttinnen Pārvati und Durkkai (Durga).

Bandel [panṭal]
Laube mit flachem Dach für das Hochzeitszeremoniell; eine Art Schutzdach für Reisende (»Wasser-Bandel«).

Barábarawástu [parāparavastu]
das Höchste oder Universelle Wesen; der universelle Geist, immateriell, formlos, ohne Anfang und Ende, von dem alles ausgeht und in den alles wieder eingeht; vereinigt in sich die maskuline Kraft (Śiva) und die weibliche Kraft (Śakti).

Bárabirúma [parapiramam]
siehe Barábarawástu.

Baratéschigöl [paratēcikaḷ]
Personen aus einem andern Land, Fremdlinge.

Bareiár [paṟaiyār]
»Trommler (auf hinduistischen Festen)«; Angehörige einer niedrigen Kaste in Südindien (Landarbeiter), die zahlreiche Unterkasten einschließt; auch Sammelbegriff für Angehörige niedriger Kasten und Kastenloser.

Bareipischáschu [paṟaiyapicācu]
Dämon; zum Teufel gewordener Selbstmörder aus der Kaste der Paṟaiyār.

Barubbu [paruppu]
»Kern, Korn«; Sorte kleiner Erbsen, *Cajanus indicus*.

Betel [veṟṟilai]
Blatt der *Piper Betel, L.*

Betel-Areck
in Betelblätter gerollte, gehackte und mit Kalk, Tabak, Nelken und Kardamom bestreute Areca-Nuß.

Biráddilingapúschei [pārttivaliṅkapūcai]
Zeremonie im Zusammenhang mit einem Bad im Fluß. Aus Lehm wird ein Liṅkam geformt und nach dem Gebet in den Fluß geworfen.

Birámaner [pirāmaṇar]
Brahmanen.

Biránalíngum [pirāṇaliṅkam]
Liṅkam der Vīraśaivas; wird von ihnen das ganze Leben über am Körper getragen und nach dem Tode mit verbrannt.

Birúma [piramā]
»der Schöpfer«; Brahmā, der Schöpfergott der Hindu-Triade, schreibt den Menschen ihr Schicksal vor. Ihm wird nachgesagt, Schöpfer der Veden zu sein. Von den Anhängern Śivas und Viṣṇus wird er ihrem jeweiligen Hochgott untergeordnet. Im Gegensatz zu Śiva und Viṣṇu ist er kein universeller Gott, sondern erscheint in jeder Weltperiode neu. In Indien ist ihm nur ein Tempel geweiht.

Birúmarátschadi [piramarāṭcati]
Dämonin; eine der Riesinnen der südindischen Mythologie.

Boratóschum [piratōṣaviratam]
Fasten an jedem dreizehnten Tag nach Voll- und Neumond. Hintergrund: Als Śiva das Gift aus dem Milchmeer aufgenommen hatte, lag er bewegungslos vom elften bis zum dreizehneten Tag des lunaren Halbmonats am Boden. Danach kehrten seine Kräfte zurück.

Brámanapischáschu [pirāmaṇapicācu]
Brahmanendämon.

Bruma
siehe Birúma.

Brumóddirakándam [piramōttarakāṇṭam]
tamilische Version des »Brahmottarakanda«, verfaßt von Varatuṅkarāma Pāṇṭiyar im 16. Jahrhundert.

Búganangöl [pukaṉṉankaḷ]
die Sphären aller nach hinduistischen Vorstellungen existierender Himmel und Welten, mit eigenen Bewohnern und Herrschern.

Bugeiilei [pukaiyilai]
Tabak, Tabakblatt.

Buwalógum [puvarlōkam]
zweite der oberen sieben Welten; Raum zwischen Erde und Sonne; Aufenthaltsort der Weisen und Heiligen.

Daduwum (Pl. Daduwangöl) [tattuvam, tattuvankaḷ]
tattva; Wesen einer Sache, Prinzip; philosophische Lehren.

Dáir [tayir]
geronnene Milch; in der Mythologie einer der sieben Ozeane auf der Erde.

Dakkasastirum [tarukkacāstiram]
Abhandlung über Logik und Dialektik.

Dákkum [tarkkam, tarukkam]
Debatte, Disput, Kontroverse; Kunst der Dialektik und Logik des Argumentierens.

Daládalalógum [talātalam]
eine der unteren Welten.

Darádalalógum [tarātalam]
eine der sieben unteren Welten.

Dáwaschi (Pl. Dáwaschigöl) [tāvaci, tāvacikaḷ]
Büßer; jemand, der sich von der Welt abwendet.

Déwalógum [tēvalōkam]
Herrschaftsbereich des Gottes Indra. Es ist der Raum zwischen Sonne und Polarstern, in dem die 330.000.000 Götter residieren.

Dewanapattnam [tevānampaṭṭaṉam]
heute Teil der Stadt Cuddalore (Kūtālūr).

Dewárum [tēvāram]
Bezeichnung der ersten sieben Bücher des Śaiva-Kanons Tirumuṟai. Als Autoren gelten Tiruñānacampantar, Appar und Cuṅtaramurrti, die dieses Werk im 7./8. Jahrhundert schufen.

Dewatáschi (Pl. Dewatáschigöl) [tēvatāci, tēvatācikaḷ]
»Dienerinnen der Götter«; südindische Tempeltänzerinnen.

Dewendiren [tēvēntiraṉ]
Indra, vedischer Himmelsgott und Götterkönig.

Déwergöl [tēvarkaḷ]
nachgeordnete Götter, deren Zahl 330.000.000 betragen soll. Sie residieren in Indras Welt.

Dewikáwischum [tēvikāviyam]
Werk über Śivas Gemahlin Pārvati als Śakti.

Diánum [tiyāṉam]
Meditation, Gebet.

Didi [titi]
Fasten am Jahrestag des Todes der Eltern oder des älteren Bruders.

Dinagaramagá Ráscha
Janaka, Pflegevater von Sīta, der Gemahlin Rāmas.

Diribúraschúndari [tiripuracuntari]
Beiname der Göttin Pārvati.

Diritschinápalli [tiruccirāppaḷḷi]
die Stadt Tiruchchirappalli in Tamil Nadu; Distrikthauptstadt.

Dirúddalei
Śiva-Heiligtum im Distrikt Tañcāvūr.

Dirukareiúr [tirukkaṭaiyūr]
Ort im Tālūkā Māyūram, Distrikt Tañcāvūr.

Dirukilatscheri [tirukkaḷāccēri]
Ort im Tālūkā Māyūram, Distrikt Tañcāvūr.

Dirukkúwalei [tirukkuvaḷai]
Ort im Tālūkā Nākappaṭṭaṉam, Distrikt Tañcāvūr.

Dirukóranum [tirukkārōṇam]
Śiva-Heiligtum in Nākappaṭṭaṉam im Distrikt Tañcāvūr.

Dirumankilium [tirumaṅkiliyam]
siehe Táli.

Dirumuleiwáschel [tirumullaivācalam]
Küstenstadt im Norden des Distrikts Tañcāvūr.

Dirumúrtigöl [tirimūrttikaḷ]
siehe Mumúrtigöl.

Dirunalláru [tirunallāṟu]
Ort westlich von Kāraikkal; einer der heiligen Plätze Śivas.

Dirunámum [tirunāmam]
Zeichen, das die Anhänger Viṣṇus auf der Stirn tragen. Es besteht aus zwei weißen Linien vom Haaransatz bis zu den Augenbrauen und einer senkrechten roten Linie vom Haaransatz bis zur Nase.

Dirunúru [tirunīṟu]
aus verbranntem Kuhdung bestehende heilige Asche der Anhänger Śivas, die sich damit den Körper bestreichen.

Diruttorapundi [tirutturaippūṇṭi]
Stadt im Südosten des Distrikts Tañcāvūr.

Diruwádirei [tiruvātirai]
Hindu-Fest im Monat Mārkaḻi (Dezember).

Diruwálluver [tiruvaḷḷuvar]
gemeint ist der Tirukkuraḷ, der »heilige Kural«; Autor ist der legendäre Tiruvaḷḷuvar, Sohn eines Brahmanen und einer Kastenlosen. Das Werk besteht aus 1330 Versen und behandelt Ethik, Politik und Liebe.

Diruwaránken [tiruvaraṅkaṉ]
Sorte ungeschälten Reises, Unterart des Campā-Nellu.

Diruwarúr [tiruvārūr]
Stadt westlich von Nākappaṭṭaṉam, Distrikt Tañcāvūr; Śiva-Heiligtum.

Diruwáschagum [tiruvācakam]
»göttliche Schrift, heiliges Wort«; Buch des Māṇikkavācakar (9. Jahrhundert), das aus einundfünfzig Poemen besteht.

Diruwenkátu [tiruvēṅkāṭu]
anderer Name für Tiruppati, ein Platz, der den Viṣṇu-Anhängern als heilig gilt.

Diruwenkátupuránam [tiruvēṅkāṭapurāṇam]
lokaler Purāṇam mit Legenden u.a. über Śiva, die mit Tiruvēṅkāṭu verbunden sind.

Diwan [tivāṇam]
erster Minister, Schatzmeister.

Dudáköl [tūtākkaḷ]
Götterboten, Gesandte.

Dúkkei [turkkai]
Durga; Dorfgottheit, die Tapferkeit verleiht und in der Schwarzen Kunst hilft.

Dulaschi [tuḷaci]
Basilikum; *ocymum sanctum*; heilige Pflanze.

Dúwarei [tuvarai]
wahrscheinlich *Cytisus cajan, L.*

Edirwárnawédum
siehe Adirwédum.

Egadéschipuránum [ēkātacipurāṇam]
Buch über den Ursprung und Nutzen des Ēkātaciviratam.

Egadéschiwurudum [ēkātaciviratam]
Fasttag an jedem elften Tag nach Neu- und Vollmond, dessen Einhaltung verdienstvoll ist, aber freiwillig erfolgt. Er ist Viṣṇu gewidmet.

Ellámmen [ellammaṉ]
Schutzgöttin; wendet Gefahren ab, z.B. Schlangenbisse; wird von Fischern als Schutzgöttin vor den Gefahren der See angebetet.

Ellu [ēlam]
Kardamom, *elletaria cardamomum.*

Emadudáköl [ematūtakkaḷ]
die Gesandten des Todesgottes Yama.

Emalógum [emalōkam]
eine Bezeichnung für die siebende untere Welt; das Reich Yamas, die Hölle.

Emen [emaṉ]
Yama; Gott des Todes; Herrscher des Totenreiches.

Entschuwari [eṇcuvaṭi]
Buch von Multiplikationstafeln.

Ettschipischáschu [eccipicācu]
kleiner unersättlicher Dämon.

Fanam [paṇam]
seit dem 9. Jahrhundert Goldwährung. Unterschiedlicher Goldgehalt unterschiedlicher Ausmünzungen ließen seinen Wert schwanken. Zunehmend wurden von den Kolonialmächten Silberfanams geprägt. Ein Tranquebar-Fanam galt 2 Silbergroschen, ein Porto-Novo-Fanam 4 Silbergroschen. Zur Zeit der ersten Missionare entsprachen in Tranquebar ein Fanam 80 Kas, 10 Fanam einem Perdou und 24 Fanam einer Pagode.

Fano
siehe Fanam.

Gnánapódagum [ñāṉapōtakam]
sprituelle Instruktion in die Mysterien der Religion; gemeint ist wahrscheinlich das Werk Civañānapōtam (Unterweisung der Śiva-Weisheit), eine grundlegende Arbeit des Śaiva-Siddhānta, die traditionell als Sammlung alter heiliger Lehren gilt.

Gnáni (Pl. Gnánigöl) [ñāni, ñānikaḷ]
»Weiser«; ein »Zweimalgeborener« im vierten Stadium auf dem Weg der Erlösung nach den Vorstellungen der Śaivas.

Gnánum [ñānam]
mysthisches Wissen der Natur einer Gottheit, der Seele usw.; viertes Lebensstadium eines Hindus entsprechend dem Śaiva-System.

Großer Mogul
Bezeichnung für den Herrscher des Moghulreiches; hier handelt es sich um Aurangzēb (1658–1707).

Iámunei [yamuṉai]
Yamunā, für heilig angesehener Fluß in Nordindien; in der Mythologie Gespielin der Göttin Ganga.

Iarpánam [yāḻppāṇam]
die Stadt und Halbinsel Jaffna in Sri Lanka; Name eines früheren Königreiches im Norden Sri Lankas.

Ikerian, Ikkeri
Bezeichnung des früheren indischen Fürstentums Bednūr und seiner ersten Hauptstadt.

Indiratschéiddu [intiracittu]
»Bezwinger Indras«; Sohn des Dämonenkönigs Rāvaṉa.

Indiratschéiddubaralám [intiracittuppaṭalam]
wahrscheinlich Teil einer tamilischen Version des Rāmāyana.

Innischei [iṉṉicai]
»Melodie, Harmonie«; Versstruktur, die auf dem Venpa-Versmaß beruht.

Inschi [iñci]
Ingwer, *Zingiber officinalis*.

Iràniatànum [iraṇiyatāṉam]
Geld- oder Getreidegeschenk, Geldalmosen an Brahmanen.

Iràniawadeibaralàm [iraṇiyavataippaṭalam]
Werk über den Asura Hiraṇya. Dieser rief die Asuras zur Vernichtung der Menschen, Kühe und des Opferfeuers auf. Durch Askese erlangte er von den Göttern die Zusicherung, daß ihn weder Mensch noch Tier, weder tags noch nachts, weder in seinem Palast noch außerhalb töten könne. Danach verlangte er göttliche Ehren und versuchte seinem Sohn, der Viṣṇu anbetete zu töten. Da dieser überlebte stellte Hiraṇya die Frage, wo Viṣṇu eigentlich sei, ob auch in einer Säule. Auf die bejahende Antwort hin stürzte er die Säule um. Aus ihr entsprang Viṣṇu halb Mensch halb Löwe und tötete den Asura in der Dämmerung auf der Schwelle seines Palastes.

Iránien [iraṇiyaṉ]
der Asura (den Göttern ehemals ebenbürtiges aber götterfeindliches Wesen) Hiraṇya.

Iránkamittán [iṟaṅkamaṭṭaṉ]
Art ungeschälten Reises.

Irumá [irumā]
ein Zehntel.

Ischuren [īcuraṉ]
siehe Isuren.

Ischuri [īcuvari]
siehe Isúri.

Ispári
siehe Isúri.

Ispiri
siehe Isúri.

Isuren [icuvaraṉ]
Śiva unter der in Südindien verbreiteten Manifestation als Iśvara; in der Hindu-Triade verkörpert er die Zerstörung des Universums; höchster Gott der Śaivas; seine Hauptattribute sind in Südindien Axt und Gazelle; er tritt unter verschiedenen Namen auf.

Isúri [icuvari]
»Herrin«; Gemahlin Iśvaras; Beiname der Göttin Pārvati.

Jaffanapatnam
siehe Iarpanam.

Jógi (Pl. Jógigöl) [yōki, yōkikaḷ]
Asket; »Zweimalgeborener« im dritten Stadium auf dem Wege zur Erlösung nach dem Śaiva-System.

Jogum [yōkam]
drittes Lebensstadium nach den Vorstellungen der Śaivas.

Jóschinei [yociṉai]
alte astronomische und geografische Maßeinheit unterschiedlicher Größe; 9 bis 13 englische Meilen.

Kaddá [kattaṉ]
Höchstes Wesen, Herr.

Káddarikái [kaṭṭarikāy]
Frucht der Eierfrucht, Brinjal, *Solanum melogena.*

Kádijeinátschéddirum [kārttikainaṭcattiram]
Fasten im Monat Kārttikai (November/Dezember), das insbesondere von den Śaivas eingehalten wird. Es ist den Sternen der Plejaden gewidmet, die als Pflegeeltern des Subrahmanya gelten.

Kadijeitschómawárum [kārttikaiccōmavaram]
die Montage im Monat Kārttikai, die als Fasttage angesehen werden.

Kaiaddiri [kāyattīrī]
heiligste Verse der Veden; Göttin bzw. Personifizierung der heiligsten Worte der Veden.

Kailáschum [kailācam]
Paradies und Residenz Sivas (Iśvaras).

Káli [kāḷi]
Beiname der Göttin Pārvati; als von Iśvara verbannte Paṭṭarakāḷi Göttin der Dämonen.

Kálidurei [kalitturai]
aus vier Zeilen bestehende prosodische Struktur.

Kaliújum [kaliyukam]
viertes und letztes (Eisen-)Zeitalter, in dem wir zur Zeit leben. Das Zeitalter dauert 432.000 Jahre.

Kámbu [kāmpu]
eine Hirseart; Bajra.

Káṇakkáppullei [kanakkappiḷḷai]
Schreiber, Buchhalter.

Kandapuránum [kāntapurāṇam]
kanonischer Text mit Mythen über den Gott Murukaṉ (Subrahmanya). Die Mythen werden der Toṇṭai-Region um 1400 zugeordnet. Autor ist Kacciyppa Civācaṅyar.

Kándatschéstiwurudum [kāntacasṭiviratam]
Fasttag am sechsten Tag des zunehmenden Mondes im Oktober zu Ehren Subrahmanyas.

Kandi [kaṇṭi]
früheres Reich auf der Insel Ceylon.

Káni [kāṇi]
der achzigste Teil eines Ganzen.

Kánniatánum [kaṉṉiyātāṉam]
Ausrichtung einer Hochzeit für ein Mädchen, ohne vom Bräutigam einen Brautpreis zu fordern.

Karámani [kārāmaṇi]
Linsenart, *Vigna catiang*.

Káranakúru [kāraṇakūrū]
Guru, der nichts in eigenem Interesse tut, sondern ausschließlich das geistige Fortkommen seiner Schüler im Auge hat.

Káranatschischen [kāraṇaciṭcaṉ]
Schüler, der den Weisungen seines Gurus strikt folgt.

Kareikkál [kāraikkal]
Hafenstadt nördlich von Nākapattanam; später franz. Kolonie.

Káriakurúköl [kāriyakūrūkaḷ]
sprituelle Lehrer die zuerst die eigenen Interessen im Auge haben.

Káriatschischáköl [kāriyaciṭcakaḷ]
Jünger, deren Trachten auf das diesseitige Leben gerichtet ist.

Kárnéllu [kārnellu]
bezeichnet alle Reisarten, die in der Monsunzeit reifen.

Karúmbu [karumpu]
Zuckerrohr, *Saccharum officinarum*.

Kas [kācu]
kleine Kupfermünze; kleinste Einheit des damaligen Währungssystems an der Koromandelküste.

Káschi [kāci]
Varanāsi, heilige Stadt am Ganges.

Káschikándum [kācikāṇṭam]
Werk des Ativīrāma Pāṇṭiyaṉ (1539–1610); besteht aus drei Teilen in einhundert Kapiteln und wurde auf der Basis des zum Skandapurāṇa gehörigen Sanskrit-Originals verfaßt.

Kásukanákku [kācukaṇakku]
Münzrechnung.

Kattárunen [kāttavarāyaṉ]
Dämon; Pflegesohn der Kāḷi.

Kattéri [kāṭṭēri]
Dämonin.

Kawéri [kāvēri]
südindischer Fluß; gilt als heilig.

Kawéripatnam [kāvērippaṭṭaṉam]
Ort, siehe Tschánkumugum.

Kelwarugu [kēḻvaruku]
Hirseart, *Eleusine coracana*.

Kenkabawani [kaṅkaipavāṉi]
Gemahlin Iśvaras (Śivas); Beiname der Göttin Kankai (Ganga).

Kenkei [kaṅkai]
Ganga; Gemahlin Śivas und Göttin des Wassers; heiliger Fluß in Nordindien.

Ketáriwurudum [kētāriviratam]
Fasttag der Frauen im Monat Aippaci (Oktober/November) am Tag vor Neumond zu Ehren der Pārvati.

Kewurimáirom
Ort, siehe Máirom.

Kiḻwáilékkum [kīḻvāyilakkam]
Rechnung mit Brüchen unterhalb eines Ganzen.

Kirei [kīrai]
Sammelbegriff für Gemüse und Küchenkräuter; Grünzeug.

Kireidándu [kīraittaṇṭu]
Spinat, *Amarantus gangeticus*.

Kiréndum [kiraṇṭam]
ein südindisches Alphabet der tamilischen Brahmanen in ihren heiligen Schriften; von Europäern mit dem Sanskrit gleichgesetzt.

Kirigei [kiriyai]
zweites Lebensstadium eines »Zweimalgeborenen« nach dem Śaiva-System.

Kirigeikárer [kiriyaikkāraṉ]
Angehöriger der oberen drei Kasten im zweiten Stadium auf dem Weg zur Erlösung.

Kischtnen [kiruṣṇaṉ]
»der Dunkle, Schwarze«; Kriṣṇa; als Inkarnation von Viṣṇu, Gott der Gnade.

Kischtnen Túdu [kiruṣṇaṉtūtū]
Beschreibung Kriṣṇas als Gesandter der Pāndava-Brüder zu Duryodhana im Epos Mahābhārata.

Kóilkalambagam [kōyilkalampakam]
eine Sammlung von 100 Versen unterschiedlichen Maßes, die eine Gottheit und den ihr geweihten Tempel besingen.

Kombakárnabaralám [kumpakarṇapaṭalam]
wahrscheinlich Teil einer tamilischen Version des Rāmāyana.

Kombakónum [kumpakōṇam]
Hauptstadt eines Tālūkā im Distrikt Tañcāvūr.

Kónneiwehnten [koṉṟaivēyntaṉ]
Werk der Dichterin Auvaiyār (10. oder 12. Jahrhundert), das einunddreißig ethische Maximen beinhaltet.

Kori [kōṟi]
einhunderttausend.

Kotánum [kōtāṉam]
Schenkung einer Kuh, um sich von Sünden zu befreien.

Kumára Schwámi [kumāracuvami]
»Jüngling«; Beiname von Subrahmanya.

Kúri
siehe Kurimaddu.

Kurimáddu [kuṟimaṭṭu]
»Regeln der Quantität«; nicht näher bekannte Anleitung zur Multiplikation.

Kurkuma
indischer Safran; Gelbwurzel, *Curcuma longa*.

Kúru [kūru]
Guru; spiritueller Lehrer, Priester.

Kúschen [kucaṉ]
Sohn Viṣṇus in dessen Inkarnation als Rāma und Lakṣmis in deren Inkarnation als Sīta.

Lárer [ilāṭar]
Bettelmönche, die aus dem nördlichen Dekkan stammen.

Láwen [ilavaṉ]
Sohn Viṣṇus in dessen Inkarnation als Rāma. Seine Herkunft wird unterschiedlich erklärt: er soll Zwillingsbruder von Kucaṉ sein bzw. wurde durch den Seher Vālmīki aus dem Dharba-Gras geschaffen.

Lékkaborawidei [lĕkkaporavitai]
Addition.

Letschana alankárum [ilaṭcaṇa alaṅkāram]
Werk über die Poesie.

Létschena utárum [ilaṭcaṇa utāram]
Buch über die Regeln der Poesie.

Lingum [liṅkam]
»Mal, Zeichen«; das steinerne oder metallene Phallussymbol, aus Fruchtbarkeitskulten hervorgegangen, ist das wichtigste Symbol Śivas, der in die-

ser Form von seinen Anhängern sowohl in als auch außerhalb der Tempel angebetet wird.

Maddeiwiruddum [mattaiviruttam]
nicht genau zu identifizierendes Versmaß.

Madurei [maturai]
Stadt im Süden von Tamil Nadu; früher auch Bezeichnung für ein südindisches Reich.

Maéschuren [mayēcuraṉ]
Beiname Śivas.

Magá Letschimi [makālaṭcumi]
Göttin der Schönheit und des Glücks; Gemahlin Viṣṇus; von den Vaiṣṇavas mit der weiblichen Kraft des Parāparavastu gleichgesetzt.

Magálogum [makālōkam]
vierte der oberen Welten; Viṣṇus Residenz.

Máieschura puschei [mayēcurapūcai]
ein aus Essen bestehendes Almosen, welches den Bettelmönchen und Brahmanen dargebracht wird.

Máirom [māyūram]
Wallfahrtsort in Tamil Nadu mit einem großen Viṣṇu-Tempel.

Makani [makāṇi]
ein Sechzehntel eines Ganzen.

Mándalam [maṇṭalam]
Reich, Region, Provinz.

Maniakaren [maniyakkāraṉ]
Vorsteher einer Stadt oder eines Dorfes.

Mankai [mankāy]
unreife Frucht des Mangobaumes, *Mangifera indica*, die in Salzlake eingelegt wird.

Mannáschei [maṇṇācai]
Begierde nach den irdischen Reichtümern.

Mánschel [mañcaḷ]
siehe Kurkuma.

Marakal [marakkāl]
Kornmaß; etwa sechs Pfund.

Márakari [marakkaṟi]
Gartenfrüchte, die für die Herstellung von Curries verwendet werden.

Maratier [marāṭar]
Marathen; indisches Volk.

Marawar [maṟava]
Land der Marawer, südlich von Tañcāvūr gelegen.

Marawer [maṟavar]
Einwohner von Marava.

Mariámmen [māriyammaṉ]
»Mutter des Todes«; Schutzgöttin; ruft verschiedene Krankheiten (Kinderpocken, Masern u.a.) hervor und befreit die Kranken wieder von diesen.

Markkándapuránum [mārkkaṇṭapurāṇam]
Werk, das die Geschichte des Mārkkaṇṭēyaṉ erzählt.

Markkanden [mārkkantēyan]
Verehrer Śivas; Seher; Autor des Mārkkaṇṭapurāṇam. Der Vater des Brahmanensohnes bat Śiva seinem Sohn statt einem mit ständiger Krankheit verbundenen einhundertjährigen Leben sechzehn Lebensjahre mit immerwährender Gesundheit zu schenken. Der Junge entwickelte sich zu einem großen Śiva-Anhänger mit zahlreichen Tugenden. Śiva rettete ihn vor Yama und verlieh ihm Unsterblichkeit.

Maschúr [maicūr]
Maisūr; Stadt und früheres Fürstentum in Südindien.

Mótschum [mōṭcam]
Befreiung aus der Kette der Wiedergeburten.

Mudirei [mūturai]
ein didaktisches Werk der Tamildichterin Auvaiyār (10. oder 12. Jahrhundert), das dreißig ethische Maximen umfaßt.

Muduráburi [maturāpuri]
die Stadt Maturai.

Mukkáni [mukkāṇi]
drei Fünftel eines Makāṇi, d.h. drei Achzigstel.

Mumúrtigöl [mummūrttikaḷ]
»dreifache Erscheinung, drei Formen«; Triade der Götter Brahmā, Viṣṇu und Śiva als Personifikation des Höchsten Wesens.

Mundirigei [muntirikai]
ein Dreihundertzwanzigstel.

Munnariár [muṉṉaṭiyār]
Steinfiguren, die den Eingang zum Tempel des Ayanār bewachen.

Murunkeikái [muruṇkaikāy]
Frucht des Muringastrauches, *Hyperanthora Moringa*.

Múturapuránum
nicht näher zu identifizierender lokaler Purāṇa.

Nagapatnam [nākapaṭṭaṉam]
Hafenstadt im Distrikt Tañcāvūr.

Nágulen [nakulaṉ]
einer der fünf Pāndava-Brüder aus dem Mahābhārata.

Náiddukirmeiwurudum [nāyiṟṟukkiḻmaiviratam]
Sonntagsfasten zu Ehren Śivas.

Nairu [nāyiṟu]
»Sonne«; Sonntagsfasten der Śaivas.

Nalarášcha [naḷaṉ]
Nala; Held einer Liebesgeschichte im dritten Buch des Mahābhārata.

Nalariár [nalaṭiār]
Titel eines poetischen Buches des Patumanār mit ethischem Inhalt.

Nalénkadei [nalaṉkātai]
»Geschichte des Nala«; Poem über König Nala.

Nálumá wareí [nālumavarai]
Gleichung bei der Division auf der vierten Stufe.

Naluwiná Kanakku [nāluvinākaṇakku?]
vierte Stufe der Division.

Nalwari [nalvaḻi]
»der rechte Weg«; didaktisches Poem der Dichterin Auvaiyār.

Námapéramálwédum [nāmaperumāḷvētam]
nicht näher zu identifizierende Viṣṇu-Sekte; es wird angenommen, daß es sich um eine Entwicklung aus dem System des Rāmānuja handelt (vgl. IRVINE, Bd. 3, S. 489f.).

Námatschiwaia [namacivāya]
»Śiva sei gepriesen«; die fünf Silben einer Gebetsformel (mantra) der Anhänger Śivas.

Nándanawáruschúm [nantaṉavaruṣam]
das sechsundzwanzigste Jahr im sechzig Jahre umfassenden Antu.

Nandischuren [nantikēcuvaraṉ]
Śiva in der Erscheinung des Buckelstiers.

Nánscheipunschei [nañcaipuñcai]
Ackerbau auf bewässertem und trockenem Land; Getreide, das auf diesen Flächen wächst.

Náttuwen [naṭṭuvaṉ]
Tanzmeister, Tanzlehrer.

Negéndu [nikaṇṭu]
in verschiedenen Varianten existierendes Wörterbuch, in dem die Einträge nach Sachgruppen (u.a. menschliche Wesen, Tiere, Vögel, Pflanzen) vorgenommen sind und neben den Definitionen auch Synonyme angegeben werden.

Néiwiddium [naivēttiyam)
Speiseopfer; dritter Bestandteil der Pūja.

Nelleimálei [nellaimālai]
Buch, das Viṣṇus Sohn Maṉmataṉ, dem Gott der Liebe, gewidmet ist.

Néllikái [nellikāy]
Frucht der Nelli, *Phyllanthus emblica.*

Néllu [nellu]
generelle Bezeichnung für ungeschälten Reis. Es existiert eine Vielzahl von Sorten mit zum Teil nur regional verbreiteten Bezeichnungen.

Néllukanákku [nellukaṇakku]
Getreiderechnung.

Nidalalógum [nitalalōkam]
vierte untere Welt.

Nonpu [nōṅpu]
siehe Pulleiárnónpu.

Oddeiwinákanákku [oṟṟaivāykkaṇakku]
Dividieren ohne Rest in einer Operation.

Olei [ōlai]
Palmblatt, insbesondere der Art *Borassus flabelliformis*, das als Schreibmaterial verwendet wurde; Synonym für Schriftstück, Brief.

Orumá [orumā]
ein Zwanzigstel.

Pádalalógum [pātāḷalōkam]
eine der unteren Welten.

Pagode
südindische Goldmünze, die bis in die zweite Hälfte des 17. Jahrhunderts 10 Fanam entsprach. Durch Verschlechterung des Münzgehalts des Fanam veränderte sich diese Relation. Um 1710 entsprachen in Tranquebar 24 Fanam einer Pagode. Die Pagode wies bei einem Rauhgewicht von 3,4 g einen Goldfeingehalt von 800:1000 auf.

Palanquin von [pallakku]
eine Art Sänfte, deren Holme von vier Trägern auf den Schultern getragen wurden.

Pandaram (Pl. Pandarangöl) [paṇṭāram, paṇṭāraṉkaḷ]
Asketen und nichbrahmanische Priester der niedrigen Kasten, oft im Dienst der Śiva-Tempel.

Panel
Gefäß.

Panschánkum [pañcānkam]
astrologischer Kalender, der Informationen über fünf Dinge einschließt: Mondphase, Sonnenbahn, Positionen der Planeten, glück- und unglückbringende Tage.

Pántien [pāṇṭiyaṉ]
sagenhafter König; Königsdynastie in Südindien.

Pantimándalam [paṇṭimaṇṭalam]
historische Region im Süden Tamil Nadus; südliches tamilisches Reich mit der Hauptstadt Maturai.

Pantschátscharum [pañcāṭcaram]
»fünf Buchstaben«; Bezeichnung einer Gebetsform der Anhänger Śivas; siehe Námatschiwaia.

Páradasástirum [paratacāstiram]
Kunst des Tanzes und Schauspiels.

Páradum [pāratam]
das Epos Mahābhārata; wahrscheinlich ist die tamilische Version des Villiputtūr Āḻvār gemeint, der im 14. Jahrhundert lebte.

Paraméschuri [paramēcuvari]
»die himmlische Herrin«; Beiname der Göttin Pārvati.

Parenkikái [paṟaṅkikkāy]
Kürbis europäischen Ursprungs, *Cucurbita maxima.*

Paruméssuren [paramēcuvaraṉ]
»großartiger, umfassender Gott«; Beiname des Gottes Śiva.

Párwadi [Pārvati]
Gemahlin Śivas; von den Śaivas mit der weiblichen Kraft des Höchsten Wesens (Śakti) gleichgesetzt.

Páttirakáli [paṭṭarakāḷi]
»die strenge Kali«; war Iśvaras Gemahlin und wurde wegen Arroganz verbannt; Königin der Dämonen und Beschützerin der Menschen vor ihnen.

Páttschawarakanákku [pañcavarakaṇakku]
Buchhaltung im Textil- oder Baumwollhandel.

Pawakai [pāvakkāy]
Jack-Frucht *Autocarpus integrifolia* oder *heterophyllos;* größte eßbare Frucht der Welt.

Pénnáschei [peṇṇācai]
sexuelle Begierde.

Perdou
ursprünglich vornehmlich in Goa geprägte Goldmünze; später auch Be-

zeichnung für eine Silbermünze; um 1710 entsprach ein Perdou 10 Fanam und war etwas weniger als ein dänischer Reichstaler wert.

Periapuránum [periyapurāṇam]
aus dreizehn Büchern bestehender tamilischer Purāṇa, der keine Übersetzung, sondern eine eigenständige Arbeit ist; Bestandteil des Śaiva-Kanons; ist den Śaiva-Heiligen gewidmet; als Autor gilt Cēkkilār; durch die Darstellung des Lebens der Tamilen gilt das Werk als wichtige Quelle für die Geschichte dieses Volkes im 11. und 12. Jahrhundert.

Periatampirán [periyatampirāṉ]
»großer Gott«; Gott, den Daksha an die Stelle Śivas setzen wollte; sein Bild wird in den Tempeln der Ankālammaṉ angebetet.

Perumal [perumāḷ]
»große Person«; in Tamil Nadu verbreitete Bezeichnung für Viṣṇu.

Píkankái [pīnkāṉkāy]
Frucht des indischen Mandelbaumes.

Piradiár
siehe Pirári.

Pirári [piṭāri]
Dorfgottheit; Königin der Dämonen, zu denen die Selbstmörder werden; schützt die Menschen vor ihnen.

Pirariar
siehe Pirári.

Pischána néllu [picāṉam]
Bezeichnung für alle Reissorten, die nach der Regenzeit, im Februar und März, geerntet werden.

Pongöl [poṅkal]
dreitägiges Erntefest der Hindus aller Richtungen; es findet um den 11. Januar statt, wenn die Sonne den Wendekreis des Steinbocks passiert; Anlaß ist der Wechsel von einem Monat mit ausschließlich Unglückstagen zu einem Monat, der nur Glückstage bringt.

Ponnáschei [poṉṉācai]
Begierde nach Reichtum.

Pulleiár [piḷḷaiyār]
»der berühmte, außerordentliche Sohn«; verbreitester Name des Vikkinecuvaraṉ (Ganeśa), Sohn Śivas, in Tamil Nadu; siehe Wikkinéschuren.

Pulleiárnónpu [piḷḷaiyārnōṅpu]
Fasttag zu Ehren von Piḷḷaiyār im Monat August/September am vierten Tag der Neu- oder Vollmondphase; es werden Pfannkuchen gebacken, ihm geopfert und nach dem Fasten verspeist.

Pulleiartschawudi [piḷḷaiyārcaturtti]
andere Bezeichnung für Piḷḷaiyārnōṅpu.

Pulógum [pūlōkam]
die Erde, erste der oberen Welten; es handelt sich nicht um die reale, sondern eine mythologische Welt.

Púmadéwi [pūmitēvi]
Göttin der Erde; eine Gemahlin Viṣṇus.

Puranangöl [purāṇaṉkaḷ]
eine Klasse religiöser Arbeiten, die vier Gruppen umfassen: achzehn sogenannte »Große Purāṇas«, die in Sanskrit verfaßt sind und als heilige Schriften gelten; tamilische Übersetzungen, die von den Originalen abweichen; lokale tamilische Purāṇas, die die heiligen Plätze beschreiben; hagiographische und biographische Epen, die als Purāṇas bezeichnet werden.

Púschei [pūcai]
Anbetung der Götter und ihrer Abbilder; besteht aus drei Teilen: Apisēkam, Tūpam und Naivēttiyam.

Putánum [putāṉam]
Bodengabe, Landschenkung aus religiösen Motiven.

Ramáianum [rāmāyaṅam]
wahrscheinlich eine tamilische Version des indischen Epos Rāmāyaṇa.

Ramájanum
siehe Ramáianum.

Rámaschium [rāmacayam]
Buch über Viṣṇus Taten in der Inkarnation Rāmas.

Rámawatarum [irāmāvatāram]
»Herabkunft Rāmas«; Epos des tamilischen Dichters Kampaṉ.

Rámen [rāmaṉ, irāmaṉ]
Held des Rāmāyaṇa; Bezwinger des Riesen Rāvaṇa; eine der zehn Herabkünfte Viṣṇus.

Ramesurum [irāmēsvaram]
Stadt im Süden Tamil Nadus; Wallfahrtsort mit einer berühmten Tempelanlage.

Ráschanidisastirum [irācanītīcāstiram]
Buch über Rechtsprechung und Recht.

Rátschider [rāṭcatar]
Rākṣasas; Riesen des Südens; sind Feinde der Menschen und der Götter in menschlichen Inkarnationen; ihr König ist Rāvaṇa.

Rawanen [rāvaṇaṉ, irāvaṇaṉ]
König von Lanka (Ceylon); Gegenspieler Rāmas im Rāmāyaṇa.

Rínawirabaddiren
nicht genau zu identifizieren; möglicherweise Iraṇavirāṉ, ein Dämon, dessen Standbild in den Tempeln der Ankālammaṉ steht.

Rischi (Pl. Rischigöl) [iruṣi, iruṣikaṉ]
Seher, denen die Veden offenbart wurden; gelten als heilig.

Rondel
großer Sonnenschirm.

Rúddira Abischégum [urttirā apiṣēkam]
ein Trankopfer.

Rúddiratschangöl [uruttirāṭcam]
Früchte des *Elaeocorpus ganitras*; werden für die Tränen Rudras gehalten, die dieser beim Gebet vergoß; bilden den Rosenkranz der Śaivas.

Rúddiren [ruttiraṉ]
»Brüller«; Rudra; ursprünglich vedischer Gott, der von Śiva weitgehend absorbiert wurde; Herr des Sturms, der Räuber und Jäger; als Rudra-Śiva erobert Śiva die Macht über die Dreiwelt (Himmel, Erde, Unterwelt).

Rúdukaliánum [ruttu-kaliyāṇam]
»Liebeshochzeit«; Initiationsritus der Tempeltänzerinnen.

Sámawédum [cāmamvētam]
Sāmaveda; zweiter Veda; Sammlung von Gesängen und Hymnen, die beim vedischen Opferritual von den Priestern benutzt wurden.

Sambiráni [cāmpirāṇi]
Weihrauch.

Sániéschurabágawán [caṉiccuraṉ, caṉipakavaṉ]
Regent des Planeten Saturn, welcher unter allen Planeten den schädlichsten astrologischen Einfluß hat.

Sannáschigöl [caṉṉiyāci]
Hindu-Asket.

Saraschubadi [caracuvati]
Sarasvati; Göttin der Wissenschaft und Kunst; ursprünglich vedische Flußgöttin; Brahmas erste Gemahlin.

Sástirangöl [cāstiraṉkaḷ, cāstiram]
Bezeichnung für sechs indische philosophische Systeme: Vēdānta Vaiśēṣika, Nyāya-Vaiśēṣika, Sāṁkhya, Yoga und Mīmāṃsa.

Sastiriár [cāstiriyār]
Lehrer.

Sástirum [cāstiram]
Lehre, Lehrbuch einer Wissenschaft oder Kunst.

Schalám [calām]
Frieden; Grußformel.

Sellingör von [calaṅku]
Bootsleute, Seefahrer.

Subbiramania Schwámi [cuppiramaṇiya cuvami]
siehe Súbbiramanien.

Súbbiramanien [cuppiramaṇiyaṉ]
»der Diamantengleiche«; Subrahmanya; Gott des Krieges; jüngerer Sohn Śivas; unter den Tamilen auch als Murukaṉ (alter tamilischer Schlangengott) verehrt.

Subeiatár, Suweiatár [cupaiyatār]
oberster Beamter einer Provinz.

Süre [cērā]
Sura oder Toddy; fermentierter Saft aus den Dattelpalmen, *Phoenix sylvestrys*, und Kokospalmen, *Borassus flagelliver.*

Tádduwádikárer [tattuvvatikāraṉ]
Angehöriger einer Viṣṇu-Sekte.

Tádduwádimadám [tattuvvatimatam]
eines der sechs orthodoxen Systeme der Anhänger Viṣṇus; begründet von Mādhavācharya.

Tákken [takkaṉ]
der Seher Daksha; Schwiegersohn Brahmas und oberster Opferpriester der Götter; wurde beim Versuch Śiva als obersten Gott zu stürzen von diesem getötet.

Táli [tāli]
kleiner Goldschmuck, den die verheirateten Frauen an einer gelbgefärbten Schnur um den Hals tragen; wird der Braut während der Hochzeitszeremonie vom Bräutigam umgelegt; von den Missionaren als Zeichen des »Heidentums« bekämpft.

Taliar [talaiyāri]
Feldwächter; Dorfwächter; bei der Dänischen Ostindischen Kompanie auch Soldaten, die vorwiegend mit Wach- und Polizeiaufgaben betraut wurden.

Tamarei [tāmarai]
Lotus, Wasserlilie, *Nelumbium speciosum*; ist Zeichen des Schöpfergottes Brahmā; als heilige Blume mythologischer Bestandteil vieler Götterkulte.

Tamarin [puli]
Frucht des Tamarindenbaumes, der »indischen Dattel«, *Tamarindus indica, L.*

Tanjour, Tanschúr [tañcāvūr]
Distrikt und -hauptstadt in Tamil Nadu; das Gebiet war unter der Cōla-Dynastie (10. bis 13. Jahrhundert) Zentrum eines mächtigen Reiches, das Südindien beherrschte und bis nach Indonesien expandierte; die Stadt verfügt über bedeutende Śiva und Subrahmanya gewidmete Tempelbauten.

Tánmer [taṉmaṉ]
Yudhisthira; ältester der fünf Pāndava-Brüder aus dem Mahābhārata.

Tàrei [tāḻai]
Heckenpflanze, *Pandanas oderatissima, L.* oder *Clerodendrum phlomoides L.*

Tarischei [tāḻicai]
Untergruppe einer bestimmten Klasse von Versen.

Telinkisch von [teluṅku]
Telugu, eine südindische Sprache.

Tersanen [teḷcāṇaṉ]
siehe Tákken.

Tilleinàiagen [tillaināyakaṉ]
Nellu-Art.

Tischtschei [tīṭcai]
Weiheritual bei der Aufnahme eines Schülers durch seinen Guru, welcher die vorgeschriebenen Mantras spricht; Initiation in die Gemeinschaft der Śaivas.

Tolkábiam [tolkāppiyam]
über mehrere Jahrhunderte entstandenes und möglicherweise frühestes Werk der Tamilliteratur (Abschluß im 5. Jahrhundert); deskriptives Buch über die alte Tamilliteratur; besteht aus drei Teilen: den tamilischen Lauten, den tamilischen Wortarten und Komposita, und einer Diskussion der damals existierenden Tamilliteratur.

Tondamándalam [tōṇṭaimaṇṭalam]
historische Region in Tamil Nadu; Reich im Norden des Tamilenlandes, zwischen Krishna und Kāvēri; Hauptstadt Kāñcipuram; Blütezeit im 6./7. Jahrhundert.

Tónden [tōṇṭaṉ]
sagenhafter Herrscher in Tōṇṭaimaṇṭalam; nach der Legende soll sein Vater der Cōla-König Āditya I. (871–907) gewesen sein, der 897 Tōṇṭaimaṇṭalam eroberte.

Tschadda kori magá mandirum [cattakoḷimantiram]
nicht näher bestimmbare Zusammenfassung der achzehn Purāṇas.

Tscháddi [catti]
»Energie«; Śakti, weibliche Kraft des Höchsten Wesens; Beiname der Göttin Pārvati.

Tscháddialógum [cattiya-lōkam]
eine obere Welt; Residenz Brahmās.

Tscháddiria tschádi [cattiriya cāti]
Kaste der Krieger.

Tscháddirier [cattiriyar]
die Angehörigen der Kriegerkaste.

Tscháiner [caiṉaṉ, Pl. caiṉar]
Anhänger der Jaina-Religion.

Tscháinermadám [caiṉamadam]?
Jaina; nichttheistische Religion in Indien.

Tscháivakalám [caivakulam]
Gemeinschaft der Śaivas; Sammelbegriff für verschiedene Richtungen der Śaivas.

Tscháiwamadam [caiva-matam]
Religiongemeinschaft der Śaivas.

Tscháiwer [caivaṉ, Pl. caivar]
Śaivas, Anhänger Śivas.

Tschákkareiwallikiránku [carkkaraivaḷḷikiḷaṅku]
Süßkartoffel, *pomaea batatas*.

Tschampá [campā]
Nellu-Art, die im Juli gesät wird; verfügt über eine Vielzahl von Unterarten.

Tschánar [cānar]
Kaste der Palmsaftzapfer.

Tschankamargöl [caṅkamarkaḷ]
Bezeichnung für die Śaivas als Gesamtheit bzw. die Sekte der Vīra-Śaivas.

Tschánkumugum [caṅkumukam]
Bezeichnung für eine Stadt im Distrikt Tañcāvūr, Kāvērippaṭṭaṉam; unter den Cōlas bedeutende Hafenstadt.

Tschará Dewen [cakātēvaṉ]
jüngster der fünf Pāndava-Brüder des Mahābhārata.

Tschárigei [cariyai]
erstes Lebensstadium eines herangereiften Mannes nach dem Śaiva-System; in einem Initiationsritus wird er mit einer heiligen Schnur umgürtet und damit »zum zweiten Male geboren«; danach Studium der Veden bei einem Guru.

Tschárigeikárer [cariyaikārar]
Angehörige der drei oberen Kasten im ersten Stadium auf dem Wege der Erlösung.

Tschattádewergöl [cattatēvarkaḷ]
Viṣṇu-Sekte.

Tschatátschiwum [cātacivam]
»der ewige Śiva«; Name von Śiva: allumfassende universelle Gottheit, dargestellt mit fünf und mehr Köpfen.

Tschénadalawer [cenaittalaivar]
Kaste der Betelanbauer und -händler.

Tschénalógum [caṉalōkam]
obere Welt, die von den Söhnen Brahmās bewohnt wird.

Tschèrubáiru [wahrscheinlich payiri]
grüne Gartenpflanze, *Portulaca quadrifolia, L.*

Tschéschen [cēṣaṉ]
Name der göttlichen Schlange, die die Erde auf ihrem Kopf trägt.

Tschéstiwurudum [caṣṭiviratam]
Fasten am sechsten Tag des zunehmenden Mondes.

Tschidei [citai]
Sitā, Gemahlin Viṣṇus in dessen Inkarnation als Rāma.

Tschikkatscharáṅku [(cikka)caraṅku]
Zeremonie, die abgehalten wird, wenn ein Mädchen die Pubertät erreicht.

Tschilamádakárer [ciḷāmatakārar]
Angehörige einer Śaiva-Sekte.

Tschilamadám [ciḷāmatam]
von »cilā« Stein, steinernes Abbild; Śaiva-Sekte (vgl. Irvine, Bd. 3, S. 485).

Tschimádu
Gebetshaltung der Ciḷāmatakārar.

Tschindu [cintu]
»See, Ozean«; eine Ode; Versmaß.

Tschinschi [ceñci]
Stadt in Tamil Nadu mit einer wichtigen Festung, die bis ins 18. Jahrhundert als uneinnehmbar galt; Hauptstadt eines früheren gleichnamigen Fürstentums.

Tschírankatschampá [cīrakaccampā]
Nellu-Art.

Tschirukiránku [ciṟukiḷaṅku]
Art der Yamswurzel.

Tschiwadálangöl [civatalam, Pl. civatalaṉkaḷ]
die heiligen Plätze des Gottes Śiva.

Dirúppadi [tiruppati]
berühmter Wallfahrtsort der Anhänger Viṣṇus nordwestlich von Madras im Süden Andhra Pradeshs.

Tschiwadudáköl [civatūtūkkaṉ]
Gesandte des Śiva; holen die Śaivas in Śivas Paradies.

Tschiwakáwischum [civakaciyam]
Viertausend Verse umfassende Werk des Oppilāmaṇippulavar.

Tschiwalingum [civaliṅkam]
Liṅkam als Hauptabbild und materieller Gegenstand der Anbetung in der Śaiva-Religion.

Tschiwalógum [civalōkam]
für die Śaivas oberste der Oberwelten, Residenz Śivas.

Tschiwapaddikárer [civapaṭṭikkārar]
Śivabhaktianhänger; Śaivas.

Tschiwapódagum [civapōtakam]
nicht näher zu identifizierendes Werk; möglicherweise ist das Buch Civañānapōtam gemeint.

Tschiwarátirei [civarāttiri]
Fasten zu Ehren Śivas; Nacht vor Neumond im Februar, in der durchgewacht wird.

Tschiwawédakárer [civavētakkārar]
Śaivas, Anhänger der Religion Śivas.

Tschíwawédum [civavētam]
Śaiva-Religion; Kleidung und Kennzeichen der Anhänger Śivas.

Tschiwén [civaṉ]
Śiva, der »Zerstörer«; dritter Gott der Hindu-Triade.

Tschodirischum [cōtiṣam]
Astronomie und Astrologie.

Tschókkanaiagen [cōkkanāyakaṉ]
steht bei Ziegenbalg und Gründler für Cōkkanatan, d.h. Śiva wie er im südindischen Maturai verehrt wird.

Tschóranatánum [corṉṉatāṉam]
Geldgeschenk.

Tschóren [cōḻaṉ]
Dynastie in Südindien, die vor die Zeitenwende zurückreicht und den Höhepunkt ihrer Herrschaft im 10. und 11. Jahrhundert hatte; der Ursprung der Dynastie liegt im Dunklen.

Tschóromándalam, [cōḻamaṇṭalam]
port. Coromandel; historische Region in Tamil Nadu; entwickelte sich um das Delta des Kāvēri; zwischen dem 9. und 12. Jahrhundert Vormachtstellung in Südindien und Aufbau einer Seemacht.

Tschówalum [cōlam]
Hirseart, *Holcus saccharatus, L.*

Tschúdalalógum [cutalalōkam]
dritte der unteren Welten.

Tschúddira tschádi [cūttira cāti]
Kaste der Śūdra.

Tschúddirer [cūttirar]
die Angehörigen der vierten und niedrigsten Kaste nach der klassischen Kasteneinteilung.

Tschurakátupischáschu [cuṭukāṭupicācu]
Dämon, der sich an den Plätzen aufhält, auf denen die Toten verbrannt werden.

Tschúrapadbamá [cūrapatumaṉ]
König der Asuras, der durch harte Buße die Herrschaft über die vierzehn Welten erlangte; wurde durch Subrahmanya besiegt und in zwei Teile geteilt, die Subrahmanya in einen Hahn (sein Banner) und einen Pfau (sein Gefährt) verwandelte.

Tschúreikái [curaikāy]
unreife Früchte von Flaschenkürbisen, *Cucurbita lagenaria, L.*

Tschurukurúmbei [corikurumpai]
eine Art von Campā-Nellu.

Túbaarádinei [tūpaārātanai]
siehe Túbum.

Túbum [tūpam]
Gebetszeremonie bei der ein Weihrauchgefäß, in dem Sandelholz und andere aromatische Hölzer verbrennen, um die Götterfigur herumgetragen wird; zweiter Bestandteil der Pūja.

Udelkúru [uṭaṟkūṟu]
»Teile des Körpers«; Anatomie.

Ulá [ulā]
ein Poem, bei dem die Gesänge zum Lob des Helden von Frauen aller Altersgruppen ausgeführt werden.

Urukkuwédum [irukkuvētam]
Ṛgveda; erster der vier Veden.

Wadúr [vatūr]
nicht zu bestimmen; wahrscheinlich ist Vātavūr, einer der heiligen Plätze der Śaivas gemeint.

Wadúrpuránum [vatūrpurāṇam]
lokaler Purāṇa; möglicherweise ist der Vātavūrpurāṇam gemeint, der das Auftreten Śivas als Teṉṉavaṉ Piramarāyar in Vātavūr beschreibt.

Wáiddianáda Schwámi [vaittiyanātaṉ cuvāmi]
»Gott der Ärzte«; Beiname des Gottes Subrahmanya.

Wáirawen [vairavaṉ]
Dämon; eine der schrecklichen Formen des Gottes Śiva, in welcher er Brahmas fünften Kopf abschlug.

Wálakándarmáianum [vālakāṇṭarāmayaṇam]
Buch, das die Jugend Rāmas beschreibt.

Wállikiránku [vaḷḷikkiḷaṅku]
Süßkartoffel, *convolvulus batatas.*

Walmigararischi [vālmīki]
der Rishi Vālmīki; gilt als legendärer Dichter des Rāmāyaṇa.

Warachu [varaku]
Hirseart, *Paspalum frumentacaeum.*

Wareikai [vāḻaikkāy]
unreife Banane, Frucht der *Musa paradisiaca.*

Wáripáddu [vaḻippattu]
Buch mit Gebeten an Śiva mit der Bitte um Linderung der Qualen der Sterbenden und Aufnahme ihrer Seelen in sein Reich.

wartugisch von [vatuku]
Telugu, eine südindische Sprache.

Wáschia tschádi [vaiciya cāti]
Kaste der Händler und Kaufleute; im klassischen System dritte der vier Kasten.

Wáschier [vaiciyar]
Angehöriger der Vaiciya-Kaste.

Wastiratánum [vastiratāṉam]
Geschenk von Kleidung.

Wébbamaran [vēppamaram]
der Margosa oder Neem-Baum, *Azadirachia indica.*

Wedárianum [vētāraṇṇiyam]
Ort im Distrikt Tañcāvūr, Tālūkā Tirutturaippuṇṭi, mit einem Śiva-Heiligtum.

Wedawiáscher [vētaviyācā]
soll von Brahmā die Veden empfangen und die Vedānta-Philosophie begründet haben.

Weigúnda egadéschi [vaikuṇṭēkātaci]
jährlicher Fasttag im Dezember zu Ehren von Viṣṇu; am Abend ist es erlaubt, Saft aus Blättern der Tulasi zu sich zu nehmen; die Nacht über wird meditiert.

Weigundam [vaikuṇṭam]
Residenz Viṣṇus.

Wéllum [veḷḷam]
eine große Zahl.

Wenkaium [veṅkāyam]
Zwiebeln.

Wenpá [veṇpa]
verbreitestes, schwierigstes und angesehenstes Versmaß der klassischen Tamil-Poetik.

Werálakadei [vētāḷakatei]
möglicherweise Tamilversion der »Vetālapañcavimsatikā«, der »Fünfundzwanzig Erzählungen des Leichendämons«.

Werámugáddu [vēḻamukattu]
Gebete an und Lobsprüche über den Gott Vikkinēcuvaraṉ.

Werutáschell [viruttācalam]
Ort in South Arcot, Tamil Nadu; Śiva-Heiligtum.

Werutáschelpuránum [viruttācalapurāṇam]
lokaler Purāṇa mit Śiva-Legenden in Viruttācalam.

Wettiár [veṭṭiyāṉ]
Dorfdiener; Totengräber.

Wettúnipischáschu [veṭṭuṇipicācu]
»Bengel, ungehorsames Kind; Bösewicht«; Dämon, zu dem die im Kriege Gefallenen werden.

Widalalógum [vitalalōkam]
eine der unteren Welten.

Wikkinéschuren [vikkinēcuraṉ]
»Entferner der Hindernisse« auf dem Weg zur Erlösung; Sohn Śivas; Gott der Weisheit und der Wissenschaft; dargestellt mit Elefantenkopf; wird auch Piḷḷaiyār oder Vināyakaṉ genannt.

Wilákoli [viḻākoḻi?]
nicht näher identifiziertes Buch ethischen Inhalts.

Willam [vilvam]
heiliger Baum, *Crataeva religiosa.*

Wimen [pimaṉ]
einer der fünf Pāndava-Brüder aus dem Mahābhārata.

Windruiagen [Vināyakaṉ]
»der große Gott«; Sohn Śivas; siehe Wikkineschuren.

Wipúdi [vipūti]
siehe Dirunúru.

Wirabáddiren, Wirapaddiren [virapattiraṉ]
siehe Wiratschuren.

Wirágen [virākaṉ]
Goldmünze; Bezeichnung für Pagode.

Wiránku
Teil des »Tschadda kori magá mandirum«.

Wiraschäiwer [vīracaivar]
die Angehörige der Vīraśaivam-Sekte.

Wiratscháiwam [vīracaivam]
»die heldischen Śaivas«; Name einer Sekte, die Śiva als alleinigen Gott ansieht und in Form des Liṅkam verehrt; als Reformbewegung gegen das Kastenwesen und die Vormachtstellung der Brahmanen im 12. Jahrhundert von Basava organisiert; Vīraśaivas lehnen Tempelrituale zur Anbetung Śivas ab.

Wiratschuren [vīracuraṉ]
»Held«; Vīracuraṉ oder Vīrapattiraṉ (Vīrabhadra) entsprang Śiva im Zorn über seinen Schwiegervater Takkaṉ und vernichtete diesen; war Schutzgott des Vijayanagara-Reiches, dem die Nāyaks von Tañcāvūr untertan waren.

Wiren [vīraṉ]
siehe Wiratschuren.

Wirúma tschádi [viruma cāti]
Kaste der Brahmanen.

Wischtnu [viṣṇu, viṭṭunu]
»der Beschützer«; in der Hindu-Triade verkörpert Viṣṇu die Erhaltung des Universums; höchster Gott der Vaiśnavas; für die Śaivas ist der Śiva untergeordnet; Hauptattribute sind Rad, Keule, Lotus und Muschelhorn; er tritt in zehn »Herabkünften« (avatara) unter den Menschen auf.

Wischtnupaddikárer [viṣṇupaṭṭikārar]
Anhänger Viṣṇus; Vaiśnavas.

Wischtnuwédakárer [viṣṇuvētakārar]
Anhänger der Religion Viṣṇus.

Wischtnuwédum [viṣṇuvētam]
Religion des Viṣṇu.

Verzeichnis der nicht aufgenommenen Briefe der »Malabarischen Korrespondenz«

Erster Teil

4. Brief
Worinnen ein Heyde / der schon vieles von der Wahrheit der Christlichen Lehre gehöret und gelesen / sich erkläret / wie er Geneigtheit zur Christlichen Religion habe / und um deßwillen gerne stets um die Lehrer solcher Religion seyn wolle / daß er mit ihnen zugleich der zukünfftigen Herrlichkeit theilhafftig werden möchte.

18. Brief
Worinnen juduciret wird / was für ein Unterschied sey in der Anführung der Jungen und Alten unter den Malabaren und den Christen.

30. Brief
Darinnen einer seine Lust und Begierde zu der Christlichen Religion zu erkennen giebet.

31. Brief
Darinnen einer berichtet / was er glaube / und wie er gedencke selig zu werden.

35. Brief
Worinnen gemeldet wird / was sie vor einen Aberglauben haben in observirung dieser und jener Zeichen / um daraus zu wissen / ob eine Sache werde von statten gehen oder nicht.

36. Brief
Darinnen gemeldet wird / was die Weiber für einen Gottes=Dienst haben / dadurch sie gedencken selig zu werden.

37. Brief
Darinnen gezeiget wird / wie die Malabaren den äusserlichen Gottes=Dienst ohne den innerlichen für untauglich erkennen.

41. Brief
Darinnen 3 Fragen beantwortet werden / nemlich was das Heidenthum sey / welche Völcker Heiden zu nennen / und ob die Malabaren nicht auch Heiden genant werden können?

42. Brief
Darinnen vermeldet wird / daß die so GOtt das höchste Wesen nicht erkennen / mit ihren Wercken GOtt mehr gefallen mögen / und daß die / so alles wissen und verstehen / aber nicht darnach leben / die allergrösten Sünder seyn.

43. Brief
Wie ein Böser fromm werden / und in der Welt noch viel Gutes thun könne.

44. Brief
Darinnen berichtet wird / daß der Mensch zugleich mit Sünde und Tugend gebohren werde/ und viele Geburten habe / auch niemahls ohne Sünde sey / aus welcher er allein von GOtt erlöset werden könne: Gleichwohl aber komme ihm das Almosen seiner Freunde zu statten / und durch den Unterricht des Priesters könne man selig werden: Auch wenn man schon seine Jugend in Sünden zugebracht / bekehrte sich aber / erlangte man Vergebung der Sünden.

45. Brief
In welchem der Verfasser behaupten will / daß die Vergebung der Sünden und die Seligkeit aus den Wercken komme.

47. Brief
Wie die Kinder theils gut / theils böse von den Eltern geboren werden / und immer also bleiben / wie es ihre leibliche Geburt mit sich bringe.

48. Brief
Wie kein frommer in der Welt ohne Sünde sey / und wie die Frommen wieder böse werden können; welches alles aus der natürlichen Geburth herkomme.

49. Brief
Wie deren weit mehr seyn / die zur Höllen gehen / als die zum Himmel gehen.

50. Brief
Aus wessen Schuld die Menschen verlohren gehen.

51. Brief
Worinnen geantwortet wird auf die Frage / was dem Menschen besser sey / in der Welt Ungemach zu leiden / oder in stetem Wohlstande zu stehen?

52. Brief
Wie allein GOtt das höchste Wesen die Welt regiere; warum er nicht in seyner Regierung nach der Menschen Wille verfahre / und woher das Böse in der Welt entstehet?

53. Brief
Wie lange diese Welt=Zeit gestanden hat / und was vor Könige darinnen regieret.

54. Brief
Worinnen der Correspondent sich zu allen Diensten offeriret / und ein gutes Jahr der Hülffe verkündiget.

Zweiter Teil

1. Brief
Die Wiedergeburth der Malabaren / oder von ihrer Metempsychosi.

2. Brief
Wo die Seele hinkommt / wenn sie vom Leibe abscheidet / und wer von ihr Rechenschaft fordert.

3. Brief
Wie die Menschen / so in der Welt gelebet haben / werden gerichtet werden.

4. Brief
In welcher Religion unter denen vier Haupt=Religionen man seelig werden könne.

7. Brief
Kürtzliche Erzehlung / wie das Poetische Buch / Diruwalluwer genannt / eingetheilet werde / und was aller Capitel Inhalt sey.

8. Brief
Von der Malabaren ihrer Seeligkeit. P.P.

9. Brief
Von der Malabaren ihrer Hölle. P.P.

10. Brief
Wie es am Ende der Welt ergehen werde.

11. Brief
1. Frage: Auf was Art man von der Sünde frey werde?
2. Frage: Zu was Endzweck die Menschen in die Welt gebohren seyn?
3. Frage: Was die Menschen in der Welt dem einigen GOtt vor Dienste zu thun schuldig seyn?

12. Brief
Von dem Erkentniß sein selbst.

13. Brief
Welches wissentliche Bosheits=Sünden seyn.

14. Brief
Was einer unter denen Malabaren von ihrer Religion für wahr hält, und welches er als falsch verwirfft.

15. Brief
Was diese Heyden von der Christen Gesetz, Lehren und Wandel halten?

16. Brief
Ob die Tugend oder das Laster überwinde?

17. Brief
Ob man in der Malabarischen oder Mahometanischen Religion die Seeligkeit erlangen könne?

19. Brief
Ob die Königliche Würde höher sey als die Priester=Würde, oder ob diese vor jener unter den Malabaren für höher geachtet werde.

20. Brief
Ob diejenigen die Seeligkeit erlangen, die bey einem Priester keine Jünger werden?

25. Brief
Wie sich einer entschuldigt, nichts wider unser gedrucktes Malabarisches Buch zu schreiben.

26. Brief
Eines Malabaren Antwort auf das erste Capitel unsers gedruckten Malabarischen Buches.

27. Brief
Warum die Malabaren ihre abgöttischen und falschen Lehren nicht aus ihren Büchern thun, und nur diejenigen, so noch wahr sind, behalten?

30. Brief
Von denen unterschiedlichen Arten der lebendigen Geschöpffe.

31. Brief
Was der Malabaren ihre so genannte heiligen Teiche für Nutzen und Krafft haben?

32. Brief
Ob die Malabarischen Wunder Teufels=Betrügereyen seyn?

33. Brief
Welche unter denen Malabaren die grösten Sünden seyn, die unter ihnen ausgeübet werden.

34. Brief
Was die Malabaren an denen Blancken für Sünden erkennen?

35. Brief
Ob einer der in Sünden verharret, Vergebung seiner Sünden erlangen könne?

36. Brief
Ob die Europäer denen Malabaren zum Christenthum behülflich seyn, und ihnen ihre Gesetz=Lehren zu dem Ende kund machen?

37. Brief
Ob es GOttes Wille sey, daß alle Menschen seelig werden?

38. Brief
Wie GOTT, das höchste Wesen beschaffen ist?

39. Brief
Warum die Malabaren ihr falsches Gesetz nicht verlassen, und das wahre Christliche Gesetz annehmen?

40. Brief
Warum die Malabaren unsere Vorstellungen aus dem wahren Gesetz nicht annehmen, und ihre falsche Religion verlassen?

41. Brief
Warum man Christen, die einen guten Wandel führen, höhnet?

42. Brief
Was der Glaube an GOTT sey?

43. Brief
Ob man GOTT fürchten und dabey zur Seeligkeit gehen, oder ob man sich für Menschen fürchten und dabey verlohren gehen soll?

44. Brief
Was die Malabaren von derer Missionarien Charität=Schulen in Tranquebar halten.

Verzeichnis der Abbildungen

2. Brief, 18. Frage
Halbgott und Diener Śivas Jvaradēva, Bezwinger des Dämons Bhasmasura, mit drei Beinen, drei Köpfen, sechs Armen und neun Augen.
Quelle: Sastri, H. K.: South-Indian Images of Gods and Goddesses, Madras 1916, Reprint New Delhi 1995, S. 171.

3. Brief, 1. Frage
Die Göttin Durga mit acht Armen, auf einem Büffelkopf stehend.
Quelle: Sastri, H. K.: South-Indian Images of Gods and Goddesses, Madras 1916, Reprint New Delhi 1995, S. 203.

3. Brief, 3. Frage
Die Göttin Pārvāti in der Form der Mahishāsuramardini, der Bezwingerin des Büffeldämons.
Quelle: Sastri, H. K.: South-Indian Images of Gods and Goddesses, Madras 1916, Reprint New Delhi 1995, S. 209.

3. Brief, 6. Frage
Dorfgottheit Aiyaṉār mit Wächterfigur.
Quelle: Mode, H./Chandra, S.: Indische Volkskunst, Leipzig 1984, S. 249.

6. Brief
Das Kreuz vom St. Thomasberg, dem mythologischen Domizil des Apostels Thomas, gezeichnet von Missionar Benjamin Schultze.
Quelle: HB, 27. Continuation, Halle 1731, S. 280.

8. Brief
Mutyālamma, »die perlengleiche Mutter«, südindische Dorfgöttin.
Quelle: Sastri, H. K.: South-Indian Images of Gods and Goddesses, Madras 1916, Reprint New Delhi 1995, S. 225.

11. Brief
Bibelverse in Tamil- und Telugu-Übersetzung, angefertigt von Missionar Benjamin Schultze.
Quelle: HB, 25. Continuation, Halle 1729, S. 106f.
Sivas Sohn Ganesa (Vinayaka) mit Juwelenkrone.
Quelle: Sastri, H. K.: South-Indian Images of Gods and Goddesses, Madras 1916, Reprint New Delhi 1995, S. 171.

12. Brief
Śiva in der Form des Pāsupatamūrti, mit Feuerhaaren, Dreizack und Rosenkranz.
Quelle: Sastri, H. K.: South-Indian Images of Gods and Goddesses, Madras 1916, Reprint New Delhi 1995, S. 150.

14. Brief
Südindisches Schaf.

Quelle: Buchanan, F.: A Journey from Madras through the countries of Mysore, Canara, and Malabar, Bd. 2, London 1807, Reprint 1988, S. 277.

Zuckerpresse in Chinapatam.

Quelle: Buchanan, F.: A Journey from Madras through the countries of Mysore, Canara, and Malabar, Bd. 1, London 1807, Reprint 1988, S. 159.

16. Brief

Königliches Siegel des Chola-Herrschers Rajaraja I.

Quelle: Mode, H./Chandra, S.: Indische Volkskunst, Leipzig 1984, S. 244.

17. Brief

Durga, umgeben von je zwei männlichen und weiblichen Gläubigen sowie zwei Halbgöttern.

Quelle: Sastri, H. K.: South-Indian Images of Gods and Goddesses, Madras 1916, Reprint New Delhi 1995, S. 200.

19. Brief

Shankara-Nārāyana, Form, die Śiva (rechte Hälfte) und Viṣṇu (linke Hälfte) vereint.

Quelle: Buchanan, F.: A Journey from Madras through the countries of Mysore, Canara, and Malabar, Bd. 3, London 1807, Reprint 1988, S. 169.

Die Göttin Lakshmi in Tirumalisai.

Quelle: Sastri, H. K.: South-Indian Images of Gods and Goddesses, Madras 1916, Reprint New Delhi 1995, S. 205.

20. Brief

Virabhadra mit dem ziegenköpfigen Weisen Daksha.

Quelle: Keilhauer, A./Keilhauer P.: Die Bildsprache des Hinduismus. Die indische Götterwelt und ihre Symbolik, 3. Aufl., Köln 1990, S. 184.

Shankara-Nārāyana, Form, die Śiva (rechte Hälfte) und Viṣṇu (linke Hälfte) vereint.

Quelle: Sastri, H. K.: South-Indian Images of Gods and Goddesses, Madras 1916, Reprint New Delhi 1995, S. 128.

Viṣṇu in der Herabkunft als Narashima, halb Mensch, halb Löwe.

Quelle: Sastri, H. K.: South-Indian Images of Gods and Goddesses, Madras 1916, Reprint New Delhi 1995, S. 29.

22. Brief

Kinnarī, Wesen halb Mensch halb Vogel dient sie den Göttern, u.a. als Musikant. (Ramesvaram)

Quelle: Sastri, H. K.: South-Indian Images of Gods and Goddesses, Madras 1916, Reprint New Delhi 1995, S. 253.

24. Brief

Śiva in der Form des Dakṣhiṇāmūrti, in der er mit Yōga beschäftigt ist.

Quelle: Sastri, H. K.: South-Indian Images of Gods and Goddesses, Madras 1916, Reprint New Delhi 1995, S. 92.

25. Brief

Tamilischer Pflug und Zubehör aus dem gebiet von Tranquebar.

Quelle: HB, 29. Continuation, Halle 1732, S. 467.

Frontansicht der Staumauer eines Wasserreservoirs.

Quelle: Buchanan, F.: A Journey from Madras through the countries of Mysore, Canara, and Malabar, Bd. 1, London 1807, Reprint 1988, S. 4.

32. Brief

Südindischer Ochse.

Quelle: Buchanan, F.: A Journey from Madras through the countries of Mysore, Canara, and Malabar, Bd. 2, London 1807, Reprint 1988, S. 8.

38. Brief

Śivas Sohn Skanda (Subrahmanya), auf einem Pfau reitend und mit sechs Gesichtern versehen.

Quelle: Sastri, H. K.: South-Indian Images of Gods and Goddesses, Madras 1916, Reprint New Delhi 1995, S. 182.

39. Brief

Die gütigen Jungfrauen. Südindische Dorfgöttinnen.

Quelle: Mode, H./Chandra, S.: Indische Volkskunst, Leipzig 1984, S. 248.

40. Brief

Virabhadra hält den Kopf Dakshas ins Feuer.

Quelle: Sastri, H. K.: South-Indian Images of Gods and Goddesses, Madras 1916, Reprint New Delhi 1995, S. 157.

55. Brief

Himmelsdiagramm mit den Grenzen des Universums, Sonnen- und Planetenbahnen, dem Tierkreis und zwei Finsterniszyklen. (Tamil Nadu um 1750)

Quelle: Johnson, G.: Weltatlas der alten Kulturen. Indien und Pakistan, Nepal, Bhutan, Bangladesh, Sri Lanka, München 1995, S. 24. (Victoria and Albert Museum, London)

2. Teil

5. Brief

Karte des Königreiches Tanjore (1729). Eingezeichnet sind die Städte und Dörfer mit Verbindungen zur Mission.
Quelle: HB, 29. Continuation, Halle 1732, S. 476f.

Marathe aus Tañcāvūr in typischer Kleidung seines Volkes. (18. Jh.)
Quelle: Johnson, G.: Weltatlas der alten Kulturen. Indien und Pakistan, Nepal, Bhutan, Bangladesh, Sri Lanka, München 1995, S. 168. (Victoria and Albert Museum, London)

6. Brief

Karte der dänischen Kolonie Tranquebar.
Quelle: HB, 29. Continuation, Halle 1732, S. 480f.

Stadtplan von Tranquebar.
Quelle: HB, 29. Continuation, Halle 1732, S. 484f.

18. Brief

Der Marathen-Fürst Shivaji mit Schwert und Panzerhandschuh. (Golkonda 1680-1687)
Quelle: Johnson, G.: Weltatlas der alten Kulturen. Indien und Pakistan, Nepal, Bhutan, Bangladesh, Sri Lanka, München 1995, S. 116. (British Museum)

Der Moghul-Kaiser Aurangzeb in voller Rüstung zu Pferde. (1680)
Quelle: Johnson, G.: Weltatlas der alten Kulturen. Indien und Pakistan, Nepal, Bhutan, Bangladesh, Sri Lanka, München 1995, S. 109. (British Library, India Office Library and Records, London)

29. Brief

Virabhadra mit Pfeil und Bogen, Schwert und Schild.
Quelle: Sastri, H. K.: South-Indian Images of Gods and Goddesses, Madras 1916, Reprint New Delhi 1995, S. 158.

Farbtafeln

Bartholomäus Ziegenbalg, Ölbild von unbekannter Hand, 98 × 80 cm
Quelle: Archiv der Franckeschen Stiftungen B/G 31

Johann Ernst Gründler, Ölbild von unbekannter Hand, 94 × 78 cm
Quelle: Archiv der Franckeschen Stiftungen B/G 32

Schülerin und Schüler der portugiesischen Schule (oben) und der malabarischen Schule (unten) in Tranquebar.
Quelle: HB, 31. Continuation, Halle 1732, Anhang.

Eine Tamilin beim Reisstoßen (oben), eine »Portugiesin« beim Branntweinbrennen.
Quelle: HB, 31. Continuation, Halle 1732, Anhang.

»Portugiesische« Sklaven beim Weizen mahlen (links), beim Kirchgang (rechts).
Quelle: HB, 31. Continuation, Halle 1732, Anhang.

Eine Parayar-Frau mit einem Korb Nellu (links), ein Tagelöhner mit seinem Sohn beim Lehmhacken.
Quelle: HB, 31. Continuation, Halle 1732, Anhang.

Ein »portugiesischer« Soldat der Dänisch-Ostindischen Kompagnie in Paradeuniform (links), ein tamilischer Soldat (rechts).
Quelle: HB, 31. Continuation, Halle 1732, Anhang.

Ein tamilischer Katechet der Mission (links), ein »portugiesischer« Soldat (rechts).
Quelle: HB, 31. Continuation, Halle 1732, Anhang.

Eine »Portugiesin« (links) und eine Tamilin (rechts) beim Ausgehen.
Quelle: HB, 31. Continuation, Halle 1732, Anhang.

Kleidung »portugiesischer« Frauen beim Kirchgang bzw. der Katechisation.
Quelle: HB, 31. Continuation, Halle 1732, Anhang.

Grundriß einer Pagode
Quelle: Archiv der Franckeschen Stiftungen, Missionsarchiv II/B5

Das Schulgebäude in Tranquebar
Quelle: Archiv der Franckeschen Stiftungen, Missionsarchiv II/B5

Quellen- und Literaturverzeichnis

1. Ausgaben

Siebende Continuation des Berichts derer Königl. Dänischen Missionarien zu Tranquebar in Ost=Indien, Bestehend in 55 merckwürdigen und curieusen Miscellan-Schreiben, welche sie von verschiedenen Malabarischen Heyden empfangen, aus dem Malabarischen ins Teutsche übersetzet, mit nöthigen Anmerckungen versehen, und unter dem Titel einer Malabarischen Correspondentz zum Druck heraus gesandt haben, worinnen die äussere und innere Gestalt dasigen Heydenthums, nebst den daselbst üblichen Gebräuchen, Ceremonien und Wissenschaften, wie auch Ab= oder Zuneigung der Gemüther gegen das Christenthum, umständlich entdecket und dargeleget wird, Halle 1714. Weitere Ausgaben 1718 und 1735.

Der Malabarischen Correspondentz anderer Theil, in: Elfte Continuation des Berichts derer Königl. Dänischen Missionarien zu Tranquebar in Ost=Indien, Halle 1717. Weitere Ausgaben 1718 und 1735.

FENGER, Johann Ferdinand: Den Trankebarske Missionshistorie, Kopenhagen 1843. Enthält vier Briefe.

FENGER, Johann Ferdinand: Die Geschichte der Tranquebarmission, Grimma 1845 (deutsche Übersetzung).

FENGER, Johann Ferdinand: History of the Tranquebar Mission, Tranquebar 1863 (englische Übersetzung).

PHILIPPS, J. Tho(mas) (Hrsg.): An Account of the Religion, Manners, and Learning of the People of Malabars, in several Letters, written by some of the most learned Men of that Country to the Danish Missionaries, London 1717.

PHILIPPS, J. Tho(mas) (Hrsg.): Thirtyfour Conferences Between the Danish Missionaries and the Malabarian Brahmans or Heathen Priests in the East Indies, concerning the Truth of the Christian Religion: Together with some Letters written by the Heathens to the said Missionaries, London 1719. Enthält 19 Briefe des zweiten Teils.

2. Ergänzende Quellen

Acta eruditorum, Juni 1717, S. 241–249.

Caland, Willem (Hrsg.): Ziegenbalg's Malabarisches Heidenthum, Amsterdam 1926.

Caland, Willem (Hrsg.): B. Ziegenbalg's kleinere Schriften (Nidi Wunpa oder Malabarische Sittenlehre, Kóndei Wénden oder Malabarische Moralia, Ulaga Nídi oder Weltliche Gerechtigkeit), Amsterdam 1930.

Dubois, J. A.: Hindu Manners, Customs and Ceremonies, [1817] Madras ^{3}1906, Reprint New Delhi 1978.

Gerbett, Gustav Friderich : Ost-Indische Naturgeschichte. Sitten und Alterthümer, insonderheit bey den Malabaren, so aus den Berichten der Königl. Dänischen Mißion zusammengetragen..., Halle 1752.

Germann, Wilhelm (Hrsg.): Genealogie der Malabarischen Götter, Madras 1867.

Germann, Wilhelm: Ziegenbalg und Plütschau. Die Gründungsjahre der Tranquebarschen Mission, Zweite Abtheilung: Urkunden, Erlangen 1868.

Germann, Wilhelm (Hrsg.): Ziegenbalgs Bibliotheca Malabarica, in: Missionsnachrichten der Ostindischen Missionsanstalt zu Halle, Jg. XXII/3,4, Halle 1880.

Der königl. dänischen Missionarien aus Ost-Indien eingesandter ausführlicher Berichten ... Theil, 9 Bde., 1. bis 108. Continuation, Halle 1710–1772 (= »Hallesche Berichte»).

Hennings, August: Gegenwärtiger Zustand der Besitzungen der Europäer in Ostindien, Erster Teil, Kopenhagen 1784.

Irvine, William (Hrsg.): Mogul India 1653–1708 or Storia do Mogor by Niccolao Manucci, London 1907–1908, Reprint Delhi 1990.

La Croze, Mathurin Veyssière: De Histoire du Christianisme aux Indes Orientales, Den Haag 1724. Deutsche Übersetzung: Abbildung des Indischen Christenstaates, Halle 1727.

Lehmann, Arno: Alte Briefe aus Indien. Unveröffentlichte Briefe von Bartholomäus Ziegenbalg 1706–1719, Berlin 1957.

Neuere Geschichte der Evangelischen Missions-Anstalten zur Bekehrung der Heiden in Ostindien, 8 Bde., 95 Fortsetzungen, Halle 1770–1848.

Niekamp, Johann Lucas: Kurtzgefaßte Missions=Geschichte oder Historischer Auszug der Evangelischen Missions=Berichte aus Ost=Indien von dem Jahre 1705 bis zu Ende des Jahres 1736 [...], Halle 1740.

3. Sekundärliteratur

Arasaratnam, Sinnappah: The Chulia Muslim merchants in Southeast Asia 1650–1800, in: ders.: Maritime Trade, Society and European Influence in Southern Asia, 1600–1800, Aldershot 1995.

Beyreuther, Erich: Bartholomäus Ziegenbalg. Aus dem Leben des ersten deutschen Missionars, Berlin ^{2}1953.

Beyreuther, Erich: August Hermann Francke und die Anfänge der ökumenischen Bewegung, Berlin 1958.

Callewaert, Winand M.: Gods and Temples in South India, New Delhi 1995.

Dash, Narendra Kumar: An Encyclopaedic Dictionary of Indian Culture, Delhi 1992.

De Silva, Chandra Richard: Sri Lanka. A History, New Delhi 1987.

Dharampal-Frick, Gita: Indien im Spiegel deutscher Quellen der Frühen Neuzeit (1500–1750). Studien zu einer interkulturellen Konstellation, Tübingen 1994.

Diller, Stephan: Tranquebar – die Stadt an der Brandung. Dänischer Handelsstützpunkt, Kronkolonie und europäischer Freihandelsplatz (1620–1845), (= Kleine Beiträge zur europäischen Überseegeschichte, Heft 22) Bamberg 1993.

Duverdier, Gerald: Die »Malabarische Correspondentz« und A.H. Francke, in: Ahrbeck R./Thaler, B. (Hrsg.): August Hermann Francke 1663–1727, Halle 1977, S. 108–121.

FABRICIUS, Johann Philip: Tamil-English Dictionary, revised and enlarged, Tranquebar 1910, Reprint Delhi ²1992.

FENGLER, Heinz/GIEROW, Gerhard/UNGER, Willy: Lexikon der Numismatik, Berlin 1976.

FRIIS, Astrid/GLAMANN, Kristof: A History of Prices and Wages in Denmark 1660–1800, Bd. 1, Copenhagen 1958.

GENSICHEN, Hans-Werner: Bartholomäus Ziegenbalgs Rezeption der Tamil-Spruchweisheit, in: Neue Zeitschrift für Missionswissenschaft, Jg. 45 (1989), Heft 2, S. 81–92.

GERMANN, Wilhelm: Ziegenbalg und Plütschau. Die Gründungsjahre der Tranquebarschen Mission, Erlangen 1868.

GLASENAPP, Helmuth VON: Indische Geisteswelt, 2 Bde., Hanau 1986.

GRAFE, Hugald: Hindu Apologetics at the Beginnings of the First Indian Protestant Church in Madras, in: Indian Church History Review, Vol 6 (1972), No. 1, S. 43–69.

HALBFASS, Wilhelm: Indien und Europa. Perspektiven ihrer geistigen Begegnung, Basel/Stuttgart 1981.

HINRICHS, Carl: Preußentum und Pietismus. Der Pietismus in Brandenburg-Preußen als religiös-soziale Reformbewegung, Göttingen 1971.

KEILHAUER, Anneliese/KEILHAUER, Peter: Die Bildsprache des Hinduismus. Die indische Götterwelt und ihre Symbolik, Köln ³1990.

LARSEN, Kay: De Danske-Ostindiske Koloniers Historie, Bd. 1, Tranquebar, Kopenhagen 1907.

LEHMANN, Arno: Hallesche Mediziner und Medizinen am Anfang deutsch-indischer Beziehungen, in: Wissenschaftliche Zeitschrift der Martin-Luther-Universität Halle-Wittenberg. Gesellschafts- und Sprachwissenschaftliche Reihe, Jg. 5, 2/1955, S. 117–132.

LEHMANN, Arno: Es begann in Tranquebar, Berlin 1956.

LEWIS, Ivor: Sahibs, Nabobs and Boxwallahs. A Dictionary of the Words of Anglo India, Bombay 1991.

LIEBAU, Heike: Deutsche Indienmissionare im 18. Jahrhundert, (Die kulturellen Grenzen Europas in der Neuzeit 3), Studienbrief der Fernuniversität Gesamthochschule Hagen 1995.

LIEBAU, Kurt: Die »Malabarische Korrespondenz« von 1712/1713 und das Bild der Tamilen vom Europäer, in: Asien, Afrika, Lateinamerika, Vol. 25 (1997), 1, S. 53–73.

MAJUMDAR, R.C./CHAUDHURI, J.N/CHAUDHURI, S. (Hrsg.): The History and Culture of the Indian People, Bd. 7: The Moghul Empire, Bombay ²1984.

MOHANAVELU, C.S.: German Tamilology. German contributions to Tamil language, literature and culture during the period 1706–1945, Madras 1993.

MYLIUS, Klaus (Hrsg.): Älteste indische Dichtung und Prosa, Leipzig 1978.

MYLIUS, Klaus: Geschichte der Literatur im alten Indien, Leipzig 1983.

NØRGAARD, Anders: Mission und Obrigkeit: die Dänisch-Hallesche Mission in Tranquebar 1706–1845, Gütersloh 1988.

ODDIE, Geoffrey A.: Hindu and Christian in South-East India, London 1991.

PANDEY, Raj Bali: Hindu samskāras, Delhi 1976.

RAABE, Paul (Hrsg.): Pietas Hallensis. Weltweite Beziehungen der Franckeschen Stiftungen im 18. Jahrhundert, Halle 1995.

RAJAYYAN, K.: History of Tamil Nadu 1565–1982, Madurai 1982.

RAMAKRISHNA, G./GAYATHRI, N./CHATTOPADHYAYA, D.: An Encyclopaedia of South Indian Culture, Calcutta/Delhi 1983.

RAWAT, P.L.: History of Indian Education, Agra/Bhopal ⁸1981.

REBLING, Eberhard: Die Tanzkunst Indiens, Berlin 1981.

SASTRI, K.A.A. Nilakanta: A History of South India, London ²1958.

STOBART, Tom: Lexikon der Gewürze, Kräuter und Würzmittel, Bonn 1972.

SVEJDA-HIRSCH, Lenka: Die indischen devadasis im Wandel der Zeit. »Ehefrauen« der Götter, Tempeltänzerinnen und Prostituierte, Bern 1991.

Tamil Lexicon, University of Madras 1936.

TILIANDER, Bror: Christian and Hindu Terminology. A Study in Their Mutual Relations with Special Reference to the Tamil Area, Uppsala 1974.

THURSTON, Edgar/RANGACHARI, K.: Castes and Tribes of Southern India, 7 Bde., Madras 1909.

VARADARAJAN, M.: A History of Tamil Literature, Delhi 1988.

WIEBECK, Erno: Indische Boote und Schiffe, Rostock 1987.

WINSLOW, M.: A Comprehensive Tamil and English Dictionary, Madras 1863, Reprint New Delhi/Madras ^{8}1992.

VRIDDHAGIRISAN, V.: The Nayaks of Tanjore, Annamalainagar 1942, Reprint New Delhi 1995.

YULE, Henry/BURNELL, Arthur C.: Hobson-Jobson. A Glossary of Colloquial Anglo-Indian Words and Phrases, and of Kindred Terms, Etymological, Historical, Geographical and Discursive. New Edition by William Crooke, Reprint Delhi 1986.

ZVELEBIL, Kamil: The Smile of Murugan on Tamil Literature of South India, Leiden 1973.

ZVELEBIL, Kamil V.: Lexicon of Tamil literature, Leiden u.a. 1995.

REGISTER

1. Verzeichnis geografischer Bezeichnungen

2. Personenverzeichnis

3. Verzeichnis von Gottheiten, mythischen Gestalten und tamilischen Realien

Band 3 · Johannes von Plano Carpini

Kunde von den Mongolen

Eingeleitet, übersetzt und erläutert
von Felicitas Schmieder

184 Seiten, 42 Abbildungen, davon 23 in Farbe, 14 x 23 cm, gebunden
DM 45,–; sFr 41,50; öS 329,–; ISBN 3-7995-0603-9

Angesichts des gewaltigen tartarischen Ansturms gegen das christliche Europa entsteht das Bild menschenfressender Mongolen als Prototypen der »Wilden Barbaren«. Nach ihrem überraschenden Abzug schickt Papst Innocenz IV. den Franziskanermönch Johannes von Plano Carpini zu den Mongolen, um sie zu missionieren und für ein Bündnis gegen die islamische Welt zu gewinnen. Carpini gelangt vermutlich als erster Europäer tief ins Innere Asiens und lernt schließlich die große Mongolenmetropole Karakorum kennen (1245-47).

Durch hervorragende und umfangreiche Einleitungen, in einem Fall kaum kürzer als der eigentliche Text, und jeweils einem ausführlichen Anhang, unterscheiden sich die Bücher wohltuend von ähnlichen Reihen.Ohne dadurch den Unterhaltungswert der alten Texte zu mindern, erfüllen sie wissenschaftliche Ansprüche. Erst aus dem ausgebreiteten Kontext heraus entfalten manche dieser Reiseberichte überhaupt ihren vollen Reiz. Die Bände sind mit Abbildungen aus der Erstveröffentlichung reich illustriert FAZ

... so reichhaltig mit Karten und Bildern ausgestattet, das schon das angenehme Äußere zur Lektüre reizt. Süddeutscher Rundfunk

Der Thorbecke Verlag veröffentlicht eine neue anspruchsvolle Reihe. Der Text ist hervorragend ediert, die Ausstattung vorzüglich...
Heinrich Pleticha

Band 4 · Pierre Poivre

Reisen eines Philosophen

Eingeleitet, übersetzt und erläutert
von Jürgen Osterhammel

254 Seiten, 46 Abbildungen, davon 13 in Farbe, 14 x 23 cm, gebunden
DM 45,–; sFr 41,50; öS 329,–; ISBN 3-7995-0602-2

Wie kein anderer Reisender des 18. Jahrhunderts nähert sich Pierre Poivre – vom Geiste der Aufklärung beseelt – unbefangen den afrikanischen und südasiatischen Kulturen. Als stets neugieriger Universalgelehrter verschlägt es ihn auf seinen gefährlichen Seereisen in die entlegensten Winkel des Indischen Ozeans und Südchinesischen Meeres. Mit unbändigem Forschergeist widmet er sich der Entdeckung der tropischen Natur und den Sitten ihrer Bewohner.

Band 6 · Gottlieb Mittelberger

Reise nach Pennsylvanien

Herausgegeben, eingleitet und erläutert
von Jürgen Charnitzky

214 Seiten, 73 Abbildungen, davon 28 in Farbe, 14 x 23 cm, gebunden
DM 45,–; sFr 41,50; öS 329,–; ISBN 3-7995-0604-7

Gottlieb Mittelbergers Bericht über seine 1750 unternommene Reise nach Pennsylvanien, wo er vier Jahre als Organist und Schulmeister in einer deutschen lutherischen Gemeinde wirkte, entwirft ein farbenprächtiges Bild der kolonialen Lebenswelt Nordamerikas, das durch genaue Beobachtungen des Alltags besticht – zugleich zeichnet er ein bewegendes Bild der deutschen Amerika-Auswanderung des 18. Jahrhunderts.

Band 7 · Johann Georg Gmelin

Reise ins unbekannte Sibirien

Herausgegeben, eingleitet und erläutert
von Dittmar Dahlmann

320 Seiten, zahlreiche, zum Teil farbige Abbildungen, 14 x 23 cm
gebunden, DM 45,–; sFr 41,50; öS 329,–; ISBN 3-7995-0606-3

Johann Georg Gmelin nahm 1733–1743 an der Großen Nordischen Expedition unter Leitung des Dänen Vitus Bering teil. 1751/2 veröffentlichte er die Geschichte seiner zehnjährigen Erforschung der sibirischen *terra incognita* mit ihren zahlreichen Naturwundern und Naturvölkern. Er hinterließ uns damit einen farbenprächtigen und spannenden Bericht seiner Entdeckungsabenteuer in der Endlosigkeit zwischen dem Polarmeer und den Steppen Innerasiens.

Nicht nur werden reizvolle Dokumente nebst ausführlicher Erläuterung zugänglich gemacht; auch bestechen die Bände durch eine sehr sorgfältige, originelle, sehr bilderreiche, kurzum: verlockende Aufmachung. Wenn die Reihe hält, was der Start verspricht, dann besteht Grund zur Freude. Kölner Stadtanzeiger

Fremde Kulturen in alten Berichten

Herausgegeben von Folker Reichert und Jürgen Osterhammel

Weitere Bände sind in Vorbereitung. Wir informieren Sie gerne regelmäßig über unsere Neuerscheinungen. Schreiben Sie uns doch!

Jan Thorbecke Verlag

D-72482 Sigmaringen · Postfach 1352

ASIA
noviter delineata
Auctore
Guiljelmo Blaeuw.
MARIS MEDIT ERRANÆI PARS
ANATOLIA
AYAMAN
olim
ARABIA
FELIX
AFRI
CÆ PARS
MARE
ARABICVM
et INDICVM
OCEANVS
Æquator
ORI
E
N
Syri
Arabes